Adiós, depresión

En busca de la felicidad razonable

temas ' de hoy.

Enrique Rojas

Adiós, depresión

En busca de la felicidad razonable

temas ’de hoy. VIVIR MEJOR

Rojas, Enrique
    Adiós, depresión.- 1ª ed.– Buenos Aires : Temas de Hoy, 2006.
    432 p. ; 23x15 cm.-

    ISBN 950-730-069-4

    1. Autoayuda I. Título
    CDD 158.1

Colección: VIVIR MEJOR
© Enrique Rojas, 2006
© Ediciones Temas de Hoy, S.A. (T.H), 2006
Paseo de Recoletos, 4. 28001 Madrid
www.temasdehoy.es
Primera edición: septiembre de 2006
ISBN-13: 978-84-8460-518-8
ISBN-10: 84-8460-518-3

© 2006, Grupo Editorial Planeta, S.A.I.C. / Temas de Hoy
Independencia 1668, C 1100 ABQ, Buenos Aires
www.editorialplaneta.com.ar

1ª edición argentina: septiembre de 2006

ISBN-13 978-950-730-069-1
ISBN-10 950-730-069-4

Impreso en Grafinor S. A.,
Lamadrid 1576, Villa Ballester,
en el mes de agosto de 2006.

Hecho el depósito que prevé la ley 11.723
Impreso en la Argentina

ÍNDICE

A mi hija Isabel:
porque fuiste una luz
en una época de tinieblas.
Porque eres hoy la alegría
en el mundo de la felicidad.

NOTA DEL AUTOR

Amigo lector: quiero hacer algunas puntualizaciones, antes de que empieces con el libro:

— El *psiquiatra* es un médico que estudia la mente y la conducta y tiene la facultad de dar psicofármacos.

— El *psicólogo* es un especialista en el comportamiento, que estudia sus leyes y da pautas para mejorarlo.

— Las *depresiones endógenas* se curan con medicamentos y es necesario seguir las indicaciones y pautas del médico.

— Las *depresiones exógenas* (o reacciones depresivas) se curan con psicoterapia y con algo de medicación.

— La figura del *psicólogo* es importante y seguir las normas de comportamiento que éste propone puede ser muy beneficioso para el paciente depresivo, para ir alcanzando un mejor equilibrio.

— Los *antidepresivos* deben ser prescritos por el psiquiatra o un médico que conozca su mecanismo de acción y los efectos clínicos.

— La *automedicación* consiste en tomar antidepresivos, ansiolíticos, fármacos para combatir el insomnio u otro tipo de farmacoterapia, sin seguir las indicaciones del médico, con grave riesgo para el cerebro y el organismo.

— Tomar medicamentos *antidepresivos* siguiendo el gusto personal es peligroso y puede acarrear daños mentales y efectos muy nocivos.

— En las *depresiones bipolares* es necesario hacer un control periódico en sangre de algunos medicamentos, para ver su nivel en el torrente circulatorio.

— Está contraindicado el *alcohol* mientras se toman antidepresivos y ansiolíticos, porque disminuyen y bloquean su acción, además de producir efectos nocivos y embotamiento mental.

— Durante el *embarazo*, la toma de antidepresivos y ansiolíticos debe ser pautada por el psiquiatra, el médico de cabecera o el ginecólogo, con prudencia y conocimiento, ya que puede afectar al feto.

— Hoy sabemos que muchas depresiones transcurren *sin ser diagnosticadas* y, en consecuencia, sin que esa persona tome tratamiento. Reconocer que uno está con depresión y buscar la ayuda del especialista es sensato y conveniente.

— Hay gente que *no cree* que la depresión sea una enfermedad, sino *otra cosa*. El desconocimiento de ello o la falta de información es una ignorancia impropia de los tiempos que corren.

INTRODUCCIÓN

La depresión, enfermedad de la tristeza

La depresión es la enfermedad de la tristeza. Cabalgan en su interior un abanico de sentimientos negativos que nos agobian, como la pena, la melancolía, el desencanto, la desilusión, el abatimiento, la falta de ganas y energías y todo eso acompañado de un lenguaje propio, de un estilo diverso y único a la vez, heterogéneo y homogéneo, amplio y concreto, que ofrece un muestrario de síntomas de una enorme riqueza, adentrándose en otros campos de la medicina. La definición académica sitúa esta enfermedad como el *síndrome caracterizado por una tristeza profunda y la inhibición de casi todas las funciones psíquicas, que da lugar a cinco series de síntomas: físicos, psicológicos, de conducta, cognitivos (intelectuales), asertivos y sociales.* Esta enfermedad deja sin energía, sin ganas de hacer nada. Su sintomatología es variadísima y se sale del campo de la psiquiatría para entrar, con mucha frecuencia, en otros terrenos médicos. Sin embargo, la depresión es algo más: es una enfermedad del espíritu.

En realidad es difícil dar una definición exacta y la anterior nos sitúa momentáneamente frente al tema. Al hablar de depresión no nos referimos a una enfermedad de bordes definidos, sino a un trastorno que puede manifestarse de muchas formas, pues afecta a lo más profundo del ser humano y cada uno guarda en su seno un estilo propio e irrepetible cuyas características se manifiestan tanto en su personalidad como en los trastornos que sufre. Por esta razón, a lo largo de las páginas que siguen he preferido hablar de *depresiones* en plural, incluyendo en el término tanto las alteraciones puramente psicológicas como las que tienen su origen en un problema de tipo bioquímico. No olvidemos que la depresión puede abordarse desde innumerables ángulos: anatómico, genético, metabólico, bioquímico, epidemiológico, por medio de marcadores biológicos y un largo etcétera.

La depresión constituye la gran epidemia de las sociedades modernas y desde el punto de vista de la psiquiatría supone una materia de trabajo apasionante y de enorme extensión. Y aunque hablo de actualidad, las depresiones suponen un problema que ha llamado la atención de los estudiosos desde tiempos muy antiguos. Ya los primeros médicos de la historia, como Galeno o Hipócrates, especularon sobre el tema y en esta labor les siguieron otros grandes nombres como Burton o Kraepelin. En cierto modo, el estudio histórico de las depresiones resume la propia evolución de la ciencia médica, en particular la psiquiatría.

Debemos tener en cuenta que las depresiones han existido siempre, pero hoy conocemos mejor sus mecanismos de funcionamiento y también la manera de tratarlas. Como hemos mejorado los procedimientos médicos y disponemos de mayor información al respecto, también se diagnostica este trastorno con mayor frecuencia, pero esto no quiere decir que las depresiones sean un mal exclusivo de nuestra moderna forma de vivir.

Un dato curioso se encuentra en el hecho de que las depresiones evolucionan. Al menos así parece desprenderse de los estudios realizados a lo largo de las últimas décadas: aunque a grandes rasgos el trastorno es el mismo, también podemos observar diferencias notables entre las que se veían hace veinte o treinta años y las que tratamos hoy en día. Lo fundamental de las depresiones de hoy se consideraba secundario en las antiguas. Este cambio constatado por el análisis clínico ha desplazado el acento hasta tal punto que el psiquiatra y el psicólogo actuales deben sumergirse en la frondosidad del problema si quieren establecer un diagnóstico correcto.

Es labor del médico tener en cuenta estos matices para poder aplicar un tratamiento cada vez más eficaz y gracias a esta tarea, que incluye la aparición de los diagnósticos dobles y triples, se han conseguido notables avances, incluidos los cada vez más eficaces psicofármacos. Por este motivo mi atención se ha centrado en gran medida en el aspecto de la evolución y en el intento de captar sus cambios, modificaciones, lenguajes y formas de expresión. En este libro tendremos ocasión de contemplar gran variedad de casos clínicos, cada uno de ellos reflejo de una trayectoria vital concreta y única.

El seguimiento de los cambios habidos en las enfermedades psíquicas resulta muy provechoso e incluso podemos observar cómo se produce una especie de sinfonía psicopatológica en la que no siempre es posible descubrir un sentido. Esto influye en la tarea de diagnóstico y hace muy interesante la labor de análisis médico, pues uno de los avances más importantes en el campo de las depresiones y de la psiquiatría en general radica en descubrir si existe en realidad una línea sistemática en las modificaciones psicopatológicas. No es tarea fácil, pero supondría un gran logro establecer una teoría al respecto.

Dado que se trata de un campo de estudio tan amplio, en este libro sólo pretendo ofrecer una visión particular del tema, centrándolo en las cuestiones que me parecen de más interés desde mi punto de vista. Para realizarlo me he basado sobre todo en mi experiencia clínica y en las preguntas que me he planteado a diario en mi labor como médico. Puesto que la psiquiatría actual estudia la depresión desde muy variadas vertientes, hasta tal punto que la mera catalogación de los tipos de trastorno supone ya una tarea prolija, he optado por concentrarme en ciertos aspectos concretos como las depresiones obsesivas, las depresiones crónicas, las distimias depresivas, la alexitimia (es decir, la dificultad para expresar ante los demás nuestros sentimientos) y los factores asociados, como son la sintomatología sustantiva (principal) o adjetiva (la que está en un segundo plano) o los denominados residuos depresivos: éste es un tema de especial interés, ya que se ha podido observar que en las depresiones recurrentes, las que se manifiestan con recaídas, aparece una especie de «rescoldo». Esto nos llevará al tema de la personalidad depresiva, una forma de ser característica con propensión a sufrir tristeza. Hablaré también de *síndrome de* burnout o, dicho de manera coloquial, la vivencia persistente de *estar quemado* cuando alguna situación se torna insoportable, negativa, frustrante, llena de sinsentido y uno no puede fácilmente salirse de ella; esto es especialmente frecuente en trabajos en donde el ambiente es muy neurótico (médicos, enfermeras de grandes hospitales, gente que trabaja en entornos laborales en donde el trato humano está muy viciado, etc.)

Dado que los diferentes tipos de depresión pueden asociarse entre sí y compartir síntomas, el *ropaje* con el que se presentan puede ser muy variado e incluso asociarse a otras enfermedades que, en principio, nada tienen que ver. Esta asociación es lo que denominamos *comorbilidad*. No es extraño que sea así, pues nada en el interior del ser humano funciona de manera independiente: somos un pequeño cosmos en el que todo interactúa con todo.

La enfermedad psíquica, igual que la somática, es algo vivo, en perpetuo movimiento, como la propia persona. Así pues, el diagnóstico nunca debe ser entendido como una cosa inamovible o un destino definitivo. Las depresiones se mueven, giran, cambian, alteran sus síntomas, cambian de expresión, etc.

Este libro pretende mostrar algunos de los descubrimientos más importantes que se han realizado en el campo de las depresiones durante los últimos tiempos. Como hemos indicado, ya no se trata de una modalidad clínica plural. Ellas constituyen uno de los mejores ejemplos de cómo evoluciona la psiquiatría actual, rompiendo moldes y aceptando que la complejidad de los trastornos que trata difícilmente puede encorsetarse en una terminología demasiado cerrada.

El psiquiatra debe saber mirar en la dirección adecuada, en su trabajo diario, para acertar con el camino correcto y a veces la casualidad es la que lleva a los grandes hallazgos. No veamos en esto nada negativo, pues se trata de un método tradicional de la ciencia: Pasteur observó unos corpúsculos alargados; Fleming, un moho verde; Adams y Leverrier, un planeta que parecía escapar a la ley de la gravitación universal. Cerletti y Bini descubrieron que unas descargas eléctricas en la zona fronto-temporal curaban algunas depresiones y así surgió el electroshock. Kuhn trató a un grupo de enfermos dermatológicos con la clorimipramina y observó que no mejoraron de sus síntomas de la piel, pero se produjo un cambio cualitativo en su ánimo, muy positivo y así se dio de bruces con el primer antidepresivo. Todo ello —y podríamos poner muchos otros ejemplos— ha llevado a notables descubrimientos. En el tema que nos ocupa se puede recordar el caso de dos psiquiatras israelíes, Niemeyer y Naim, que en 1975 idearon el estimulador magnético transcraneal como alternativa para tratar depresiones resistentes a la medicación. En nuestros días los progresos siguen adelante.

Debo insistir en ello: la observación es la clave de los avances, anterior a cualquier hipótesis de trabajo. El peligro del dogmatismo en la medicina se volatiliza cuando aceptamos que lo más importante es la realidad clínica, fuente primordial de la investigación, sobre todo cuando trabajamos con un material tan delicado como es la persona.

El que no ha padecido una auténtica depresión no sabe realmente lo que es la tristeza, uno de los sentimientos más complejos en el ámbito de la psicología, siempre escoltado por la pena, el desconsuelo, el abatimiento, la melancolía, el verse sumido en un paisaje interior negativo con serias dificultades para proyectarse hacia el futuro.

La vida es una operación que se realiza hacia delante. Proyecto que implica mirar hacia el futuro, hacia ese porvenir positivo que debe abrirse paso ante nosotros. La felicidad consiste en tener ilusiones. Por esta misma razón, el que no tiene metas por delante pierde sus expectativas y corre el riesgo de quedarse anclado en el tiempo pasado.

Debemos ser conscientes y esto es algo que ya adelantaron algunos maestros antiguos, de que es el perfeccionamiento de la persona lo que nos lleva a la felicidad, como si fuera un marcador que nos avisa de que la vida va por el rumbo positivo correcto. El estudio de milenios nos ha llevado a comprender que hay tres aspectos o niveles que se constituyen en antagonistas de la tristeza: *el placer, la alegría y la felicidad*. El *placer* es transitorio, afecta más al cuerpo que a la mente. La *alegría*, sentimiento superior, nos eleva como personas y afecta tanto a la parte física como a la psíquica: es la consecuencia de haber alcanzado algún objetivo por pequeño que sea. Sin embargo, el verdadero objetivo es la felicidad plena, un resultado, *suma y compendio de la vida auténtica*. La *felicidad* es el fin de la educación y es la meta que todas las culturas de la Historia han perseguido. *La alegría está por encima del placer, pero por debajo de la felicidad*.

La felicidad está en alcanzar la máxima cima posible para cada cual, por medio de una verdadera *ingeniería de la conducta*. La felicidad es la aspiración más universal que existe y, a la vez, la más difícil de conquistar.

Cada época tiene sus enfermedades específicas. En la que vivimos ahora parece que la depresión ha alcanzado su cénit. Sin embargo, no olvidemos, como dijimos al principio, que ha existido siempre y que desde tiempos remotos el ser humano ha tratado de combatirla.

Así, *lo nuclear en las depresiones de hoy era lo accesorio y lo secundario en las depresiones de antaño.* De tal manera que *se ha convertido lo periférico en epicéntrico, lo adjetivo en sustantivo, lo epidérmico en medular y lo accidental en sustancial.* Este cambio de ropaje es distintivo de esta época.

No pretendo escribir ni para especialistas ni conocedores de la materia —ésos pueden beber en muchas fuentes más científicas y especializadas—, sino para la mayoría.

Decálogo contra la tristeza: un estilo de vida abierto a la esperanza

Querido lector: el libro que tienes en tus manos puedes leerlo de delante hacia atrás, buscando en el índice general el capítulo que más te interese o mirando el índice de materias y consultando la voz que quieras comprobar. Las depresiones tienen tantas vertientes, ángulos, estudios y posibilidades como matices y segmentos presentan siempre los temas de esta amplitud y densidad.

Las depresiones afectan en nuestros días a millones de personas en todo el mundo. A veces aparecen a causa de desórdenes bioquímicos y otras son debidas a motivos psicológicos: desde graves traumas de la vida a un sumatorio de frustraciones diversas que forman un mosaico negativo de factores. *No es lo mismo la tristeza justificada por la muerte de un ser querido, por un revés de fortuna, un suspenso en unas oposiciones o por una ruptura afectiva,* que aquella *tristeza sin motivo* que viene de pronto y se instala en el primer plano y se abre paso y recorre los entresijos de la personalidad. Hay muchos matices en toda tristeza de cierta envergadura.

Quiero ofrecer aquí una especie de *guía para el lector inquieto*, un decálogo contra la tristeza, un manual de instrucciones para salir de ese laberinto tenebroso de brumas inciertas y pensamientos negativos que conducen a un túnel de difícil salida. Algunos puntos son de orden preventivo, mientras que otros son más para los que padecen depresiones clínicas. Espero que estas sugerencias sirvan para salir del embrollo engañoso y del enredo que es la melancolía.

La auténtica felicidad no es un estado perfecto y permanente, sino un *balance existencial positivo*. Los altibajos, frustraciones, dificultades, sinsabores, errores, etc., son inevitables y en la mejor de las vidas todo eso asoma en distintas dosis y circunstancias. En nuestra mano está el saber encauzar esos fracasos y aprovecharlos como experiencia de la que se deben sacar enseñanzas. No debemos dejarnos dominar por el desánimo, incluso en las circunstancias más difíciles debemos crecernos ante las dificultades, mirando hacia delante con esperanza en el porvenir.

1. *La felicidad como proyecto.* La felicidad es el objetivo de la existencia humana. Como acabo de comentar, no se trata de una situación estática, sino dinámica, que está en movimiento. La vivencia de la felicidad es siempre perfectible. Debemos saber que nuestra vida aspira a *la felicidad con argumentos.* Es un proceso que exige orden, constancia, voluntad y motivación; esos cuatro ingredientes son para mí los que habitan en la llamada *inteligencia instrumental.* Se minimizan los fracasos y se valora cualquier logro por pequeño que sea. *La felicidad absoluta no existe, hay que aspirar a una felicidad razonable,* en donde *amor, trabajo y cultura* dan lo mejor de sí mismos. *Enamorarse es crear una mitología privada con otra persona,* hacer del universo una referencia a una única persona que se vuelve imprescindible. El trabajo es el acompañante diario de nuestro quehacer, por eso es tan nuclear el *amor por el trabajo bien hecho.* La cultura es libertad: *es la estética de la inteligencia.* También, *el privilegio del conocimiento vivido.* La cultura bien entendida nos lleva a aprender el camino hacia una meta verdaderamente valiosa. *La cultura es· la artesanía del conocimiento, un saber de cinco estrellas que humaniza al ser humano y lo mejora mediante la ética y la estética.*

2. *Saber tomarse las cosas de la vida con sentido del humor.* El sentido del humor es patrimonio de las personas con buena salud mental. Es un componente clave de la actitud positiva. La amargura, el humor irónico y renegrido son rasgos de la personalidad pesimista, que ve y se detiene más en lo negativo que en lo positivo, en lo malo que en lo bueno. El sentido del humor es la salsa que adereza, en el día a día, las adversidades y reveses.

3. *Conocerse a sí mismo.* Éste era el lema del héroe griego, alcanzar el propio conocimiento. Esto va a implicar dos cosas: *conocer la aptitudes* y *saber las limitaciones.* Una y otra envuelven a la persona. Ambas apuntan hacia la consecución de un mejor equilibrio psicológico, en donde la armonía, la llamada por los clásicos *ataraxia,* sea un punto de referencia hacia donde dirigirse. Éste es un proceso complejo, alegre y doloroso, de pulir,

quitar, añadir, mejorar, afinar aspectos, vertientes, aristas y zonas de cada uno para redondear la personalidad y la vida. *Una personalidad madura es un gran antídoto contra la depresión.*

4. *Desarrollar lenguajes interiores positivos.* Desde que nace la psicología cognitiva sabemos que cada uno tiene una especie de monólogos interiores privados, que acompañan los pensamientos y las acciones. Es un susurro que se abre paso en nuestra mente, en forma de mensajes mentales, anímicos, *soto vocce*, que comentan, critican o aprueban la conducta. Es necesario aprender a mandarse uno a sí mismo mensajes positivos, *lenguajes cognitivos*, a base de una cascada de frases, de sentencias vivas que hacemos circular por nuestra cabeza, sin ruido de palabras, con garra, atractivas, que nos empujan a lo mejor. Así, por ejemplo, ante situaciones adversas y momentos duros podemos decirnos: «Ánimo, arriba, adelante, que puedes superar esto si te lo propones; crécete ante las dificultades y serás más fuerte; no te dejes vencer por esta derrota, sigue luchando sin desanimarte; el que vuelve a luchar tiene la mitad conseguido; los que siembran con lágrimas segarán cantando». Fabrica tus propias misivas, elabora una mensajería atrayente y vertical.

5. *Fortalecer la voluntad.* La voluntad es capacidad para hacer algo valioso pero que de entrada cuesta y se hace difícil. *Voluntad es capacidad para aplazar la recompensa.* Es hacer algo positivo para uno mismo, pero sabiendo que los resultados no serán inmediatos, sino mediatos. Constituye ésta un eje central de la personalidad madura y bien construida. *Una persona con voluntad llega en la vida más lejos que una persona inteligente.* Si la voluntad está entrenada en una lucha constante, deportiva y alegre, será capaz de ponerse retos, exigencias, metas, objetivos concretos. *Si hay una voluntad recia, aparece la lucidez del perdedor,* que consiste en volver a empezar y poner de nuevo sobre la mesa los propósitos a alcanzar.

6. *Saber superar las crisis de la vida.* La asignatura más importante es *la vida,* que no es otra cosa que lo que hacemos, aquello a lo que nos dedicamos y los amores próximos y lejanos que nos envuelven. Comprendernos a nosotros mismos, tener

capacidad para rectificar, perdonarnos a nosotros mismos y saber que el tiempo cura casi todas las heridas. Muchas depresiones tienen su origen en reacciones a acontecimientos adversos de la vida misma. No debemos dejar que los problemas nos venzan.

7. *Tener una concepción correcta del tiempo.* Que pasado, presente y futuro formen una ecuación sana, equilibrada, armónica. Lo cual podría quedar sintetizado en la siguiente fórmula: *una persona madura es aquella que vive instalada en el presente; tiene asumido y superado el pasado con todo lo que eso significa; y vive empapada y abierta hacia el porvenir.* La capacidad para superar las heridas y traumas del pasado supone tener buena salud mental. «Cada uno es hijo de sus obras», decía Don Quijote. Cada uno es el artífice de su propia felicidad.

8. *Tener el apoyo de la familia y los amigos.* Necesitamos la ayuda y comprensión de los demás. *La familia debe ser el recinto privado en donde se aprende a amar y donde mejor se siente uno comprendido.* Cada uno es como un *boomerang*: lo que se siembra en nosotros, eso es lo que se recoge. Si se siembra afectividad, confianza, perdón... se recoge eso mismo. Por esos entresijos planea la *amistad,* que no es otra cosa que *donación, confidencia y complementariedad.* Saber que en cada persona existe una gama cromática de la amistad, que va desde el conocido al amigo íntimo y entre uno y otro se abre un abanico de posibilidades y estilos amistosos rico y variado, que cambia en la forma, contenido y profundidad.

9. *Recurrir al psiquiatra cuando sea necesario.* El psiquiatra es el médico más humano que existe, aquel que debe ser *especialista en humanidad.* Pero con rigor científico y con psicología, ciencia y arte. Hay que tener presente que *en las depresiones endógenas la medicación es lo esencial; en las depresiones reactivas, la psicoterapia es la que lleva la voz cantante.* Hay que seguir las pautas terapéuticas diseñadas por el psiquiatra: tomar la medicación prescrita, cumplir las directrices apuntadas, hacer los controles de análisis propuestos, no dejar la medicación por voluntad propia, ni automedicarse. Es preciso recurrir al psicó-

logo siempre que sea necesario y saber que su labor es muy positiva, pues debe conocer lo que sucede dentro de uno.

10. *Búsqueda del sentido de la vida*. Es necesario descubrir qué es la vida, en qué consiste, para qué vivimos. He dejado para el final el punto más importante de todos. Sentido quiere decir tres cosas: 1) *Dirección*: hacia dónde vamos, de dónde venimos. Conocer y amar la verdad, lo que permanece por debajo del oleaje que ruge y se embravece, buscar lo que no es transitorio, ni pasajero, ni momentáneo, ni anecdótico... Dios a la vista. Dios que es amor. Con dos segmentos: el *microsentido* del día a día: sacarle el máximo partido a cada jornada, viviendo intensamente el momento, visión corta de la jugada de la existencia cotidiana; y el *macrosentido* de la vida: descubrir una visión larga de la jugada de lo que debe ser esta vida. 2) *Contenido*: nos desplazamos, vamos de aquí para allá, pero deben hospedarse dentro de nosotros los grandes temas de la vida, vividos a fondo, con la frescura y lozanía de lo que no se agota: amor, trabajo, cultura, amistad..., los platos fuertes del banquete de la vida. 3) *Estructura*: que existan dentro de nosotros el menor número de contradicciones internas, que busquemos la coherencia de vida, esa moneda que posee dos caras complementarias; que se dé una buena armonía entre lo que pienso y lo que hago, que entre la teoría y la práctica haya una relación equilibrada.

Vivimos en una sociedad que tiene prisa, pero que muchas veces no sabe adónde va, perdida en lo fundamental, en un frenesí hedonista que se devora a sí mismo. Buscar los valores que no se pasan con el tiempo y vivirlos, luchar por vivirlos, es la clave. Así es más fácil combatir la tristeza, sus túneles y las emboscadas que ella nos prepara para dejarnos atrapados en sus redes.

ENRIQUE ROJAS
Chinchón, 12 de abril de 2006

Las depresiones: tristezas y esperanzas

¿Qué es en realidad una depresión?

Es la pregunta clave. La variedad que presenta este trastorno y las dificultades que el psiquiatra experimenta a veces en su labor diagnóstica hacen que necesitemos precisar su concepto, *pues existe en la actualidad un uso y un abuso exagerado de la palabra* depresión. También hemos comprobado que, pese a una mayor incidencia de la depresión en los tiempos modernos, lo cierto es que este trastorno ha existido siempre, desde los palimpsestos a los llamados libros de los muertos en Egipto, desde Mesopotamia a los escritos de los siglos V y VI.

Puesto que la enfermedad muestra diferentes manifestaciones de acuerdo con las circunstancias y las características de cada cual, es obvio que nos encontramos ante un término cuyo significado puede variar según el uso que le queramos dar. Así, en el lenguaje corriente, *depresión* se refiere a una sensación de malestar relacionada con síntomas como tristeza y angustia, pero también contrariedad, mal humor, frustración, como consecuencia de algo negativo que ha sucedido. A menudo lo que se conoce coloquialmente como depresión no es tal cosa, al menos desde el punto de vista médico. La frustración, la contrariedad o la tristeza son sentimientos negativos que surgen como reacción ante un hecho adverso, pero experimentar tales estados no supone ni mucho menos estar deprimido. La verdadera depresión es un estado de hundimiento terrible que cualitativa y cuantitativamente es mucho mayor que cualquier decaimiento producido por los avatares de la vida. *El sufrimiento de la depresión puede llegar a ser tan profundo que sólo se vea como salida de ese túnel el suicidio.*

Para el especialista la depresión es un estado psicológico anormal producido tanto por factores exógenos (adquiridos) como endógenos (bioquímicos, inmotivados, hereditarios), entre los cuales cabe un espectro intermedio de posibilidades que se mueven en esos dos polos. Por eso hablamos de *depresiones predominantemente endógenas* y otras *preferentemente reactivas*. Por ejemplo, se puede hablar técnicamente de personalidad depresiva y predepresiva, como veremos, ya que existen personas que debido a factores hereditarios y ambientales parecen predispuestas a sufrir este mal. Son las típicas personas pesimistas y tristes, que siempre piensan en negativo. Por supuesto, este tipo de sujetos sólo son *propensos* a sufrir una depresión, pero su forma de ser no representa en sí misma una depresión (del mismo modo que una persona optimista puede padecer depresión en un momento dado de su trayectoria vital).

Cada época de la historia tiene su forma predominante de enfermedad y en la nuestra, se puede decir que la depresión constituye su expresión más acabada. Como hemos visto, la depresión es cosa muy antigua y existen datos relevantes para tipificarla desde hace muchos siglos, aunque en las últimas décadas los avances habidos han sido muy esclarecedores.

¿Qué significa la palabra *depresión*, qué contenidos se hospedan en su seno, cuáles son los ingredientes que residen en su geografía? *El término depresión es polisémico: tiene distintos usos y significados.* Vamos a clarificarlos:

1. Expresión que se utiliza en el *lenguaje coloquial*, que se ha popularizado y que hace referencia a un sentimiento mal delimitado, difuso, de pesar, como consecuencia de algo negativo que ha sucedido y que podría tener equivalencias con los sinónimos: frustración, desagrado, molestia, disgusto, contrariedad, enfado, etc.

2. *Estado de ánimo normal*, sano, que se da como consecuencia de algo que ha sucedido y responde a algún acontecimiento penoso, que representa la pérdida de un bien o la imposibilidad de conseguir un objetivo concreto que uno se había fijado. En sentido estricto deberíamos hablar mejor de *reacción*

vivencial normal, tomando cada palabra en sentido estricto y siempre que la respuesta afectiva esté en consonancia con el factor desencadenante.

3. *Estado de ánimo anormal* originado por un motivo o causa que actúa de estímulo desencadenante, pero cuya respuesta es desproporcionada, a corto o medio plazo. Podemos manejar también la expresión *reacción vivencial anómala*. Sus principales características son: a) se produce como consecuencia de una *vivencia*[1]; b) de aquí se deriva, se desencadena una reacción, que no habría sucedido si no existiera previamente esa motivación interna; c) el contenido debe ser comprensible psicológicamente, es decir, hay relaciones de sentido claras y fácilmente captables, aunque desproporcionadas, excesivas, hipertrofiadas; d) la evolución dependerá del acontecimiento en sí mismo y de la estructura de la personalidad sobre la que recae; e) la intensidad y la duración de la misma deben ser estudiadas en el conjunto de la biografía, el momento actual, así como factores físicos, psicológicos, sociales y culturales.

4. Significa también un *tipo de personalidad*. Se ha hablado mucho de la *personalidad depresiva*, con un perfil preciso, como una forma de ser presidida por el pesimismo y la tristeza y una forma de interpretar la realidad[2] distorsionada. Se trata aquí de un individuo que *desde siempre*, desde que tiene conciencia de ser persona, tiene un modo de pensar negativo, apreciando más lo difícil que lo fácil, los contras que los pros. Quiero puntualizar que *tal sujeto no tiene una depresión, sino que es depre-*

---

1. Esta palabra tiene una historia muy sugerente. Fue García Morente el que la tradujo del término alemán *Erlebnis*, que significa «experiencia vivida» o, dicho de otro modo, privada, íntima, en la cual el protagonista soy yo en la medida en que aquélla tiene una resonancia que circula dentro de mí. Deja una huella, un impacto y provoca una reacción subsiguiente. Ortega y Gasset trabajó sobre ella y matizó sus vertientes más destacadas.

2. La *hermenéutica* de la personalidad depresiva lleva a interpretarse a uno mismo de modo negativo, viendo más las facetas negativas que las positivas; del mismo modo, la realidad es visualizada como impregnada de matices poco agradables, lo que lleva a alejarse de ella, a distanciarse de su perímetro.

sivo; no es algo pasajero ni transitorio, sino permanente y asentado.

5. Otro concepto que quiero poner sobre el tapete es el de *la vida depresiva*, que consiste en una forma de vivir presidida por la monotonía excesiva, un gran aislamiento, falta de expectativas positivas, lo que va conduciendo a una progresiva desmotivación. Muchos pacientes comentan en una primera entrevista que llevan más de diez años con depresión y esta afirmación esconde en ocasiones esta modalidad depresiva que menciono. Una vez más se pone de relieve la importancia de una historia clínica biográfica sistematizada y completa, en donde datos de este tipo sean recogidos[3].

6. La depresión como *síntoma*. Es decir, como señal o signo que puede aparecer en muchas enfermedades generales e incluso psíquicas (pero que no sean depresiones en sentido estricto). Procesos cancerosos, enfermedades degenerativas, infecciones, endocrinopatías como el hipotiroidismo, pasando por enfermedades metabólicas o dolores crónicos de origen impreciso o de difícil curación. Desde el punto de vista psíquico, pueden aparecer síntomas depresivos en los estados de ansiedad, en las esquizofrenias (además de los estados esquizoafectivos), en las fobias y en los distintos trastornos de la personalidad (aquí la denominación actual es la de *distimias*).

7. Como *síndrome*: conjunto de síntomas. Éste se desglosa en una serie de expresiones clínicas, que siguiendo el modelo pentadimensional propuesto se quiebra en cinco apartados: esferas *somática, psicológica (vivencial), de conducta, cognitiva y asertiva* (referida a las habilidades sociales).

---

3. Tan importante es este detalle, en apariencia de escaso valor, que el psiquiatra poco avezado puede instaurar un tratamiento farmacológico de cierta intensidad, sin intentar modificar esas condiciones de vida y, en consecuencia, fracasa la terapia. Hay un *continuum* entre vida depresiva y jubilación profesional, que se puede observar en jubilados relativamente jóvenes sin aficiones o con una vida social muy pobre o que no han sabido preparar esa etapa de la vida. Son los matices de eso que llamamos genéricamente *el mundo de las depresiones*.

8. La depresión como *enfermedad*, que es su sentido más auténtico y genuino y la sitúa de lleno en el campo de la psiquiatría, la psicología y, en menor medida, de la medicina general[4]. Se trata de una entidad clínica más precisa y mejor dibujada que tiene una etiología, una patogenia (modo de producirse el cuadro clínico), una sintomatología concreta, un pronóstico, una forma de prevenir las recaídas y, finalmente, un tipo de tratamiento específico.

9. La depresión como *estado*, concepto anglosajón que hace referencia a la totalidad de síntomas en un momento determinado del curso evolutivo.

10. Finalmente, la depresión como *síndrome de* burnout, que últimamente ha tenido bastante resonancia y que menciona una experiencia singular que puede ser definida de la siguiente manera: su nombre más popular es *el estar quemado* o síndrome de estrés laboral. También *síndrome del desgaste profesional*; «estar quemado» es la expresión del lenguaje coloquial, que en español ha pasado al uso común. Sus manifestaciones son: cansancio psicológico, pérdida progresiva de la energía para realizar las labores profesionales, agotamiento, fatiga crónica, irritabilidad, actitudes negativas ante el entorno tanto laboral como familiar que conducen a reacciones frías y deshumanizadas y todo ello envuelto en un sentimiento de escasa o nula realización personal.

La primera descripción fue realizada en 1953 por Schwartz y Will, con enfermeras que trabajaban en un hospital psiquiátrico, trazando ya los principales síntomas. Pero la palabra fue puesta en circulación por Freudenberg en 1974, para referirse a los problemas de agotamiento psicológico crónico que padecían los trabajadores de ciertos servicios

---

4. Alrededor del 40% de los enfermos que son asistidos en consultas médicas generales tienen algún tipo de manifestaciones depresivas. De ahí la importancia de formar médicos generalistas con una buena preparación psicológico-psiquiátrica.

sociales. Hoy está en discusión el perímetro de este síndrome, pues se mueve entre la depresión, las reacciones depresivas, la insatisfacción laboral, la fatiga crónica o lo que se ha ido expresando de forma más acentuada como *fatiga crónica* por un lado y *deficiente realización personal* por otro. Más adelante volveré sobre este asunto.

La tristeza es el centro de la depresión. Suele ser así en la mayoría de los casos. Voy a ir dando las siguientes definiciones, una vez trazada la geometría de este vocablo. *Las depresiones son un conjunto de enfermedades psíquicas, que pueden ser endógenas o exógenas, de fondo hereditario o adquirido, cuya sintomatología está presidida por un descenso del estado de ánimo, al que se asocian cambios negativos en el campo somático, de conducta, cognitivo y asertivo.* Utilizo la palabra *depresiones* en plural, dado que existen muchas modalidades y, aunque debemos resumirlas todas en un grupo, la heterogeneidad de ellas es evidente.

Se ha discutido mucho si el síntoma más relevante es *el descenso del estado de ánimo*, que puede ser vivido como *tristeza, melancolía, apatía, decaimiento, falta de ilusión, abatimiento, desgana, aburrimiento profundo, pérdida del sentido de la vida, desesperación, hundimiento...* Hay muchos matices entre unas y otras, eso es evidente, pero en todas ellas late una misma vivencia: el humor melancólico, el dolor moral, un sufrimiento psicológico mezcla de profunda infelicidad y una tristeza honda que es vivida como incapacidad para proyectarse en el futuro. Para un gran número de estudiosos es la *tristeza* el principal ingrediente que sintetiza todo esto, aunque otras se presentan de forma más relevante en el terreno físico, en el de conducta, en el cognitivo o en el asertivo; de ahí la dificultad para hablar de forma rotunda. De otra parte, en los últimos años los cambios operados en ellas son extraordinarios.

Hoy sabemos que muchos depresivos no están tristes, sino aburridos o con molestias somáticas desparramadas por distintos territorios de la geografía corporal o que muestran trastornos de conducta o distorsiones en la forma de pensar o que presentan serios problemas en las habilidades sociales.

Por ello, al buscar lo esencial de la depresión, yo prefiero recurrir a la expresión *cambio negativo del estado de ánimo*, porque pone de relieve lo que sucede y además enfatiza la posible mezcla con otras manifestaciones físicas y psicológicas: desde ansiedad a dolores o molestias corporales, pasando por desajustes de la personalidad, fobias, obsesiones o delirios. Vale también el *descenso del estado de ánimo*, pues baja el tono vital psicológico de forma ostensible objetiva y subjetivamente.

Las depresiones, en plural, forman un grupo de trastornos del humor o del estado de ánimo o del campo afectivo, que agrupan un *continuum* entre dos modalidades contrapuestas, la *endógena* (bioquímica, inmotivada, de fondo hereditario) y la *exógena* (reactiva, motivada, de fondo adquirido), entre las cuales emerge un complejo abanico de posibilidades clínicas. Hablamos en plural, como la diversidad, variedad, estilos, abundancia y modos de presentarse ésta, que originan un territorio depresivo extenso y proteiforme, de una variedad en formas y contenidos extraordinaria, en donde a veces la clasificación de todo lo que se da dentro se hace difícil y resulta complicado agruparlo de forma ordenada. Junto al estado de ánimo deprimido, existe una disminución o pérdida del interés por casi todas las actividades, falta de energía y dificultades físicas y mentales que originan una seria alteración de la vida ordinaria, tanto de manera privada como pública.

Hoy el tema se ha desplazado hacia una serie de criterios básicos para poder estudiar las depresiones, siguiendo este esquema: forma de aparición, contenido, número de síntomas, duración, sistema de diagnóstico más fiable, pronóstico (o predicción del curso evolutivo), principales hallazgos biológicos y tipo de tratamiento a ensayar. Algunos de estos principios quedan bastante en el aire, pues al haberse popularizado el diagnóstico de depresión, la estabilidad del mismo es con frecuencia poco consistente y con el paso de un cierto tiempo éste cambia, se modifica o es matizado de otra manera.

Los criterios más recientes para poner la etiqueta de depresión son los de la American Psychiatric Association llamados DSM-IV-TR (Disease Stadistical Mental, en su IV edición; TR significa «texto revisado», que es de 2000) y el de la OMS (Organización Mundial de la Salud), denominado CIE-10 (Clasificación de las enfermedades mentales en su décima edición). Ambas, DSM-IV-TR y CIE-10, aparecerán con alguna frecuencia en el curso de estas páginas.

No obstante, hay que puntualizar que los límites de las depresiones son difusos, ya que la fluctuación de los síntomas le dan un carácter dinámico y no estático y forman una geografía clínica algo desdibujada y etérea que hace difícil mantener unos linderos demasiado rígidos.

Bajo estas premisas podemos ofrecer una definición general: las depresiones son un conjunto de enfermedades psíquicas, hereditarias o adquiridas, con una sintomatología determinada a la que se asocian cambios negativos de tipo somático, psicológico (vivencial), conductual, cognitivo y asertivo.

Lo que está claro es que se trata de un trastorno que produce un gran dolor moral, una mezcla de infelicidad y tristeza combinada con una total ausencia de expectativas de futuro.

¿Por qué aparecen las depresiones?

La sociedad desarrollada moderna, con sus prisas y exigencias, parece haber fomentado cierta proliferación de las depresiones. Al menos así se desprende de las estadísticas y la experiencia clínica, ya que los trastornos depresivos, junto a las alteraciones de la personalidad, se han convertido en las entidades clínicas más frecuentes. Por otra parte, se ha podido comprobar que la forma de las depresiones ha evolucionado y que a menudo interactúan con otros problemas de tipo nervioso o físico. Uno de los rasgos más notables en esta evolución es la tendencia a convertirse en crónicas. ¿Cuál es la razón? Sin duda una combinación de factores entre los cuales podemos destacar la ruptura del tejido social tradicional. En nuestros días es cada vez más habitual la existencia de familias monoparentales, con frecuencia fruto de divorcios previos o parejas de hecho sin más o parejas de hecho rotas y vueltas a rehacerse.

Por otra parte, es notable la capacidad de las depresiones para ocultarse bajo la apariencia de otras enfermedades, lo que a menudo dificulta el diagnóstico. En muchas ocasiones la persona acude al médico de cabecera aquejada de síntomas imprecisos que pueden confundirse con un trastorno de tipo físico. Ante tales casos es necesaria una colaboración estrecha entre la medicina interna y la psiquiatría, pues no debemos olvidar que *la depresión ha cambiado de vestido* y junto a las formas clásicas comienzan a despuntar otras variedades depresivas, a veces muy complejas.

La dispersión de los síntomas, ese borrado de los límites claros de la depresión tal y como era estudiada hasta hace pocas décadas, requiere especialistas alertas que presten atención a ciertos detalles, en particular al hecho de que síntomas que en otro tiempo se consideraban secundarios ahora pueden ser de capital importancia. Por otra parte, a la hora de elaborar un diagnóstico, el médico debe centrarse en cada síntoma por separado y tener siempre en cuenta que la comorbilidad (asociación de patologías distintas) es muy corriente. Por ejemplo, depresiones asociadas a fobias, obsesiones y, en casos extremos, esquizofrenia. La situación puede en ocasiones llegar a tal punto que no es posible establecer un diagnóstico unificado, sino que hay que analizar por un lado lo sustantivo, es decir, los rasgos que definen el trastorno y por otro lo adjetivo o accesorio. Éste es un problema añadido a la hora de fijar un diagnóstico, ya que puede ocurrir que el paciente no esté realmente deprimido, sino que se sienta triste de forma natural por la razón que sea. O bien que estando en realidad deprimido no se sienta en absoluto triste, sino «enfermo». A veces el trastorno se manifiesta en fases que se repiten con cierta periodicidad y otras veces el mal es permanente.

Aunque se barajan diversos factores ambientales, personales, laborales y hasta hereditarios como posible causa de las depresiones, lo cierto es que muchas veces ni siquiera parece haber un disparador aparente. Por este motivo resulta fundamental el análisis de la historia vital y clínica del paciente para buscar antecedentes que hayan ejercido influencia en la aparición y desarrollo de la enfermedad. La vida es un continuo puente entre el pasado y el futuro. La existencia se basa en una suma entre nuestra experiencia y nuestros recuerdos y los proyectos y expectativas que albergamos. Entre unos y otros se eleva el siempre fugaz presente. La depresión puede representar una ruptura de ese puente. El paciente depresivo debe recordar que la vida es siempre un proyecto, un viaje hacia delante. Pasado, presente y futuro constituyen nuestras tres dimensiones vitales. La persona psíquicamente sana vive empapada de futuro y la pérdida de expectativas puede ser una de las causas fundamentales de la depresión.

A modo de guía para el lector y de acuerdo con mi experiencia clínica, las depresiones, que analizaremos con más detalle en los siguientes capítulos, pueden clasificarse, por su posible origen, de la siguiente manera:

TIPOS DE DEPRESIÓN SEGÚN SU ORIGEN
— Personalidad predepresiva. — Personalidad depresiva. — Depresiones exógenas (reacciones depresivas y reacciones adaptativas). — Depresiones endógenas (inmotivadas). — Depresiones asociadas a otro trastorno (comorbilidad). — Distimia depresiva (trastorno distímico). — Depresión monopolar. — Depresión bipolar. — Depresiones crónicas. — Depresiones obsesivas. — Alexitimia.

No obstante, en la génesis de la depresión debemos valorar en primer lugar la influencia de dos factores básicos: la tristeza y la inhibición.

¿Tristeza o inhibición?

Con mucha frecuencia no está claro si en el origen de algunas depresiones se encuentra primero la *tristeza*, una congoja del ánimo, o una mera *inhibición*, la sensación íntima de no tener ganas de hacer nada, de estar como bloqueado o ralentizado. Cada autor manifiesta una opinión al respecto, aunque en la práctica clínica parece haber quedado demostrado que se trata de dos sentimientos independientes, si bien coordinados, ya que la inhibición suele ser fruto de la tristeza previa. Como veremos enseguida, la tristeza (y la preocupación) es un sentimiento esencialmente reactivo; la inhibición, que adopta formas diferentes, es un componente que se asocia a diversos trastornos nerviosos, entre ellos las depresiones.

Así que en primer lugar debemos analizar qué sentido tienen los sentimientos de inhibición dentro del padecimiento depresivo. En general, la inhibición se manifiesta en depresiones ya avanzadas, cuando el paciente se siente incapaz de hacer nada ni de emprender ningún proyecto. En casos extremos la persona afectada ni siquiera tiene ganas de hablar con las personas que le rodean, lo que supondría un ejemplo radical de inhibición. Es como una lucha entre el querer y el no poder: la capacidad de acción está ahí, pero resulta inoperante. Los pacientes suelen describir esta situación de manera muy expresiva: no hay un mal físico, pues el enfermo no se encuentra imposibilitado, simplemente carece de intencionalidad para actuar, como si hubiera una ruptura entre el yo y el mundo exterior.

Esta separación entre el sujeto y el objeto se produce como resultado de la inmersión del depresivo en su propio mundo de negatividad. No se siente capaz de compartir la vida con los demás, ni de emprender acciones o proyectos. Perdido el interés por las cosas, el proceso depresivo tiende a autoalimentarse: el enfermo se encierra en sí mismo, busca lo negativo en todo, se culpabiliza de cualquier cosa, sus relaciones se vuelven problemáticas y se sumerge en pensamientos penosos del pasado o plenos de incertidumbre hacia el futuro...

El término *inhibición* a menudo resulta un tanto inconcreto para estudiarlo como ingrediente básico de las depresiones, por lo que vamos a dividir este síntoma en cuatro variedades que describiremos someramente a continuación. Se trata de bradipsiquia, inhibición psicomotriz, apatía y despersonalización.

— *Bradipsiquia.* El paciente nota que ha perdido el ritmo habitual de vida. Siente que todo va más lento, que las cosas son más pesadas. Tiene dificultades para expresarse, para tener ideas, para comunicarse, para recordar lo que acaba de hacer. Se mantiene en silencio o sólo habla para lamentarse. El llanto es frecuente. Hay una inmersión en un mundo interior cada vez más oscuro.

— *Inhibición psicomotriz.* Es lo que podríamos llamar inhibición en sentido estricto. La atención y la capacidad de estímulo-respuesta se reducen de manera notable. Falta expresividad y se cae en la inacción. Bloqueo, paralización, estar como parado.

— *Apatía*. Constituye un estado intenso de indiferencia. Las relaciones se descuidan, así como el arreglo personal y el aseo. La afectividad está sin vibración.

— *Despersonalización*. El paciente siente que «no es el mismo que antes». Éste no es un rasgo exclusivo de la depresión, ya que se encuentra en muchos otros trastornos psíquicos, pero puede ser un buen indicativo. Algunos pacientes se extrañan de ver su rostro en el espejo, como si fuera el de otro, o como si estuviera cambiando. Cuando la extrañeza del yo llega a un punto extremo, el paciente empieza a sentirse desligado de la realidad.

En definitiva, la vida es movimiento, por lo que la inhibición asociada a la depresión constituye todo lo contrario: un freno. En tal sentido podemos describir la inhibición, rasgo fundamental del trastorno depresivo, como ese obstáculo interno que no nos deja hacer nada. Es el triunfo de la pasividad, que si no se controla puede llegar a dominar por completo la vida del enfermo, que se deja llevar y se encierra en un círculo vicioso autodestructivo. En una situación así el depresivo profundo puede terminar perdiendo el contacto con la realidad, lo que explica por qué con cierta frecuencia las depresiones profundas se asocian a otros trastornos psicológicos.

Las tendencias suicidas: el camino a la autodestrucción

Como se decía en la antigüedad, en la depresión abundan las ideas negras. Si la evolución del trastorno no se ataja, suelen brotar las tendencias suicidas como manifestación radical de esa ruptura de relaciones, de ese anormal rechazo tanto a lo exterior como al propio yo. Si se llega realmente al punto de intentar el suicidio (en casos muy graves), es que el enfermo ha alcanzado ese nivel característico del «no puedo mas, así no puedo vivir». En ese momento la tristeza y la inhibición dominan un cuadro clínico en el que aparecen todo tipo de sentimientos negativos: angustia, miedo, agotamiento, insomnio... y desesperación: la vida ha dejado de tener sentido y ya no representa un valor, sino una tremenda e insoportable carga, se ve superado por su trastorno.

La tendencia suicida de muchos depresivos profundos atraviesa una serie de etapas bastante bien definidas, aunque no se dan todas siempre ni necesariamente en este orden. En la primera se hace mención a la muerte, aunque aún no aparece con claridad alusión alguna al suicidio: *etapa de las ideas de muerte*. La segunda la denomino de *la posibilidad suicida*: el paciente considera la alternativa de la autodestrucción. En la tercera etapa se produce una cierta *aceptación* del hecho, llegando en casos graves a convertirse en una *idea obsesiva*, que se percibe como camino de liberación del sufrimiento. La cuarta la llamo de *las influencias informativas*: el enfermo recibe noticias de alguien que ha intentado suicidarse o de que esa tendencia se ha consumado, como un refuerzo de su estado anímico y empieza a barajar formas de quitarse la vida; es un periodo de elevado riesgo, ya que de este quinto momento, el *de ejecución*, se puede pasar de manera casi automática a la autoagresión fatal y definitiva.

Es necesario aplicar una constante vigilancia sobre el enfermo y, si es posible, evitar que obtenga información sobre el tema que le obsesiona. No gana nada al saber que otros han intentado matarse o han tenido conductas autodestructivas. Este camino no es tan rápido ni tan evidente como acabamos de describir. Para llegar a la fase final o de decisión suicida[5], el paciente habrá dado muchas vueltas a la idea e incluso habrá previsto los más mínimos detalles, incluida la carta de despedida en la que explica a su familia o amigos las causas de su decisión. Esta capacidad de reflexión y planificación, a veces muy detallada, es característica de ciertas depresiones y no se da en otros trastornos psíquicos con componente autodestructivo, como pueden ser ciertas formas de epilepsia, psicosis o esquizofrenia.

---

5. Puede decirse que es un rasgo patognomónico (muy característico) de la depresión mayor, es decir, el síntoma específico de la enfermedad, el que basta por sí solo para definir el diagnóstico. Por ejemplo, el síntoma patognomónico de la hepatitis es la ictericia. En trastornos mentales, la violencia sin sentimiento de culpa es el síntoma patognomónico de la psicopatía. En la depresión estos síntomas son la *tristeza* y la *falta de ganas de vivir*, tan relacionados con las ideas suicidas.

FASES DE LAS TENDENCIAS SUICIDAS (ROJAS, 2006)
1. Hablar con frecuencia de la muerte. 2. Posibilidad suicida. 3. Aceptación. 4. Influencias informativas. 5. Decisión suicida.

Se da la paradoja de que en pacientes con tendencias suicidas la inhibición no es por completo negativa. Esa incapacidad de actuar evita en muchos casos que el paciente acabe con su vida, ya que, por no tener ganas, ni siquiera tiene ganas de suicidarse. De este modo, al menos, el médico dispone de tiempo suficiente para recuperar incluso a los pacientes más gravemente afectados. En realidad, los momentos más peligrosos de cualquier depresión o fase depresiva son los iniciales y finales, cuando el enfermo no se encuentra tan dominado por la enfermedad y se siente con fuerzas para tomar decisiones.

Un caso particular es el de las depresiones ansiosas, que a veces parecen mejorar de golpe al desaparecer la ansiedad en el paciente. Sin embargo, esta evolución, si no se explica por alguna razón (por ejemplo, la administración de medicamentos), puede ser motivo de alarma: la ansiedad ha desaparecido porque el enfermo ya ha concretado su plan de suicidio y se siente, por lo tanto, liberado de presiones. Por supuesto, no queremos indicar con lo antedicho que todos los depresivos vayan a intentar suicidarse, pero es un riesgo que tanto el médico como el entorno del enfermo deben tener en cuenta. Hay que saber explorarlo, con una mezcla de delicadeza y sentido práctico, no hacer preguntas que inciten a pensar en el suicidio, ni ser tan poco operativos que no reparemos en esa posibilidad.

Caso clínico: un intento de suicidio en una vida sentimental conflictiva

Estamos ante una mujer de cuarenta y cinco años que acaba de intentar suicidarse. Se ha tomado unas cincuenta pastillas (psicorrelajantes, ansiolíticos, analgésicos, hipnóticos, mezclados con alcohol). Ella nos relata todo lo que le ha sucedido: «Con 19 años me quedé embarazada de un chico con el que salía desde hacía unos días. Fue en las fiestas de la ciudad en que vivo. Yo había tenido ya otro novio con dieciséis años. El impacto fue terrible y mis padres me ayudaron en ese difícil trance. El embarazo fue malo, pues me quedé anémica y en los primeros meses vomité con frecuencia. Tuve a mi hijo, que hoy en día es lo más importante que tengo. Yo dejé de estudiar y por cosas de la vida mi familia me dijo que yo no era mucho de libros. Trabajé en una joyería desde los veintitrés años, lo que me hizo conocer a mucha gente. Tuve un novio por ese tiempo, con el que me ilusioné... y después me dejó. Ya estaba yo muy escarmentada de los hombres y vivía en casa de mis padres con mis hermanos. Soy la segunda de cinco.

»Fue pasando el tiempo y mi objetivo era mi hijo, después mi familia y mi trabajo. Ése era mi círculo. Salí con algún chico, pero el ser madre soltera creo yo que hizo que los posibles novios que pudiera tener se retrajeran. Tenía mi círculo de primos y yo veía que iba a ser difícil que encontrara un hombre. Tengo que reconocer que hubo un tiempo en el que yo estaba obsesionada con lo del novio, pero unos y otros consiguieron que lo pasara a un segundo o tercer plano.

»Teniendo yo treinta y un años, me invitaron unos amigos a pasar un fin de semana a la playa, semanas antes del verano. Éramos diez personas. Conocí allí a un señor de cincuenta y cuatro años, amabilísimo, con el que después me quedé charlando por la noche e hicimos muy buenas migas... No sé qué fue lo que nos pasó a los dos, pero hubo sintonía. Yo le conté mi vida de arriba abajo. Él me dijo que estaba casado y me contó algunas cosas de su profesión. Los dos días siguientes seguimos hablando y prácticamente hicimos un aparte con el resto del grupo y fueron para mí unos días muy gratos.

»Pero cuál fue mi sorpresa que a la semana siguiente ya me estaba llamando para decirme que se acordaba de mí y que lo había pasado muy bien. Empezó a llamarme casi a diario y yo, aun sabiendo que estaba casado, me dejaba querer... Yo estaba muy sola y hacía mucho tiempo que no había sentido nada parecido a lo que estaba viviendo con este señor. Vino a verme varias veces, pues vivía fuera de mi ciudad.

»Me dijo que tenía hijos y poco a poco me fue informando de su familia. Cinco hijos y la relación con su mujer había entrado en una situación de monotonía y enfriamiento. Se estaba planteando separarse, pero no se atrevía por el daño que pudiera hacerle a sus hijos. Nuestra relación ha seguido durante muchos años, hasta la fecha. Tengo muchos regalos suyos, cartas, llamadas, venidas a verme entre semana, trozos de días durante las vacaciones de verano... Y él, siempre trampeando con su familia, diciendo medias verdades y pasando momentos de tensión y ansiedad por su parte.

»En estos años la relación ha sido difícil. Él me ha prometido que se iba a separar y que su matrimonio estaba acabado y no sé cuántas cosas más, pero desde hace ya unos años, nos vemos cada dos semanas o más tiempo, aunque el teléfono es el modo frecuente de comunicación. Yo me siento utilizada y me acabo de enterar de que su mujer le plantó cara a raíz de enterarse de lo nuestro y dijo de separarse. Le ha contado todo a sus hijos y se ha organizado una batalla campal en la familia. Él me ha ido dando información sobre lo sucedido, aunque yo sé que me ha ocultado muchas cosas. Finalmente me entero por amigos comunes de que le ha pedido perdón a su mujer y que vuelve con ella, diciendo que yo he sido un entretenimiento sin más, un pasatiempo».

Estamos hablando de mujer de clase social alta, pero sin estudios prácticamente. Poco cultivada, pues lo que más le ha gustado siempre ha sido la vida social y, al no haber ido a la universidad, no tiene hábito de estudio y menos aún de lectura. Es físicamente atractiva, presumida, cuidadosa de su imagen y con muchos tópicos y lugares comunes de alguien poco consistente en sus ideas. A su hijo le ha educado bien, aunque con pocos criterios en el tema de los estudios.

El amigo de mi paciente ha aceptado venir a la consulta. Se trata de un galán bastante apuesto, buena pinta, con facilidad de palabra y con un tono crítico hacia la sociedad, cáustico y escéptico, que lo justifica todo. Me dice: «Le voy a ser muy sincero. Yo he querido mantener a estas dos mujeres conmigo; mi mujer es la madre de mis hijos y por eso no quiero dejarla; la otra me divierte, es una ventana de aire fresco, está siempre ahí dispuesta a lo que yo le pida y hasta ahora se ha conformado con el trato que le he dado. He sido muy detallista y generoso con ella. Desde que mi mujer se ha enterado de que ella existe, las tensiones, insultos, discusiones y durezas han ido en aumento. Yo he venido a verle porque desde hace tiempo ella dice que tiene depresión, que está baja de tono y yo quiero que usted le dé la pastilla[6] que corresponda para que esto se arregle, pues me lleva hablando hace mucho tiempo de que un día se suicida y para mí eso sería de una responsabilidad enorme y no quisiera yo cargar con ese peso». Él es un hombre de negocios, listo, con una gran capacidad para la gestión inmobiliaria, que va de conquistador por la vida, pues hace afirmaciones en ese sentido que lo delatan.

Mi paciente comenta: «De pronto me dice que lo nuestro se acaba, pero que yo soy y seré la mujer de su vida; que soy una mujer maravillosa, que no me quiere dejar, pero que no podemos seguir así... En fin, una confusión total, yo estoy destrozada y creo que todo se solucionaría si yo me voy al otro barrio. Mi familia está fatal, mi hijo está destrozado, hace tiempo que he dejado de ir a trabajar porque estoy obsesionada con esto, todo el día dándole vueltas a lo mismo».

Se le ha pautado una medicación, porque estamos ante un estado de *ansiedad generalizada reactiva* a toda una serie de vivencias de gran sufrimiento, en alguien con una evidente *inmadurez afectiva*, que se ve metido en un laberinto sentimental rocambolesco. Todas estas experiencias terminan, aterrizan, declinan hacia una modalidad de depresión cuyos elementos son abigarrados y en donde todo se interconecta[7].

---

6. Sorprende la frivolidad y el enfoque tan superficial de este individuo. Esto que aquí aparece es relativamente frecuente: tratar de arreglar un problema humano y por supuesto psicológico, con una pastilla. Es una reacción monumental de pobreza ante un asunto de gran envergadura. Es una caricatura de ayuda. Su reacción rechina como una puerta mal engrasada. Él representa muchas cosas negativas a la vez: juego ambiguo, personalidad narcisista, fresco de peripecias singulares que se autojustifica en todas sus actuaciones y que ha provocado en mi paciente —una mujer endeble, vulnerable, poco consistente, zarandeada por una vida afectiva bastante vacía— respuestas de desencanto que han aterrizado en dos intentos de suicidio, uno leve y otro severo.

7. Las ideas y/o tendencias suicidas son muy frecuentes en las depresiones agudas y plantean el ingreso hospitalario inmediato. El psiquiatra debe valorar cada caso con pericia y objetividad. Conocer bien la psicopatología es importante, porque significa amar la clínica con conocimiento de causa. Desde Jaspers a Kart Schneider, pasando por Henry Ey, hasta llegar a los más recientes, como G. Vidal o Vicente Gradillas, su estudio debe ser la base sobre la que construyamos el edificio psiquiátrico.

Su tratamiento farmacológico ha sido: ansiolíticos, facilitadores del sueño y un reconstituyente. La psicoterapia ha sido compleja y necesaria la ayuda de dos hermanos para que ella se sintiera apoyada y fuerte, para tomar la decisión de dejarlo, con mucho sufrimiento, cambiando sus teléfonos (fijo y móvil) y con la fuerte determinación de que lo mejor para ella era acabar con esta relación tumultuosa, inestable, llena de altibajos, que ha formado un tapiz de retales incongruentes y neuróticos.

Diferencias y semejanzas entre la tristeza normal y la depresiva

Estar triste es sentir melancolía. Sentir melancolía es catalogar el paisaje interior como sombrío. La mirada personal se posa sobre lo que se ve y se piensa de modo pesimista.

La palabra *tristeza* está envuelta en un halo tenue y difuso centrado en un malestar afectivo. Sus características nos ofrecen un paisaje singular por el bosque de los sentimientos, en donde las distintas especies están mezcladas, formando una tupida red de afectos en la que es clave saber distinguir unos árboles de otros. Nos vamos dejando atrapar por la fascinación de lo que allí encontramos, seducidos por la diversidad de estados emocionales que se traducen en hechos, vivencias, matices y sentimientos nómadas. Es difícil salir ilesos de esa travesía, pues quedamos atrapados en un vocabulario que nos lleva al diccionario personal de la afectividad, retocando y puliendo todo lo que hasta entonces teníamos por fijo e inamovible.

Es muy interesante analizar las *diferencias entre la tristeza psíquica* (reactiva) y *la tristeza depresiva* (inmotivada), la que tiene una persona sana y la que tiene una persona afectada de una enfermedad depresiva. Esto lo analizaremos poco a poco, desgajándolo en segmentos concretos, por la importancia didáctica que tiene.

En cuanto a los *motivos*, la *tristeza psíquica* está producida por acontecimientos negativos evidentes, que han significado un impacto displacentero, que pueden de alguna manera ponerse en evidencia y a los que, en la gran mayoría de las ocasiones, el mismo sujeto hace alusión en el transcurso de su relato. Está triste porque tiene motivos para estarlo. Es la consecuencia de algo que ha sucedido y le ha impactado, pudiendo ser un hecho en solitario o varios de menos intensidad que se suman y como resultado se produce esta respuesta. Por el contrario, en la *tristeza depresiva* no existen dichos motivos, aunque el mismo enfermo, en un intento de escudriñar y entender lo que ocurre, racionaliza la situación, dándole una exclusiva importancia a hechos en sí mismos menores, de poco valor y que ante una serie de observadores imparciales serían calificados de intrascendentes, poco importantes, anécdotas negativas de escaso valor. Este proceso reflexivo se efectúa interiormente en el enfermo y conduce a la fabricación de falsas razones[8] y argumentos que le ayudan a establecer el porqué de su estado de ánimo. La pericia y la experiencia del psiquiatra en tales casos deben ir encaminadas a entender este mecanismo, dándole su justo valor y analizando minuciosamente cómo empezó todo, cuáles fueron los primeros síntomas, etc.

El interrogatorio del psiquiatra o del psicólogo debe cubrir los seis puntos que ha de estudiar todo buen cronista; quién, qué, cuándo, cómo, dónde y por qué, que sustituyen y amplían las tres clásicas preguntas hipocráticas: qué tiene, desde cuándo y a qué lo atribuye.

En cuanto al *sentido*, debemos aclarar qué quiere decir esto. *Sentido es contenido, dirección y unidad interior* (que existen con el menor número de contradicciones posibles). Podemos decir que la *tristeza psíquica* tiene un sentido, ofrece una dirección a través de la cual podemos descubrir el trayecto que se ha seguido. Hay, por tanto, una relación de hechos que nos hacen ver de dónde viene y hacia dónde va esta experiencia subjetiva.

La *tristeza depresiva* tiene un sentido mucho más oscuro, ya que no se suele entender, no es consecuencia de algo pero pone al descubierto las preocupaciones primordiales que se alojan en su interior, agigantándose patológicamente y haciendo su aparición como temática

---

8. A esto se le llama *racionalización*, muy habitual en personas obsesivas o esquizoides, que procesan mal la información por un análisis excesivo, prolijo e interminable.

fundamental de la fábula delirante[9]. Los casos más complejos son aquellos en los que se combinan la actividad psíquica y la vital, uniéndose además racionalizaciones de diversa índole y estructura, produciéndose un cuadro con una mixtura compleja en donde el mismo sujeto puede hacer interpretaciones un tanto singulares sobre el cómo de su estado presente.

Las *depresiones endorreactivas* son endógenas y exógenas a la vez, imbricándose lo inmotivado y lo motivado. La clínica es la gran maestra y nos enseña la frecuencia de estos acontecimientos.

Desde el punto de vista de la *vivencia*, la *tristeza psíquica* se experimenta como algo que, aun siendo grave, no es absolutamente demoledor. La persona hace una valoración más o menos ponderada de lo que ha sucedido, según su forma de ser. Por otra parte, el que está triste por algo que le ha ocurrido puede aún ponerse más triste si se añade algún otro acontecimiento negativo para su vida. Es decir, no está agotada la capacidad de entristecerse. Las melancolías tienen nombre y apellido, pueden ser cuantificadas mediante escala de evaluación o instrumentos de medida.

En cambio, la *tristeza depresiva* se vive más hondamente, como algo irreparable en su más alta expresión. Cuando la depresión endógena es de escasa intensidad, esta tristeza es vivida más superficialmente tanto en el aspecto psicológico como somático. En cambio, en aquellas muy intensas y graves se siente interiormente como una falta de resonancia afectiva, como un *no poder estar ya más triste*; tan es así que, cuando se suma un acontecimiento negati-

---

9. Se inserta así un *delirio depresivo* que no se puede corregir con la entrevista normal o con la psicoterapia, por la consistencia de certeza con que se vive. Sus contenidos principales son la culpa, la ruina, pero dependen de las llamadas preocupaciones primordiales de cada ser humano: así, el *homus economicus* se siente en la bancarrota económica; el *homo religiosus* se cree condenado; el que está centrado en su cuerpo *se vuelve hipocondríaco*; el que vive muy pendiente de la estética corporal, si es joven, cae en la anorexia y si está ya en la segunda juventud, puede aterrizar en las obsesiones estéticas; si está traumatizado por el pasado, se instala negativamente en él, de forma obsesiva. Y así sucesivamente.

vo, el enfermo lamenta no poder ponerse más triste, porque ha tocado techo. Dicho de otro modo, el que aún se puede poner más triste no tiene una verdadera depresión, ya que ésta suele mantenerle como bloqueado para nuevas emociones. Kurt Schneider hablaba en tales casos de *anestesia afectiva*. *La experiencia subjetiva es de vacío, imposibilidad de tomar parte activa en el mundo de las emociones, es como si la vida afectiva estuviera seca, marchita, árida, acartonada, acabada y sin posibilidad de respuesta.*

La *intensidad* es menor en la *tristeza psíquica*, aunque si el acontecimiento que la provoca es muy fuerte y de serias repercusiones en su vida, ésta puede vivirse a unos niveles de extraordinaria profundidad. No obstante y por lo general, es menos intensa. Su evolución diaria suele ser más o menos uniforme. Su curso longitudinal tiende a disminuir a medida que cronológicamente se va alejando la vivencia traumática.

Por el contrario, la *tristeza depresiva* es, por regla general (pueden existir excepciones), más intensa y se queda uno como atrapado en esas mallas sin poder escapar. Las racionalizaciones (la fabricación de argumentos y razones) pueden actuar como mecanismo de realimentación, haciendo que ésta vaya poco a poco acrecentándose. Su evolución diaria suele ofrecer un ritmo circadiano[10] bastante típico.

Es apasionante el tema de las modificaciones de los ritmos circadianos de oscilación de ciertas sustancias orgánicas, como el colesterol, los aminoácidos, el hierro, la glucosa, variaciones en la hematopoyesis, secreción de orina, pulso, temperatura, tensión arterial, etc. En tal sentido los experimentos de Lobran son muy significativos: estudió a un grupo de individuos habituados al ritmo luminoso de Europa que, al trasladarse al Ártico, tuvieron que

---

10. *Circadiano* es un término derivado del latín: *circa*, alrededor y *dies*, día. Indica en general mayor intensidad por la mañana y marcada disminución a última hora de la tarde. Fue acuñado por Halberg, que lo consideró, como Aschoff, debido a una oscilación autoexcitable.

someterse a un patrón de iluminación continuo, ya que la experiencia se efectuó en verano, durante el cual no se pone el sol. Estudió los ritmos de excreción de orina al día, cuya excreción de electrolitos disminuye por la noche y aumenta durante las horas de actividad. Se les impuso una ritmicidad, mediante ciclos de 21 a 27 horas, suministrándoles unos relojes, pudiendo observarse que los ciclos de excreción urinaria y de temperatura rectal se adecuaban a estas oscilaciones muy rápidamente; sin embargo, el ritmo de excreción de potasio se mantuvo en su oscilación a lo largo de 24 horas.

Otros experimentos han puesto de relieve cómo se puede modificar el ritmo circadiano de las constantes sanguíneas y urinarias, por ejemplo, estableciendo, mediante modificaciones de exposición a la luz o a la oscuridad, ritmos circabidianos (de cada dos días), circatridianos (de cada tres días) e incluso circaseptianos (de un ritmo de siete días). Esto es válido también para ciertas enfermedades. Desde antiguo se conocen enfermedades periódicas, una de las cuales es la depresión bipolar; en medicina general nos encontramos con otras, como la peritonitis periódica, la fiebre recurrente, algunas formas de edemas, la púrpura abdominal de Henoch, etc.

La actividad periódica podemos encontrarla a todos los niveles; desde el celular (ritmo de síntesis de DNA y RNA, ritmo de mitosis, etc.), a nivel de órganos o sistemas orgánicos (ritmo sueño-vigilia, alternancias reposo-actividad, ritmo de temperatura oral o rectal, etc.) e incluso también a nivel grupal. Parece que la actividad rítmica es una propiedad característica de todo organismo vivo.

Trasladando este tema al de las oscilaciones diarias del estado de ánimo, en el caso de la *tristeza depresiva* los trabajos más recientes han puesto de relieve que sólo en las depresiones bipolares y en las muy endógenas (gran fondo hereditario claramente visible en el historial del paciente) la tristeza es más intensa por la mañana y tiende a aminorarse por la tarde (Burt y Rasgon, 2005). En las depresiones monopolares este dato suele ser muy caprichoso. En la actualidad las investigaciones van encaminadas al estudio de *periodogramas emocionales* en los cuales se registra la fluctuación circadiana de la vida emocional, estableciéndose así una *cronobiología de la afectividad* con sus perspectivas psicosomáticas[11].

Con respecto, por ejemplo, al ritmo circadiano de la temperatura corporal en esquizofrénicos crónicos, son muy sugestivos los hallazgos de Aschoff y su equipo, muy característico, de mayor intensidad por la mañana y de mejoría por las tardes, esto especialmente en las depresiones bipolares (siendo más irregular el ritmo diario en las monopolares). Por otra parte, en las depresiones endorreactivas, desencadenadas por algo (*exógenas*) y también en las inmotivadas (*endógenas*), cuando la tristeza es depresiva o vital y psíquica al mismo tiempo, el ritmo circadiano de la misma está en muchas ocasiones invertido, relativamente bien por la mañana y cierto empeoramiento por la tarde.

Con respecto a la *duración* podemos decir lo mismo que de la intensidad: en la *tristeza psíquica* es menos prolongada, aunque también dependiendo siempre de la importancia del factor vivencial, del hecho en sí mismo considerado, de la personalidad del sujeto, de su forma habitual de reacción psicológica, etc. Bien podría recordarse aquí aquello de que *el tiempo cura todas las heridas* y si no todas, casi todas y, por supuesto, suaviza la experiencia.

La *tristeza depresiva* permanece bastante más tiempo y, a medida que ésta se alarga y sostiene un nivel suficiente de intensidad, se abre a través de ella una fisura que descubre y hace emerger a primer plano la preocupación o preocupaciones esenciales de esa existencia en particular. Se pueden dar los tres tipos de preocupaciones básicas (imagen, dinero, creencias), formando esa triple temática que constituye

---

11. Los trabajos en este sentido son muy numerosos en los últimos años y sólo a título informativo muy general citaremos, por lo que respecta a las anorexias: Vande Wiele (1973), Beaumont y cols. (1973), Kalucy (1974), Macklenburg (1974), Yoshimoto y cols. (1975), Frankel y Jenkens (1975), Halmi y Sherman (1975), Jequier y cols. (1975), Winter (1976), Dickerman y cols. (1976), George y Beaumont (1976), Kron y cols. (1977), Katz y cols. (1977), Tañer (1977), Goodwin (1990), Russell y Wakeling (1994), Paykel (1997) y Hayden y Klein (2001), entre otros.

la llamada *fábula depresiva*, en la que estos tres grandes temas universales pueden estar presentes a la vez[12].

En la actualidad, con la secularización de la cultura occidental, prosperan más fácilmente las ideas hipocondríacas y han desaparecido en buena medida los sentimientos de culpa, que de vivirse lo hacen muy en relación con lo social, es decir, la culpa se pone en relación con el exterior, con el entorno humano. Hay un punto que conviene tener presente: *cuando una tristeza psíquica crece en intensidad y dura mucho tiempo, tiende a irse convirtiendo poco a poco en tristeza depresiva.* Este hecho es de observación bastante frecuente, cuando, mediante una reacción de trasfondo que provoca una hiperactividad depresiva, la tristeza se vitaliza.

Con respecto al *plano de los valores* (también llamado *axiológico*), en sentido amplio, hay que decir que una y otra acercan a ese mundo, al de los *suprapersonales*, aquellos que están por encima de lo de cada uno, de los intereses individuales y que forman una constelación más rica y amplia.

Fue Wundt el que desde el punto de vista de la psicología científica reconoció la insuficiencia de la clasificación de los sentimientos según el binomio placer-dolor. Él defendió a finales del siglo XIX tres direcciones fundamentales en los sentimientos: placer-dolor, excitación-calma, tensión-relajación.

Más adelante Krüger amplió este estudio haciendo hincapié en la importancia de la profundidad de los sentimientos. El dolor nos descubre la otra cara de la existencia: aquella mediante la cual sabemos que la vida misma puede volverse en un enemigo, enemigo nacido en nuestra propia casa. Los dolorosos, por el contrario, los sufrimos como seres individuales y aquí no hay escapatoria posible, pues éstos inciden sobre el *yo*, que es como el centro rector de la personalidad.

---

12. La salud física, la economía o salud material y el más allá o la salud espiritual. Dan lugar a los tres ingredientes de la fábula, salen de su escondrijo pidiendo protagonismo. Pero lo más frecuente es que predomine alguna de ellas, no todas al mismo tiempo. Retratan la personalidad de ese sujeto que está padeciendo una depresión.

En ella experimentamos con claridad el aislamiento y el desamparo, desorganizando nuestra intimidad. Por el dolor, la vida ya no es regalo, ni don, ni merced, sino dificultad, limitación y amenaza. Todos queremos escapar del dolor, pero es necesario para la maduración de la personalidad y para crecer en fortaleza. *El dolor moral, como es la tristeza, tiene más profundidad que el dolor corporal, que de alguna manera puede reducirse, que es más accesible para combatirlo.*

Parece como si el dolor quisiera enseñarnos una lección profunda sobre la realidad de la existencia: ayuda a replegarnos sobre nosotros mismos, nos invita a la soledad. Sólo desde la soledad puede el hombre iniciar la reconstrucción de su propia vida. El dolor es la piedra de toque que ayuda a la maduración personal. Ésta es la lección que nos trae la tristeza: en ella a veces el dolor y el sufrimiento se mezclan, conviven, se imbrican, se alimentan el uno del otro y dan lugar a una experiencia de malestar singular y profundo.

Pero podríamos hacer aquí una extrapolación entre ella y la angustia: ambas tienen muchos puntos en contacto, también por ella le tomamos el pulso a la existencia propia, la vida se detiene y nos embriaga con sus miedos difusos y su anticipación de lo peor. Se desvelan así nuestros mundos internos. En estas situaciones el hombre se encuentra irremediablemente solo, a diferencia de lo que sucede en la alegría, en el gozo o en el placer; por ellas el hombre lo que hace es alejarse de sí mismo, salir de su propio refugio y compartir el mundo con los demás; hay, entonces, una inclinación y un deseo de sintonizar con los demás, de llevar a cabo una confluencia afectiva.

Ahora bien, cuando la tristeza es tan intensa que el sujeto llega a un punto en que ya no puede más, que sus fuerzas no es que estén al límite, sino que se han acabado, la inclinación suicida no tarda en aparecer. Por tanto, podríamos decir que, llegado a un punto tan extremo, esta experiencia ofrece la vertiente del grado máximo de sufrimiento, que por ser insoportable busca ya la única salida posible, convirtiéndose entonces en negativo, pues desprecia la vida como bien. Esto es, en realidad, lo que pasa con muchos enfermos depresivos. La reflexión a la que invita la tristeza queda sobrepasada.

El buen vino tomado a pequeñas dosis estimula, pero cuando se pasa una cierta dosis termina por embriagar. Estas consideraciones psicológicas podemos analizarlas en la depresión y en la experiencia de la *tristeza motivada*. Si el dolor sirve para profundizar en la propia realidad personal, cuando éste alcanza ya una cota insufrible, el resultado puede ser contraproducente. El problema está entonces en situar el techo: esto depende del umbral que cada persona tiene para sobrellevar las adversidades y contrariedades. No hay ninguna enfermedad que revele con más transparencia el sufrimiento que la depresión. Los que la han padecido saben muy bien de la experiencia nítida y terrible del sufrimiento, del vacío y la desesperación.

Por lo que respecta a la *somatización* de ambos estados de ánimo, la diferencia es habitualmente muy llamativa. La *tristeza psíquica*, al ser el resultado de un acontecimiento, al estar producida por algo, tiene un puente que la une a la realidad y por tanto es vivida como consecuencia de un hecho. De tal manera es así que su disminución vivencial se consigue en tanto que se analiza racionalmente la situación y queda ésta reducida a su arquitectura más básica. No hay nada como analizar minuciosamente un ·sentimiento para reducirlo en sus dimensiones. Esta tristeza es *corporalizada*: esto quiere decir que pertenece al campo de los *sentimientos vitales* (en el sentido de Max Scheler: son aquellos que se experimentan en nuestro cuerpo de una manera generalizada, ya que el estrato vital se manifiesta mediante cualidades globales del cuerpo) y también en otras ocasiones como *sentimientos sensoriales* (aquellos que se experimentan ligados a un sector del cuerpo: tórax, zona precordial, abdomen, cabeza, etc.; ambos son independientes de lo que ocurre en el exterior y están vinculados al cuerpo). Es frecuente que unos y otros se den simultáneamente.

De ahí que no deban extrañarnos las expresiones de nuestros enfermos deprimidos: «Doctor, tengo una pena en este brazo, es como si me pesara, no puedo con él»; «la pena me ahoga y no puedo tragar»; «parece como si tuviera aquí (señala en el cuello) un nudo que no me deja... y unas ganas de llorar, de morirme, como si esto fuera a acabar conmigo»; «el cuerpo me pide cama... Tengo ganas de dormir o de desaparecer y que nadie me vea, olvidarme de que existo, de que estoy aquí y de que éste es mi cuerpo... No sé bien lo que es, pero yo así no puedo vivir»; «tengo el cuerpo como desplomado: parece que he estado haciendo un esfuerzo desproporcionado... Es un cansancio terrible, antes no había sentido nada parecido».

De ahí que las somatizaciones que refieren nuestros enfermos debamos analizarlas detenidamente: forma de aparición, curso, topografía (zonas corporales donde se dan más síntomas), exploraciones somáticas simples y complementarias, etc. Es decir, todas aquellas que nos ayudan a configurar la idea precisa de qué tipo de dolor o molestia es el que se padece. Pero a lo que debemos prestar mucha atención es al relato que hace el depresivo de sus quejas: están impregnadas de pesadumbre, a la vez que la localización es imprecisa y cambiante de unos días a otros o incluso dentro de un mismo día.

El malestar general del cuerpo, el «no me encuentro bien, pero no sé exactamente lo que me pasa», retrata fielmente lo que sucede en estas situaciones; hay un descenso de la vitalidad, manifiesto además por las dificultades operativas de llevar a cabo actividades que habitualmente se ejercen sin más. En medio de esta neblina vaga de impotencia se abren unos claros por donde llegan síntomas diversos, que traducen la encarnación de los *sentimientos sensoriales* (con localizaciones más o menos precisas) y de los *sentimientos vitales* (con una somatización general bastante difusa). Esto hace que una y otra sean distintas y es la pericia del psiquiatra la que dictamina si estamos ante algo *fundamentalmente somático* o por el contrario ante algo *esencialmente psicológico*, como sucede en las depresiones.

La *tristeza depresiva* es más profunda, ha echado unas raíces más hondas y resulta más costoso desembarazarse de ella. Pero hay una prueba muy demostrativa desde el punto de vista terapéutico: *mientras la tristeza psíquica se cura o presenta una enorme mejoría mediante la psicoterapia, la depresiva se debe abordar primordialmente con psicofármacos. Ahí está otra vertiente aclaratoria y diferencial.*

Resumiendo: la *tristeza reactiva* (o *psicológica*) está íntimamente encarnada, pero lo hace a través del gesto de la cara, con una expresión de apagamiento y también esto se refleja en la figura global del cuerpo, que se muestra como encogido, con los hombros hacia adentro en actitud de tender hacia la interioridad. La *tristeza depresiva*, además de ser más intensa, se expresa en muchos momentos como vivencia incluso anterior a la tristeza misma, como falta de resonancia afectiva. K. Schneider hablaba de «sensación de desierto sentimental». Por eso muchos aluden sobre todo a sensación de vacío, de anestesia emocional impermeable a las vivencias externas.

Con respecto a las *vivencias delirantes* (aquellas a las que el sujeto se entrega y aunque no sean ciertas las asume y hace suyas), *la tristeza psíquica no es productiva por regla general*, no es capaz de generar unas ideas negativas, aunque en algunos casos y cuando existe una personalidad previa desconfiada, todo se puede ver impregnado por ideas y sospechas de perjuicio. Lo habitual es que no se acompañe de ideas delirantes.

En cambio, la *tristeza depresiva* es productora de la fábula delirante depresiva, la cual se organiza partiendo de las tres preocupaciones primordiales que existen en todo ser humano, como ya vimos y que son *suprapersonales* y *suprasituacionales* (por encima de lo puramente personal y de la situación del entorno), aunque en la mayoría de las ocasiones de este trípode de esencias se desgaja y se revela más genuinamente en algún tema concreto.

La relación con el *suicidio* o con actos autoagresivos es también distinta. Mientras que la *tristeza psíquica* invita a reflexionar sobre la vida, sólo incita al suicidio o a actos seriamente autolesivos cuando los acontecimientos que la han producido son de tal gravedad que en sí mismos considerados son irreparables y significan algo extraordinario en esa existencia; puede ocurrir también que ya existiera previamente un fondo subdepresivo *latente* que se pone en marcha o se acrecienta a través de esta nueva experiencia nociva.

En cambio, la *tristeza de la depresión* como enfermedad es la circunstancia más clara y taxativa que invita a medio-largo plazo al suicidio. El que esto se produzca no es igual si estamos ante la primera fase depresiva o si ya han sucedido otras anteriores. Influye también la personalidad previa, los antecedentes personales y familiares, la profesión, la instalación más o menos sólida en la vida, etc.

Los mil y un sufrimientos pequeños, medianos y grandes de la vida pueden hacer que la idea de acabar de una vez por todas aso-

me en más de una ocasión y eso no debe extrañarnos. Lo importante es la *capacidad de superación de las dificultades y tener claros los
objetivos y seguir luchando contra corriente para crecerse en ese combate*. En la psicoterapia que acompaña a las depresiones menos agudas, ésa debe ser la idea directriz: ser fuertes en los momentos duros y difíciles, saber ser fuertes en esas circunstancias y volver a comenzar.

Pero aparte de este conjunto de elementos periféricos, aquí la elaboración de lo que pudiéramos llamar *el proyecto suicida* se realiza
siguiendo una dinámica bastante precisa que se establece como una
serie de filtros hasta irse decantando. Estas etapas no son otra cosa
que las propias conjeturas y reflexiones que se efectúan en la mente
del enfermo. Ahí se va fraguando todo. *La tendencia suicida es al principio nómada; luego, cuando el sujeto está abrumado por la tristeza
sin salida, esa inclinación se hace sedentaria y se instala.*

La primera etapa, previa a la *aparición de ideas de suicidio*, es un
periodo mal perfilado, en el cual se hace continua mención de la muerte y del deseo de morir; a medida que el tiempo transcurre se va tornando este tema dominante en un deseo concreto de darse la muerte a uno mismo. En el segundo estadio, el de la *posibilidad suicida*,
la idea de suicidio sufre una serie de oscilaciones que retratan la intimidad y el desconcierto que se vive interiormente. Va revoloteando
por los escenarios de la mente la posibilidad de darse muerte a uno
mismo. Hay una serie de diálogos privados, de monólogos interiores
en donde este pensamiento sube, baja, retrocede, avanza y se sitúa
en primer plano o se aleja hacia zonas menos importantes. Se desdibuja lo bueno que se ha vivido y lo negativo se magnifica y aparece
como único.

Insensiblemente se pasa a la etapa siguiente, en la cual el enfermo se encuentra en una evidente *ambivalencia* frente a esta idea. Es
la versión más dramática de la vivencia depresiva, pero que a fuerza de serlo y de persistir en su cabeza termina por convertirse en
algo liberador. Por eso he llamado la atención sobre el cuidado que
hay que tener en muchas depresiones ansiosas cuando cede con demasiada rapidez la ansiedad sin que existan hechos que hayan producido este acontecimiento. En esas situaciones lo que tranquiliza es

«ver» realizado el acto suicida imaginativamente o trazado a través de un proyecto tan bien estructurado que se siente con una gran viveza. En algunos pacientes he podido registrar este fenómeno contado por ellos mismos. Tiene, por tanto, una enorme importancia la desinhibición[13] de estos cuadros, la cual debe ir pareja a la recuperación del estado de ánimo. Cuando se produce una dicotomía entre las vivencias, entre su realidad exterior (su vida hoy y ahora) y el paisaje interior (lo que siente), en tales casos la posibilidad de un suicidio en cortacircuito (con cierto carácter agudo) no es infrecuente.

Las precauciones en esta etapa del tratamiento antidepresivo deben efectuarse cuidadosamente. La cuarta fase es la de *las influencias informativas*: el enfermo se muestra propicio a recibir cualquier información sobre suicidios o muertes que hayan sucedido a su alrededor. Muchas veces el simple comentario de hechos de este tipo pone en marcha rapidísimamente el paso al acto. En la medida de lo posible debemos evitar estas nocivas informaciones que no conducen a nada positivo, pero si ya hubiere ocurrido, es conveniente vigilar y observar atentamente el comportamiento del enfermo.

Con relativa frecuencia se intercala a continuación un momento clínico que consiste básicamente en una *fijación de la idea suicida*, especialmente en aquellas depresiones endógenas que tienden a hacerse crónicas. Ya hemos visto cuáles son los pilares más destacados que condicionan esta especial forma de evolución: neurotización, enfermedades somáticas añadidas, problemas objetivos, dificultades sociofamiliares, problemas profesionales, dificultades económicas, incomunicación, prolongación de la baja laboral, etc. Es como si se tratara de una manifestación que podría incluirse dentro de la esfera del pensamiento y, más concretamente, como alteración del contenido del mismo, estando más próxima a la idea fija que a la idea

---

13. Lo he comentado con anterioridad. *El papel de la inhibición es proteger al paciente de esas tendencias autoagresivas.* Por el contrario, cuando éste empieza a estar desinhibido, existe un mayor riesgo de que atente contra su vida, porque está más activo y dinámico.

dominante[14]. A veces esta secuencia no se observa, sobre todo cuando la etapa anterior ha tenido un desencadenamiento suicida o cuando la misma depresión sigue un curso más rápido.

Y por último está la etapa final de esta cadena, la de la *decisión suicida,* que suele venir precedida de grandes cavilaciones y en la que quedan puntualizados los más mínimos detalles, que van desde una carta de despedida a la familia explicando los motivos de la dramática decisión, hasta otros que hacen referencia al futuro de la familia, a la herencia o a planos de extraordinaria afectividad. Bien es cierto que esta dinámica es la más típica de las depresiones, pues es la que puede observarse en la esquizofrenia, en los epilépticos o en las personalidades psicopáticas, aunque en cada caso es, desde el punto de vista de la forma y del contenido, sensiblemente distinta. En los casos de *acting out* (pasar a la acción) la dinámica presenta un ritmo mucho más rápido, no produciéndose este proceso de minuciosa y milimétrica reflexión, sino que asoma de manera impulsiva, inmediata, como sin previo aviso y así ejecuta el acto de agredirse a sí mismo. Descubrir a través de estos pasos sucesivos la variación de la idea de suicidio puede tener una importancia preventiva. Lógicamente, estos pasos no son obligatorios: ni en este orden, ni con esta precisión.

Desde el punto de vista de la *psicoterapia,* ya hemos visto como mientras la *tristeza motivada* (la *psíquica*) cede y disminuye merced a la compañía y a la palabra, la *depresiva*, al provenir del estrato de los sentimientos vitales (esa zona de costura entre el alma y el cuerpo, entre lo psicológico y lo físico), es menos modificable por la acción de lo humano, en este caso de la psicoterapia. Así, si en un depresivo endógeno intentamos abordar el problema principalmente con una psicoterapia sistematizada o de apoyo, con frecuencia lo que hacemos es ponerle peor: o más triste o incluso angustiarle. En las depresiones ligeras la psicoterapia de apoyo suele ser beneficiosa, toda vez que el enfermo tiene elementos de tristeza psíquica y depresiva entrelazadas.

---

14. Véase mi libro *Estudios sobre el suicidio*, Salvat, Barcelona, 1978, pp. 242 y ss. Este trabajo de investigación se hizo con una muestra de 219 sujetos que habían intentado suicidarse.

DESCENSO DEL ESTADO DE ÁNIMO NORMAL (PSÍQUICO) Y PATOLÓGICO (DEPRESIVO) (ROJAS, 2006)	
DESCENSO DEL ESTADO DE ÁNIMO NORMAL. TRISTEZA NORMAL	DESCENSO DEL ESTADO DE ÁNIMO PATOLÓGICO. TRISTEZA DEPRESIVA
Bastante evidente. Uno o un conjunto de motivos lo han desencadenado.	*Motivos* No existen motivos. Pero las racionalizaciones del enfermo pueden fabricar falsas razones justificativas.
Es psicológicamente comprensible. Existe una relación de sentido.	*Sentido* Psicológicamente incomprensible. No hay relación de sentido.
Melancolía, tristeza, cambio negativo de la afectividad..., pero con capacidad aún para modificar positiva o negativamente el mundo emocional.	*Vivencia* La vivencia es más honda, más profunda: se vive como algo irremediable y sin salida. Falta de resonancia afectiva, que se percibe como no-poder-estar-ya-más-triste.
Menor. Dependiendo, lógicamente, del tipo de motivo que la produce.	*Intensidad* Mayor. Más intensidad en las formas bipolares y típicas; menor, en las monopolares, atípicas y ligeras.
Su curso longitudinal tiende a disminuir a medida que pasa el tiempo. Es menos prolongada. Aunque siempre dependerá de la naturaleza y características del motivo que pone en marcha el cambio negativo de la afectividad. Si la intensidad y la duración persisten, la reacción depresiva se va vitalizando y se transforma en depresión vitalizada y endorreactiva.	*Duración* Duración mayor, sobre todo en la formas de curso natural, no diagnosticadas. Y también cuando se trata de la primera o segunda fase. En las depresiones multifásicas los silencios clínicos se acortan y las interfases depresivas se pueblan de síntomas psíquicos no primariamente depresivos.
Descenso muy brusco al principio en las esferas profesional, intelectual, práctica, social, familiar y cultural. Recuperación paulatina, al compás del paso del tiempo, para volver al estado inicial.	*Rendimiento* La trayectoria es inversa: poco a poco se va deteriorando éste, pero una vez alcanzado, es más intenso y duradero.

DESCENSO DEL ESTADO DE ÁNIMO NORMAL (PSÍQUICO) Y PATOLÓGICO (DEPRESIVO) (ROJAS, 2006) *(continuación)*	
DESCENSO DEL ESTADO DE ÁNIMO NORMAL. TRISTEZA NORMAL	DESCENSO DEL ESTADO DE ÁNIMO PATOLÓGICO. TRISTEZA DEPRESIVA
Descubre el mundo de los valores. El sufrimiento más profundo trae consigo el conocimiento más puro.	*Plano axiológico* No descubre los valores, sino que los distorsiona. Sólo las formas leves pueden ser axiológicas.
Se encarna en la expresión facial, los gestos y la expresión corporal global, pero está desprovista de síntomas o quejas somáticas.	*Somatotropización* El cambio negativo de la afectividad es fisiógeno y corporalizado. Es expresión de los sentimientos sensoriales y vitales. Las manifestaciones somáticas localizadas más frecuentes son, por este orden: cabeza, zona precordial, epigástrica y extremidades superiores e inferiores.
No produce vivencias delirantes.	*Vivencias delirantes* Es un descenso del estado de ánimo delirantemente productivo, sacando a primer plano las tres preocupaciones primordiales del ser humano: la salud del cuerpo, la del alma y el aspecto material de la vida, originando las vivencias hipocondríacas, los sentimientos de culpa y los de ruina. Puede manifestarse de forma total (fábula delirante depresiva) o parcial (algunos de los fragmentos apuntados).
Invita a reflexionar sobre la vida y la propia biografía..., pero se vive como una pérdida reparable.	*Ideas y/o tendencias suicidas* Las ideas de suicidio pueden aparecer ya al principio de la fase o cuando ésta se ha instaurado claramente. Se puede describir una secuencia de fenómenos en las depresiones típicas: ideas de muerte = ideas de suicidio = estadio ambivalente = etapa de las influencias informativas = posible fijación de las ideas/tendencias suicidas = decisión y paso al acto.

DESCENSO DEL ESTADO DE ÁNIMO NORMAL (PSÍQUICO) Y PATOLÓGICO (DEPRESIVO) (ROJAS, 2006) *(continuación)*	
DESCENSO DEL ESTADO DE ÁNIMO NORMAL. TRISTEZA NORMAL	DESCENSO DEL ESTADO DE ÁNIMO PATOLÓGICO. TRISTEZA DEPRESIVA
Menor inhibición.	*Plano psicomotor* Inhibición más acusada.
Tiene una gran importancia.	*Psicoterapia* Tiene escasa importancia terapéutica.
Fundamentalmente ansiolíticos y sedantes.	*Farmacoterapia* Los distintos antidepresivos tienen aquí su indicación más precisa.
Es importante. Y se complementa con la psicoterapia.	*Socioterapia* Es poco importante. Aunque en las formas marcadas por las tendencias y tentativas suicidas tiene un efecto controlador de la conducta y psicoterápico.
La disminución de los refuerzos es mucho menor y su recuperación es más acelerada.	*Conducta* Estado afectivo caracterizado por una pérdida generalizada del refuerzo.
Pensamientos negativos y emociones desagradables. Configuración de patrones cognitivos de poca estabilidad, que no llegan a convertirse en esquemas si se arbitran unas mínimas medidas lógicas y psicológicas (reconocimiento de los pensamientos negativos, control de los mismos, incremento de la conducta positiva, etc.).	*Psicología cognitiva* Expectativas negativas generalizadas. Distorsión y falsos esquemas cognitivos. Desaprendizaje asertivo muy marcado. Pensamientos irreflexivos melancólicos. Grave trastorno del procesamiento de la información = ideas, juicios y comportamientos desadaptativos.

Por tanto, en la tristeza psíquica se busca la compañía, puesto que ésta representa un alivio y además se elude la soledad. La muerte de un ser querido se sobrelleva mejor estando rodeado de amigos y conocidos que de alguna manera comparten esos momentos dolorosos. En la tristeza depresiva se busca más soledad todavía, pues se piensa que nadie puede comprender lo que le sucede, además de que se vive la experiencia de una profunda incomunicación. Más adelante, cuando ya ha transcurrido un cierto tiempo, al persistir la inhibición y las ideas de suicidio, la soledad ha tomado ya asiento en esa personalidad, estando entonces a la vuelta de la esquina la desesperación y el posible final. No tienen sentido la una sin la otra; son recíprocas.

Y en fin, por lo que respecta al *plano motor*, ambas tristezas producen una inhibición bastante intensa: la persona queda como bloqueada, paralizada, abstraída, lo que en el lenguaje vulgar se puede expresar como *estar muy parada*, quieta, detenida, con una disminución de toda la motilidad. Aunque siempre la tristeza psíquica es la que lleva la voz cantante, a medida que se corrige la vivencia desencadenante, ésta tiende a ir desapareciendo. En la *tristeza depresiva* la inhibición suele ser bastante marcada por regla general, aunque existen depresiones agitadas en las que aparece lo contrario. Lo más frecuente es que haga su aparición y constituya uno de los síntomas nucleares.

Cuando la depresión se asocia a otro trastorno

Con la palabra *comorbilidad* describimos la asociación de dos o más enfermedades que pueden ser tanto físicas como psicológicas y que perviven en el paciente durante un tiempo determinado. La combinación de síntomas produce casos específicos a los que hoy en día se presta gran atención, ya que la evolución clínica del afectado varía mucho dependiendo de las patologías que sufra.

En el caso de las depresiones, la combinación más habitual es la asociación de depresión mayor con un trastorno de la personalidad. A mediados de la década de 1990, Keller y Klein comprobaron estadísticamente que al menos el 62 por ciento de los pacientes depresivos mostraban esta comorbilidad específica que se denomina distimia o síndrome distímico. Aunque estudiaremos la distimia con más detalle en otro apartado, podemos adelantar que este nuevo término sustituyó al antiguo de depresión neurótica.

La combinación de depresión y ansiedad, o depresión ansiosa, representa el siguiente binomio por su frecuencia. En este caso el psiquiatra debe evaluar qué factor predomina, si la ansiedad o la depresión, para poder emitir un diagnóstico adecuado. Murphy y sus colaboradores indicaron en 1984 que la comorbilidad ansioso-depresiva se da en el 12,5 por ciento de los pacientes. Además, este doble trastorno a menudo va asociado a otros. La psiquiatría alemana habló de *depresiones frías*, es decir, las que cursan sin ansiedad, pero esta modalidad es poco corriente. Los trabajos de diferentes especialistas han servido para establecer tres versiones básicas: unitaria (Mapotnher, Kendell), dualista (Roth) y mixta (Paykel). En el primer caso, la ansiedad y la depresión serían síntomas de un mismo trastorno con diferencias cualitativas entre una y otra. La variedad dualista asegura que se trata de dos trastornos autónomos. En cuanto a la opción mixta, viene a decir que la depresión ansiosa es un trastorno específico diferente de la mera depresión o de la ansiedad en sí misma. Lo que sí parece claro es que la ansiedad generalizada, los ataques de pánico y la depresión a secas son trastornos distintos a la depresión ansiosa. Aunque al profano le puedan parecer vanos estos detalles, lo cierto es que son fundamentales a la hora de emitir el diagnóstico y prescribir el tratamiento correcto y de ahí las controversias teóricas en las que a menudo se ven envueltos los profesionales de la psiquiatría.

El llamado *trastorno distímico,* o simplemente *distimia*, consiste en una especie de depresión crónica, en donde la tristeza se prolonga durante varios años, siendo no muy severa, con fatiga, baja autoestima, alteración del ritmo del sueño, indecisión, desesperanza y en ocasiones un trastorno de la personalidad (a menudo de tipo depresivo). Es un verdadero reto para el psiquiatra captar su complejidad y ensayar un tratamiento amplio, correcto y eficaz.

Un tercer caso de comorbilidad es la asociación de depresión mayor e insomnio. En este caso, no obstante, existen dudas, ya que a menudo los problemas del sueño no constituyen una patología en sí mismos, sino que son un síntoma de la depresión y a veces de la ansiedad.

La comorbilidad de la depresión con otras enfermedades psíquicas es muy importante y la clave radica en establecer con claridad qué vino antes o qué es *lo sustantivo* y qué es *lo adjetivo*. La tarea del médico es compleja, pues a menudo se superponen los síntomas y se confunden. Veámoslo con un par de ejemplos:

Caso clínico 1: una personalidad por evitación asociada a trastornos obsesivos y esquizoides

El paciente es un hombre de treinta y siete años. Está soltero, vive con su madre y una hermana (es el segundo de cuatro) y trabaja como ingeniero. Acude a la consulta junto a su madre, quien unos días antes había acudido sola a explicar las causas de la visita: «Mi hijo es muy tímido, siempre ha sido una persona introvertida, poco habladora y sin amigos. Ha sido muy buen estudiante: lo único que hacía era estudiar. Nunca hizo deporte ni le gusta el ejercicio físico.

»Mi marido murió de cáncer hace unos años. Él y mis hijos se volcaron conmigo. La que vive en casa es la pequeña. Tiene treinta y dos años y se parece mucho a su hermano, aunque nunca ha tenido unas depresiones tan fuertes como las de él».

Le pregunto sobre el principal problema de su hijo: «Verá, son varias las cosas que le pasan, pero lo peor es que le tiene miedo a la gente. No es capaz de relacionarse, no quiere que le pregunten cosas ni tener que dar opiniones. Hace poco un primo suyo le invitó a su boda y mi hijo se puso nervioso, hasta enfadado. Llegó a decir que no iría. Al final habló por teléfono con su primo y decidió ir, pero entonces comenzó a venirse abajo, pensando en la gente que iba a encontrarse, las preguntas que le iban a hacer. Pasó varios días sin hablar, sin comer, con vómitos y dándole vueltas a todo. Al cabo de unas semanas le vi llorando y hasta pidió la baja laboral. Quedarse en casa fue peor, porque tenía más tiempo para obsesionarse, hasta que un día me dijo: "Para vivir así es mejor morirse. No quiero vivir, pero no tengo fuerzas para suicidarme. Si pudiera, lo haría". Desde ese día no me separo de él. Procuro estar a su lado y hablarle. Cuando le dije que no hacía falta que viniera a la boda se tranquilizó bastante».

Cuando el joven acudió en persona a la consulta, me contó lo siguiente: «Vengo porque mi madre me ha insistido mucho. Yo prefería no venir. La imagen del psiquiatra me da un poco de miedo y además yo no creo que esté loco». Al interrogarle sobre su estado de ánimo me confirma que se siente hundido y que se obsesionó mucho con el tema de la boda de su primo. Incluso llega a decir que prefiere morirse antes que ir allí.

Su personalidad reservada es evidente, así como sus problemas de relación social. El cuadro es de personalidad por evitación asociada a una personalidad obsesiva con puntos esquizoides. La sintomatología es abundante: introversión, incapacidad para expresar emociones, fobia social intensa, tristeza, apatía, desgana, ganas de llorar, ideas suicidas, pérdida de peso, taquicardia, ansiedad... Curiosamente, no padece insomnio. El diagnóstico es de depresión mayor con trastorno mixto de la personalidad. El carácter esquizoide y la evitación (su fobia social le produce ansiedad intensa) son los dos rasgos más marcados, no tanto la personalidad obsesiva. El carácter reactivo de su trastorno se manifiesta en tres facetas: evita los contactos sociales, da todo tipo de argumentos para evitar relaciones y sufre ansiedad anticipatoria.

El tratamiento incluyó antidepresivos orales y endovenosos, seguidos de una terapia destinada a hacerle ver su fobia social y sus desajustes de personalidad. Por suerte, al tratarse de una persona muy racional, supo ver los problemas y hacerles frente, aunque al principio reaccionó negativamente: «Yo soy como soy y no quiero cambiar». La evolución fue complicada, pero positiva, sobre todo cuando comprendió que en las relaciones interpersonales es un error buscar siempre la aprobación de los demás. Como apoyo a la terapia se le adiestró en comportamiento social, al tiempo que se le enseñaban algunos trucos para combatir la ansiedad anticipatoria y los posibles bloqueos. También se trató su alexitimia, esa dificultad para expresar los sentimientos que entorpecía sobremanera sus relaciones. Por último, le resultó de gran ayuda apuntarse a un club de senderismo y cuidar de un perrito, ya que esto último le sirvió para no estar tan centrado en sí mismo.

Es éste un caso típico de personalidad alterada que conduce a la depresión. Pese a los debates que suscita entre los especialistas, en mi opinión no cabe duda de que las terapias coadyuvantes, particularmente las que «enseñan» al paciente a comportarse de forma correcta en sociedad, son fundamentales para el tratamiento de las depresiones. Como enfermedades del alma, la tristeza y la melancolía muchas veces pueden superarse gracias al contacto con los demás, pues no debemos olvidar que, ante todo, somos seres sociales y nuestra existencia es un proyecto en común.

Caso clínico 2: una mujer con depresión mayor asociada a un cáncer de mama y otros trastornos nerviosos

La paciente es una mujer de cuarenta y tres años, separada, con dos hijos y licenciada en Derecho. En la primera consulta la acompaña un amigo médico: «Desde hace bastante tiempo sufro de depresión. Todo empezó, creo, cuando las cosas se estropearon con mi marido. Fue un auténtico calvario: discusiones diarias seguidas de días sin hablarnos, gritos, insultos y por supuesto malos tratos. Como abogada conozco bien estos temas y tuve que denunciarlo, lo cual fue el detonante para nuestra separación. Ahora estoy rota, sin ganas de nada. Llevo tres meses de baja y a menudo pienso en que sería mejor estar muerta, pues esta vida que llevo no tiene sentido.

»Desde hace un mes sufro ataques de ansiedad: no podía respirar, se me aceleraba el pulso, sentía ganas de gritar, un miedo enorme y hasta creí que me moría. Incluso me desvanecí por unos momentos sin llegar a perder el conocimiento. La primera vez me sucedió durante un juicio y tuve que salir de la sala. En otras dos ocasiones me ocurrió conduciendo y otra vez discutiendo con uno de mis hijos [un muchacho de diecinueve años, rebelde, con problemas de conducta agresiva y pésimo estudiante]. Ahora tengo miedo y estoy siempre pendiente de cuándo me va a pasar otra vez».

A la hora de describir su personalidad, asegura: «Soy de carácter fuerte, con un pronto de genio muy vivo. Me gusta ser clara y directa y decir las cosas a la cara. Esto me ha acarreado muchos conflictos, tanto con mi ex marido, como en el trabajo o con los amigos. Soy impulsiva, dura de palabra cuando siento que agreden mis derechos. A veces me siento muy animada y al cabo de un rato me vengo abajo. Pero desde hace algún tiempo siempre estoy mal, triste, odiando la vida».

Dentro del interrogatorio normal le pregunto sobre enfermedades físicas que haya sufrido. Descubro que fue operada de un tumor mamario maligno sólo tres meses antes. Indica que recibió la noticia del cáncer con indiferencia, casi con alivio pensando que la muerte la liberaría de su sufrimiento psíquico. Por fortuna la operación fue un éxito. También me comenta que visitó a otro psiquiatra cuyo tratamiento, asegura, le puso peor: «Me ha mandado mucha medicación y me he encontrado dormida, atontada, como un vegetal. El médico me avisó de que al principio la reacción sería ésa y que después me sentiría mejor, pero no fue así. Casi no habló conmigo. Aún tomo algunos medicamentos, pero otros los he suprimido por mi cuenta».

Se trata de un caso claro de comorbilidad en el que confluyen varias enfermedades. Por lo tanto, más que de diagnóstico, habría que hablar de diagnósticos en plural: depresión mayor, ataques de pánico, trastorno mixto de la personalidad, personalidad histriónica, cáncer de mama.

Resulta llamativo que no haya mejorado nada con el tratamiento durante los tres meses de baja. De hecho, las crisis de pánico hicieron que apareciera una ansiedad que no existía al principio. En cuanto a su personalidad, es de tipo «límite», con un fuerte componente de agresividad, llegando incluso a amenazar a las personas con las que trata o atacando directamente donde más duele. El histrionismo se caracteriza por la exageración de su «puesta en escena». Curiosamente, no ha manifestado verdaderas tendencias suicidas, a pesar de su clara impulsividad. Esto se debe, sin duda, a la intensidad de la depresión, que la conduce a una gran inactividad. En cuanto a la enfermedad física que padece, el cáncer de mama, no está clara la influencia ejercida sobre el proceso depresivo, ya que no es posible establecer qué vino antes. En todo caso, su reacción pasiva ante el diagnóstico del cáncer pone muy de relieve la profundidad de su depresión. Para acabar de rematar el cuadro, la paciente no cuenta con el suficiente apoyo psicosocial. Es decir, apenas se habla con su madre, no ve mucho a su padre y ha roto por completo con su ex marido. Además, sus dos hijos son problemáticos. Y por si fuera poco, no está contenta con el tratamiento prescrito por el primer psiquiatra.

El nuevo tratamiento se centra en hacer que asuma la complejidad de su caso. La terapia incluye medicación antidepresiva, así como un fármaco especial para tomar en caso de crisis de pánico. Por otra parte, la psicoterapia le ha servido para sentirse escuchada (la relación médico-paciente fue buena) y le ha ayudado a descubrir los fallos de su personalidad: agresividad, impulsividad, incontinencia verbal, cambios de ánimo, tendencia a dramatizar, afán de protagonismo, emotividad excesiva, teatralidad... Mediante un programa de objetivos psicológicos se le ofreció la posibilidad de actuar de un modo más razonable y equilibrado. El resultado fue excelente y se notó una gran mejoría en apenas tres meses.

Este ejemplo, uno entre muchos posibles, demuestra cómo la asociación entre diferentes trastornos da lugar a cuadros muy variados que requieren una atención específica. El ser humano es una suma compleja de factores y difícilmente podemos pretender los especialistas que el tratamiento se reduzca a unas pautas bien definidas en un tratado de valor universal. La agudeza del médico, saber observar en la interioridad de su paciente, con todas las posibles implicaciones y concomitancias entre diferentes enfermedades, es un elemento básico para lograr una plena recuperación.

Como hemos podido ver, la comorbilidad es variadísima y por ello tanto el psiquiatra como el psicólogo deben estudiar al paciente desde distintos planos si quieren establecer un diagnóstico correcto. En este sentido podemos evaluar cinco líneas básicas de análisis, siguiendo los criterios de los *ejes* del DSM-IV-TR:

1. Trastornos clínicos. Se refiere sobre todo a alteraciones del estado de ánimo, costumbres alimentarias, problemas del sueño, etc.
2. Trastornos de la personalidad: apartado muy importante, pues como hemos demostrado en nuestro estudio estadístico, de una muestra de 89 depresiones, el 91,3 por ciento aparecen asociadas a un trastorno de la personalidad bien tipificado.
3. Enfermedades físicas. Se trata de valorar las que pueden influir en el trastorno psíquico. Pueden ser de muchos tipos: infecciones, problemas oculares, alteraciones nerviosas, tumores...
4. Problemas psicosociales y ambientales. Es fundamental en el tratamiento actual de las depresiones, ya que partimos de la creciente desestructuración social que conduce a la soledad, a

la descomposición de la familia, las dificultades económicas y laborales...

5. Evaluación global: incluye el nivel de actividad general de ese sujeto. Es muy útil emplear la *escala de evaluación de la actividad global* (EEAG), que nos da un resultado preciso. Mide la actividad psicológica, laboral y social.

LO QUE EL MÉDICO DEBE TENER EN CUENTA

1. Sintomatología general.
2. Alteraciones de la personalidad.
3. Enfermedades físicas.
4. Entorno del paciente.

¿Cómo se reconoce la depresión?

El título de este apartado tal vez sea en exceso optimista, ya que a pesar de los grandes avances de las últimas décadas, siguen existiendo dificultades para delimitar con claridad la naturaleza de ciertos trastornos psíquicos y nerviosos. Cada persona siente su enfermedad de una manera y sufre unos síntomas con mayor agudeza que otros. Además, no existe una depresión por antonomasia, sino diferentes tipos de depresiones que con frecuencia se combinan con otras enfermedades, con las que interactúan. Como ya dije, cada mente humana es única y sus peculiaridades irrepetibles son las que definen, si no la esencia de un trastorno que presenta muchos rasgos comunes, sí sus matices sutiles, del mismo modo que ocurre en cualquier faceta de la vida.

En general, la depresión cursa con síntomas que describimos en otras partes de este libro, pero que a grandes rasgos son: tristeza, abatimiento, cansancio físico y moral, apatía, indiferencia, ansiedad, crisis de miedo o incluso pánico, insomnio, hipocondría, inhibiciones, fobias, alteraciones de la personalidad... Es corriente que aparezcan asociadas ciertas alteraciones físicas, sobre todo de tipo digestivo, así como dolores de cabeza. En la mayor parte de los casos el paciente no es capaz de encontrar la causa de lo que le sucede, lo que aumenta su extrañeza y ansiedad.

Las depresiones se reconocen mediante la entrevista médico-enfermo en primer lugar, un encuentro especial entre dos personas, una que explica lo que le sucede y otra que va preguntando. Saber preguntar requiere un conocimiento adecuado de la materia en cuestión. Saber escuchar es un arte. Ambas cuestiones son claves: *la psiquiatría es la rama más humana de la medicina.* En ella *preguntar y escuchar son dos herramientas esenciales de exploración.* Después vienen los tests, los cuestionarios psicológicos, las escalas de evaluación de conducta y, por supuesto, los informes que el propio sujeto escribe sobre sí mismo y su historia desde dentro. *La depresión se reconoce por sus síntomas nucleares.* Todo el material informativo es sintetizado y apresado por el psiquiatra y el psicólogo. *El trabajo de elaborar una buena historia clínica está erizado de dificultades*; requiere oficio y esto necesita tiempo y conocimiento de la materia.

Las depresiones suelen evolucionar de acuerdo con unas manifestaciones relativamente bien definidas, tal y como observó Jaspers en

EVOLUCIÓN DE LA DEPRESIÓN

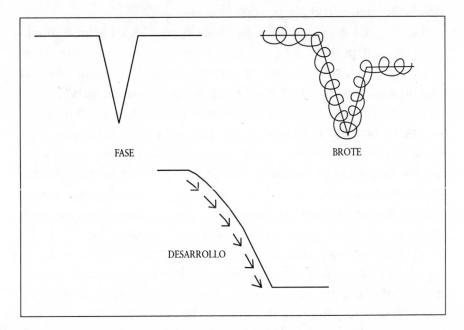

FASE

BROTE

DESARROLLO

su obra *Psicopatología general*. Se trata de lo que llamamos brote, fase, reacción, desarrollo y proceso. Brotes, fases y reacciones serían de evolución aguda, mientras que desarrollos y procesos mostrarían un carácter crónico.

El *brote* representa una manifestación súbita y aparatosa del trastorno, que deja después una secuela en toda la psicología, como deterioro, que es lo que se conoce como *defecto*; un ejemplo típico es la esquizofrenia, cuya trayectoria final se denomina *esquizofrenia residual*.

Una *fase* es la aparición repentina de un suceso psicopatológico que una vez transcurrido permite que el sujeto vuelva a su estado anterior o normal, en el que se encontraba. Las fases pueden ser intensas, pero en general duran poco y son reversibles; la curación es completa. Por lo general, entre fase y fase (en las *depresiones recurrentes*) no suelen existir síntomas y los síntomas depresivos suelen variar de una fase a otra. Las depresiones bipolares presentan más fases y una mayor facilidad para hacerse crónicas.

Se llama *desarrollo* a un cambio gradual, secuencial, progresivo, lento, sucesivo, que va modificando la conducta de forma negativa, lo que conduce a lo largo del tiempo a una persona distinta, portadora de una rica psicopatología. El ejemplo más rotundo es el llamado desarrollo anómalo de la personalidad.

La *reacción* es la respuesta biológica o psicológica a un estímulo concreto, que puede dar lugar a algo inmediato, relativamente cercano, lejano o mediato (a un cierto largo plazo). Un ejemplo son las *reacciones depresivas*, también llamadas *depresiones exógenas*.

Un detalle importante es que en ocasiones los síntomas cambian de una fase a otra o al menos así lo percibe el paciente. Es entonces cuando dice aquello de «notaba estas molestias hace tiempo, pero estaba tan acostumbrado que ni me daba cuenta». Hoy sabemos también que entre fase y fase depresiva pueden intercalarse otros síntomas, por lo que no hay un periodo verdaderamente asintomático. Otras veces un grupo de nuevos síntomas desplaza a la sintomatología inicial e incluso se recuperan antiguos trastornos, como le ocurrió a un paciente mío aquejado de depresión bipolar. Años atrás había sufrido problemas de asma y ahora, entre fase y fase, experimentaba un tipo de ansiedad con síntomas respiratorios, digestivos o dolores de cabeza.

En cuanto al *proceso*, es una conexión de vivencias enlazadas a lo largo del tiempo. Representa una alteración constante y acumulativa de la vida psíquica. Esta terminología técnica puede resultar algo confusa, pero es de extraordinaria utilidad para su estudio, la forma de aparición de los síntomas, evolución, primeras manifestaciones clínicas, etc. Como de costumbre, el médico debe tener en cuenta estas posibilidades a la hora de analizar la situación de su paciente.

Por todo ello, ofrecer un cuadro general de la sintomatología de la depresión es una tarea didáctica, consistente en ordenar todos los síntomas y clasificarlos en un esquema de psicopatología sistemático. En los apartados siguientes tendremos ocasión de contemplar cómo, además, los síntomas físicos y psíquicos pueden alternarse entre sí y sustituirse y girar.

SÍNTOMAS MÁS COMUNES DE LA DEPRESIÓN

— Físicos: cansancio físico, agotamiento, molestias digestivas, taquicardia, sudoración excesiva, falta de fuerzas, dificultades respiratorias.
— Psíquicos: tristeza, ansiedad, apatía, miedo infundado, crisis de pánico, insomnio, desánimo, hipocondría, fobias, manías, alteración de la personalidad, irritabilidad.

La depresión: síntomas en constante movimiento

En una enfermedad de múltiples caras, no extrañará saber que su sintomatología presenta una evolución a veces sorprendente. El tratamiento de los síntomas de la depresión, tanto en el pasado como hoy, da lugar a lo que denominamos *historia artificial de la depresión*, la cual se contrapone a aquella que no ha recibido tratamiento y que podemos denominar *historia natural*. La alternancia entre síntomas tiene mucho que ver con el tratamiento y con los factores psicológicos y ambientales que rodean al paciente y el estudio de esta movilidad dio lugar a lo que a mediados del siglo XX Groen, Bastiaans y Van der Valk llamaron *suplencia de síntomas*, es decir, el curioso hecho observado experimentalmente de que, a medida que unos síntomas mejoraban, otros distintos aparecían. Las suplencias son, de hecho, parte de la sintomatología de la depresión y pueden clasificarse de acuerdo con si se producen entre síntomas psíquicos, psicosomáticos y depresivos.

1. *Suplencia entre síntomas psíquicos.* Es muy corriente. El caso más típico es aquel en el que tras desaparecer la ansiedad el paciente experimenta dificultades para dormirse; otras, el miedo, al ceder o desaparecer, da paso a sentimientos de culpa; o bien la tristeza se convierte en inhibición con el paso del tiempo.

2. *Suplencia entre síntomas psicosomáticos y depresivos.* En estos casos el psiquiatra experimenta verdaderas dificultades para encontrar los límites entre la ansiedad, la depresión y una sintomatología física de origen psicosomático. Todo se confunde y el psiquiatra debe trabajar en estrecha colaboración con el médico de cabecera. Por ejemplo, la tristeza se va, pero quedan las molestias digestivas, el dolor de cabeza o incluso picores. O desaparece la ansiedad y se experimenta cansancio físico. Por supuesto, también se producen alternancias entre los propios síntomas físicos: una alopecia areata (caída circunscrita del cabello, de pequeña extensión y límites definidos) se convierte en una dermatitis...

Las suplencias pueden complicar mucho la labor diagnóstica, sobre todo si el paciente cuenta con antecedentes de tipo neurótico que actúan como base del trastorno depresivo: la sintomatología se hace entonces difusa y cuesta mucho trabajo precisar los límites. En otras ocasiones la depresión se agrava por problemas reales que padece el afectado. Y a veces es el propio carácter racional del paciente, que quiere entender lo que le pasa —con la ayuda del psiquiatra—, lo que cubre a la sintomatología de la depresión de un ropaje que la esconde aún más. Se podría decir que la suplencia se produce entre los síntomas depresivos y la racionalización.

Los cuadros con suplencias son más difíciles de tratar, por lo que es preciso diseñar coterapias (varios tratamientos a la vez) bien dosificadas y planificadas. En general, dosis altas de antidepresivos junto a una buena psicoterapia y una correcta socioterapia. Si aparecen asociados trastornos de origen psicosomático, requerirán en cada caso su tratamiento específico (según sean digestivos, dermatológicos, respiratorios, etc.). A menudo la labor del médico va más allá de su ejercicio profesional y se convierte en una especie de psicopedagogo que debe «enseñar» a su paciente una serie de estrategias para superar sus crisis y, sobre todo, para desarrollar una correcta conducta en los ámbitos social, personal, laboral... Aunque los psicofármacos son eficaces, no constituyen una solución única, ni mágica.

Los residuos depresivos

La definición de *residuo depresivo* no es fácil delimitarla, es más sencillo hacerlo con las *esquizofrenias residuales*. Kraepelin (1913) habló de *demencia precoz* para referirse a las enfermedades esquizofrénicas. Hoy somos muchos los clínicos que hablamos de cómo la sucesión de fases depresivas produce esto. *Llamamos depresión residual a aquellos cuadros depresivos en los que no han remitido totalmente los síntomas esenciales, quedando un deterioro o defecto que afecta a los planos físico, psicológico, de conducta, cognitivo y/o asertivo social.* Puede manifestarse en estos cinco segmentos, aunque lo más habitual es que se refiera a las vertientes *conductista* y *cognitiva*, que dejan un secuela de síntomas en esas parcelas.

Es decir, *no hay una remisión íntegra*, total. Hay muchas modalidades depresivas. Las he plasmado en los cuadros de clasificaciones que el lector puede ver a lo largo del texto. Dentro de esa diversidad, pueden darse hospitalizaciones, problemas de bajas laborales, asociación con enfermedades físicas, trastornos de la personalidad o descompensaciones por no seguir el tratamiento puesto por el médico, su abandono, o por tomar la medicación según el criterio del propio paciente.

Es apasionante el estudio de la transformación de las depresiones, si seguimos atentamente su curso evolutivo después de varias fases clínicas. Esta cuestión creo que merece ser analizada en profundidad, ya que, como veremos en las páginas que siguen, la realidad clínica de cada día nos está ofreciendo una modificación de la forma y del contenido de las enfermedades depresivas. Es más, esta modificación se refiere sobre todo a formas de larga duración o con tendencia a hacerse más o menos crónicas, superposiciones de otras sintomatologías, poblándose otras de síntomas propios de los trastornos de la personalidad, que hace bastante inaccesible esa entidad a la medicación antidepresiva, así como la progresiva instalación de lo que pudiéramos llamar *un cierto defecto depresivo*, relacionándolo con lo que ocurre como final de trayecto en las esquizofrenias. De ahí que las depresiones clásicas se den ya sólo en los libros y en los tratados de psiquiatría, pues cada vez más las mezclas y la superposición de síntomas son una constante. El polimorfismo de la evolución nos ofrece, en ocasiones, sorpresas inesperadas. Hoy la tendencia a la somatización, a hacerse crónica y a mezclarse con conflictos de la vida personal, le dan a estas formas depresivas un tinte barroco, abigarrado, complejo, con muchos flecos y matices.

El problema se plantea a la hora de delimitar si lo que realmente existen hoy son depresiones de muy larga duración con ligeras fluctuaciones o si de lo que se trata es de depresiones residuales, es decir, de cuadros clínicos primariamente depresivos en los que la sintomatología nuclear se ha volatilizado, a la vez que se ha ido llenando de contenidos psicopatológicos de distinta índole. Cabe una tercera posibilidad: la presentación ulterior de un *syndrom shift* (síndrome de cambio), con suplencias, alternancias, sustituciones e incluso supresiones espontáneas. Todo ello como expresión viva del dinamismo de la enfermedad; ésta no es algo quieto, inmóvil y estático, no puede ser entendida nunca como un destino definitivo, sino que es algo en movimiento.

Todo ello hace que estos pacientes puedan ser diagnosticados de depresiones atípicas o, en cualquier caso, depresiones poco precisas, desvaídas y un tanto etéreas. De ahí los fracasos con diversas terapéuticas, sobre todo por el hecho de haber seguido el enfermo tratamientos muy distintos, pero sin un criterio psicopatológico uniforme. Estos cambios en la medicación suelen ser también reveladores para el propio enfermo, el cual se va volviendo cada vez más escéptico con relación a sus padecimientos y al éxito del médico. Estos sujetos, además, han sido sometidos a toda clase de exploraciones, sin que en ninguna de ellas aparezcan claves que nos lleven a pensar que se trata de un proceso con una base orgánica.

Los síndromes depresivos son difíciles de analizar cuando aparecen en personas con antecedentes neuróticos bien delimitados o trastornos relevantes de la personalidad. Unas veces porque los síntomas depresivos están implantados aún sobre un fondo neurótico-angustioso, que los desdibuja y les hace perder rotundidad de expresión. En otras ocasiones, lo que sucede es que la depresión está estrechamente vinculada a factores ambientales o a conflictos no resueltos, que sobrecargan al sujeto en cuestión. Se añade además un elemento que, a mi entender, es básico: el enfermo, a través de una reflexión pormenorizada, racionaliza su situación, a veces incluso favorecido por el mismo psiquiatra, que quiere esclarecerle sus vivencias. Esto se da, lógicamente, en personas bastante diferenciadas, siendo muy raro en sujetos primitivos, elementales, simples.

De esta manera, las fases depresivas se suceden con un vestido muy especial, que es el ropaje de la intelectualización: hay un análisis excesivo de lo que le sucede y que el propio enfermo lleva a cabo. No es infrecuente que no tomen medicación alguna, a pesar de que el médico la haya recetado y se limiten a una psicoterapia de apoyo, asociada con algún ansiolítico o hipnofacilitador. En otros casos, el propio sujeto se automedica y toma los fármacos según sus criterios del momento o de cómo se encuentre. Ocurre entonces un fenómeno muy notable. Cuando el paciente en estas condiciones toma una medicación antidepresiva de forma regular y sostenida, cambia totalmente su curso, dejando de lado este seguimiento microscópico de sus dolencias, facilitando una psicoterapia más sólida y con una transferencia más positiva con su psiquiatra o su psicólogo.

Ahora bien, en la era de la psicofarmacoterapia y, sobre todo, cuando ésta es dada sin un criterio específico y con continuas y bruscas modificaciones, no debe extrañarnos que asistamos a una proliferación de estados residuales que se pueblan de *distimias depresivas*, mecanismos neuróticos y retraimiento de la personalidad, que se parecen mucho a los defectos esquizofrénicos: pérdida del impulso vital y reducción de la capacidad de energía psíquica[15].

Según mi material clínico algunas depresiones monopolares en personas en torno a los 35-45 años duraron hasta cinco años, pudiendo observarse cómo la sintomatología depresiva, en la posterior evolución, se había hecho más ansiosa y cargada de valencias conflictivas, pero seguía ofreciendo el espectáculo depresivo a pesar de esa mezcla de síntomas. Muchas veces y estando las cosas de esta manera, podemos recurrir a la siguiente experiencia: intensificar el tratamiento antidepresivo con el fin de superar la inhibición, dejando así al descubierto o provocando su aparición a primer plano de los síntomas nucleares, con lo cual vemos facilitada la operación de realizar un diagnóstico más correcto. La otra evolución, si prescindimos de este mecanismo de «puesta al descubierto», es mas tórpida y conduce paulatinamente a un retraimiento que aterriza en el autismo y en el repliegue cada vez mayor sobre uno mismo.

Estos cuadros son difíciles de diferenciar[16], pero son aún mas difíciles de tratar, exigiéndose unas coterapias bien medidas: antidepresivos a dosis altas, una psicoterapia sistematizada si es posible o, si no, al menos de apoyo y en tercer lugar, unas medidas de socioterapia adecuadas al caso en concreto. En muchos de estos casos la labor del médico traspasa —como tantas veces— los estrechos límites de un ejercicio profesional excesivamente médico-clínico, deslizándose hacia planos que configuran lo que pudiéramos llamar una psicopedagogía fundamental del enfermo psíquico, en donde se combinan fac-

---

15. Como han puesto de manifiesto Janzarik (1959), Weitbrecht (1963), Petrilowitsch (1968), Winokur (1969), Carlson (1974), Tsuang (1979), Kéller (1982, 1984), Balbuena (1990), Akiskal (1991), Paykel (1994, 1997), Spanier (1996), Judd (1998), Fava (1999), Sadek y Bona (2000), Geddes (2003), Karp (2005), o Parker (2006); y en las bipolares: Bratfos (1968), William y Wats (1988), Vieta y Martínez-Arán (1998), o McDonald y Schulze (2006), entre otros.

16. Algo parecido, aunque genéticamente distinto, ocurre con las llamadas psicosis de aleación, definidas por Arnold y equipo (1961), en las cuales se produce una amalgama de síntomas esquizofrénicos y depresivos que conviven en el mismo enfermo. Más adelante volveré a ocuparme de este asunto.

tores de trabajo, sociales y familiares que no podemos desconocer, pues constituyen una intrincada trama en la que muchos pacientes quedan cogidos, produciéndose una detención en su mejoría[17]. La práctica diaria nos demuestra en muchas ocasiones cómo por distintos motivos estas cuestiones no son tenidas en cuenta, volcándonos tan sólo en el manejo de los psicofármacos.

Podemos afirmar que las depresiones en los últimos años están cambiando ostensiblemente en su estructura. *Aparecen hoy particularidades que antes desconocíamos. Estas modificaciones tienen un común denominador: la pérdida de la rotundidad de los síntomas, que hace que los cuadros clínicos se presenten como estados residuales apagados, de escasa sintomatología y perfiles borrosos, desdibujados, imprecisos.*

Quiero sistematizar algunos puntos de interés:

1. La forma más común de todas la constituye un estado depresivo de fondo, en cuyo primer plano destaca una astenia física, un cansancio marcado que se va insinuando ya desde las primeras horas del día y un enlentecimiento y torpeza para llevar a cabo las actividades habituales. Un enfermo me decía que antes de encontrarse así tardaba en arreglarse por la mañana de unos veinte minutos a media hora: «Ahora no sé lo que me ocurre, pero parece como si cualquier cosa que voy a hacer me pesara... Tardo en arreglarme más de una hora y paso muchas horas al día como abstraído, cansado antes de tiempo y con dificultades para concentrarme en una labor concreta». La asociación de una

---

17. Es muy interesante en este aspecto la investigación ya clásica de Vaughn y Left: The influence of family and social factors on the course of psychiatric illnes, *Brit J Psychiat*, 129, 125-137, 1976, en donde los autores analizan la evolución de la sintomatología de sus pacientes una vez dados de alta en el hospital, según son acogidos por el medio familiar y social. Recurrir sólo a la psicofarmacología excluyendo estos otros aspectos es un serio error.

Es muy ilustrativo el trabajo de Paul Fitzgerald y su equipo: Resultados y factores predictivos del curso de la enfermedad depresiva, *Am J Psychiatry* (ed. esp.) 9, 158-163, 2006, en el que ponen de relieve que los tipos de personalidad que ofrecen una peor respuesta al tratamiento de la depresión son los rasgos esquizoides y por evitación (tímidos), cuando esta enfermedad se asocia a un desajuste de la personalidad.

actitud hipocondríaca unida a la aparición de síntomas somáticos más o menos vagos suele ser también una constante.
2. La tendencia a irse haciendo crónicos es un factor capital. La pérdida del rendimiento en el trabajo, así como la imposibilidad
para despegarse de la sintomatología un tanto etérea anteriormente referida; este último dato se hace aquí mucho más patente. Muchas de estas depresiones residuales tuvieron un comienzo psicógeno más o menos marcado, adoptando posteriormente
una forma clínica intermedia[18].

Se plantea ahora el tema de si estamos asistiendo a una nueva enfermedad psíquica que debería incluirse en el capítulo de la psiquiatría
transhistórica o si, por el contrario, no es así. En mi opinión personal, estas entidades no son otra cosa que el resultado de un conocimiento científico más profundo y aquilatado de la realidad clínica.
Algo parecido a lo que sucede en la actualidad con las depresiones
enmascaradas y, en general, con algunos otros cuadros depresivos.
No es que existan hoy más depresiones que antes, sino que en el
momento presente las conocemos mejor y, en consecuencia, las diag-
nosticamos con una finura y unos métodos con los que antes no con-
tábamos.

Las depresiones bipolares y otros trastornos asociados

La depresión bipolar es aquella que alterna fases depresivas y eufóricas, de tal manera que el estado de ánimo va de un profundo
decaimiento a una alegría y vitalidad desbordantes. Entre el episo-

---

18. Son casos difíciles de clasificar, ya que ni son depresiones de las llamadas
reactivas (con todo lo que tiene este término de ambiguo), ni tampoco se trata de
depresiones endógenas puras. Se parecen a la *distimia endorreactiva* de Weitbrecht,
a la *depresión por agotamiento* de Kielholz, a la *depresión vitalizada* de Staehelin, a
la *depresión cristalizada* de López Ibor y a la *depresión vegetativa* de Lemke y
Dichgan, aunque, según el tipo específico, pueden mostrarse de muy diversas formas, siguiendo este espectro trazado.

dio depresivo y el eufórico (manía) pueden pasar semanas, meses e incluso años.

Existen dos tipos de depresión bipolar, tipos I y II. Además, pueden aparecer algunos trastornos asociados, como manía, hipomanía, etc. Veamos todo ello con más detalles.

La *depresión bipolar I* es la clásica, con alternancias depresivas (que describimos con detalle a lo largo de las páginas de este libro) y eufóricas (manía si es más intensa, hipomanía si es de menos intensidad). Se considera *bipolar propiamente dicho* cuando ha tenido, al menos, un episodio de depresión mayor, de euforia, manía, hipomanía o un episodio mixto. Las fases son graves y necesitan un tratamiento de cierta intensidad. Provocan un malestar clínicamente significativo o un deterioro social o laboral o de otras áreas de la vida de esa persona.

TRASTORNOS DEL ESTADO DE ÁNIMO
Trastornos bipolares Trastorno bipolar I, episodio maníaco único. (1. leve, moderado, grave sin síntomas psicóticos; 2. grave con síntomas psicóticos; 3. en remisión parcial/total). Trastorno bipolar I, episodio más reciente hipomaníaco. Trastorno bipolar I, episodio más reciente maníaco. Trastorno bipolar I, episodio más reciente mixto. Trastorno bipolar I, episodio más reciente depresivo. Trastorno bipolar II. Trastorno ciclotímico. Trastorno bipolar no especificado.
Trastornos depresivos Trastorno depresivo mayor, episodio. (1. leve; moderado; 2. grave sin síntomas psicóticos; 3. grave con síntomas psicóticos; 4. en remisión parcial/total; 5. no especificado). Trastorno depresivo mayor, recidivante. Trastorno distímico. Trastorno depresivo no especificado.
Otros trastornos del estado de ánimo Trastorno del estado de ánimo debido a... Trastorno del estado de ánimo no especificado.

(DSM-IV-TR, 2000)

CRITERIOS PARA EL EPISODIO DEPRESIVO MAYOR

A. Presencia de cinco (o más) de los siguientes síntomas durante un periodo de dos semanas, que representan un cambio respecto a la actividad previa; uno de los síntomas debe ser (1) estado de ánimo depresivo o (2) pérdida de interés o de la capacidad para el placer.

 1. estado de ánimo depresivo la mayor parte del día, casi cada día según lo indica el propio sujeto (p. ej., se siente triste o vacío) o la observación realizada por otros (p. ej., llanto). **Nota:** en los niños y adolescentes el estado de ánimo puede ser irritable
 2. disminución acusada del interés o de la capacidad para el placer en todas o casi todas las actividades, la mayor parte del día, casi cada día (según refiere el propio sujeto u observan los demás)
 3. pérdida importante de peso sin hacer régimen o aumento de peso (p. ej., un cambio de más del 5% del peso corporal en un mes), o pérdida o aumento del apetito casi cada día. **Nota:** en niños hay que valorar el fracaso en lograr los aumentos de peso esperables
 4. insomnio o hipersomnia casi cada día
 5. agitación o enlentecimiento psicomotores casi cada día (observable por los demás, no meras sensaciones de inquietud o de estar enlentecido)
 6. fatiga o pérdida de energía casi cada día
 7. sentimientos de inutilidad o de culpa excesivos o inapropiados (que pueden ser delirantes) casi cada día (no los simples autorreproches o culpabilidad por el hecho de estar enfermo)
 8. disminución de la capacidad para pensar o concentrarse, o indecisión, casi cada día (ya sea una atribución subjetiva o una observación ajena)
 9. pensamientos recurrentes de muerte (no sólo temor a la muerte), ideación suicida recurrente sin un plan específico o una tentativa de suicidio o un plan específico para suicidarse

B. Los síntomas no cumplen los criterios para un episodio mixto.

C. Los síntomas provocan malestar clínicamente significativo o deterioro social, laboral o de otras áreas importantes de la actividad del individuo.

D. Los síntomas no son debidos a los efectos fisiológicos directos de una sustancia (p. ej., una droga, un medicamento) o una enfermedad médica (p. ej., hipotiroidismo).

E. Los síntomas no se explican mejor por la presencia de un duelo (p. ej., después de la pérdida de un ser querido), los síntomas persisten durante más de dos meses o se caracterizan por una acusada incapacidad funcional, preocupaciones mórbidas de inutilidad, ideación suicida, síntomas psicóticos o enlentecimiento psicomotor.

(DSM-IV-TR, 2000)

CRITERIOS PARA EL EPISODIO MANÍACO

A. Un periodo diferenciado de un estado de ánimo anormal y persistentemente elevado, expansivo o irritable, que dura al menos una semana (o cualquier duración si es necesaria la hospitalización).

B. Durante el periodo de alteración del estado de ánimo han persistido tres (o más) de los siguientes síntomas (cuatro si el estado de ánimo es sólo irritable) y ha habido en un grado significativo:

1. autoestima exagerada o grandiosidad
2. disminución de la necesidad de dormir (p. ej., se siente descansado tras sólo tres horas de sueño)
3. más hablador de lo habitual o verborreico
4. fuga de ideas o experiencia subjetiva de que el pensamiento está acelerado
5. distraibilidad (p. ej., la atención se desvía demasiado fácilmente hacia estímulos externos banales o irrelevantes)
6. aumento de la actividad intencionada (ya sea socialmente, en el trabajo o los estudios, o sexualmente) o agitación psicomotora
7. implicación excesiva en actividades placenteras que tienen un alto potencial para producir consecuencias graves (p. ej., enzarzarse en compras irrefrenables, indiscreciones sexuales o inversiones económicas alocadas)

C. Los síntomas no cumplen los criterios para el episodio mixto (v. más adelante).

D. La alteración del estado de ánimo es suficientemente grave como para provocar deterioro laboral o de las actividades sociales habituales o de las relaciones con los demás, o para necesitar hospitalización con el fin de prevenir los daños a uno mismo o a los demás, o hay síntomas psicóticos.

E. Los síntomas no son debidos a los efectos fisiológicos directos de una sustancia (p. ej., una droga, un medicamento u otro tratamiento) ni a una enfermedad médica (p. ej., hipertiroidismo).

Nota: los episodios parecidos a la manía que están claramente causados por un tratamiento somático antidepresivo (p. ej., un medicamento, terapéutica electroconvulsiva, terapéutica lumínica) no deben ser diagnosticados como trastorno bipolar I.

(DSM-IV-TR, 2000)

CRITERIOS PARA EL EPISODIO HIPOMANÍACO

A. Un periodo diferenciado durante el que el estado de ánimo es persistentemen-te elevado, expansivo o irritable durante al menos cuatro días y que es clara-mente diferente del estado de ánimo habitual.

B. Durante el periodo de alteración del estado de ánimo, han persistido tres (o más) de los siguientes síntomas (cuatro si el estado de ánimo es sólo irritable) y ha habido en un grado significativo:

1. autoestima exagerada o grandiosidad
2. disminución de la necesidad de dormir (p. ej., se siente descansado tras sólo tres horas de sueño)
3. más hablador de lo habitual o verborreico
4. fuga de ideas o experiencia subjetiva de que el pensamiento está acele-rado
5. distraibilidad (p. ej., la atención se desvía demasiado fácilmente hacia estí-mulos externos banales o irrelevantes)
6. aumento de la actividad intencionada (ya sea socialmente, en el trabajo o los estudios o sexualmente) o agitación psicomotora
7. implicación excesiva en actividades placenteras que tienen un alto poten-cial para producir consecuencias graves (p. ej., enzarzarse en compras irre-frenables, indiscreciones sexuales o inversiones económicas alocadas)

C. El episodio está asociado a un cambio inequívoco de la actividad que no es característico del sujeto cuando está asintomático.

D. La alteración del estado de ánimo y el cambio de la actividad son observables por los demás.

E. El episodio no es suficientemente grave como para provocar un deterioro labo-ral o social importante o para necesitar hospitalización, ni hay síntomas psi-cóticos.

F. Los síntomas no son debidos a los efectos fisiológicos directos de una sustan-cia (p. ej., una droga, un medicamento u otro tratamiento) ni a una enferme-dad médica (p. ej., hipertiroidismo).

Nota: los episodios parecidos a los hipomaníacos que están claramente causados por un tratamiento somático antidepresivo (p. ej., un medicamento, terapéutica electroconvulsiva, terapéutica lumínica) no deben diagnosticarse como trastorno bipolar II.

(DSM-IV-TR, 2000)

La *depresión bipolar II* hace que el paciente sufra episodios maníacos ligeros (hipomaníacos: no son manías completas, ni rotundas, ni con una sintomatología de libro), de tal manera que suelen pasar desapercibidos y, por tanto, no se diagnostican, pero se muestran como personas muy irritables, bravas, que saltan por cualquier cosa y provocan serios problemas para la convivencia del día a día. Es muy importante la labor del psiquiatra para explicarle a la familia lo que sucede y también al propio enfermo, haciéndole ver que esas fases de estar *no tan arriba, pero no bien ni equilibrado*, producen roces y choques de la convivencia frecuentes, que deterioran la vida familiar. Insisto: el psiquiatra debe tener un papel de mediador muy oportuno. El enfermo sólo busca al médico psiquiatra en las fases depresivas, ya que no es consciente de esos otros episodios más ligeros y tenues, pero muy problemáticos.

También aparecen fases depresivas mayores. Es independiente del *bipolar I*, como lo demuestran estudios familiares, presentando un curso más crónico y con mayor tendencia a las recaídas. No ha existido ningún episodio maníaco ni tampoco mixto.

La *manía* se caracteriza por un estado de ánimo festivo, acelerado, desinhibido, en donde lo más importante es la elevación del ánimo (alegría, vitalidad, euforia, dinamismo, verborrea, querer hacer demasiadas cosas, estar atento a muchos temas, hablar de un tema y pasar a otro y luego a otro: fuga de ideas o pensamiento fugitivo). Hay distintas formas: festiva, irritable, agresiva, iracunda, etc.

El incremento de la actividad se suele acompañar —en general— de un descenso de la eficacia: el sujeto está desparramado, disperso, disipado con la atención quebrada en demasiadas cosas a la vez; hay una fragmentación de su discurso, que va como a saltos; sus palabras se mueven entre divertidas y vaporosas, salpicadas de trozos de temas que van saltando de un asunto a otro. Al estar aumentado de forma extraordinaria el nivel de actividad, los estímulos externos le llevan de acá para allá, dándose además un pensamiento asociativo que hace que conecte unos temas con otros. El deseo de comprar y comprar, el regalar cosas propias de valor, el firmar un cheque en blanco puede llevar a situaciones graves y complejas. El paciente puede pasar días sin dormir prácticamente nada, hasta que cae agotado tras muchas horas de pie y sin parar de hablar y pletórico de actividad. *La no conciencia de enfermedad* es un problema serio, que lleva a que no acepte ningún tipo de tratamiento, salvo que haya tenido muchas fases eufóricas y presente un *insight* rotundo. Pacientes míos en plena manía han desaparecido durante días, han regalado bienes familiares, han mantenido relaciones promiscuas y se han visto en situaciones rocambolescas, cómicas y dramáticas, de absoluto descontrol.

La *hipomanía* es más suave de intensidad que la manía. Su duración puede ser de unos días o unas semanas. La elevación del estado de ánimo y la exaltación es mucho menor. Hay pensamientos ocurrentes e ingeniosos, reacciones rápidas y atrevidas, un aceleramiento de la conducta y la disminución de la atención es de poca importancia. Muchas veces el diagnóstico lo establecen sólo los familiares de esta persona, que al conocerla muy bien, perciben un cambio ascendente de su ánimo y *le notan algo subido*, sin llegar a la exaltación extraordinaria de la manía.

El humor es bullicioso, exaltado, con bastante confianza en uno mismo, con fuerte dosis de seguridad en su propia persona y con una ligera irritabilidad, sobre todo si se le lleva la contraria. *El paciente se siente en un momento excelente, con un gran bienestar y como nunca.* Me decía una chica de treinta y dos años, paciente mía desde hace muchos años: «Doctor, usted dice que yo no estoy bien, que estoy con una cierta euforia; pues yo quiero estar siempre así, me siento feliz y contenta y no sé por qué me tienen que dar unas medicaciones y dejarme entonces baja de ánimo... Y es en ese momento cuando siento que estoy sana; me niego a tomar nada, quiero seguir de esta manera, ahora soy yo misma, ésta es mi verdadera forma de ser».

Una variedad peculiar es la *depresión bipolar de ritmos rápidos* (o cicladores rápidos): en pocos días el enfermo pasa de estar con una fuerte depresión al polo opuesto, una manía aguda; en ocasiones este giro se produce por el empleo de antidepresivos en vena o vía intramuscular.

El término *ciclador rápido* fue utilizado por primera vez por Dunner y Five (1974) para nombrar un grupo de cuadros bipolares con más de cuatro episodios al año, caracterizados por una pobre, escasa o nula respuesta al tratamiento con litio. Es más frecuente en la mujer y más habitual en los bipolares II. Su causa sigue siendo desconocida, aunque hay muchas hipótesis en marcha y factores con los que se relaciona: hipotiroidismo, alteraciones neurológicas y a veces la administración de antidepresivos a dosis moderadas o altas desencadenan el trastorno.

Quiero citar un trabajo muy riguroso de Ralph Kupka y un numeroso equipo de investigadores (2005) que compararon una muestra de 539 pacientes con trastorno bipolar con ciclos rápidos (206) y sin ellos (333), durante un año, mediante valoraciones diarias del estado de ánimo. Se evaluaron los factores concomitantes con respecto a la frecuencia de los episodios. Los pacientes que presentaron una ciclación rápida tenían antecedentes de manía o hipomanía, se les había pautado un tratamiento antidepresivo para toda la vida, tenían antecedentes de episodios desencadenados por el consumo de sustancias tóxicas, tenían igualmente antecedentes de ansiedad a lo largo de su evolución, habían sufrido malos tratos físicos o abusos sexuales en la infancia y había antecedentes en sus padres de abuso de sustancias tóxicas[19]. Sorprende la mezcla de ingredientes puramente biológicos con otros de naturaleza psicológica y biográfica.

La depresión bipolar de ritmos ultrarrápidos (cicladores ultrarrápidos) es otra variedad. En este caso, el paciente se acuesta por la noche muy deprimido y se levanta por la mañana eufórico. Ambas modalidades exigen una enorme pericia del psiquiatra para manejar de forma adecuada la medicación, siendo lo más adecuado la asociación de dos estabilizadores del ánimo, como son el litio y el valproato.

En el caso de un *trastorno esquizoafectivo* el cuadro clínico se tiñe de elementos cercanos a la esquizofrenia, de forma que en las primeras fases o brotes (según sea la presentación) se puede confundir el diagnóstico y es necesario esperar a ver cómo se desarrolla su evolución. Se alternan fases depresivas, eufóricas, ansiosas y un trasfondo de esquizofrenia desdibujada: vivencias paranoides (ideas de

---

19. En este estudio se analizaron 539 pacientes extrahospitalarios con trastorno bipolar, manifestándose que el 38 por ciento presentaba una prevalencia de ser cicladores rápidos, observándose una falta de límites claros entre los cicladores rápidos y los no cicladores rápidos.

persecución, autorreferencias, sensación subjetiva de sentirse aludido, etc.), alucinaciones auditivas (voces que oye en su cabeza sin que nadie las diga desde el exterior; pueden ser comentadoras de su actividad: dicen las voces cosas como «hoy está peor que ayer», «ahora sale de su habitación y se va al cuarto de estar», «le notamos hoy más preocupado»; en otros casos son voces imperativas, que le obligan a hacer cosas: «Suicídate», «vete de tu casa y no aparezcas en mucho tiempo», «hazte daño a ti mismo», «mata a tu madre», produciendo un enorme sufrimiento; también pueden tener otros contenidos).

En el caso de la *personalidad límite* o *borderline,* en los últimos años estamos incluyendo este desajuste de la personalidad en este grupo por dos motivos fundamentales: uno, porque las oscilaciones del ánimo y la inestabilidad de la conducta recuerdan a las fases maníacas; otro, por el cambio positivo que se produce en estos enfermos con el empleo de los estabilizadores del ánimo (litio, valproato sódico, carbamacepina, oxcarbamacepina, etc.).

¿Qué sucede con los episodios mixtos y las hipomanías (fases eufóricas más ligeras o atenuadas)? La mayoría de los estudios consideran que la manía mixta es un subgrupo de la manía, con manifestaciones clínicas muy similares y la diferencia es de menor intensidad y no requieren hospitalización.

¿Cómo se puede conseguir la estabilidad en el trastorno bipolar? La evolución del trastorno bipolar grave es un reto para el psiquiatra. Es en donde más se ve el conocimiento que tiene el médico de esta parcela tan importante y compleja. La historia natural de estos padecimientos consiste en la aparición de una fase depresiva o maníaca temprana, con recurrencias frecuentes, riesgo de suicidio en los episodios depresivos y gran desorden y caos de vida en las fases eufóricas (regalos, compras, fuga de ideas en su pensamiento, prodigalidad, etc.).

La meta en el *tratamiento a largo plazo* debe ser la siguiente: romper el ciclo de alternancias de fases depresivas y maníacas, conseguir que los periodos entre ambas fases sean cada vez mayores, reducir las tasas de ingresos hospitalarios y menos necesidad del tratamiento electroconvulsivo (TEC) o en su caso del estimulador magnético transcraneal.

Aquí debemos destacar algunas diferencias de orientación. Así, la Asociación Británica para la Psiquiatría (BAP) recomienda la *terapia a largo plazo* tras un episodio maníaco único, e insisten en prevenir la recaída próxima, lo cual podría dar lugar a un curso más favorable. Clásicamente se tenía otro concepto: esperar a que ese paciente tuviera varios episodios, ver cuáles eran sus características y entonces iniciar el tratamiento. Aquí la primera muralla que debemos saltar es hacerle ver al enfermo que es bipolar. Todo eso incluye *un grupo de medidas amplio*, que va desde aceptar la enfermedad (la negación de la misma es muy contraproducente), a una *psicoeducación* (estimular el cumplimiento de las dosis prescritas, aceptar de buen grado el diagnóstico, saber que la suspensión del tratamiento o su incumplimiento conducen con frecuencia al ingreso hospitalario), pasando por el *apoyo psicológico* (actitud positiva del psiquiatra, que se vuelca con su enfermo y prolonga así la acción de la medicación y va más allá con su sentido de la psicoterapia). Y, por supuesto, *dar unas pautas a la familia sobre cómo deben tratarlo* (a medida que el paciente es más joven, tiene más probabilidades de tomarse irregularmente el tratamiento e irlo dejando después). Hoy sabemos que si el sujeto se toma en serio todo, puede conseguir la remisión de los síntomas y sentirse curado y pasar años sin recaídas. Pero para ello debe tomar puntualmente su medicación y hacerse controles periódicos en sangre de los medicamentos que consiguen la estabilidad emocional.

Hay bastante controversia sobre cuál es el mejor tratamiento para los subtipos más difíciles del espectro bipolar, como son el *trastorno bipolar I*, el *trastorno bipolar II*, los *cicladores rápidos* y los *cicladores ultrarrápidos*. En los bipolares I lo clásico ha sido dar un único estabilizador del ánimo, antidepresivos en la fase melancólica y neurolépticos en la maníaca. No obstante, es frecuente que en los bipolares I el litio produzca unos efectos positivos inicialmente y, más tarde, existan recaídas y reingresos hospitalarios.

Caso clínico: un ejemplo de depresión bipolar

Hablamos de una mujer de cuarenta años, soltera, que vive con sus padres. Tiene antecedentes depresivos personales y familiares y una hermana suya y una tía paterna tuvieron fases eufóricas (o hipertímicas). Es decoradora, de nivel socioeconómico alto, que no quiso estudiar carrera universitaria porque siempre estuvo muy protegida por sus padres y que en torno a los treinta años estudió en una escuela de decoración de interiores, algo que ha sido clave para ella, pues ha ayudado a alguno de sus hermanos (arquitectos y dedicados al negocio inmobiliario), que le han dado trabajo.

«No estudié en la universidad por esas cosas de la vida: tuve un novio a los dieciocho años y creí que me casaría enseguida y yo siempre estaba con mis padres... Aquello duró cuatro años y él me dejó. Tuve ahí la primera depresión, incluso quise suicidarme. Aquello me marcó mucho por dos motivos: no fui a la universidad y a raíz de esa relación desconfié mucho de los hombres y cada vez que aparecía uno pensaba en el daño que me había hecho mi anterior novio y era muy crítica. Fue pasando el tiempo y cuidé mucho de mi padre, que ha tenido muchos tratamientos para la depresión. Yo siempre lo recuerdo pachucho, medio mal, con altibajos. La relación entre mis padres no era buena. Mi padre, muy egoísta, iba a lo suyo y mi madre se refugiaba en sus amigas y en salir y entrar. Mi padre le fue infiel en dos ocasiones y eso hizo mella en mi madre. También influyó en mi percepción de los hombres».

La estuve tratando durante dos fases depresivas, que remitieron bien. Pero a partir de los treinta o treinta y dos años viene a la consulta muy de tarde en tarde (una vez al año), en ocasiones acompañando a otra hermana. Con treinta y cinco años tuvo una fase eufórica moderada: «Pasé unos meses deliciosos, llena de vida, haciendo muchas cosas... Todos en la familia me decían que no era yo, que estaba pasada de rosca, acelerada y yo no estaba de acuerdo y por supuesto no quería ir a la consulta. ¿Para qué?, si yo me sentía muy bien». A través de su padre y su hermana intenté que tomara una cita, pero no fue posible.

Pasan cinco años en los que no he recibido ninguna visita de ella, aunque sí de algunos familiares (padre, hermana y madre. Esta última es como el elemento informador de todo el ambiente familiar). Todos han ido viniendo a la consulta con cierta periodicidad. Un día veo que viene toda la familia, incluidos algunos hermanos que no conozco personalmente, aunque he oído hablar de ellos. La madre es la que lleva la voz cantante y me cuenta: «Desde hace un mes, que fue al poco de entrar la primavera, mi hija está fuera de sí. Se ha ido de casa, a un apartamento que tiene su padre y se puede decir que está desaparecida. No coge el teléfono, no sabemos dónde duerme, pues la llamamos a su casa de noche o de madrugada y no responde. Ha venido algún día a comer a casa con su padre y conmigo y está eufórica, no para de hablar, haciendo mil planes y dice que tiene un novio multimillonario con el que se va a casar este verano. Yo estoy muy preocupada porque sé lo que es esto, pues, como usted sabe, en la familia se han dado casos de este tipo.

»Ha pasado el verano con una conducta desinhibida, saliendo y entrando con amigas y amigos, sin horario, haciendo una vida caótica y por supuesto sin tomar la medicación prescrita» (ella tiene la pauta de tomar dos estabilizadores del ánimo: carbonato de litio y valproato sódico).

Se ha solicitado la intervención del juez. Uno de sus hermanos ha conseguido, después de muchas semanas saltarinas, con un desorden total, que fuera a cenar con él y su mujer; se quedó a dormir allí y él le administró un sedante mayor (neuroléptico: butirofenona, gotas, dándole una cantidad grande). Se quedó profundamente dormida y fue trasladada al hospital, en donde se le aplicó una *cura de sueño* que en unos días la mejoró mucho. Cuando tomó conciencia de su estado y de que había sido ingresada, reaccionó violentamente contra su familia y el equipo médico, estado que le duró bastantes días. Pero la medicación neuroléptica fue haciendo el efecto esperado y su recuperación fue gradual.

Pasadas unas tres semanas, nos dice: «Estoy contra mi familia y que tuvieran que recurrir al juez para ingresarme, yo no estaba para eso. Siento que se han saltado mis derechos y mis padres han abusado de su poder. Yo estaba bien, pero no tan eufórica como otras veces». A la pregunta mía de si recordaba todo lo que había hecho durante los meses de julio y agosto, se da cuenta de que se agolpan muchas cosas dentro de ella y le sugiero que intente recordar hechos, sin obsesionarse. Le digo que vamos a ir hablando despacio en los próximos días, con el fin de que tome conciencia del tipo de vida que ha ido haciendo. Observo que va recuperando la confianza que tenía conmigo y va haciendo un recorrido zigzagueante y desigual de sus andanzas: «Reconozco que he hecho muchas locuras, pues he tomado cocaína con alguna frecuencia y he tenido relaciones sexuales de las que ahora me avergüenzo. También he dicho cosas muy fuertes a personas con las que realmente tenía poco trato y menos confianza. Hice confidencias absurdas sobre temas familiares».

Van saliendo vivencias suyas en donde ella capta el trasiego de idas y venidas con poco fundamento y relaciones superficiales a las que ha contado su vida y milagros o se ha entregado sin más. Empieza a hacer una crítica de todo eso y me dice: «Dr. Rojas, veo que me he desprestigiado delante de mucha gente. Usted debería haberme avisado o haberme intentado convencer de que yo estaba de ese modo». Le recuerdo que en esos momentos no cogía el teléfono: «Estabas de aquí para allá y ni tus padres sabían en qué paradero estabas. Te he llamado en diferentes ocasiones y ha sido imposible dar contigo; no te olvides de que cuando estás en plena euforia *no tienes conciencia de enfermedad*, pues

ENFERMEDADES, LESIONES Y SUSTANCIAS QUE CON MAYOR FRECUENCIA PUEDEN DESENCADENAR UN TRASTORNO BIPOLAR	
ENFERMEDADES Y LESIONES	SUSTANCIAS
Lesiones cerebrales	Corticosteroides
Accidente vascular cerebral	Andrógenos
Traumatismos	ACTH
Tumores	Antidepresivos
Esclerosis múltiple	Antiparkinsonianos
	Estimulantes
Epilepsia	Isoniacida
	Alucinógenos
Enfermedades degenerativas	Alcohol
Enfermedad de Parkinson	Opiáceos
Enfermedad de Huntington	Broncodilatadores
Endocrinopatías	Metoclopramida
Síndrome de Cushing	Cloroquina
Enfermedad de Addison	
Hipertiroidismo	
Hipotiroidismo	
Trastornos metabólicos	
Uremia	
Posoperatorio	
Hemodiálisis	
Déficit de vitamina B_{12}	
Infecciones	
Sida	
Meningoencefalitis	
Enfermedades autoinmunes	
Lupus eritematoso sistémico	

tú te sientes mejor que nunca, pletórica, chispeante, vital, llena de vida...
y no es fácil dar contigo y por tanto explicarte tu estado, porque no te
avienes a ningún tipo de razones».

«He gastado mucho dinero. He regalado cosas de bastante valor, muy
personales, a personas con las que realmente no tenía casi amistad.» Ha
conocido a gente nueva que no sabía en qué estado psicológico se encontraba ella y con la que ha tenido unas intimidades excesivas, fuera de
todo sentido. Al mejorar claramente, *hace una crítica bastante clara de
su comportamiento durante la fase de euforia*, lo que le ha bajado mucho
el ánimo sin llegar a estar depresiva. Le digo: «La enseñanza que debes
sacar de todo eso que has vivido y de lo que ahora te lamentas es la
responsabilidad de tomar la medicación para evitar las recaídas (*estabilizadores del ánimo o eutímicos*) y de llevar un seguimiento periódico
de cómo va tu evolución, venir a la cita médica cuando te toque y tomar-
te en serio tu depresión bipolar. Hechos y vivencias como las recientes
son muy negativas para ti y lo único que ganas es desprestigiarte y que
la gente más cercana piense que estás desequilibrada».

Creo que este caso es demostrativo de lo que puede ocurrir si una
persona bipolar abandona el tratamiento, no quiere tomarlo, lo hace
de forma caprichosa o no acepta el diagnóstico médico.

¿Se deterioran las depresiones bipolares?

Hoy contamos con bastantes estudios. Al menos entre el 20 y el 30
por ciento de estos pacientes presentaban algún tipo de dificultad psicosocial, como han puesto de relieve algunos trabajos, entre ellos Winokur (1969), Woolson (1979), Albus (1996) y Hickie (2001). Sin embargo, Carlson y Kotin (1974) pusieron de manifiesto que más de la mitad
de los bipolares que habían estado ingresados hospitalariamente vol-
vían a su puesto de trabajo para hacer su vida normal. Otro grupo
significaba una carga socioeconómica evidente para sus familiares[20], lo

---

20. En consecuencia, las interfases depresivas bipolares no están muchas veces
desprovistas de síntomas, quedando un rescoldo que refleja una cierta *remisión*

que conduce a un cierto *deterioro cognitivo y asertivo* (intelectual y referido a las habilidades sociales).

Se ha estudiado mucho el deterioro en la esquizofrenia y menos en la depresión, pero muy poco en las depresiones bipolares: hay problemas difíciles de resolver para llevarlos a cabo, como son el diseño y el método de investigación, con muestras poco homogéneas, no hacer un seguimiento longitudinal, no se han manejado instrumentos neuropsicológicos que midan de forma objetiva lo cognitivo y no suele haber un control adecuado de las variables clínicas.

Quiero exponer ahora el siguiente caso clínico:

Caso clínico: una depresión con factores residuales

Mujer de cuarenta y seis años, casada y sin hijos, que tiene una galería de arte con otra socia. Estudió Historia del Arte. Hay antecedentes en sus padres y seis hermanos de depresiones monopolares y bipolares y un tío materno es bipolar ciclador rápido[21]. Hay una *vulnerabilidad hereditaria* muy acusada. A esta paciente la he asistido durante unos ocho años, en los cuales ha tenido al principio varias euforias muy graves y dos depresiones con intentos de suicidio. Desde hace más de cuatro años toma dos *estabilizadores del ánimo* (o *eutímicos*) como el litio (a dosis más altas de lo habitual) y el valproato sódico (dos tabletas de 500 mg al día); y alternativamente fluoxetina o venlafaxina, a dosis medias. En este tiempo no ha tenido ninguna recaída, pero su vida ha ido reduciéndose bastante: «Doctor, yo me encuentro más o menos bien, me controlo el litio y el sodio en sangre con

---

incompleta. Insisto en esto por la enorme importancia que tiene para el clínico manejar bien los *estabilizadores del ánimo* (carbonato de litio, valproato sódico, carbamacepina, oxcarbamacepina, GABA, etc.) y una medicación de sostenimiento muy aquilatada. La experiencia es un grado.

21. Son aquellos pacientes que cambian de la depresión a la euforia en horas o muy pocos días. A veces el sujeto se acuesta con depresión y se levanta eufórico (hipertímico). Es una submodalidad que puede presentar serios problemas para su control y mejoría.

la frecuencia que usted me dijo, pero yo no soy la misma. Cada vez voy menos horas a la galería. Antes iba a comprar novedades sobre pintura de vanguardia a Barcelona o a otras ciudades de Europa e incluso tuvimos muy buena relación con un galerista de Sidney. Desde hace ya unos años (tres, cuatro o cinco) yo viajo cada vez menos, me canso mucho, no puedo ver los catálogos que se publican o asistir a subastas o exposiciones o hacer nuestros propios programas, hasta el punto de que la persona con la que estoy asociada ha buscado un nuevo socio, bastante más joven que yo, para que empuje en nuestro negocio... porque yo he bajado mucho.

»Además me concentro peor, estoy más desmemoriada, sobre todo de las cosas más cercanas y los nombres, me despisto mucho, me he vuelto una persona más lenta y parsimoniosa, cuando yo he sido una mujer que hacía tres o cuatro cosas a la vez».

Este caso es bien demostrativo. Las alteraciones de las funciones intelectuales como la memoria, los distintos aprendizajes, la concentración o la disminución del rendimiento son muy comunes. Algunos autores defienden que estos déficit son reversibles (Watts y Williams, 1998). Por su parte, Johnstone y su equipo (1999) han puesto de manifiesto que las múltiples recaídas, los tratamientos poco correctos y la dificultad para consolidar una mejoría prolongada y estable son los causantes de estas manifestaciones de deterioro.

Vamos a repasar algunas vertientes de estos *residuos depresivos* en los siguientes apartados: *funcionamiento de la inteligencia, atención, concentración, memoria en sus distintas subespecies y déficit cognitivos*. Nos adentramos someramente en ellos.

El *funcionamiento intelectual* es motivo de bastante controversia. Lo que es evidente es que en las fases eufóricas la inteligencia brilla más por la rapidez de la conducta y la fuga de ideas. Pero la alternancia frecuente mal controlada da lugar a una cierta disminución de la misma, medida por el test de Raven y el de Wechsler. Existe un trabajo notable de Donney y su equipo (1982) en el que observaron que estos pacientes en las fases hipomaníacas mostraban un CI (Cociente Intelectual) superior a cuando estaban eutímicos o depresivos. En otros estudios no se han encontrado diferencias en las medidas de la inteligencia en los episodios monopolares o bipolares (Goldberg y equipo, 1993).

La *atención* es la capacidad para dirigir toda la conciencia psicológica hacia un objetivo concreto. Su disminución en las bipolares está en la base y de ahí arrancan otras alteraciones, incluso la aparente disminución de la memoria, que no es tal, sino que lo que realmente falla es la atención.

Las dificultades de *concentración* y la *distraibilidad* se observan en el 70 por ciento de los maníacos y en el 91 por ciento de los depresivos monopolares (Goodwin y Jamison, 2001). Son, en definitiva, déficit de atención, debido a lo cual ciertos estímulos exteriores no son captados y resbalan en el panorama de ese sujeto. El clásico de Stroop ofrece un resultado bastante claro: en los depresivos bipolares en fase depresiva o eufórica hay una alteración de estos factores. En esta última, porque la concentración está tan abierta que se bambolea sin rumbo ni fijación. Parece ser que sí es determinante la intensidad de los síntomas, medidos por una escala de evaluación de conducta.

En cuanto a la *memoria,* hay distintas consideraciones que hacer. La *memoria a corto plazo*, que facilita repescar el recuerdo cercano (proveniente de estímulos de la vista o del oído), es una *memoria primaria*. En este caso los resultados son contradictorios, no están claros, ya que Breslow (1980) y Sétif (1998), junto a sus equipos, encontraron que en la fase depresiva estaba disminuida; por el contrario, otros investigadores no encontraron diferencias significativas (Henry, 1973; Gass, 1986; Mitrushina, 1996).

Casi todos los estudios están dedicados a la *memoria a largo plazo*, utilizando listas de palabras, dígitos o hechos: los resultados tampoco ofrecen una respuesta clara. Este desacuerdo puede ser debido a la diferencia de los métodos utilizados. Hay resultados para todos los gustos. En la paciente que he expuesto en el caso anterior, esta memoria estaba bastante descendida.

En la *relación entre memoria y aprendizaje* vemos que en las fases depresivas hay una disfunción en el procesamiento de la información, con disminución en las tareas y, sobre todo, torpeza en la adquisición de nuevos aprendizajes. Así, Andreasen (1974) demostró que en las fases eufóricas había más memoria y abundantes y curiosas asociaciones de ideas, pensamientos y juicios.

En lo que sí hay más consenso es en los *déficit cognitivos*: el patrón de rendimiento verbal está aumentado en la manía y disminuido en la depresión; en la depresión hay una desmotivación bastante generalizada y dificultades en la codificación de la información, mientras que en la manía sucede lo contrario: mayor facilidad para mover la información que llega, procesando de modo más rápido y eficaz.

Tipos de depresiones

Reacciones depresivas

El término *reacción* lo extrae Jaspers de la física y tiene aquí notas compartidas. El concepto de reacción podemos resumirlo diciendo que es aquel acontecimiento o hecho que nos afecta y que produce una relación estímulo-respuesta, binomio clave, que se va complicando en el campo de la psicología y la psiquiatría. Ejerce una función de puesta en marcha. Se trata, pues, desde un punto de vista operativo, de un cambio producido como respuesta a un estímulo. *Reacción es el conjunto de fenómenos físicos, psicológicos, de conducta, cognitivos y asertivos (o sociales) que se ponen en marcha desencadenados por un estímulo o influjo exterior o interior.* Podemos distinguir a grandes rasgos tres subformas generales, antes de entrar en definiciones más específicas:

Reacciones depresivas biológicas

Biológico significa aquí algún acontecimiento somático que afecta claramente a la salud física. Nos referimos a la aparición de una cierta depresión, por tanto comprensible, en la que podemos descubrir una relación de sentido. Es subsiguiente a un proceso de nuestra naturaleza (corporal en sus distintas partes, o cerebral), el cual puede ser a su vez de tres formas: leve, moderado y grave.

a. *Leve*: puede ser una reacción depresiva posgripal o la que sigue o se acompaña a un proceso inflamatorio. Estas reacciones depresivas varían mucho de unos sujetos a otros. Unas veces se expresan en el plano somático de forma difusa, pasando incluso desapercibidas al internista avezado en estas cuestiones y que todo lo más las interpreta como una prolongación del estado gripal. Otras veces el cuadro clínico es más sólido e incluso la tristeza es más perceptible.

Aquí debo incluir los *síndromes de depresión asociada a la vida de la mujer*, que suelen ser leves o moderados y dan lugar a cambios físicos y psicológicos en cada uno de estos segmentos: menarquia (primera menstruación), síndrome de tensión premenstrual, ovulación, posparto y climaterio. Los dos más frecuentes son la *tensión premenstrual* y la *depresión posparto*, que veremos con más detalle en el capítulo 5.

b. *Moderada o de gravedad media*: aquí ya la enfermedad somática es de más alcance y, en consecuencia, la reacción depresiva es más intensa y prolongada. Ejemplos tenemos muchos y a diario podemos observarlos: van desde la fiebre tifoidea y la neumonía a la brucelosis, del lupus eritematoso al reumatismo poliarticular agudo, la endocarditis crónica y a tantas otras formas clínicas.

c. *Grave*: las reacciones depresivas graves tienen un doble interés: consideradas en sí mismas y, por otra parte, por la capacidad que tienen de servir de factores desencadenantes que inauguren una depresión que se encontraba más o menos soterrada. A mi juicio, una de las más notables es la hepatitis viral. Es particularmente interesante lo que sucede con los enfermos sometidos a trasplantes renales: en el estadio de la hemodiálisis sostenida pueden sucederse psicosis posoperatorias como las descritas por Lange.

Hoy día el problema vuelve a plantearse en las operaciones con circulación extracorpórea. El mismo fenómeno ha sido observado por Carbonell (1976) en los enfermos sometidos a diálisis periódicas. Abrahams (1969) ha comprobado estas depresiones tras las nefrectomías (extirpaciones de riñón, trasplantes renales). También en el postrasplante y dentro de lo que pudiéramos llamar «la adaptación a la nueva situación orgánica», las reacciones depresivas son importantes, siendo más correcto hablar en tales ocasiones de fases depresivas, ya que esto se ajusta más a lo que sucede en realidad. No obstante, Penn (1972) ha podido comprobar que son más frecuentes e intensas las manifestaciones psíquicas preoperatorias que las posoperatorias.

En este sentido, son muy intensas las psicosis *posoperatorias* que se están viendo en los últimos años en los enfermos intervenidos de corazón bajo circulación extracorpórea, como han señalado Kornfeld (1969), Séller, Frank y equipo (1970), Danilowicz y Gabriel (1971), Layne y Yudofsky (1971) y Sveinsson (1976), entre otros. La incidencia de *psicosis post*-by-pass se da en un tanto por ciento de sujetos aún poco elevado, no llegando, según los distintos autores, al 10 por ciento.

Podemos decir lo mismo con respecto a los procesos cancerosos. Los trabajos sobre cáncer y depresión, todavía poco numerosos, inciden sobre estos puntos señalados. En mi experiencia personal las depresiones en el curso de un cáncer son de una extraordinaria gravedad, con intentos de suicidio que pueden llegar a consumarse, aunque todo depende del ambiente familiar, del apoyo humano del entorno, de las creencias personales, de si han tenido con anterioridad antecedentes depresivos y un largo etcétera en esa línea.

También hay que señalar las depresiones graves posteriores o concomitantes a enfermedades somáticas de evidente riesgo vital. Aquí sería más correcto dejar de lado el término *reacción,* toda vez que el cuadro depresivo ofrece una mayor permanencia, aparte de su tendencia a la neurotización y a la encronización.

Reacciones depresivas psicológicas

El hecho que estimula es un desencadenante exterior o interior, no primariamente físico. Aquí de lo que se trata es de reacciones vivenciales: respuestas emocionales ante estímulos psíquicos. Estas reacciones son normales cuando son sanas, es decir, cuando son oportunas y adecuadas al motivo desencadenante, guardando una correcta proporción entre lo que viene de fuera y la respuesta que viene de dentro, existiendo una buena secuencia entre esos dos extremos, porque *se ajusta a la realidad de lo sucedido* y en términos de conducta ese sujeto *ni maximiza* (dramatiza), *ni minimiza* (le quita excesiva importancia). Si preguntamos a los sujetos que van a la consulta psiquiátrica si están tristes, éstos nos dirán posiblemente que sí, pero tal vez no estén enfermos de depresión. En estos casos, si el interrogatorio no es más fino, no captamos bien la intimidad del paciente. En consecuencia, las preguntas deben ser más hondas, deben calar en su profundidad. Habrá que preguntar si tiene motivos para encontrarse de ese modo y cuáles son. Es igual que si vamos a una sala de enfermos quirúrgicos de un hospital y hacemos la misma pregunta. La respuesta puede ser afirmativa. Están tristes o pueden haberlo estado, pero en principio (y mientras no se demuestre lo contrario) no están bajo una depresión.

Hay *reacciones normales*: la muerte de un ser querido muy cercano debe producir tristeza. Su *duración* e *intensidad* dependerán de muchos factores, entre otros, la fortaleza de su personalidad y la capacidad para superar esa adversidad importante.

También hay *reacciones anormales* (en el ejemplo anterior, la intensidad y duración excesivas; muchos meses llorando, incluso años y con una intensidad cada vez mayor) y *anómalas* (que estarían en una posición intermedia, ni son totalmente sanas, ni patológicas. Están en un terreno huidizo, de nadie).

Quiero exponer algunos ejemplos para que pueda comprender el lector cómo la valoración del acontecimiento depende de la personalidad previa y aunque se ha descrito una *lista de acontecimientos vitales* (Holmes y Raid, 1990), es decir, de hechos que pueden desencadenar una modalidad depresiva, hay muchos puntos oscuros e inexplicables en todo ello.

Caso clínico 1: un ejemplo de reacción paradójica depresiva

Mujer de escaso nivel cultural, que vive en un pueblo pequeño de la Mancha española. Tiene tres hijas que viven con ella y su marido. Y además la suegra, con la que ha tenido de siempre una relación mala:

tensiones, serias diferencias de criterio, discusiones en donde una y otra se han hablado con dureza... Todo eso ha condicionado momentos muy difíciles con su marido. En los últimos cinco o seis meses la suegra, de ochenta y cuatro años, ha ido presentando episodios de irritabilidad, ansiedad y algunos síntomas hipomaníacos (no parar de hablar, gran dinamismo, hiperactividad, euforia), teniendo una diabetes de fondo que se ha ido descontrolando. La nuera la ha asistido durante las semanas anteriores a su muerte y una vez que se produce el fallecimiento, ha tenido un *síndrome de Estocolmo*, diciendo lo siguiente: «Qué pena que nos haya dejado. No era tan mala, tenía su carácter, pero en el fondo era buena; ahora recuerdo cuando las dos tomábamos el sol juntas y hablábamos de nuestras cosas; yo quiero irme con ella, no puedo pensar en no volverla a ver».

El marido me dice: «Es increíble que diga esas cosas, cuando la relación entre ellas ha sido nefasta y lo que mi mujer y mi madre me han hecho sufrir con esto ha sido terrible. Por eso no entiendo nada, no sé qué le ha pasado para decir estas cosas y lo que se acuerda de ella».

En las siguientes semanas el tema ha ido a más y se pasaba el día llorando recordando a la suegra: *reacción paradójica*, además de ser una *reacción psicológica depresiva*.

Caso clínico 2: depresión reactiva en un hombre cuya mujer tiene el síndrome del penúltimo tren

Quiero traer ahora a la consideración de mis lectores un caso poco común. Viene a la consulta un hombre de cincuenta y siete años, casado con una mujer de cincuenta y dos, ambos profesionales liberales, de nivel cultural elevado. Tienen cuatro hijos de veintiuno a catorce años.

«Llevamos más de veinte años casados. Hace dos años empezamos a tener problemas entre nosotros y esto me ha provocado una fuerte depresión: estoy hundido y mi vida se desploma delante de mí, es como si la tierra que piso se hubiera abierto. Me he planteado el suicidio o desaparecer de alguna manera o irme a la otra punta del mundo. Estoy destrozado.

»Mi mujer estudió Filosofía y Letras, pero sin verdadera vocación. Terminó sus estudios y dio algunas clases en distintos colegios, pero estaba encajada. Pasó a dar clases de psicología, que era lo más cercano a lo que habían sido sus estudios, pero sin gustarle mucho. Así transcurrieron los años. Seguía muy de cerca mi carrera (yo soy arquitecto) y me aconsejaba en mi trabajo profesional. Pero hace unos cinco años empezó a hacer unos cursos de pintura: ella había pintado a acuarela y a tinta china cuando estaba en la universidad, pero siempre como afición. Ahora se trataba de algo más serio y entró dentro de un círculo de pintores jóvenes en la ciudad donde vivimos. Se fue entregando poco a poco a ello, de forma progresiva. Al principio iba un día a la semana; a los pocos meses, dos días a la semana. Al año y pico, eran tres. Y volvía cada día más tarde. En ese ambiente se fue distanciando de mí y, por supuesto, de sus hijos y de las tareas propias del hogar, entre otras cosas, por la cantidad de horas que pasaba fuera de casa.

»Hizo un par de exposiciones con bastante éxito. Vendió algunos cuadros y esto la cambió. Empezó a viajar por distintas ciudades y se dedicó a la pintura como profesión. Yo la he apoyado siempre. Es más, cuando su trabajo de profesora de filosofía y después de psicología no le gustaban, hablé con ella para buscarle otra disciplina en la que pudiera ejercer su actividad docente. También la he animado en la pintura, pero el haberse desentendido de la casa, de los hijos y de mí, ha sido demasiado.

»Llevamos dos años muy negativos. El mensaje de ella es el siguiente: "Me he desenamorado de ti, ya no te admiro, te has convertido en una especie de funcionario de la arquitectura y yo necesito un espacio nuevo, salir de casa, irme a vivir independiente". Ella se niega a venir a la consulta, porque dice que el problema es mío, que ella se encuentra mejor que nunca. Yo he intentado hablar con ella, ver dónde han estado mis fallos y errores y poner de mi parte para corregirlos, pero es imposible el diálogo entre nosotros.

»Lo último que me ha dicho es lo siguiente: "Te quiero mucho, pero no estoy enamorada de ti. Tienes valores como persona, pero yo quiero otra cosa. Eres buena persona, pero no eres divertido. Eres buen padre, pero me aburro contigo. Reconozco que has sido buen padre, pero a mí ya no me llenas y soy una mujer tan auténtica que lo que quiero es libertad, irme de casa, vivir mi vida... Necesito volver a encontrarme a mí misma. Este mundo de la casa y los niños y el que te rodea a ti se me han quedado pequeños". Éstas son las afirmaciones de ella y yo estoy desconcertado; tengo que decir que siempre fue una mujer caprichosa y la culpa ha sido mía, puesto que me casé muy enamorado. Ella era una mujer guapísima, llamaba la atención, la gente se daba la vuelta por la calle y además era divertida, ingeniosa, ocurrente, con desplantes que eran sorprendentes, pero simpáticos y dentro de un orden.

»Mis hijos —continúa hablando mi paciente— están muy afectados; ahora soy yo el que se ocupa de las cosas de la casa. Siempre he colaborado en las tareas domésticas, pero era ella la que llevaba la voz cantante. Desde hace meses duermo muy mal: tardo en coger el sueño un par de horas, pesadillas, despertar precoz y pensando en lo que me ha sucedido. No estoy para nada. Desde hace tres meses he empezado a no ir a mi trabajo: como arquitecto tengo que ir a ver las obras que estoy haciendo y muchos días me quedo en casa porque no tengo fuerzas para enfrentarme con todo eso. Lloro, estoy pensativo, he adelgazado ocho kilos y mi madre se ha venido a nuestra casa.

»Mi mujer se fue de casa hace tres meses. Se ha ido a un apartamento y está dedicada a pintar. Nos hemos enterado de que está saliendo con un galerista muy conocido, que está promocionando sus cuadros y que le dice que lo que tiene que hacer es pintar y dejarse de hacer otras cosas; este sujeto es cinco años más joven que ella. Mi mujer no reconoce que sale con él, dice que son simplemente relaciones profesionales y que no hay nada afectivo, pero mucha gente me ha dicho que los ha visto juntos, sé que han viajado juntos con motivo de exposiciones de ella.

»Ella y yo hemos viajado mucho. Empezó a pintar por afición y yo se lo fomenté porque estaba en un mal momento en su trabajo, desmotivada y cansada de dar clase. Ahora ella niega esto, pero la verdad es que yo la animé a que hiciera Bellas Artes y a que fuera encontrando su estilo dentro de la pintura».

Quiero exponer el siguiente diálogo que mantuvimos:

—P: ¿Cuáles son las quejas que ella tiene de ti?

—R: Que no la apoyo, que no entiendo de arte, que ahora se ha dado cuenta de que al principio del matrimonio yo estaba muy volcado con mi trabajo y le hacía poco caso... Y sobre todo, que se aburre conmigo.

—P: De esas afirmaciones, ¿cuáles tienen más visos de verdad?

—R: Ninguna... Bueno, sí, la que se refiere a que se aburre conmigo, pues ella quisiera que yo fuera su primer *fan* y que estuviera todo el día preguntándole por su nuevo estilo, por la crítica que le han hecho en esta revista o en aquel periódico... Y eso ya es demasiado.

—P: ¿Crees que si yo, como médico, la llamo, podré hablar con ella y concertar una cita?

—R: Es imprevisible su respuesta, tal y como está ahora. Puede ser positivo, negativo o contraproducente.

—P: Por lo que dices, ella está rebuscando cosas negativas del pasado para sacarlas como reproches, ¿es eso así?

—R: Así es. Creo que ésa es la mejor manera de resumir lo que ella está haciendo últimamente.

Decido llamarla por teléfono y la conversación es cordial: me insiste en que se ha desenamorado de su marido, pero que no le desea nada negativo. Le digo que quiero que hablemos despacio de todo y le doy una cita en breve, que acepta. Pero el mismo día que debía venir, llama poco antes para decir que le era imposible. Vuelve a la consulta el marido poco después y me cuenta que sabía que no iba a venir, pero no se atrevió a decirlo de entrada, para no quedar mal con el médico.

La separación entre ellos continúa y no hay ningún indicador psicológico de vuelta atrás. A él le hemos dado una medicación para conciliar el sueño y un elevador del ánimo, aunque su situación no se arreglará con los fármacos, ya que éstos sólo corrigen algunos efectos de su vivencia de soledad, abandono, separación y nueva vida. En este sentido podemos hablar de una *depresión reactiva*, cuyo pronóstico dependerá del modo como nuestro paciente vaya aceptando los hechos, reorganice su vida y siga hacia delante con sus hijos y su trabajo, intentando en la medida de lo posible superar todas esas vivencias sorprendentes y de gran sufrimiento. Vemos aquí otra cara de la depresión: ésta puede ser tan polifacética como queramos, pues la riqueza de acontecimientos no puede ser fácilmente resumida en un esquema simple.

Reacciones depresivas psicológicas puras

En este caso, como es obvio, la reacción no se desencadena por un hecho físico. Se trata de una reacción, una respuesta emocional ante un estímulo psíquico. Este tipo de reacciones son muy corrientes y normales, salvo que las convirtamos en base para una respuesta patológica. Debemos aprender a mantener las proporciones entre los estímulos externos y el tratamiento que les damos en nuestro interior.

Caso clínico: una historia de revista del corazón: trágica, divertida y atroz

Los psiquiatras nos hemos convertido en los médicos de cabecera. Hoy se le ha perdido el respeto a asistir a una consulta de psiquiatría y *casi todo el mundo tiene algo de tipo nervioso*. Por eso la galería de sucesos que uno puede observar desde la atalaya de una consulta es amplísima.

Hablamos de un sujeto de cuarenta y dos años, casado, con tres hijos, de nivel socioprofesional alto, que trabaja en un bufete de abogados pequeño: «Nosotros hacemos florituras jurídicas, no somos una fábrica de emisión de papeles y documentos, sino que nuestro trabajo de Derecho tiene mucho de artesanal.

»Vengo a verle porque estoy hundido. Tengo una depresión de caballo. Todo se ha vuelto contra mí. Hasta hace poco mi vida era muy positiva, con éxitos profesionales y con la apariencia de una familia feliz y en menos de un año todo se ha derrumbado. Vengo a la consulta muy escéptico, porque yo sé lo que tengo que hacer para salir de este laberinto en donde estoy, pero no puedo, me es imposible. Tengo a toda la familia e hijos contra mí. Me gustaría tomarme unas pastillas y que al despertarme todo fuera como una película que se ha arreglado como por arte de magia».

Le pregunto qué le pasa, qué ha ocurrido para que se sienta de ese modo: «Lo mío es una historia de desamor. Conocí a mi mujer con dieciocho años y nos enamoramos locamente el uno del otro. Yo he sido siempre bastante romántico, aunque eso no quiere decir que no sea una persona cerebral. Ella era de una buena familia y encajaba perfectamente con el modelo de mujer que habría querido mi madre, en todos los sentidos. Yo le llevo dos años. Nos casamos con veintiséis y veinticuatro respectivamente. Me gustaba mucho leer libros sobre la afectividad: Stendhal, Ortega y Gasset, Flauvert, Max Scheler y algunos otros, además de novelas. Siempre he tenido mucha curiosidad por aprender y cultivarme. La música clásica me fascina y eso lo aprendí en mi casa con mis padres. Y la poesía, incluso escribí prosa poética y me fascinaba la generación española del 27, especialmente García Lorca.

»Mi mujer es una chica muy mona. Siempre ha cuidado su tipo. Trabaja en una tienda de ropa y siempre ha sido muy coqueta y presumida. Pero desde hace tiempo se ha frivolizado. Yo le he insistido en que leyera más, que me acompañara a exposiciones de arte, que leyera alguna novela buena... Pero en sus ratos libres se ha dedicado (ella lo niega) a leer revistas del corazón y también la he sorprendido muchas veces viendo en la televisión esos programas-basura en donde se explica la vida de los famosos separados, sus andanzas, idas y venidas. Y por eso me he enfadado muchas veces con ella. Eso ha ido llevándome a desenamorarme de ella, o mejor dicho, hay un paso anterior: *he ido dejando de admirarla día a día*. Es buena madre, pero a mí no me llena. Incluso cuando salimos con amigos comunes, me doy cuenta de la influencia tan negativa que han tenido en ella algunas amigas, hablando sólo de ropa y de famosos separados y de viajes y de compras... Se lo he dicho y me ha comentado: "Te has vuelto una persona rara, un poco rollo, la gente normal no es como tú". Esto viene sucediendo desde hace ya seis o siete años aproximadamente"».

Sigue su relato: «Me ha ido faltando admirarla, la he ido viendo como una mujer muy guapa, pero sólo fachada; en los últimos siete u ocho años no creo que haya leído más de una docena de libros. Yo le resumiría, Dr. Rojas, todo lo que vengo diciéndole en la siguiente frase: se me ha quedado corta. He luchado por motivarla, con mano izquierda y sin ella, insistiéndole una y otra vez y la verdad es que esto ha creado muchas tensiones, discusiones, frases fuertes mías a ella y viceversa y el deterioro ha ido subiendo de nivel. Creo que es importante que le cuente todos estos detalles, para que usted comprenda todo lo que quiero decirle a continuación».

La descripción es clara, precisa, salteada de anécdotas de sus libros, lecturas, curiosidades intelectuales. «Yo me enfrié en el tema religioso, aunque he tenido el ejemplo de mi madre y de su vida coherente, que ha sido un referente muy fuerte para mí, pero las contradicciones y el ambiente que me rodea han ido haciendo que me distanciara, más por hábito que por un razonamiento intelectual[1].

»Siendo un joven licenciado, una de mis preocupaciones era el tema de la felicidad. He sido un idealista y muchas de las principales teorías sobre el tema las he tenido escritas en algunas libretas mías personales y tengo algunos textos clásicos y recientes sobre este asunto. Yo he sido una persona feliz hasta hace unos años, cuando empecé a sentir este *estar insatisfecho con mi mujer*. Ésta sería la frase que sintetizaría todo lo que vengo exponiéndole. Yo me decía a mí mismo: esto no puede ser el amor, yo no consigo cambiar algunas cosas de mi mujer y ella empieza a calificarme como alguien extravagante, cuando yo he puesto todos los medios a mi alcance para que estuviera contenta conmigo: regalos, detalles, poesías escritas».

Éste es el contexto previo, el caldo de cultivo en donde va a suceder lo que él mismo nos relata a continuación: «Aparece una chica de veintiséis años en el despacho, que estudió una mezcla de Derecho y Económicas. Es una mujer vital, dinámica, inquieta, llena de fuerza, ha sido delegada de su curso en los últimos años de su carrera, lectora, le encanta la música clásica (es apasionada como yo de Boquerini, Tchaikovski, Borodin, Aran Cachaturian, toda la música rusa) y hace poesía. Desde el primer día que apareció en el despacho la vi como un peligro y como una ilusión. Estaba haciendo la tesis doctoral sobre un tema muy concreto del Derecho y era el optimismo personificado. Hablamos, comentamos temas de Derecho, me preguntó cosas de carácter jurídico y comimos algún día juntos y de pronto, en unas tres o cuatro semanas, me vi todo el día

---

1. Sólo un breve comentario a este dato. La sociedad se ha ido descristianizando, sobre todo en Europa. Pero hay que señalar signos de una vuelta a lo religioso en Estados Unidos, Canadá, Japón y zonas del mundo asiático y Oceanía. La espiritualidad bien entendida, como sentido profundo de la vida, es esencial; en ella el elemento fundamental es el amor a los demás. Un depresivo que tiene unas creencias sólidas está claro que lleva mejor su enfermedad. Religiosa es aquella persona que lucha por tratar a todos con dignidad y que busca la trascendencia en las cosas de la vida diaria.

pensando en ella. Estaba en mi cabeza. Así de claro. Todo el fin de semana pensando en ella. Nos fuimos mi mujer y yo con unos buenos amigos
a pasar un fin de semana y me fui a dar un paseo por el campo, comen-
tándole a este amigo lo que me estaba sucediendo. Cuando regresamos
de ese paseo me encuentro a mi mujer con la otra amiga viendo uno de
los programas tan típicos de revistas del corazón, embebidas, enfrasca-
das y esto fue como un bofetón. Ella vio la cara que puse y a la vuelta,
ya los dos solos, le dije la decepción que eso me había producido y tuvimos una fuerte discusión, en donde yo le dije cosas fuertes.

»Esta nueva mujer es una mina de oro. Usted pensará que exagero,
pero es la persona que yo necesitaba. Mis hijos (de catorce, doce y nueve años respectivamente) ya habían notado discusiones y momentos malos
entre nosotros. Aunque yo he intentado siempre que no nos vieran discutir, el tema me ha rebasado y yo mismo lo he provocado y he dicho
cosas duras de ella delante de mis hijos. A esta nueva mujer le he ido
contando todo y le he confesado mi amor. Ella al principio me hacía poco
caso. Y eso me ponía nervioso y me resultaba increíble, porque reconozco
que soy vanidoso. Pero le he ido enviando regalos, detalles, notas, poesías, mensajes al móvil...

»Se han ido sucediendo muchos acontecimientos. Mis padres y los de
mi mujer están muy afectados. Yo he dado algunas explicaciones a mis
padres, sin contar el desenamoramiento que se ha producido y la chispa
que ha saltado al aparecer esta mujer en mi vida. Esta chica es muy completa. Y reconozco que a mis cuarenta y dos años estoy enamorado como
un jovencito. Ella para su edad es más culta que yo. Tiene una vitalidad
enorme, muy alegre, divertida pero nada frívola, irónica, con una capacidad para expresar sentimientos como no me podía imaginar en nadie.

»Mi estado de ánimo ha pasado por un aluvión de sensaciones diversas: desde el entusiasmo al enamoramiento. Me he ido de casa a vivir a
un apartamento. Mi mujer ha empezado a decir que estoy loco, que soy
un desequilibrado, mis suegros me han insultado gravemente, mi hija la
mayor ha dicho que quiere suicidarse, que su vida se ha acabado... Y todo
esto me ha provocado ansiedad, desánimo, tristeza, preocupación, insomnio y días como sonámbulo, con una melancolía muy grande».

Estamos ante una *reacción depresiva*, aunque es mucho más y algo que
desborda lo que es el ámbito del mundo depresivo. La palabra *depresión*

está muy de moda, pero estos hechos tienen un tinte mínimamente depresivo: lo que aquí flota es una historia de desamor servida en bandeja, con ingredientes románticos inspirados en las mejores novelas del siglo XIX español.

«Esta otra chica se ha ido a hacer un curso de Derecho internacional a Londres, durante seis semanas, huyendo de las tensiones que yo le he transmitido. Ella está pensándoselo todo y haciendo un parón. Me acuerdo de ella a todas horas. Las conversaciones telefónicas me han dejado un regusto negativo, porque ella se cree la responsable de todo y dice que lo mejor es olvidarlo todo y que ella seguirá su camino y dejará el despacho y seguirá con su tesis. Yo estoy destrozado y si ella me deja, mi vida no tiene sentido, porque las veinticuatro horas del día me las paso pensando en ella. No obstante, en medio de todo esto, algunos días voy por la noche a casa para charlar un rato con mis hijos y los acuesto o ceno con ellos. Intento quitarle importancia a lo sucedido y les digo e insisto que siempre me tendrán con ellos, que seré su padre y podrán contar conmigo en todos los sentidos.»

El cuadro de hechos está servido. La historia tiene ribetes de novela. La pasión amorosa se muestra con toda una rica fiebre de tensión, de vibración hacia la nueva mujer que asoma en su vida, con todos los ingredientes trágicos que la envuelven. Ella le despertó apetencias, vértigos, ilusiones dormidas y soterradas en una vida burguesa, cómoda y bastante habitual en ese medio social en el que ambos se desenvuelven. Paisajes, efluvios, sueños, deseos juveniles y la cabeza hipotecada como un adolescente primerizo. Frescura y lozanía entrecruzadas de dramatismo.

Una medicación ligera psicorrelajante y un inductor del sueño son la parte biológica del caso. La historia que aquí presento tiene muchas lecturas, es polisémica. Un pronóstico complejo, porque el caso tiene tantas facetas como ángulos, vertientes y orientaciones. Lo que está claro es que no es una depresión, aunque nuestro personaje diga estar hundido y repleto de dificultades y en la cuerda floja de su vida.

Reacciones adaptativas

Se denomina así a la aparición de síntomas emocionales o conductuales como respuesta a uno o más agentes estresantes. El término fue acuñado por la American Psychiatric Association y para que una reacción se considere adaptativa debe producirse en un periodo máximo de tres meses una vez aparecido el factor que produce o desencadena la ansiedad, el cual debe ser plenamente identificable.

Estos factores desencadenantes son muy variados, aunque lo más habitual es que tengan que ver con problemas laborales, dificultades económicas, crisis de pareja, rupturas conyugales, problemas familiares, enfermedades somáticas graves o que producen un deterioro en las actividades profesionales o familiares de cierta importancia... El origen del estrés puede ser tanto *uno* como *varios* de estos factores, combinados o de manera alterna y se pueden dar tanto de forma continuada como en episodios intermitentes. El psiquiatra o psicólogo debe dejar constancia de esos factores en la historia clínica, ya que su influencia se considera relevante en la aparición y desarrollo de trastornos psíquicos y, en concreto, depresiones.

Las reacciones adaptativas presentan una sintomatología característica: ansiedad, depresión, alteraciones del comportamiento o asociaciones de estos tres estados en mayor o menor grado. El trastorno puede ser agudo y remitir en menos de seis meses o hacerse crónico, con una duración indeterminada. Veamos un caso clínico bastante ilustrativo:

Caso clínico: reacción adaptativa tras una separación conyugal

El paciente es una mujer de cuarenta y cinco años, enfermera. Trabaja con su marido, que es médico. Ambos son de nivel sociocultural medio-alto. El marido, de cincuenta y dos años, ha mantenido durante unos cuatro años una relación afectiva con una colega doctora que trabaja con él. Ella tiene veintiocho años. Aunque él ha negado sistemáticamente esta relación, la esposa contrató a un detective que consiguió pruebas irrefutables. Al presentárselas a su marido, se produjo una gran disputa que generó una gran ansiedad en mi paciente. La discusión terminó con una separación inamistosa, con situación de gran estrés y ansiedad que acabó en una separación violenta. El matrimonio tiene dos hijos, de los que el menor, de nueve años, se ha quedado con la madre, mien-

tras que la hija mayor, de doce, se ha ido a vivir con el padre. Los des-
acuerdos han sido constantes, en particular en el tema económico. Ella
se quedó sin trabajo y el marido puso muchos inconvenientes a la hora
de pagar la pensión. Además va propagando rumores negativos acerca de
su esposa: que si gasta mucho, que si es poco cariñosa... Ella considera
que su marido la ha desprestigiado ante sus amistades, lo que le ha generado mayor ansiedad.

Hay, pues, una combinación de problemas sentimentales, familiares,
laborales y económicos que han generado un cuadro clínico caracterizado por una combinación de síntomas como ansiedad, insomnio, malestar general, desánimo, reacciones agresivas, ideas recurrentes de suicidio...
Ante un caso tan evidente de reacción adaptativa se procedió a aplicar
un tratamiento con ansiolíticos ligeros y antidepresivos. La psicoterapia
también resultó de gran ayuda, pues le permitió superar los problemas
y aceptar la nueva realidad. A menudo, éste es el único camino para reem-
prender la marcha y contar con nuevos ánimos que permitan abrir nuevas expectativas en este largo proyecto que es la vida.

Cuando la tristeza sale de dentro: depresiones endógenas

Hemos visto hasta el momento las depresiones motivadas por factores exógenos, es decir, aquellos que vienen del mundo exterior, del
entorno y que pueden ser descritos con claridad, viendo el efecto que
producen. Se trata de reacciones psicológicas naturales a un hecho
externo, pero que quedan fuera de control. Las *depresiones endógenas* son todo lo contrario, aquellas que se producen por razones internas. Si las exógenas eran motivadas, las endógenas son aparentemente inmotivadas, de origen biológico, bioquímico o incluso hereditario. Este segundo tipo de depresión presenta mejor respuesta a
los tratamientos con fármacos elevadores del ánimo. Por supuesto, esta
división es muy elemental, pues entre ambas categorías existe todo
un universo de variedades depresivas a medio camino entre los dos
extremos. Ya he mencionado esto y por eso hablamos de *depresiones predominantemente exógenas* y otras *predominantemente endógenas*, según sean psicológicas o biológicas. En otras ocasiones habla-

mos de *depresiones mixtas* o *endorreactivas*. En realidad, desde un punto de vista médico, las cosas pueden no ser tan claras y la experiencia del psiquiatra y del psicólogo darán la clave para entender bien esto.

La evolución del trastorno, con el tratamiento adecuado, es en general buena. No obstante, se produce con mucha frecuencia un estancamiento de los síntomas al cabo de cierto tiempo de terapia farmacológica. Después de una clara mejoría, los síntomas se mantienen en un cierto nivel. No van a más, pero tampoco a menos y aunque el paciente se siente mejor, no se encuentra igual que antes de caer enfermo. Si esta situación se prolonga, se corre el riesgo de que la depresión se haga crónica. Si esta depresión endógena estancada se va impregnando de factores psicógenos, vivenciales y neuróticos, el cuadro podría empeorar a largo plazo.

La sintomatología de las depresiones endógenas es similar a la de otras clases de trastornos depresivos, aunque dependiendo de cada caso, unos síntomas serán más acusados que otros. *En general, las depresiones endógenas tienen mejor pronóstico que las exógenas* (o reacciones depresivas), ya que las primeras sólo requieren medicación, mientras que las segundas necesitan psicoterapia y pueden presentar circunstancias tan conflictivas que no es fácil ensayar soluciones precisas. Creo que es útil presentar algunos casos prácticos:

Caso clínico 1: una típica depresión endógena

El paciente es una mujer de cuarenta y dos años, casada, con tres hijos. Sufrió una primera depresión a los veintiséis años, tras un ligero fracaso afectivo. En la actualidad no da mucha importancia al suceso, pero en su momento se sintió muy afectada. Su médico de cabecera le recetó un antidepresivo que acabó con el trastorno en un mes.

Al cabo de los años acude a la consulta aquejada de una sintomatología característica: «No tengo ganas de nada. Es como si no tuviera fuerzas. Me pongo a llorar sin saber por qué. Cualquier pequeña tarea se me hace un mundo. No sé cuál es el motivo, no hay razón alguna que lo justifique, pero me siento triste y pesimista. Todo lo veo negro. Imagino el futuro y me pongo a temblar pensando en mi marido y mis hijos. También me cuesta trabajo dormir y tengo pesadillas».

Al parecer, empezó a sentirse así en los primeros días de la primavera, coincidiendo con unos días muy calurosos y con mucha luz. Hay antecedentes familiares de depresión: su madre, su abuela y una tía materna. El diagnóstico es claro: depresión mayor sin ansiedad, dentro de los límites normales. El pronóstico es bueno, ya que no hay alteración de la personalidad. El tratamiento farmacológico incluye antidepresivos y sedantes para dormir, en dosis bajas. Los resultados son favorables y la evolución, satisfactoria.

Caso clínico 2: depresión endógena que se cura de manera espontánea

El paciente es un hombre que ha permanecido largo tiempo de baja laboral debido a una depresión endógena. Durante la mayor parte del día se quedaba en la cama. El tratamiento le produjo una mejoría notable, aunque no llegó a sentirse bien del todo en ningún momento. Un día le llamaron de la empresa en donde trabajaba para decirle que era necesaria su presencia, ya que había problemas de personal. Consultó conmigo y le animé a volver a sus tareas. Fueron unos momentos claves, porque tenía que tomar la decisión de inmediato. Aquí es donde, una vez más, nos damos cuenta de la importancia del psiquiatra, que es capaz de influir en una decisión como ésta... Hubo un forcejeo dialéctico médico-enfermo y yo dije: «Todo va a ir bien, tú mismo te sorprenderás de la respuesta tan positiva que vas a tener y aunque ahora te cueste y te parezca muy complicado volver a tu puesto de trabajo, lo podrás hacer. Vas a contar con mi apoyo y si tuvieras cualquier tipo de dificultad, no tienes más que llamarme y buscamos la solución».

Nada más llegar se vio agobiado por un enorme volumen de trabajo, pero esto, en lugar de amilanarle, le dio nuevos ánimos y en cuestión de días se recuperó totalmente de los síntomas que sufría. También el apoyo de la familia fue importante: todos participaron de esta circunstancia y le animaron a retomar su trabajo. La seguridad recibida por el médico y el medio familiar fue decisiva.

Este caso expresa claramente lo imprevisible de la labor del psiquiatra. Las mismas tensiones que en algunas personas pueden desencadenar una depresión pueden servir a otras para superar el trastorno.

Algo más que una depresión: la distimia

Por *distimia depresiva*[2] o *trastorno distímico* entendemos un estado de ánimo depresivo pero de forma crónica, asociándose a ello falta de energía, cansancio anterior al esfuerzo, dificultades de concentración, alteración del sueño, sentimientos de desesperanza y una disminución o pérdida de interés por las cosas que antes se mostraban como sugerentes y positivas. Muchos manifiestan todo esto como *una forma de ser*, como algo que se ha instalado y esa persona se ve sumergida en esas redes de manera crónica. No hay episodios ni maníacos (eufóricos) ni hipomaníacos (euforias más leves). No es simplemente una depresión mayor, porque ésta aparece, dura un cierto tiempo y después desaparece, como la gran mayoría de las fases depresivas.

Las investigaciones más recientes han demostrado que las distimias constituyen un tipo de depresión complejo, pero hasta la fecha han tendido a pasar inadvertidas por esos componentes que han movido a muchos especialistas a centrarse en el tratamiento de los síntomas depresivos pasando por alto o descuidando tratar la personalidad y corregir el curso crónico. Por esto decimos que la distimia es algo más que una depresión. Por sus características peculiares se trata de un trastorno de larga duración, que puede mantenerse durante

---

2. El concepto de *distimia depresiva* alberga en su seno los hechos clínicos arriba descritos: vuelve a plantear lo heterogéneo de las depresiones y sus ángulos. Como he comentado, es frecuente un trastorno de la personalidad mezclado con el cuadro clínico. Hay muchos matices aquí, pues en el primer caso pueden ser muy diversos los ingredientes desajustados de la personalidad; en el segundo, hay muchas estirpes, modalidades y formas depresivas.

años. Tanto el psiquiatra como el psicólogo deben afinar mucho en el estudio de su paciente cuando se encuentren ante un caso de este tipo, ya que la farmacopea por sí sola no es tratamiento suficiente. Por eso, muchos pacientes no se curan. Con gran frecuencia se asocia un trastorno de la personalidad (que puede ser único, doble, triple o múltiple).

De las dificultades históricas para caracterizar este trastorno puede dar fe la siguiente lista de términos, que desde comienzos del siglo XX hasta la actualidad han sido acuñados y empleados por los más prestigiosos especialistas para definir las distimias: temperamento depresivo, personalidad depresiva, depresión neurótica, constitución depresiva, depresión leve crónica, depresión neurótica, desarrollo neurótico de la personalidad, depresiones rebeldes, depresión caracterológica, carácter depresivo, síndrome depresivo caracterológico, depresión menor crónica, trastorno depresivo menor, trastorno depresivo intermitente, neurosis depresiva, disforia histeroide, hasta el de trastorno distímico o distimia depresiva, que son los dos que la nombran más certeramente.

DENOMINACIONES HISTÓRICAS DE LA DISTIMIA DEPRESIVA
Temperamento depresivo (Kraepelin, 1921)
Personalidad depresiva (Kurt Schneider, 1923)
Depresión neurótica (Gillespie, 1926, Buzzard, 1930)
Constitución depresiva (Kurt Schneider, 1936)
Depresión leve crónica (Lewis, 1938)
Depresión neurótica (DSM-II, 1968)
Desarrollo neurótico de la personalidad (Alonso-Fernández, 1968)
Depresiones rebeldes (Rojas Ballesteros, 1970)
Depresión caracterológica (Schildkraut, 1972)
Carácter depresivo (Kernberg, 1972)
Síndromes depresivos caracterológicos leves (Schildkraut, 1975)
Depresión menor crónica (Spitzer, 1977)
Trastorno depresivo menor (RDC, 1978)
Trastorno depresivo intermitente (RDC, 1979)
Neurosis depresiva (CIE-10)
Disforia histeroide (Liebowitz, 1978)
Trastorno distímico (DSM-III, 1980)
Distimia depresiva (DSM-III-R, 1987)

Todos estos nombres inciden sobre alguna característica de la enfermedad, pero sólo el último ha permitido establecer una definición concreta. Algunos de estos términos, como depresión neurótica, se utilizaron durante años hasta que finalmente fueron abandonados por su imprecisión.

La sintomatología básica de las distimias depresivas se define por su carácter crónico intermitente, con fases de avances y retrocesos. Por otra parte, cursa de un modo habitualmente leve o moderado, siendo muy poco corriente la aparición de formas agudas.

Las distimias presentan notables diferencias tanto cualitativas como cuantitativas con las depresiones mayores. En el caso de las diferencias cualitativas, las distimias presentan una mejor respuesta a los factores cognitivos y sociales y el estado depresivo es menos acusado. En cuanto a los cuantitativos, la sintomatología general es más leve: hay menos insomnio, sentimiento de culpa o tendencias suicidas, se dan con menor intensidad los síntomas somáticos, sobre todo los problemas de ansiedad y digestivos. La duración está en torno a unos dos años. No obstante, el número y tipo de síntomas son los mismos en la depresión mayor y las distimias.

Algunos autores hemos estudiado las relaciones existentes entre la distimia y los trastornos de la personalidad: la mayoría de los traba-

---

SÍNTOMAS PARA EL TRASTORNO DEPRESIVO MAYOR Y EL TRASTORNO DISTÍMICO

— Estado de ánimo depresivo.
— Pérdida de interés o de la capacidad para el placer.
— Pérdida o aumento de peso.
— Insomnio/hipersomnia.
— Agitación/enlentecimiento.
— Fatiga o pérdida de energía.
— Sentimientos de inutilidad o culpa excesivos o inapropiados.
— Disminución de la capacidad para pensar o concentrarse, o indecisión.
— Pensamientos recurrentes de muertes.
— Pérdida o aumento de apetito.
— Baja autoestima.
— Sentimientos de desesperanza.

(DSM-IV-TR, 2000)

jos de investigación[3] mantienen la independencia entre ambos, a pesar de que con frecuencia se dan a la vez (comorbilidad); otros grupos de trabajo siguen la teoría del *espectro*: hay una cierta continuidad entre unos y otros, de tal manera que los desajustes de la personalidad son una forma de distimia; para otros, la distimia y los trastornos de la personalidad tienen el mismo origen etiológico (causas y motivos similares), como son los traumas afectivos en la infancia, la separación infantil, abusos sexuales, carencias afectivas graves o figuras paternas muy negativas; y finalmente, algunos (Phillips y equipo, 1990, 2001; Rojas y equipo, 2004) piensan que la distimia es una depresión menor[4] asociada a un trastorno de la personalidad (el más frecuente es la personalidad depresiva, por evitación, obsesiva y esquizoide). Un dato de interés estadístico: en la muestra estudiada por nosotros (Rojas y equipo, 2006), de 89 pacientes, el 91,3% de ellos presentaban asociados una depresión mayor y un trastorno de la personalidad, lo que pone de manifiesto que las *depresiones solas*, sin otro diagnóstico añadido, son cada vez menos frecuentes. Veámoslo con un ejemplo:

---

3. Hay trabajos de investigación que han sido en cierto modo pioneros de cuanto vengo diciendo, como los de Endicott, Spitzer y Klerman (1979), Lee, Han y Choi (1987), Canino y Bird (1987), Kivelä y equipo (1988), Bland (1988), Weissman (1988), Wells y equipo (1989), Angst (1992),Wittchen (1992), Rouillon (1992), Brieger y Marneros (1995), Waintraub y Guelti (1998, 1999)... En todos ellos se estudian empíricamente muestras de enfermos con este diagnóstico y su seguimiento.

La evolución de la distimia depresiva depende de una serie de factores. En un trabajo de Hayden y N. Klein (2002) con un seguimiento de 86 pacientes ambulatorios durante cinco años, estos autores demostraron que lo que más influye en ellos, para la acentuación o curación, son: acontecimientos traumáticos psicológicos, la personalidad desajustada, la comorbilidad y el estrés crónico.

Su prevalencia en todos estos estudios está por debajo del llamado *trastorno depresivo mayor*, contrariamente a lo que se ha ido pensando a partir del año 2004. Luego me referiré a otras investigaciones. En una muestra investigada por nosotros (E. Rojas y equipo, 2006), de 89 pacientes, el 91,3% de las depresiones seleccionadas al azar se asociaba a un trastorno de la personalidad.

4. La introducción de la distimia en la nomenclatura del DSM-III de la American Psychiatric Association ha favorecido la investigación seriada sobre este constructo, revisando datos biográficos, epidemiológicos, clínicos, tipo de personalidad, así como otras variables biológicas y psicológicas. La conclusión es que *la distimia depresiva está a caballo entre los trastornos del estado de ánimo y los desajustes de la personalidad*. Ésa es su ubicación.

Caso clínico 1: una depresión insertada en una personalidad por evitación (timidez patológica)

Vienen a la consulta los padres de un chico de treinta y ocho años, no acompañados del paciente[5]. Nos hablan de esta persona con los siguientes datos biográficos. Estudió hasta los quince en un colegio religioso, siendo un estudiante medio-bajo en sus rendimientos y siempre con graves dificultades para relacionarse con la gente. Nunca tuvo amigos, ni fue a celebraciones de cumpleaños o fiestas de compañeros en el colegio. Nos dicen los padres (setenta y ocho y setenta y cuatro años respectivamente): «Siempre fue tímido, retraído, callado, muy vergonzoso; en público era incapaz de hablar y ya con diez años tuvo un problema en el colegio, ya que algunos compañeros le ridiculizaron y se reían de él, por lo cual faltó a clase, diciendo nosotros que se encontraba enfermo. Mal estudiante, no se concentraba bien y le costaba un enorme esfuerzo hacer los deberes, hasta el punto de que yo [su madre] se los hacía y se los explicaba, por si luego le preguntaban en clase, para que él supiera dar una respuesta de lo que presentaba.

»Nunca ha salido con chicas. Son tres hermanos, él es el más pequeño. Cuando los dos mayores se casaron, él, días antes de ambas bodas, dijo que no iba, que él no pintaba nada allí y que no quería que la gente le preguntase cosas sobre su vida, su trabajo, etc. Finalmente fue a las dos bodas y no se despegó de nosotros ni un momento, como un niño pequeño y después de la celebración, al terminar la cena, dijo que se iba, que ya no aguantaba más y que estaba sufriendo mucho.

»Desde que dejó el colegio trabaja en una tienda que nosotros tenemos, una tienda de productos del hogar y sus añadidos. Esto ha sido la salvación para él. Al principio estaba en la zona de empaquetado, pero

---

5. Con cierta frecuencia sucede esto en el campo de la psiquiatría. Viene parte de la familia a informarnos sobre el paciente y nos dice que no tiene conciencia de enfermedad, se niega a recibir ayuda psicológica o, simplemente, no acepta que lo que le sucede requiera atención por parte de un facultativo. Es importante saber plantear bien el problema para que el posible paciente acepte venir a la consulta, argumentando alguna manifestación ajena a la personalidad, tipo ansiedad, insomnio, fondo depresivo, etc.

vimos enseguida que era mejor que estuviera en la atención al público, con otro empleado nuestro, que era como de la familia y que ha sido una persona decisiva, pues gracias a él ha atendido a los clientes en cosas pequeñas. De poca responsabilidad ha ido a más. La tienda es su vida. Y el cordón umbilical con la calle y la gente. Los sábados por la tarde y los domingos siempre ha estado con nosotros, sus padres. Y al tener algunos sobrinos, cuando eran más pequeños jugaba con ellos y se distraía. Siempre ha buscado relaciones con personas mucho más mayores que él o con niños muy pequeños, siempre ha rechazado a la gente de una edad parecida a la de él»[6].

El paciente acepta venir a la consulta porque, según nos cuentan los padres, ha tenido una *crisis de ansiedad*. Es una persona de 1,68 m de estatura, de complexión delgada, tímido, callado, introvertido y habla con reiteración de las crisis que ha padecido desde hace ya unos meses, sin mirar a los ojos, en un tono obsesivo, machacón y pesimista sobre la posible evolución de su padecimiento. Dice la madre a solas: «Ha sido muy aprensivo, pero últimamente es terrible, sólo quiere ir al médico y que le hagan análisis, porque piensa que lo que tiene puede ser algo de corazón. Nos trae muchos análisis de sangre y orina y distintas pruebas, realizadas semana a semana». Ha ido a urgencias en las semanas pasadas ocho veces y siempre se ha quedado con la idea de que tiene algo de corazón o respiratorio, porque los síntomas de esas crisis, así como de su *ansiedad generalizada*, han estado presididas por estas manifestaciones: taquicardia, opresión precordial, sensación de falta de aire, dificultad para respirar, suspiros profundos y la impresión de que en un momento dado su corazón se puede parar por faltarle la respiración. Su lenguaje es pobre, elemental, simple.

Ha tomado durante unos seis meses Alprazolan-1 mg (un ansiolítico muy eficaz): «Al principio me sentó bien, pero después ya no me servía,

---

6. Es lógica esta reacción en una *personalidad por evitación*, ya que los de edades muy distantes de la suya, por encima o por debajo, no le plantean casi problemas, ni hacen preguntas capciosas, ni exploran su vida. Los más pequeños, porque no son capaces aún de captar sus problemas y las personas mayores, que conocen su padecimiento, por delicadeza saben tratarlo y esquivan preguntas poco discretas.

yo creo que lo mío es más grave y tal vez sea algo de corazón; yo he cogido miedo a que me pase algo malo y me muera».

Me informan los padres: «Desde hace unas cuantas semanas está lleno de quejas y todo el día pensando en sus síntomas: le duele la nuca, también toda la cabeza, como una sensación de atontamiento, escozor en la lengua, dolor de garganta (como si estuviera reseca) y le duelen las muelas. Ha cogido la costumbre de dormir boca abajo porque así respira mejor y se duerme antes; se mira mucho la lengua y a veces dice que la tiene muy blanca... También lleva unos días muy pendiente de la espalda».

Se le prescribe un ansiolítico nuevo, derivado del Lorazepan-5 mg (cuatro veces al día), así como un medicamento para las crisis de ansiedad (para tomárselo sobre la marcha, en el momento que se inicia el ataque). Y en perfusión endovenosa se le administran ansiolíticos. La mejoría en unos días fue espectacular, era otro. Esto duró unas cuatro semanas, tras las cuales tuvo un dolor de muelas de cierta intensidad que él magnificó y se pasó muchos días tocándose en esa zona y tomando analgésicos por su cuenta. Dice la madre, que es la que pasa más tiempo con él: «Está obsesionado con el problema de la boca y el dentista le ha dicho que tenía una pequeña infección y que en unos días, con antibióticos, estará bien... Pero mi hijo, cualquier cosa que le pase a su cuerpo, lo exagera muchísimo, es muy miedoso y aprensivo y ¡tan obsesivo!».

Le pregunto a la madre qué tipo de amistades tiene y qué suele hacer los fines de semana: «Los sábados a primera hora de la tarde se viene con nosotros y ve la televisión, nos acompaña a dar un paseo, sale conmigo a hacer algún recado; él no tiene amigos, no los ha tenido nunca... En el colegio, cuando sus compañeros de clase daban una fiesta de cumpleaños o por cualquier otro motivo, él iba llorando hasta la puerta de la casa; luego dejaba de llorar para que los demás no le vieran; yo iba a recogerle y siempre era el primero en marcharse. Él nunca pudo dar una fiesta porque se habría muerto de vergüenza; yo sé lo tímido que ha sido de siempre este hijo mío. Ahora se ha ido volviendo muy aprensivo y siempre está enfermo o le duele algo o se queja de alguna parte de su cuerpo. Últimamente bebe agua en sorbos muy pequeños, por miedo a atragantarse, porque un día el agua se le fue por la nariz y creyó que se ahogaba; el padre está desesperado y ya lo da por cosa perdida, porque es un suplicio estar con él; recientemente ha cogido la costumbre de decir que está con depresión y que ésta es la responsable de todos sus males».

La descripción que hace la madre y su información es muy rica y nos ofrece el perfil de su personalidad[7] y del tipo de vida que lleva: «Lee los prospectos con detalle y si yo no me he acordado de quitárselos, cualquiera de los efectos secundarios que allí aparecen puede tenerlos él, con lo cual no salimos nunca de síntomas y sensaciones; quiere y no quiere tomar medicación; quiere ir al médico por si tiene cáncer o algo grave y, al mismo tiempo, le da mucho miedo; yo no sé cómo calificar esto. Nosotros, como padres, estamos sufriendo mucho y sus hermanos ya no quieren saber nada de él, porque dicen que es egoísta, aprensivo y que siempre va a lo suyo; tiene seis sobrinos y cuando eran muy pequeños les hacía algo de caso, pero ahora casi no quiere verlos, porque dice que le ponen nervioso y que están siempre corriendo y haciendo ruido».

Su diagnóstico es el siguiente:

1. *Trastorno por ansiedad generalizada, con crisis de ansiedad.* Aquí el pronóstico sería bueno, si no fuera por lo hipocondríaco que es, lo cual tamiza todo el cortejo de sensaciones y sus actitudes tan temerosas ante cualquier molestia o sensación nueva que aflora. La medicación inicialmente le hizo muy buen efecto, pero después le ha cogido miedo y ha dicho en algún momento que se sentía intoxicado.

---

7. Personalmente, soy muy partidario de evaluar quién debe ser sometido a psicoterapia, con un diagnóstico bien establecido de trastorno de la personalidad, dada la laboriosidad de dicha terapia y lo difícil que puede ser que el paciente acepte las pautas que se van ofreciendo y ponerlas en práctica. Nuestro equipo establece a veces *reglas de contrato*, ante la envergadura del problema: el sujeto firma un documento por el cual se compromete a asistir a las sesiones de terapia cognitivo-conductual: a la segunda vez que falle a la cita sin causa justificada el psiquiatra deja de tratarle; si no hay un espíritu de esfuerzo por mejorar en las pautas, el equipo terapéutico abandona; algún familiar de primer grado debe responsabilizarse de su continuidad.

Hoy los trastornos de la personalidad son un asunto masivo, también como consecuencia de la ruptura del tejido social (familias rotas en cadena, jóvenes sometidos al vaivén de modas permisivas, padre ausente en tantas familias enteras, etc.). Observo que esta línea la siguen otros colegas (Szmukler, 2001; Kosky y Thorne, 2002; Paris, 2004; Steiny Wilkinson, 2005; Tyrer, 2005).

2. *Trastorno mixto de la personalidad*: con los siguientes ingredientes en grado muy agudo: *por evitación* (su aislamiento es total fuera de la tienda en la que trabaja), *obsesivo* (con fuertes ingredientes hipocondríacos), *esquizoide* (introvertido, callado, poco asertivo), *narcisista* (con lo que ello comporta, añadido al fondo obsesivo). Aquí la psicoterapia ha sido difícil de practicar, pues el bajo nivel intelectual, la escasa ilustración y, sobre todo, la marcada hipocondría han hecho cualquier intento una tarea casi imposible.

3. *Vida vacía, si excluimos su trabajo profesional.* Dice su padre, que está con él en la tienda: «Allí cumple bien, porque es algo mecánico y es dócil y obedece a lo que se le dice, pero carece de iniciativa y si algún cliente habla de enfermedades, él presta mucha atención y luego nos dice que él ha sentido ahora o en días anteriores algo parecido».

Se le hicieron los tests de Raven y Weiss de inteligencia y en ambos dio un nivel medio-bajo; poca capacidad de pensamiento abstracto y conceptual.

El *pronóstico* no es bueno. Cualquier nueva sensación puede dar un vuelco a su tranquilidad pasajera. El nulo soporte psicosocial fuera de sus padres (prácticamente no tiene relación con sus hermanos ni sobrinos) ensombrece su evolución positiva. Se le sugirió venir un día a la semana a psicoterapia de grupo y se negó en redondo.

Ha ido dejando de venir a la consulta y ha dicho: «Yo no creo en los psiquiatras, mi depresión es difícil de tratar y yo lo que quiero es una pastilla especial, que me quite lo que me pasa y que no tenga efectos secundarios».

Caso clínico 2: un ejemplo de distimia depresiva

Quiero ahora traer a la consideración del lector una paciente mía, seguida durante bastante tiempo y cuya mejoría ha sido espectacular. Los médicos sabemos que cualquier enfermedad está sujeta a muchos avatares; unos los conocemos y podemos más o menos controlarlos, mientras que existen algunos que se escapan de nuestros dominios y que pueden empeorar o mejorar la enfermedad. Esto tiene un relieve especial en el campo de la psiquiatría.

Viene esta persona a la consulta a través de un amigo común que me dice lo siguiente: «Quiero que veas a una persona, cuyo marido es muy amigo mío y que parece que se está separando de su mujer porque tiene unas depresiones raras; de pronto dice que se quiere morir, como se pone agresiva o pierde el control».

Hay un uso, un abuso y una exageración del concepto de depresión. Es una palabra que ha pasado al lenguaje de la vida ordinaria, su uso se ha tornado excesivo.

Estamos ante una mujer de treinta y cinco años, con dos hijos: uno de una primera relación y otro de la segunda. Nunca se casó, ni canónica ni civilmente. Me dice su pareja: «Yo no sé lo que le pasa, pues tan pronto está bien como dice que está deprimida, como llora o me insulta... Me ha dicho cosas terribles, delante de los hijos, de los amigos, de gente con la que no tenemos confianza... Ha ido a mi oficina y a mis empleados les ha hablado mal de mí, con injurias y chismes demoledores. Yo he querido separarme varias veces, pero luego al final ella dice que no, que casi no tiene familia y que su vida sería muy dura y negativa».

Le pregunto por qué está con ella. «La conocí en una fiesta en verano, hace ahora ocho años y me enamoré perdidamente de ella. Guapísima, para mí es la mujer más guapa que había visto en mi vida, la vi bailar sevillanas con una gracia... Y yo, que le llevo quince años, pensé que no me haría caso... y fue al revés. Esa noche bailé con ella casi toda la noche y fui quedándome encantado de ella. Al día siguiente la llamé y al otro y así durante un mes y pasamos de conocernos a hablar de irnos a vivir juntos.

»Yo había estado casado anteriormente y mi matrimonio duró cuatro años. Fue una locura de juventud. Era una cría mucho más joven que yo, fue mi secretaria y la verdad es que aquí las cosas fueron despacio, lentamente. Nos casamos y deja de trabajar en mi oficina y empiezan sus quejas hacia mí, de que no la veo, que no le hago caso... Discusiones y quejas y me enfríe rápidamente. Ella luchó por retenerme y lo hizo bien, pero yo dije que no y punto. Fue un final triste, pero sin violencias. Tengo un hijo de ella, al que veo con frecuencia. Mi relación actual con ella es buena, la ayudo en cosas de papeles y pequeños problemas; se porta muy bien con el hijo y eso es lo importante para mí».

Viene a la consulta la paciente. Parece bastante más joven de sus treinta y cinco años. Mide algo más de 1,70 m, muy delgada, rubia, de ojos
verdes, muy comunicativa y resuelta. Me trata como si nos conociéra-
mos de toda la vida.

Me dice: «Ante todo, doctor, quiero que sepas que yo no estoy loca
y que sé que te han contado que tengo mucho genio y eso no es totalmente cierto. Lo que pasa es que tengo una pareja que va a lo suyo, que
está siempre trabajando o viajando y que no me hace demasiado caso».

Hago la historia clínica y me doy cuenta de que el temperamento de esta
mujer se encrespa con facilidad, con ataques de ira, frecuente tendencia a
perder el gobierno de sí misma, aunque ella lo justifica casi todo. Ha realizado chantajes y amenazas de suicidio y, a la vez, agresiones verbales de
gran dureza, así como físicas, hacia su pareja, en presencia de sus hijos. Descubro una mujer brava por un lado y débil y tornadiza por otro, voluble
en sus criterios, versátil, dramática, poco consistente en sus ideas y creencias, que fácilmente se irrita y puede estar varios días sin hablar o irse de su
casa y desaparecer durante unas horas sin que nadie sepa dónde ha ido.

Hacemos después una batería de tests, en donde hay varios puntos
que quiero subrayar. En el test de inteligencia de Raven tiene 44 puntos, lo que significa un nivel medio. En los tests de personalidad (IPDE,
TAT y Rorschach) el resultado es clarificador para mí: aparecen rasgos
muy acusados de personalidad límite (*borderline*), obsesiva, histriónica
y por evitación; y con menos fuerza, dependiente. El llamado IPDE de
Millon discrimina bien la intensidad de esos desajustes y es máxima en
límite y obsesiva.

Por otra parte, le pido a su pareja que me escriba un par de cuarti-
llas en donde me haga un rastreo psicológico de ella: historia de ella según
su conocimiento, rasgos principales de su personalidad, principales áreas
de conflicto entre ellos, así como qué *quitaría* y qué *añadiría* a la personalidad de su mujer para que mejorara y se equilibrara su forma de
ser. Su pareja es un hombre sencillo, poco letrado, pero con una inteligencia natural evidente y resuelta y al haber padecido ataques de serio
descontrol por parte de esta mujer, ha agudizado el ingenio para salir
airoso de situaciones tormentosas.

Por otra parte, ella dice haber tenido *temporadas* depresivas, mal dibu-
jadas en el tiempo, de estar triste y sin ganas de nada. Aunque ahora lo

que aparece es ansiedad e insomnio, además de esos picos de ánimo y esas reacciones psicológicas poco ajustadas a los hechos que le suceden. Las primeras sesiones se convierten en un mar sin orillas en cuanto a la información, ya que tiene un fondo obsesivo en relación con su cuerpo, permanentemente preocupada por la gordura, la estética de su cara y otras zonas corporales. En épocas, me dice su pareja, la ha visto vomitar y pesarse varias veces al día: «Se ha operado cinco veces; dos del pecho, porque decía que lo tenía muy caído; otra del trasero y dos de la cara. Yo la verdad es que la he consentido mucho en todo eso, porque siempre ha sido una mujer muy presumida, pendiente de su belleza y, al estar tan ocupado, le he ido diciendo que sí a casi todo. Pero quiero decirle algo, doctor: a veces, cuando le he insinuado que no lo hiciera, ha sido tal su reacción, tan dura y agresiva, que por evitar males mayores he ido cediendo y cediendo».

Llevamos el caso a *sesión clínica* con todos los componentes del equipo médico, pues hablamos de un caso grave y complejo, con muchos matices. ¿Cuál es su diagnóstico? Voy a ordenarlo de la siguiente manera, para que el lector pueda seguir los pasos de cada uno de los ingredientes que habitan dentro de esta enferma:

1. *Estado de ansiedad*: inquietud, desasosiego, taquicardia, insomnio de conciliación. Da una puntuación bastante alta en los tests de Hamilton, Beck y Rojas. No hay manifestaciones depresivas en el momento actual.

2. *Trastorno de la personalidad*. Esto hay que matizarlo, pues se trata de un desajuste en el que se alinean distintos ingredientes que conviene conocer si queremos hacer una psicoterapia que vaya hacia esos puntos específicos negativos. Concretamos esto, matizando esos aspectos:
   — *Personalidad límite*: esto es lo más grave, pues ha condicionado graves altercados entre los dos: gritos, voces, agresiones físicas a su marido y espectáculos muy ruidosos ante los vecinos. Los cambios en el estado de ánimo han sido otra constante (pasando de estar aparentemente más o menos bien, a venirse abajo o a tener una reacción de ira y/o de violencia), así como amenazas de suicidio (chantajes frecuentes claros o velados) o de irse de casa y desaparecer y no dar señales de vida. Ha descalificado a su marido

en público, llamándole impotente y ofendiendo gravemente a sus padres, con anécdotas humillantes sobre su origen humilde. Para ello se le ha puesto un estabilizador del ánimo y sedantes mayores (neurolépticos), que después se le han ido cambiando por ansiolíticos a dosis altas primero y moderadas después.

— *Personalidad obsesiva*: su tendencia a recordar cosas negativas del pasado ha estado bien patente. Vueltas y vueltas a temas, hechos, vivencias, la martirizan y la llevan a fabricar una ansiedad poco operativa. Por otra parte, la obsesión por cara, arrugas (que realmente no tiene), abdomen, piernas, pecho, la han conducido a estar pendiente de la báscula, con discusiones frecuentes con su marido por ello y con la idea insistente por su parte de operarse.

— *Personalidad histriónica*: dramatizando constantemente cualquier suceso de su vida ordinaria. Este rasgo y el ser *límite* han hecho que en varias ocasiones haya intentado suicidarse o hacerse unos cortes en las muñecas. En una de esas autoagresiones su marido estaba en un viaje en el extranjero y tuvo que volver rápidamente, con la consiguiente alarma de toda la familia. La necesidad de llamar la atención es muy acusada en su conducta. Nos ha dicho en alguna ocasión: «Si voy a una cena con mi pareja y veo que no me hacen caso o hablo poco, me pongo fatal y cuando estoy de vuelta necesito insultar a mi marido, porque él me ha marginado o no me ha dado ocasión de expresarme y hablar».

— *Personalidad por evitación*: «Yo tengo complejo de inferioridad por no haber estudiado y, por eso, cuando voy con mi pareja, quiero saber con qué gente vamos, pues lo paso muy mal si me veo desplazada y no hablo... Prefiero quedarme en casa». Hay aquí un fondo paradójico, ya que por una parte es *histriónica*, o por decir en el sentido clásico, *histérica* y a la vez, le cuesta la relación social. Hay en ese binomio una mezcla extraña, que le da a su comportamiento ribetes y arabescos muy patológicos e imprevisibles.

— Tiene una cierta *personalidad por dependencia*: especialmente hacia su marido y también hacia su madre. Al primero, le odia y ama, le ha dicho muchas veces que quiere separarse de él y cuando han intentado poner los medios adecuados para llevar a efecto dicha separación, ha tenido reacciones histriónicas terribles, diciendo que no y que promete corregirse con él. Algo similar ha sucedido con su madre, aunque la dependencia aquí es menos intensa.

— *Bulimia nerviosa*: son crisis de glotonería en el comer, que siempre se acompañan de vómitos e inmediatamente después de una crisis de ira y/o de llanto. Esto puede suceder una vez a la semana o más espaciadamente.

El *tratamiento tridimensional* ha consistido en *farmacoterapia* (sedantes mayores y más tarde ansiolíticos, estabilizadores del ánimo, hipnofacilitadores), *psicoterapia binomial* (objetivos e instrumentos concretos) y *laborterapia* (a través de su marido ha conseguido un trabajo en una oficina; al principio ha sido muy difícil que se acoplara, pues ella percibió el ambiente como adverso). En la psicoterapia se le hizo ver que eso era una deformación de la percepción de la realidad por su parte y se le dieron pautas para que rectificara esa actitud.

La mejoría inicial fue espectacular. Después, al ser una persona que tiene poco trabajada la voluntad, decayó y se trabajó ese asunto en las sesiones de psicoterapia. Inconstante y muy influenciable: esas dos notas han producido demasiados altibajos en el seguimiento de sus objetivos de psicoterapia, así como querer dejar la medicación, cosa que hizo durante unas semanas, teniendo esto unos efectos demoledores: tuvo que ser ingresada por unas crisis psicológicas (histéricas).

Ha habido una *psicoterapia paralela* con su pareja. Ambos firmaron un consentimiento informado sobre la psicoterapia a los dos, reservando para el secreto profesional aspectos íntimos recíprocos. Su pareja ha sido muy receptivo y él lo que deseaba era arreglar su relación definitivamente o la ruptura: «Lo he pasado muy mal con mi mujer y he llegado a la conclusión de que lo nuestro se arregla o me separo de ella. Yo he entendido que ella tiene bastante más que una depresión y que el trastorno de personalidad es algo serio y que, si no pudiera cambiar, la convivencia sería terrible».

En el momento actual, al año de empezar su tratamiento, la evolución es muy positiva. En los últimos tres meses ha sido vista cada tres o cuatro semanas. Sus *objetivos psicológicos* están recogidos en una libreta, que ella lee de vez en cuando y, sobre todo, tiene muy presentes esas normas para conducirse de modo más sano y menos neurótico.

Una cuestión final que quiero subrayar: le ha costado mucho aceptar el *insight* de que padece una distimia depresiva. *El* insight *es un concepto clínico que significa tener conciencia de un diagnóstico que uno ha recibido, de padecer esa enfermedad, el reconocimiento de la necesidad de tomar una medicación y el evitar atribuir esos síntomas a una tercera persona o a determinadas circunstancias.* Los psiquiatras sabemos con qué frecuencia el paciente justifica o atribuye la enfermedad a factores externos, lo cual puede producirle una cierta tranquilidad, aunque se le debe explicar la verdad de su caso. Eso es parte del tratamiento, a la hora de evaluar las posibles recaídas o los altibajos de ánimo y de conducta[8]. Es importante la motivación que el médico y el equipo terapéutico deben imprimir en su paciente, para luchar, insistir, no desanimarse, saber cómo debe implicarse en ese esfuerzo y que habrá momentos difíciles y ocasiones de cansancio con ganas de arrojar la toalla.

Es necesario afinar en el diagnóstico de trastorno de la personalidad hasta llegar a conseguir unas puntuaciones sobre la intensidad del mismo, con el objeto de calibrar la densidad de las alteraciones y los riesgos con los que nos vamos a encontrar. Muchos pacientes se atascan y no mejoran y puede ser que no tengamos claras las ideas sobre la severidad de ese trastorno y cuáles son sus matices[9].

---

8. Un trabajo de Bucley y su equipo (2004) busca la relación entre *insight* y conducta violenta, llevado a cabo en un hospital del Tribunal de Justicia de Cleveland, con 180 pacientes, que fueron derivados por el personal penitenciario y/o psiquiatras forenses. Se pudo demostrar que los enfermos violentos tenían una sintomatología más acentuada y una gran falta de *insight*, es decir, no tenían conciencia de enfermedad y desconocían el alcance de su trastorno psíquico.

Como en la historia clínica que acabo de comentar, es prioritario explicar este hecho personal y el alcance del mismo. Véase Bucley et ál., Insight and violence, *Am J Psychiatry,* 2004, 161, 1712-1714.

9. Las alteraciones de la personalidad son muy frecuentes en la depresión mayor y algo menos habituales en la ansiedad. En cualquier caso, las relaciones entre personalidad y estados emocionales son bastante concordantes. La alta puntuación en neuroticismo (en el cuestionario de personalidad de Eysencck y en el llamado MMPI de Minessota) se relaciona con depresiones más graves. Al clínico debe interesarle establecer un plan de tratamiento serio, medido, bien programado, explicando al paciente, si éste tiene un cierto nivel cultural, las áreas de su personalidad que deben corregirse y el modo de irlo consiguiendo.

Como vemos, el *trastorno distímico* presenta las siguientes notas clínicas que merece la pena puntualizar:

— Se conserva el juicio de la realidad y el sujeto tiene un sentido crítico prácticamente intacto, manteniendo perfectamente sus funciones intelectuales y afectivas.
— Produce una menor incapacidad social: se mantienen correctamente las posibilidades de relación social.
— Casi siempre se presenta un patrón de personalidad desadaptada de larga evolución, que cuando lo estudiamos mediante la entrevista clínica, la información complementaria de los familiares y mediante tests y escalas, podemos observar *que existe casi siempre un trastorno de la personalidad asociado.*
— En el conocido trabajo de Akiskal (1983, 1996, 2004) sobre una muestra de cien pacientes diagnosticados inicialmente de *depresión neurótica*, se encontraron con que en el curso de los tres o cuatro años siguientes habían recibido distintos diagnósticos, lo que quiere decir que se trata de un grupo heterogéneo de trastornos.

FRECUENCIA DE TRASTORNOS DE LA PERSONALIDAD EN LA DEPRESIÓN	
Koenigsberg et ál. (1985)	34%
Kocsis et ál. (1986)	47%
Markowitz et ál. (1992)	85%
Keller (1995)	58%
Rojas et ál. (2006)	91%

EL TRASTORNO DISTÍMICO PRESENTA A GRANDES RASGOS LAS SIGUIENTES CARACTERÍSTICAS
A. Estado de ánimo crónicamente depresivo la mayor parte del día de la mayoría de los días, manifestado por el sujeto u observado por los demás durante al menos dos años.
B. Presencia de dos o más de los siguientes síntomas: pérdida de peso, insomnio o hipersomnia, falta de energía o fatiga, baja autoestima, dificultades para concentrarse o para tomar decisiones, sentimientos de desesperanza.

C. Durante el periodo de dos años (un año en niños y adolescentes) de la alteración, el sujeto no ha estado sin síntomas de los criterios A y B durante más de dos meses seguidos.

D. No ha habido ningún episodio depresivo mayor durante los dos primeros años de la alteración (un año para niños y adolescentes); por ejemplo, la alteración no se explica mejor por la presencia de un trastorno depresivo crónico o un trastorno depresivo mayor en remisión parcial.

E. Nunca ha habido un episodio maníaco, un episodio mixto o un episodio hipomaníaco.

F. La alteración no aparece exclusivamente en el transcurso de un trastorno psicótico crónico, como es la esquizofrenia o un trastorno delirante.

G. Los síntomas causan malestar clínicamente significativo o deterioro social, laboral o de otras áreas importantes de la actividad del individuo.

(DSM-IV-TR, 2000)

Curación espontánea de algunas depresiones

La evolución de muchas depresiones suele ser difícil de prever. A grandes rasgos, el camino que van a seguir muchas de ellas no es fácil trazarlo de antemano. La psiquiatría, como ciencia médica que es, tiene sus leyes y códigos. Un enfermo, después de distintas fases depresivas, con un comienzo más o menos típico y con un curso determinado, al volver a repetirse la fase podemos señalar con cierta aproximación los derroteros que va a seguir. Pero otras veces no sucede así y viene, ante nuestra propia sorpresa, un cambio brusco, un giro en los síntomas o incluso la curación de la enfermedad. He tenido ocasión de ver algunos enfermos que se han curado de manera imprevista, cuando todo hacía pensar en la prolongación del cuadro. La medicina es una fuente continua de aprendizaje para el médico que quiere buscar en los enfermos la última realidad de la enfermedad.

Toda la psicopatología de la afectividad ofrece una riqueza inagotable de hechos que forman un entramado en donde el investigador va muchas veces a tientas, sin saber a ciencia cierta el porqué de muchos fenómenos. En las cartas de navegación no figuran sólo las líneas de viaje, sino también los puertos. En las depresiones no debemos tan sólo estudiar los lugares en donde ésta recala, sino también los pasos intermedios por donde se mueve y las modificaciones que se producen sucesivamente hasta alcanzar un puesto de más permanencia.

La curación espontánea quiere decir aquí la mejoría ostensible de los síntomas, unas veces de manera parcial y otras total, sin que ésta pueda ser en principio atribuida a las terapias aplicadas. En psiquiatría, como en todas las ciencias en donde se manejan datos cualitativos, el problema está en discernir entre la apariencia y la realidad. Dicho de otra forma: objetivar los datos para movernos en un terreno cuantitativo. La metodología psiquiátrica se ve obligada a buscar estos objetivos, intentando acercarse al camino de las ciencias físicas.

A la hora de abordar este tema, tenemos que recurrir a la experiencia personal. Según ésta, podemos ordenar la curación espontánea del siguiente modo: en muchas depresiones endógenas, una vez que la medicación antidepresiva lleva ya un cierto tiempo, según la intensidad y la cualidad de los síntomas, se puede ver como después de una ostensible mejoría el enfermo se estanca, los síntomas ni retroceden ni se apagan. El enfermo está mejor, pero no bien del todo, como antes de caer enfermo. Y permanece así un cierto tiempo. Estos momentos suelen tener una enorme importancia, pues si los factores psicógenos adquieren relieve y la tristeza empieza a desvitalizarse, la carrera hacia la encronización no suele tardar. En el fondo, como ya hemos visto en las páginas de este libro, las depresiones se hacen crónicas en la medida en que van dejando el plano endógeno y se van tejiendo de elementos vivenciales y neuróticos, convirtiéndose el cuadro clínico en una mezcla de tristeza y angustia procedente de la neurotización, insinuándose algunas somatizaciones. Por lo general, las depresiones crónicas cursan con una sintomatología impura, mezclada de ingredientes bastante diversos.

Pues bien, estando las cosas como he dicho, pueden ocurrir tres acontecimientos. En primer lugar, que los síntomas se estanquen; en segundo lugar, que empeoren ligeramente, conduciendo en principio hacia la encronización; o que, por último, acaben de remitir. Esta tercera posibilidad he tenido ocasión de verla en algunos enfermos con fases depresivas, *los cuales se vieron forzados por exigencias familiares, sociales o profesionales a un cambio, a un reajuste de la situación personal.*

Como hemos visto, en algunos casos las exigencias personales en el plano profesional, social o similares ayudan a escalar la meta de la curación, cercana ya en estos sujetos, pero aún no definitivamente conquistada. Lo mismo ocurre, pero en sentido inverso, cuando a un enfermo se le prolonga por demasiado tiempo su baja laboral, debido a un inadecuado proteccionismo excesivo por parte del psiquiatra hacia su enfermo; en estos casos, se favorece muchas veces la agudización o, cuando menos, la detención del proceso curativo.

Es indudable que en ciertos enfermos las *emociones muy agudas* tienen un efecto curativo cuando la enfermedad depresiva se encuentra ya en el periodo remisivo. Éste es un cuadro que he tenido ocasión de observar en algunos enfermos. Se trataba siempre de depresiones endógenas, desprovistas prácticamente de elementos psicógenos. Es decir, las emociones muy intensas no sólo pueden tener un efecto nocivo de poner en marcha una alteración psíquica, sino que también puede ocurrir a la inversa. Ya Riklin (1905) puso de relieve cómo algunas esquizofrenias paranoides cedieron espectacularmente con el ingreso en los viejos manicomios (impacto afectivo extraordinario). Bertschinger (1911) y Oberholser (1914) comprobaron algo parecido en algunos catatónicos. Bertschinger relata un caso muy curioso:

Caso clínico 1: recuperación espontánea en un caso de alteración de la conducta

Una joven que desde hacía semanas se había comportado inconvenientemente y se había mostrado con preferencia desnuda fue sorprendida en el hospital por una persona determinada, que la conocía de hacía mucho tiempo. Se ruborizó y avergonzó, pero luego pudo ir a la cama a dormir sin problemas de insomnio, después de varias semanas con dificultades en tal sentido. Quedó en los días siguientes tranquila y más tarde pudo ser dada de alta.

A veces se observan mejorías espontáneas que, una vez transcurridas, regresan al estado anterior. Pero según mi experiencia personal, en los enfermos que sucede esto la mejoría suele ser definitiva. En estas ocasiones puede suceder que nos encontrásemos ante un *impasse* terapéutico; el paciente había mejorado, pero no recuperado totalmente, remitiendo en pocas semanas la sintomatología depresiva. Un enfermo nos pone de relieve todo esto. Los síntomas desaparecen totalmente (una vez iniciado el periodo curativo) merced al concurso del impacto emocional.

Veamos el siguiente caso:

Caso clínico 2: curación espontánea tras un problema familiar

Enfermo de cuarenta y dos años, casado, que trabaja como administrativo. Ésta es su segunda fase depresiva. La primera fue hace seis años, mejorando en seis meses con un tratamiento a base de clomipramina. Ha estado todo este tiempo bien, aunque en todos estos años ha venido de vez en cuando por la consulta «para que usted me confirmara mi mejoría». Hace ahora unos dos meses se inició su nueva fase depresiva, más intensa que la primera: «No puedo ni levantarme por las mañanas, tengo una pena muy grande de verme tan inútil y sin poder, con ganas de morirme... esto es peor que la primera vez que caí malo de los nervios».

El cuadro había cedido relativamente bien al principio con 75 mg de imipramina y 100 a los diez días; se le añadió un hipnofacilitador por la noche. Al mes había mejorado muchísimo. Al comienzo de su enfermedad dio un puntaje en la escala de Beck de 34 y al mes de 22, habiendo descendido ostensiblemente los ítems referentes a estado de ánimo, pesimismo, aislamiento social y cansancio. Después, al pasarle de nuevo, volvieron a aumentar las cuestiones que hacían referencia a cansancio y sentimientos de culpa. Por esos días se produjo el siguiente hecho: uno de sus hermanos, con el que se lleva especialmente bien, dos años mayor que él, casado y con cuatro hijos, se fue de su casa, separándose de su mujer después de cerca de quince años de matrimonio... y sin que previamente él estuviera al tanto de estas diferencias. «Yo sé que mi hermano y su mujer han discutido y los he visto muchas veces así, pero nunca me podía yo imaginar que fuera a ocurrir nada de esto.» La noticia se la dio su propia mujer: «Me quedé mudo, no sabía qué contestar, pero me lo dijo con una cara tan seria que no cabía duda de que lo que me estaba diciendo era verdad. Le pregunté cómo había ocurrido, pero ella no sabía casi nada... Total, que, después de llevar mes y pico en casa, saliendo a la calle poquísimo, me fui en busca de mi hermano para intentar aclarar el asunto y ver la posibilidad de una reconciliación. Hablé con él, haciéndole ver la gravedad de su decisión y le pedí que volviera con su mujer y que las cosas entre ellos tenían que arreglarse».

El paciente desplegó en los días siguientes una actividad extraordinaria: llamadas telefónicas a otros hermanos suyos, visitas a su hermano (llevaba mi paciente un mes y pico dado de baja en su trabajo), conversaciones, consejos de familia... Cada vez fue sintiéndose mejor de ánimo, reincorporándose al trabajo en esos días y siguiendo simultáneamente con esa tarea de conseguir unir de nuevo a su hermano. Puso todos los medios a su alcance en este aspecto, pero todo fue inútil. No obstante, su curación persistió.

Otras veces, la aparición de una *enfermedad somática recurrente* de escasa intensidad, en el transcurso de una fase depresiva, puede movilizar el cuadro clínico y conducirlo hacia la mejoría definitiva. A veces se trata de gripes de fuerte intensidad, pero de duración breve. Rinitis, bronquitis, cólicos, etc. Es notable que mientras algunas de estas dolencias pueden actuar en muchos momentos como factores desencadenantes de una depresión, aquí ocurre precisamente lo contrario. En otras ocasiones la enfermedad que se cuela en la depresión es más grave: una infección renal, una inflamación, un proceso alérgico de cierta intensidad, etc. En algún enfermo mío esta evolución positiva fue sorprendente, pero especialmente después de una serie de despeños diarreicos que le dejaron, lógicamente, con un cansancio físico y con una cierta astenia. Pues bien, coincidiendo con esto, se pudo registrar por esos días una mejoría simultánea de los síntomas depresivos. En general, se trataba de enfermedades ligeras pertenecientes al aparato digestivo y respiratorio, principalmente. El fenómeno inverso se ofrece así: la encronización y el empeoramiento de una depresión tras una enfermedad somática, aunque en estos casos se suele tratar de procesos de más envergadura, que se prolongan más tiempo, no teniendo ese curso tan recortado como el que hemos visto aquí.

En el capítulo dedicado a la depresión crónica veremos cómo la superposición de enfermedades somáticas de cierta intensidad hace tender el cuadro a la cronicidad o lo agrava evidentemente. En otras ocasiones, es la *aparición de una enfermedad grave en un familiar muy cercano.* Aquí el aprendizaje que el médico recibe no se olvida y da lugar a una reflexión profunda sobre las variables que residen en el equilibrio psicológico de una persona y su entorno. Veamos este caso:

Caso clínico 3: recuperación espontánea por enfermedad de un familiar

Se trata de un hombre de sesenta y siete años, que ha tenido depresiones recurrentes desde hace unos veinte años, con más frecuencia en primavera y sobre todo en aquellas primaveras muy fuertes, parecidas a veranos adelantados con mucha luz y calor. Tiene antecedentes depresivos familiares: un hermano y un tío paterno han tenido depresiones. Siempre han sido monopolares. La respuesta al tratamiento ha sido a veces rápida y buena, mientras que en otras ocasiones ha sido lenta y parcial.

Los fármacos estabilizadores del ánimo los ha tolerado mal. El litio le producía mucho temblor y colitis, por lo que tuvimos que suspenderlo. El valproato sódico le hizo poco efecto frenador de las recaídas. Ensayando con otros *eutímicos,* el que presentó una acción mejor fue el topiramato.

Siendo muy endógenas sus depresiones, factores externos tuvieron mucho protagonismo como desencadenantes de un nuevo episodio.

Su personalidad presentaba un fondo obsesivo, sobre temas de trabajo por un lado y las dificultades de convivencia conyugal, por otro. En una de sus peores depresiones estuvo de baja más de dos meses, contra mi criterio de darle el alta lo antes posible, aunque no estuviera totalmente recuperado, ya que al ser una persona obsesiva, la ausencia de actividad profesional favorecía manifestaciones anancásticas.

Estando así las cosas, a uno de sus hijos, de treinta y cuatro años, casado y padre de tres hijos, se le diagnostica un cáncer hepático. Toda la familia quedó impactada y la reacción de su madre y sus otros cuatro hermanos, así como la de su mujer, fue volcarse con él. Pero la voz cantante la llevó mi paciente: llamó a varios amigos médicos pidiendo orientación, se hizo cargo de su hijo, del que no se despegó en cada uno de sus análisis y pruebas, estuvo pendiente de su nuera y sus nietos, fue él quien decidió dónde y quién le operaba y así un largo etcétera en esa misma línea.

Dos semanas después hablé con él. «¿Qué tal estás, cómo te sientes de estado de ánimo?», le pregunté. Me dijo: «Estoy muy bien y ahora tengo que ocuparme de mi hijo, que me necesita y ayudarle en este momento tan importante de su vida. La depresión se me ha ido y no tengo tiempo de ocuparme de mí mismo». Siguió tomando la medicación, pero de manera intermitente y a días. Le pregunto a su mujer, con la que lleva más de treinta años casado, qué le parece el cambio que ha habido en su marido: «No me di cuenta en los primeros días, tras el diagnóstico de cáncer de mi hijo, pues fue un auténtico terremoto para todos. Después me he quedado muy sorprendida al ver el cambio tan positivo que ha tenido. Yo creo que el tener que luchar por su hijo ha sido la explicación de su curación, dejar de estar pendiente de él y observándose todo el día si está de este modo o de aquel otro. Para mí la respuesta está ahí».

Ha pasado más de un año desde que esto se produjo y esta persona sigue haciendo vida normal. También la evolución del hijo va por un camino positivo.

Las depresiones y su concepción patológica del tiempo

Las depresiones, como hemos podido ver, se presentan bajo muy distintas apariencias. En una anterior clasificación nos referíamos a ellas de acuerdo con su origen dividiéndolas en endógenas y exógenas. En los próximos capítulos veremos también como las depresiones pueden ofrecer cuadros singulares de acuerdo con su capacidad para hacerse crónicas o su asociación con un trastorno obsesivo.

Éstas son sólo algunas posibilidades, pues la psiquiatría no es una ciencia exacta y en última instancia existen casi tantas variedades potenciales de trastorno como seres humanos, por lo que el especialista debe estar siempre preparado para afrontar su tarea desde distintos frentes. En este apartado y como muestra de la enorme complejidad de la labor psiquiátrica, ofrezco una forma particular de clasificación de las depresiones de acuerdo con la concepción anómala del tiempo que suelen experimentar los afectados por esta enfermedad.

El tiempo puede medirse de forma exacta con un cronómetro: es el *tiempo objetivo*. Es notarial, fáctico, concreto e independiente de uno mismo. Un minuto cursa en segundos y consta de sesenta. Otra modalidad es nuestra percepción del paso del tiempo, que no es siempre la misma: es el *tiempo subjetivo*, que significa cómo corre el tiempo dentro de uno y depende de nuestro estado de ánimo, lo cual tiene mucho que ver sobre cómo sentimos esa experiencia y cómo nos encontramos interiormente; en una clase muy aburrida, en donde el profesor tiene un tono de voz monocorde y es serio, distante y antipático, uno tiene la impresión de que el *tiempo interior* se ha detenido; cuando nos divertimos, las horas parecen volar. En el caso de los enfermos depresivos, esta sensación, que es completamente normal en personas sanas, se exacerba y alcanza grados patológicos. Por otra parte, existe el *tiempo histórico* o *temporalidad*, que se refiere a los tres estadios que se dan en su seno: *pasado, presente y futuro*. En una persona psicológicamente sana, la ecuación temporal debe ser aproximadamente ésta: *se vive instalado en el presente, se ha superado el pasado en sus facetas dolorosas y se vive esencialmente abierto hacia el porvenir*. Caben algunos matices, pero ésta debe ser la fórmula.

Ambas modalidades, *tiempo subjetivo o emocional* y *tiempo histórico o temporalidad*, forman dos estirpes muy interesantes para conocer mejor lo que sucede en distintas enfermedades psíquicas.

Muchos afectados se afincan en el pasado como refugio, mientras que para otros el presente se instala de tal forma que el tiempo, pesado como una losa, parece no transcurrir. En casos más raros es una irreal expectativa de futuro delirante la que ocupa por completo el cerebro del paciente. Las interconexiones son constantes, pero a grandes rasgos podríamos dividir las depresiones, de acuerdo con la percepción del tiempo, en las siguientes categorías: ansiosas, inhibidas, paranoides, enmascaradas y, por último, atípicas.

TIPOS DE DEPRESIÓN DE ACUERDO CON LA PERCEPCIÓN ANORMAL DEL PASO DEL TIEMPO
— Ansiosas. — Inhibidas. — Paranoides. — Enmascaradas. — Atípicas.

— *Depresiones ansiosas*. El paciente, anclado en una visión negativa del pasado, sólo considera el futuro como abrumadora posibilidad de catástrofe. La sensación de peligro constante genera una fuerte ansiedad mezclada con angustia, lo que complica el cuadro general del enfermo. La falta de ánimos y el miedo son los sentimientos dominantes y la ansiedad se concentra sobre todo en una impaciencia agotadora, ya que la persona afectada sólo desea que el tiempo pase cuanto antes para que lleguen esos supuestos sucesos negativos que imagina. El tiempo subjetivo no es tan parsimonioso, porque la ansiedad pone una nota, mediante la cual el futuro se hace presente pero de manera preocupante, inquietante, con desazón, adelantándose en negativo, en donde planea una incertidumbre abstracta y desdibujada, que produce un estado de ánimo lleno de malestar y preocupación. Es una mezcla curiosa.

— *Depresiones inhibidas*. La concepción del tiempo es, en este caso, un obsesionarse con el pasado. Ante el temor de lo que ha de venir se busca refugio en lo pretérito, lo que genera una introversión cada vez más marcada que aísla al enfermo del entorno. El futuro, a diferencia del modelo anterior, deja de existir, se niega su presencia para evitar el miedo. Es como si el porvenir se hubiera borrado del mapa y todo lo llena un presente repleto de un pasado más bien negativo. En estos pacientes la inhibición es tal que ni siquiera existen sentimientos autodestructivos (no olvidemos que el papel de la inhibición es precisamente el de proteger al paciente de las tendencias autoagresivas; cuando el enfermo se siente desinhibido, el riesgo de suicidio aumenta). Si la inhibición llegara a un grado muy severo, podemos encontrarnos con la *depresión catatónica*: el bloqueo facial y motor de todo el cuerpo está frenado, hay como una congelación inmóvil, quieta, detenida, en donde todo movimiento ha cesado.

— *Depresiones paranoides*. Como es frecuente en psiquiatría, a veces los trastornos se asocian para producir un cuadro distinto. La depresión paranoide se caracteriza por las «ocurrencias» y los delirios. El paciente suele sentirse perseguido y cree que todo se centra en sí mismo. Guarda similitudes con la depresión ansiosa en el sentido de que el sujeto paranoide vive agobiado por el miedo al futuro, un miedo patológico que le hace creer en la inminencia de todo tipo de calamidades: sospechas, recelos, suspicacias... que le llevan a la experiencia de *sentirse aludido*, pensar que hablan de él, que se ríen de él, que cuando entra en un local público y dos personas están cuchicheando enseguida piensa que están hablando sobre él. A esto se les llama *autorreferencias*.

Sin embargo, el enfermo ansioso es capaz de razonar y sabe que sus miedos no tienen motivo o, si lo tienen, es por algo concreto, que puede nombrarse; el paranoide va perdiendo poco a poco el contacto con la realidad y cree que sus temores son por completo auténticos. Sentimientos inmotivados de humillación y culpa son característicos en este tipo de enfermos. Percibe amenazas en frases, palabras, miradas, gestos, dobles intenciones, coincidencias con sucesos y casualidades en donde todo coincide en un complot más o menos claro o impreciso. El tiempo subjetivo es amenazante.

— *Depresiones enmascaradas*. Se denominan así porque aparentemente no existen síntomas depresivos. Sin embargo, un estudio pormenorizado revela que el paciente experimenta una alteración de la percepción temporal que es típica de muchas depresiones. Lo más importante aquí son los síntomas somáticos.

En este caso, el enfermo vive sobre todo el presente, sin tener demasiado en cuenta el pasado y prácticamente ignorando el futuro. Su percepción del tiempo consiste en una hiperinflación del momento actual, sin tener en cuenta nada más. Es corriente que este tipo de depresiones aparezcan asociadas a manifestaciones de hipocondría: el paciente experimenta con tal intensidad el momento que vive que se somete a un autoanálisis constante en el que encuentra todo tipo de fallos, errores y síntomas somáticos, que le llevan a pensar en lo peor: si le duele la cabeza, eso puede ser un tumor cerebral; si nota taquicardia de cierta intensidad, podría padecer un infarto; y si percibe dificultades respiratorias, podría asfixiarse y morirse; y así sucesivamente.

No en todas las depresiones enmascaradas hay hipocondría. Pero si la hay, el afán de analizarlo todo puede llegar a tal extremo que a veces no puede terminar nada de lo que empieza y tiende a meterse en un ciclo obsesivo que se autoalimenta: observando esos síntomas físicos en los que se ve atrapado y no puede escapar.

En otros casos, el enfermo se centra en un futuro que siente como amenaza. Esto también es típico de los hipocondríacos, siempre tomando precauciones ante peligros que sólo existen en su imaginación o posibles enfermedades siempre de la peor estirpe.

— *Depresiones atípicas.* Dejamos para el final un tipo de depresión en la que la percepción del tiempo se encuentra sujeta a variaciones impredecibles. En algunos casos, el paciente oscila entre el momento que vive y un afán de refugiarse en el pasado que en ocasiones llega a una añoranza patológica de la infancia o la adolescencia. Otros pacientes, sin embargo, sienten su vida pasada tan llena de momentos negativos que se vuelcan en el futuro como única forma de escapar de un presente que les abruma. Es una forma de trastorno depresivo que con mucha frecuencia se da asociada a alteraciones de tipo histérico o neurótico. *Las depresiones atípicas son un cajón de sastre en donde se almacenan las variedades más diversas en forma y contenido.* Por eso, aquí el tiempo subjetivo y la temporalidad pueden escoger modalidades de muy distinto signo y bizarría.

capítulo	Algunas depresiones
tres	difíciles de tratar

Depresiones crónicas

Entre las distintas modalidades depresivas nos encontramos con ésta. He ido comentando en las páginas de este libro la distinción entre el sustantivo y el adjetivo que acompaña al cuadro clínico: depresión obsesiva (el acento es depresivo), ansiedad depresiva (lo que destaca en primer plano es la ansiedad), depresión paranoide, etc.

¿A qué llamamos *depresión crónica*? Consiste en la perseverancia de la sintomatología clásica de la depresión por un periodo de dos años como mínimo. También se ha hablado de *depresión farmacorresistente, depresión refractaria* o de *formas depresivas sin respuesta terapéutica*. En un estudio ya clásico de Robins y Guze, analizando veinte estudios sobre depresiones, llegaron a la conclusión de que esta enfermedad tenía un curso crónico entre el 1 y el 28 por ciento de dichos pacientes.

La mayoría de los autores enfatizan la no desaparición de los síntomas (Wertheim, 1929; Lundquist, 1945; Braftos y Haig, 1968; Weismann, 1976; Cassano, 1983; Ámsterdam, 1990; Sartorius, 1999; Akiskal, 2004), con dos notas muy importantes: el deterioro de la vida personal y familiar por un lado, así como el aislamiento por mala adaptación social.

Las estadísticas sobre este tema nos dicen que entre el 10 y el 25 por ciento de las enfermedades depresivas en general (ahora sin matizar el adjetivo que se les asocia) terminan por hacerse crónicas. Keller (1985, 1998) ha puesto de relieve en una investigación con enfermos depresivos, muy rigurosa, que el 21 por ciento de su muestra se hacía crónica, es decir, que en el plazo de dos años sólo el 79 por ciento se han recuperado totalmente de sus síntomas. En otro trabajo de Weismann y Klerman (1977) con mujeres depresivas ambulatorias, el 12 por ciento se hicieron crónicas en el plazo de casi dos años. Son muchas las hipótesis a este respecto. Mi equipo de trabajo (Rojas et ál., 1972, 2006) puso de relieve, sobre una muestra de pacientes depresivos mayores, que en un 87 por ciento de los casos existía un trastorno de la personalidad subyacente. Akiskal (2003) ha hablado de *depresiones crónicas primarias y secundarias*: las primeras, de inicio tardío, corresponden a una fase no resuelta ya de entrada; las segundas se refieren a una depresión persistente que aflora secundariamente a alguna enfermedad física o psíquica (ésta distinta del campo depresivo).

Muchas depresiones se hacen crónicas por un fallo en el tratamiento. La importancia de hacer un diagnóstico correcto y saber qué tipo de antidepresivo debemos elegir es esencial. Son muchas las variables que entran en juego para escoger el medicamento más adecuado. *Otras veces hay que asociar dos antidepresivos sinérgicos*, complementarios, como puede ser un tricíclico clásico (imipramina, clomipramina, nortriptilina) y un recaptador de la serotonina (paroxetina). Otras, asociando algún *psicoestimulante*, del tipo del metilfenidato, que activan mucho el plano dinámico. A veces, *cambiar de familia farmacológica* puede ser de gran utilidad, siguiendo aquí las teorías de *los pasillos farmacológicos*[1]. Puede ser necesario *pasar de la vía oral a la intramuscular o la intravenosa.* El tema no se agota ni mucho menos ahí, pues a menudo entramos en una confluencia entre la depresión crónica y la distimia, confundiéndose una y otra; entonces debemos revisar si se ha empleado la *psicoterapia* y qué modalidad: no es lo mismo la *de apoyo* que la *cognitivo-con-*

---

1. Las hipótesis bioquímicas nos hablan de que en las depresiones endógenas hay una alteración de la *serotonina*, lo que significa que la administración de esta sustancia o alguno de sus precursores tiene una enorme eficacia. Pero en otros casos (en menor número) es debida al déficit de *dopamina* y, en otras, de la *noradrenalina*. Hoy contamos con antidepresivos que tienen una cierta selectividad en ese sentido.

ductual o la *fenomenológico-estructural* o aquella otra de corte *psicoanalítico.*

Las distimias y las depresiones crónicas son un auténtico reto para el psiquiatra y le ponen a prueba, explorando su capacidad de maniobra para sacar adelante a ese paciente que se ha atascado y no puede hacer una vida relativamente normal.

En las *depresiones resistentes al tratamiento* contamos también con algunas estrategias, como la *estimulación magnética transcraneal* (EMT), aplicada en la prefrontal izquierda[2] o en el polo frontal dominante. Aquí los resultados muestran aún luces y sombras, esperanzas y prudencias, por lo que es menester afinar más. Por otra parte, las *técnicas electroconvulsivas* (TEC) siguen teniendo su espacio en estos pacientes, especialmente en la *depresión inhibida* (o *catatónica*, en la que hay un bloqueo psicomotor de gran importancia), en las *formas paranoides* y en las *depresiones alucinatorias* (que son raras y presentan un serio problema de diagnóstico diferencial con las esquizofrenias atípicas o los cuadros esquizoafectivos).

En algún caso (igual que sucede en las enfermedades obsesivas graves y sin respuesta a ningún tipo de tratamiento) se ha aplicado la *tractotomía estereoatáxica subcaudada* bajo anestesia general, efectuando trepanaciones por encima de los senos aéreos frontonasales de cada lado e inyectando aire en el asta anterior de los ventrículos laterales, mediante una cánula, tras la extracción de líquido cefalorraquídeo; después se efectuaron radiografías anteroposteriores y laterales para comprobar la posición de los cilindros (Knight, 1965; Goktepe y equipo, 1975, 1981). Son trabajos ya clásicos, lo que pone de manifiesto el viejo problema de estos episodios crónicos.

---

2. Aquí se debe utilizar el cien por cien del umbral motor. Tiene un efecto de mejoría de más del 50 por ciento de los pacientes tratados que no respondían a los antidepresivos (Keller, 1992; Nobler y equipo, 1994; Georhe y equipo, 1997; Pridmore y equipo, 1998; Triggs y equipo, 1999; Kozel, 2000; Rojas y equipo, 2023; Chih-Chia Huang, 2005). En casi todos los estudios realizados hasta la fecha, las muestras son aún pequeñas; en algunos casos, como el de Triggs, McCoy, Greer y Rossi, se hizo sin asociar antidepresivos.

Quiero extraer de mis historias clínicas un caso que puede enriquecer todo lo que he dicho.

Caso clínico: depresión crónica tratada con EMT

Hablamos de un hombre de cuarenta y cuatro años, médico, que tiene antecedentes familiares de depresiones monopolares y bipolares muy claros y que él mismo ha tenido tres fases depresivas, una de ellas reactiva a un problema profesional poco importante, pero que él magnificó.

Viene a la consulta por primera vez porque «estoy con bajo rendimiento en mi trabajo, me encuentro como despistado, sin fuerza, muy cansado ya a primera hora del día, desmemoriado y con pensamientos negativos en relación con el pasado. He tenido un problema en el hospital donde trabajo: un paciente nos ha denunciado por negligencia médica a varios facultativos de nuestro hospital y el que tenía que dar la cara era yo, porque soy el jefe del servicio. Me ha dicho nuestro abogado que no existe problema, porque tenemos pruebas objetivas de que la operación oftalmológica que se le ha realizado ha sido correcta, pero esto me ha dejado hundido y estoy planteándome pedir la excedencia o dejar un tiempo mi actividad como médico; por otra parte, el ambiente que se respira en nuestro servicio es malo, ya no estoy a gusto y me he ido deprimiendo. No duermo bien por la noche: pesadillas, ideas negras, ansiedad al despertar. Me ha visto un psiquiatra de nuestro hospital, pero sin hacerme historia clínica y me ha dado una serie de medicamentos, que me ha cambiado tres veces. No me ha hecho ningún efecto, al contrario, me ha dejado todo el día dormido, como atontado, la verdad es que estoy peor».

Viene acompañado de su mujer. Tras la exploración de su personalidad, estamos ante alguien que no presenta ningún tipo de trastorno. Le hacemos unos análisis sistemáticos de sangre y orina y encontramos que padece hipotiroidismo, como tuvo su madre y un tío materno. Le administramos *tiroxina* (100 mg/día) y le ponemos durante tres semanas antidepresivos tricíclicos en vena y fluoxetina (20 mg/día: no tiene ansiedad durante el día y presenta un cierto sobrepeso). A las tres semanas la escala de Beck para medir la depresión da un índice más alto, lo que significa que no sólo no ha mejorado, sino que va algo peor. Hacemos un recuento de toda la medicación que ha tomado hasta el momento, el número de semanas que ha mantenido el mismo medicamento y la respuesta al mismo. Y decido que podemos utilizar la *estimulación magnética transcraneal* (EMT). Le explico el método, firma el consentimiento informado y se le aplican quince sesiones. A la décima sesión nota una gran mejoría: «Estoy más despejado de cabeza, como si esa especie de nube que tenía se me hubiera ido; tengo más ganas de hacer cosas, pero todavía la primera hora del día no es buena». En las dos últimas sesiones (han sido diarias, excepto el fin de semana) ya se observa otro estado psicológico: «Me encuentro bien, ahora sí puedo decir que ya funciono mejor y que vuelvo a ser el que era». Se le ha asociado *venlafaxina* a dosis bajas. Se le ha controlado cada semana y tras cuatro visitas médicas su mejoría sigue patente, con una vuelta inminente a su trabajo profesional.

Son muchos los problemas que plantean las *depresiones crónicas*: posibles disfunciones cerebrales, como dilatación ventricular, problemas neurológicos (esclerosis múltiple, enfermedad de Parkinson, enfermedad de Wilson, Alzheimer, enfermedad de Pick, accidentes vasculares cerebrales, procesos expansivos cerebrales), alteraciones del metabolismo con muy diversas posibilidades[3], enfermedades físicas

---

3. El primer tema es definir qué es y en qué consiste una *depresión crónica* y nos podemos quedar con el siguiente concepto: *aquel cuadro depresivo que no mejora sustancialmente y en el que continúan los síntomas fundamentales durante un periodo de al menos dos años.* Esto no especifica mucho ni pone al descubierto lo que puede subyacer debajo (que siempre puede tener cinco causas: biológicas, psicológicas, de conducta, cognitivas y sociales).

La misma heterogeneidad de la depresión hace que el médico necesite ensayar distintas fórmulas tanto de fármacos como de otras estirpes de tratamiento, hasta dar con la clave. Las disfunciones endocrinas tienen aquí su puesto (hipo e hipertiroidismo, diabetes, enfermedad de Cushing, etc.) o las enfermedades del colágeno (como el lupus eritematoso).

Los trabajos sobre los aspectos biológicos de las depresiones crónicas son muy

interrecurrentes, trastornos de la personalidad no diagnosticados ni tratados[4], fobias y obsesiones, problemas sociofamiliares graves (desde el aislamiento a la soledad no buscada), problemas económicos y un largo etcétera[5] que se abre en abanico desde cada una de esas instancias mencionadas.

Todo ello pone de relieve que la depresión debe ser tratada de forma precoz, intensa, suficiente. Para muchos autores la expresión depresión crónica hay que ponerla junto a la de *depresión infratratada*. Hay que subrayar que existen *cinco modos de potenciar las acciones de los antidepresivos* y que por ese camino debe buscarse, también, la mejoría clínica:

1. *Optimización del tratamiento*: sacarle el máximo partido con el mínimo de efectos secundarios y de coste negativo[6]. La buena ges-

---

extensos, variados y desde perspectivas muy distintas. Un ejemplo de ellos es la medición del flujo sanguíneo cerebral, así como el metabolismo de la glucosa, como ha puesto de manifiesto un grupo de investigación japonés (Morinobu, Sagawa y equipo, 1999).

4. A esto nos hemos referido en algún trabajo anterior (Rojas, 2003). Pensemos que los diagnósticos de trastorno de la personalidad mixto (que es el más frecuente) y simple (más inusual) se han llevado a cabo desde 1990 gracias a las clasificaciones del CIE-10 y del DSM-IV, que han sistematizado de forma bastante precisa manifestaciones seudodepresivas que camuflaban en su interior síntomas de personalidad desajustada.

5. Aquí la cascada de causas y motivos forma un amplísimo esquema etiológico. Por ello hablamos cada vez más de *subtipos de depresiones crónicas*, dando a entender la variedad de las mismas. Pensemos en la insuficiencia de la dosis de antidepresivos suministrada al paciente; o el exceso de la misma; o no haber podido seleccionar el perfil del antidepresivo ideal; no haber recurrido a la asociación de dos antidepresivos a la vez.

Es curioso el trabajo que realizó en su día el Instituto Nacional de Salud Mental de Estados Unidos (Refier y equipo, 1988), que reveló que el 33 por ciento de la población se quejaba de síntomas depresivos.

6. El nuevo presidente de la Asociación Mundial de Psiquiatría (WPA), Mezzich, en una carta editorial de la revista oficial de la Asociación en enero de 2006 (3, 3, 129-130), nos dice que el plan estratégico de los años 2006-2008 recoge catorce objetivos generales, entre los cuales está el potenciar actividades de investigación encaminadas a conocer y tratar mejor la depresión, consiguiendo, por distintos frentes, nuevos avances diagnósticos y terapéuticos. En el campo de las depresiones crónicas, el asunto es de enorme interés.

tión en este sentido es importante. Eso lleva a plantearse el diagnóstico inicial y a ver el mapa del mundo personal de ese sujeto, valorando sus distintas vertientes, que no se agotan en la pura medicación, aunque tienen ahí un bastión de gran relieve.

2. *Añadir otros componentes*: pueden ser farmacológicos, como sucede con el netilfenidato, que activa la conducta, sobre todo en las depresiones inhibidas y en aquellas otras en las que existe escasa o nula ansiedad. La adición de litio o valproato sódico u oxcarbamacepina puede ser interesante. Asimismo la suma de precursores de las aminas (triptófano), hormonas (tirosina) o bloqueadores presinápticos (como el pindolol). Potenciar la dosis y hacer análisis de sangre para ver qué cifras nos encontramos del medicamento y si su absorción es la adecuada. La determinación de niveles plasmáticos es incierta, ya que la relación de ella con la eficacia terapéutica no es lineal, ni tiene siempre una correspondencia clara.

3. *Asociaciones*: la combinación de dos antidepresivos sinérgicos puede dar mucho juego. La pericia del psiquiatra tiene aquí la penúltima palabra. La última hay que irla buscando en las investigaciones más recientes que aconsejan mezclas complementarias.

4. *Sustitución*: dar entrada a otro fármaco distinto, incluso de un perfil diametralmente opuesto al utilizado en ese momento. El coste psicológico puede ser alto, por ello hay que explicarle al enfermo lo que está sucediendo y hacerle partícipe de la línea que se está siguiendo. La consideración de recurrir al TEC tiene aquí una indicación muy acertada. Asimismo, la estimulación magnética transcraneal (EMT) debe ser valorada llegado su momento, sobre todo habiendo agotado todas las vías anteriores.

5. *Cambio de vía de administración*: pasar de la vía oral a la intramuscular o la intravenosa. Incluso mezclar dos de ellas. Aquí el problema suele ser si hay ansiedad o no y los efectos secundarios en aplicación no oral.

Todo ello debe ser sopesado con rigor y teniendo en cuenta la edad del paciente, sus antecedentes personales y familiares, así como su estado físico y la respuesta habida en fases anteriores a los anti-depresivos.

En este mismo libro dedico un espacio a los *residuos depresivos*, que son depresiones repetidas que han ido produciendo un cierto deterioro psicológico o remisiones incompletas de uno o varios episodios, sin tener distimia ni trastorno de la personalidad; aquí es esencial la historia clínica, que nos da la clave para saber desde cuándo se ha ido estancando el cuadro clínico.

No olvidemos que los rasgos de la llamada *depresión atípica* son: capacidad para disfrutar de la vida todavía intacta o bastante bien conservada; insomnio de comienzo; fatiga anterior al esfuerzo; empeoramiento por la tarde; hipersomnia; ganancia de peso; historia anterior de ansiedad, fobias u obsesiones, etc. Esta modalidad fue desarrollada en Inglaterra a partir de los años sesenta y ha dado lugar a muchas conjeturas e investigaciones.

FASES DEL TRATAMIENTO EN LAS DEPRESIONES CRÓNICAS
Optimización.   Acción combinada.   Sustitución terapéutica.   Seguimiento.   Exploración clínica mediante escalas de conducta.

Depresiones residuales

Distinguir entre una depresión crónica propiamente dicha y otra residual es uno de los retos de la psiquiatría contemporánea. Uno de los detalles que han conducido a esta distinción fue descubierto a raíz del seguimiento clínico de diversos tratamientos con psicofármacos: en casos con síntomas aparentemente idénticos, unas depresiones remitían con facilidad, mientras otras mostraban una gran resistencia a la terapia. ¿Cuál era la diferencia? Aunque guardan cierta relación entre sí, hoy resulta obvio que las depresiones residuales no son exactamente iguales a las crónicas. De este modo, mientras una depresión crónica presenta un curso prolongado que puede darse a partir de la primera fase depresiva, en el caso de las residuales ya se han producido numerosas fases. Por otra parte, las depresiones crónicas suelen darse durante la juventud o los primeros años de la madurez. Las residuales, sin embargo, suelen aparecer en edades más avanzadas, sobre todo en personas que han atravesado por numerosos episodios depresivos a lo largo de su vida.

En otro lugar de este libro hablamos de «residuos depresivos». Con frecuencia la depresión residual parte de esos residuos que se han ido acumulando en el paciente a lo largo del tiempo. Es muy corriente que al manifestarse la depresión residual, mucho tiempo después de las primeras manifestaciones depresivas en la vida del paciente, éste ni siquiera recuerde las causas de su tristeza original.

Pocas cosas como las depresiones residuales han contribuido tanto a cambiar la percepción del trastorno depresivo en sus distintas variedades. La psiquiatría moderna ha conseguido un constante afinado de sus técnicas de diagnóstico, con medios como la evaluación conductual, que a su vez han favorecido el desarrollo de fármacos y terapias cada vez más eficaces. Con todo y como ya hemos visto en otras partes de este libro, aquí tampoco se da un acuerdo común entre los especialistas. Se acepta que existe un continuo clínico entre las depresiones crónicas y las residuales, aunque a menudo las diferencias son difíciles de establecer. Numerosos factores influyen en el proceso de diagnóstico: el tipo de paciente, la teoría favorita del médico, la medicación, la aplicación de tal o cual psicoterapia... Por todo ello, en nuestros días es preciso mostrarse flexible y estar dispuesto a modificar criterios ante una enfermedad que, como indicábamos al principio del libro, se ha convertido en la gran epidemia de las sociedades desarrolladas.

No extrañará saber que los tratamientos, tanto para las residuales como para las depresiones en general, son muy variados. El tipo de fármaco, la dosificación, la duración de las terapias, todo influye y no hay factor, por nimio que parezca, que el médico pueda pasar por alto. La experiencia clínica es, debo insistir, uno de los elementos básicos, si no el que más y el especialista ha de mantenerse atento no sólo a las novedades, sino también a los interrogantes que puedan surgir. La colaboración entre diferentes especialistas es fundamental, así como el establecimiento de un sólido vínculo entre el psiquiatra y su paciente.

Veamos, para mayor ilustración, un nuevo caso práctico:

Caso clínico: el caso del empleado de banco con una depresión crónica

El paciente que quiero presentar ahora ha sido muy revelador para mi equipo y para mí. Hablamos de un hombre de cincuenta años, casado y con tres hijas, que es empleado de una entidad bancaria del sur de España; de complexión fuerte, abierto y comunicativo, aunque desde que está mal de ánimo, «no es el que era», según dice su mujer. Viene a vernos y nos expresa lo siguiente: «Hace un año que comencé con la depresión y todo fue bastante rápido; empecé a estar sin ganas de hacer nada, hablando muy poco, yo, que siempre he llamado la atención por ser muy parlanchín. Triste, lloroso, pensativo, apático. Hasta que pasó un mes no fui al médico de cabecera, que me envió al psiquiatra, que me dijo que lo mío era depresión. Veía que no podía llevar a cabo mi trabajo en el banco, en donde siempre me he sentido muy bien, tanto con los compañeros de trabajo como con los clientes. Tenemos además dos tiendas, que las llevan mi mujer y alguna de mis hijas.

»El psiquiatra me quiso dar la baja porque decía que era lo mejor y entonces empecé a levantarme muy tarde; me pasaba el día en casa, sin hacer casi nada. Las bajas laborales se fueron prolongando y, por un motivo u otro, cada vez que el médico me iba a dar el alta para incorporarme a trabajar, yo le decía: "Vamos a esperar una semana, estoy como inseguro, no me veo totalmente recuperado, ahora me costaría volver a mi puesto de trabajo".

»Me llevo muy bien con el psiquiatra y él ha sido el que ha mantenido la baja laboral durante tanto tiempo. Lo cierto es que *llevo un año sin trabajar* y estoy muy apático».

Después de las dos primeras entrevistas, en las que vemos claro que se trata de una *depresión mayor con ansiedad*, le aplicamos un tratamiento a base de antidepresivos (recaptadores de la serotonina), activadores del tono vital (metil-fenidato) y ansiolíticos (bromacepan), así como antidepresivos en vena. La respuesta al tratamiento es buena y en unas dos semanas se observa un cambio en positivo. Planteo que en otras dos semanas aproximadamente sería bueno volver al trabajo. Y veo en él una reacción sorprendente en los días siguientes: «Desde que me dijo lo de ir a trabajar me he puesto peor, me he venido abajo». Tengo con él este diálogo:

—P: ¿Por qué se ha puesto peor cuando le he hablado de volver al trabajo?

—R: Porque yo no me veo preparado, llevo un año de baja y usted de pronto me lo dice así, tan de repente, que me dejó bloqueado... No sé, no me lo esperaba.

—P: Pero si usted está mejor, ése es el camino natural, volver a lo que ha sido su vida. ¿Por qué ese temor?

—R: Doctor, no es temor lo que tengo, es pánico a volver allí. ¿Sabré yo manejar los ordenadores, recibir a los clientes, meterme en la vorágine del día a día?

—P: Vamos a ver, ¿por qué ese miedo terrible a incorporarse?

—R: Me he acostumbrado a un tipo de vida y veo muy difícil cambiar. Sólo de pensarlo me pongo a temblar, nervioso, asustado...

—P: ¿Por qué le mantuvo las bajas laborales su médico de allí, de su tierra?

—R: Porque cada vez que me decía que tenía que ir a trabajar, me desmoronaba, me daba una ansiedad enorme...

Hablo con su mujer. Sensata, realista, con mucho sentido común, muy unida a él, es la que me va dando la clave de lo que aquí sucede. La mejoría de la depresión es patente: se le pasan dos escalas de evaluación conductual para medir el grado de depresión y, comparándolas con el principio de su tratamiento, el descenso del puntaje es de un 80 por ciento. Y llego a la siguiente conclusión: *las bajas prolongadas de forma innecesaria* han ido elaborando un nuevo cuadro clínico que se ha ido escondiendo, camuflando, debajo de la depresión y al que le pongo la etiqueta de *fobia al trabajo*.

Le explico al paciente que a su diagnóstico inicial de *depresión mayor* se asocia ahora, al descubrir su grave dificultad para incorporarse a su trabajo profesional, una *fobia a volver al trabajo* que se ha ido fraguando poco a poco y ha dado lugar a un aplazamiento progresivo cada vez que el médico anterior y ahora nuestro equipo iba a darle el alta. Hablo con él y su mujer y decidimos que nos ayude el jefe de la zona de dicho banco, con el fin de contar con él para que le empuje en su vuelta. Hablo con dicho jefe por teléfono y programamos para un día concreto la incorporación. Me dice la mujer: «Ha sido terrible; se ha negado a ir, se ha metido en la cama como si fuera un niño pequeño, su jefe ha estado en casa y él ha dicho que no... Yo me he derrumbado». Le digo que hay que insistir, hablo con el paciente por teléfono y repetimos la operación al· día siguiente y su mujer le viste y entre el jefe del banco y ella le llevan a la institución bancaria... «Entró por la puerta con la cabeza baja, diciendo estoy mal, yo no puedo trabajar, estoy sin fuerzas, no me siento en condiciones de volver a mis tareas.» Estuvo allí una hora.

Repetimos al día siguiente la misma escena. Siguió reaccionando mal, pero ya se quedó un par de horas y los compañeros de trabajo le dieron conversación, le quitaron importancia a todo y él se sintió relativamente mejor. Se insistió en los días siguientes en idéntico marco y contexto y a la semana volvió a ser el que era. Cuando viene a revisión a los quince días, está contento y lo expresa así: «Yo creí que no podría, se me hacía una montaña y no me veía con ánimo de empezar el ajetreo de mi trabajo, pero ahora estoy feliz y agradezco el esfuerzo de todos por ayudarme, especialmente el de mi mujer y mis hijos, que han sido capaces de no desanimarse ante mi negativa».

Conclusión: los psiquiatras, por un *paternalismo negativo*, podemos dar bajas laborales muy largas, con unas consecuencias negativas, que luego pueden ser difíciles de corregir. Y además, rastrear y estudiar algunas *depresiones crónicas* o *depresiones de mala respuesta a los antidepresivos*, o las denominadas *depresiones farmacorresistentes*, requiere un análisis más completo de su dinámica psicopatológica.

La evolución de las depresiones es poco homogénea y las recaídas pueden presentarse no sólo por pura biología, sino por *life events* o acontecimientos negativos de la vida misma, que cada vez están más a la orden del día. En la *era prefarmacológica*, cuando todavía no había casi fármacos para tratar las depresiones, el tema era distinto, pues no disponíamos de *estabilizadores del ánimo*. Hoy en día, en la *era farmacológica*, todo es más fácil. En los últimos años, mediante estudios longitudinales realizados con mucho rigor científico, sabemos cuáles son los factores asociados que pueden hacer que una depresión mejore, empeore o se haga crónica. Los estudios de evolución establecen criterios claros de *fase, recaída, remisión parcial, remisión completa, recurrencia, enfermedad física interrecurrente o acontecimiento negativo de la vida* (life events). Muchas manifestaciones de trastornos de personalidad se solapan con depresiones, se confunden con ellas y es menester aclarar en cada caso lo que hay de *depresión pura* y lo que existe de *desajuste de la personalidad*. Hay más cosas: un factor que lleva a hacer crónica una depresión puede ser la ansiedad, las crisis de pánico, los trastornos obsesivo-compulsivos, la anorexia u otras patologías psíquicas. Igualmente enfermedades físicas añadidas. También patologías afectivas de tipo familiar (Saiz Ruiz, 1996; Casais y Gibert Rahola, 1994; Parker, 1993; Séller, 1995; Kim, 2002; Shedler y Westen, 2004).

Diferencias entre depresiones crónicas y depresiones residuales

Se plantea ahora el problema diferencial entre las depresiones crónicas y las residuales, ya que ambas tienen algunos elementos comunes. Quizá el más destacable sea el que hace referencia al curso. Las dos tienen una evolución muy prolongada, pero con la diferencia de que mientras en las crónicas esa larga duración puede suceder ya en la primera fase o en la segunda, la depresión residual sólo se da cuando ya han sucedido muchas fases depresivas. De aquí se deriva además un factor de edad: las crónicas se pueden dar en edades relativamente tempranas —e incluso algunas depresiones en jóvenes se hacen crónicas o de curso muy duradero, cuando se consolida una progresiva neurotización, asociada a un trastorno de la personalidad no tratado— y en la edad media de la vida, no excluyéndose que puedan aparecer en edades más tardías.

En las residuales, al ocurrir tras varias fases depresivas muy intensas, a veces se trata de una vida que ha estado sembrada de fases depresivas más recortadas, produciéndose una verdadera *sucesión depresiva*, aunque con diversas variantes de unos momentos a otros.

No hay que olvidar que muchas depresiones crónicas se convertirán más adelante en residuos depresivos, una vez que la tristeza ha ido paulatinamente desapareciendo de escena y lo que queda son molestias somáticas dispersas, malestar psicológico difuso y un marcado déficit cognitivo (una disminución de la atención, dificultades de memoria, menos frescura mental, etc.). De ahí el interés en conocer más profundamente las *depresiones resistentes* al tratamiento. He insistido en las páginas de este libro en cómo los psiquiatras estamos viendo cambiar la forma de presentación de las depresiones. Pero no sólo esto, sino en cómo toman nuevas formas tras la utilización de los modernos psicofármacos, antidepresivos o la mezcla de muchos medicamentos simultáneamente, con lo cual los efectos secundarios se entrecruzan con las manifestaciones clínicas.

En este sentido, muchas investigaciones actuales se han preocupado de estudiar por qué la aplicación de los antidepresivos, en enfermos con similares diagnósticos, producen efectos tan distintos en relación con el mismo investigador y el mismo tipo de enfermos. Lo que es evidente es que el mismo medicamento y a una dosis similar va a producir en cada enfermo una respuesta ligeramente distinta, y ello depende de muchos factores: peso, morfología corporal, mayor o menor sensibilidad a los psicofármacos, patrones biológicos de respuesta específicos, etc.

Hoy los médicos estamos más atentos al fenómeno depresivo, en consecuencia tenemos las antenas más finamente[7] encauzadas en ese camino y, por tanto, lo conocemos mejor y se diagnostica más.

---

7. Cuando aplicamos un tratamiento a un enfermo depresivo, debemos fijar con claridad el *objetivo terapéutico*, que debe quedar claramente definido y lo mejor delimitado que podamos, para lo cual, si el enfermo tiene cierto nivel cultural, se le debe explicar su diagnóstico.

En 1988 participé en una conferencia de consensos clínicos en Nueva York, con el objeto de definir qué entendemos por remisión. Desde esa fecha hasta aho-

Las formas en otro tiempo tituladas de atípicas son hoy moneda corriente en la psiquiatría diaria. Todo esto ha modificado la clasificación de las depresiones. La introducción de las *escalas de evaluación conductual*, así como otros *instrumentos de medición de los síntomas depresivo-ansiosos*, nos han sido de enorme utilidad: *hemos pasado de la psiquiatría cualitativa a la cuantitativa*, de aquella que *describía*, a otra que *pesa y mide* la intensidad de los síntomas.

No obstante, las clasificaciones deben ser consideradas cada vez con mayor amplitud, manejando esquemas abiertos que permitan ofrecer un panorama coherente, flexible y realista, modificado por los cambios del devenir clínico. Los trabajos sobre estos puntos han proliferado en los últimos años. La clasificación de Silbermann opone el concepto de estado psiquiátrico (totalidad de síntomas en un momento dado) al de síndrome (conjunto de síntomas cuya combinación ocurre con bastante frecuencia). Su ordenación la denomina CHAM, siglas que forman las cuatro iniciales fundamentales, en inglés, de este sistema, consistente, jerárquico, arbitrario y monotemático. La consistencia radica tanto en su jerarquía como en las claras definiciones de sín-

---

ra (2006) han sido permanentes las mesas redondas y symposiums sobre este tema. La última en el Congreso Mundial de Psiquiatría de El Cairo, en donde tuve la ocasión de presentar una comunicación sobre este tema, en un panel con psiquiatras de países muy diversos y distantes.

Debemos entender por *remisión* de una depresión un periodo relativamente largo (en torno a un año) en donde el sujeto está sin síntomas, lo cual se mide mediante una escala de evaluación de conducta (hay muchas, vale la que uno maneje más a menudo y sea operativa), debiendo mostrar en ella unas puntuaciones bajas en la semana anterior a la revisión médica. Y por concretarlo más, añadiría algunos factores: 1) la recuperación de sí mismo, que le lleva a *hacer su vida normal*, la que tenía antes de caer enfermo; 2) la *sensación de bienestar general*, con capacidad para trabajar, amar, relacionarse y disfrutar de la vida; 3) la *presencia de rasgos positivos de salud mental*: estar en la realidad, no deformar la percepción de la misma, manejar como antes de estar enfermo las principales herramientas de la psicología personal (inteligencia, afectividad, voluntad, etc.); 4) la *ausencia de síntomas depresivos*; 5) *capacidad para luchar en la vida*: superar las dificultades y adversidades, ser capaz de gestionar de forma correcta la vida afectiva y profesional, tener un programa de vida concreto con proyectos y objetivos a corto y medio plazo.

tomas y estados, que no dejan lugar a dudas a la hora de su aplicación práctica. La jerarquía es la nota fundamental, estableciéndose primero a nivel sintomático y, después, como enfermedad con nombre y apellidos. Enumera una serie de síntomas claves; sus notas más destacadas son, a mi parecer, su orientación pragmática junto a una seria preocupación académica por la claridad de los conceptos.

La clasificación multidimensional de Ottosson y Perris, que en su día tuvo tanta resonancia (1974), intentó despojar de prejuicios el quehacer de ordenar y clasificar, separando la etiqueta del cuadro clínico de su posible etiología, curso y gravedad. Sus ejes principales son: sintomatología, gravedad, etiología y curso. Logra así una mayor flexibilidad diagnóstica, abriéndose el campo de relación dinámica entre las diversas entidades. Al intentar unificar criterios y ponerlos en la práctica, los problemas surgen en cada esquina y sólo cabe una concepción cuya sistemática ecléctica traduzca la realidad de la clínica. Insisto, el DSM-IV-TR (Estados Unidos) y el CIE-10 (Europa) son las dos clasificaciones de las enfermedades psíquicas más utilizadas hoy: han sido claves, pero queda un trecho que recorrer, aclarando entidades clínicas con tantos matices como tiene la clínica.

Quién duda que la imipramina ha sido uno de los grandes fármacos de los últimos años para el tratamiento de las depresiones. Tras ella han venido muchas otras herramientas terapéuticas, cuyo empleo ha dilatado el campo de acción de la psiquiatría. A pesar de todo, en la actividad diaria nos seguimos encontrando con depresiones que no remiten o que se van impermeabilizando al tratamiento farmacológico después de una buena reacción inicial. Esto nos lleva a investigar más a fondo los cuadros clínicos y los modos de tratamiento y qué entendemos por *remisión*. Todo estriba en que no se trata de algo utilitario que pueda sintetizarse en pocos datos. Cuántas veces, al fallar un tratamiento, se ensaya otro o incluso se aplica el mismo, pero de manera diferente o en otro momento evolutivo, teniendo entonces una respuesta más positiva.

Entre las depresiones crónicas, las de larga duración y las resistentes a la terapéutica se establece un *continuum clínico* que hace difícil su diferenciación. El concepto de *resistencia* tiene que ver con el tipo de medicación empleada, la existencia o no de una psicoterapia y el tipo de personalidad, el entorno, la forma de vida, enfermedades somáticas añadidas y un largo etcétera, como el tipo de médico que haya puesto el tratamiento y la transferencia que haya establecido con él.

La vida depresiva: vacía y monótona

A lo largo de las páginas de este libro vamos entrando y saliendo de las principales ensenadas depresivas en las que puede quedarse el ser humano. La riqueza y diversidad de modos depresivos es muy amplia. Ahora, en este capítulo vamos a exponer una modalidad muy habitual, que suele pasar desapercibida o que no está expresada con la rotundidad debida.

Llamo vida depresiva a la de aquellas personas que tienen un tipo de vida vacío, monótono y con escasas posibilidades de cambiarlo, conduciendo todo ello a un estilo pobre y a un planteamiento existencial carente de novedades e incentivos. La vida es la gran maestra, enseña más que muchos libros. La forma de vivir cada uno retrata y perfila el modo elegido por uno mismo o impuesto por las circunstancias. Sus principales características son:

— *Vida vacía.* Esto significa que los principales argumentos que deben darse dentro de ella no existen. Los grandes temas de la vida deben ser el amor, el trabajo, las amistades personales cercanas y enriquecedoras, la cultura en sus muy variadas expresiones y un sentido de la vida que dé respuesta a los grandes interrogantes.

— *Vida monótona.* Es aquella centrada en una uniformidad cansina, con un tono demasiado repetitivo, que carece de variedad y en donde la ausencia total de novedades produce un tono melancólico que va inundando a esa persona y a su entorno más inmediato. Regularidad uniforme y cargante que acaba por pesar, paralizar, adormecer y deprimir.

— *Escasas o nulas relaciones humanas.* Aquí no es que se esté solo, sino que el planteamiento de vida que se ha ido dando hace muy raro que se produzcan contactos con otras personas o nuevas ampliaciones de amistades. La amistad es uno de los platos fuertes del banquete de la vida. Su arco de intensidades es muy rico y va desde el conocido que saludamos de vez en cuando al amigo íntimo, pasando por toda una escala cromática muy amplia. La persona madura sabe de ese registro y lo asume, como un hecho más de la existencia. Y aunque emplea la palabra *amistad*, conoce muy bien los grados, la magnitud, la potencia y los matices que residen en cada una de sus modalidades.

— *Desmotivación*. La motivación es la fuerza que activa la conducta, que la dirige hacia una meta y que está debajo de cualquier tendencia o inclinación. Palabra que procede del latín *motus*: movimiento. Los elementos primordiales de la motivación son los *sentimientos* y las *emociones*, unos más estables y suaves y otros más cambiantes e intensos. Se dice en el lenguaje coloquial aquello de que sobre gustos no hay nada escrito, lo que quiere decir que su gama es inmensa, innombrable. Nosotros sabemos que existen *diversas motivaciones* y que pueden encuadrarse dentro de estos apartados: físicas (biológicas), psicológicas, sociales, culturales y espirituales. Unas son innatas (naturales) y otras, adquiridas.

Se alinean ahí el hambre, la sed, la sexualidad, los placeres más ligados al cuerpo, el instinto de conservación, la agresividad, el logro de metas, el conocimiento, el desarrollo de la inteligencia, el encontrarse a uno mismo, el ir alcanzando un mayor equilibrio personal, la aspiración a la cultura, la espiritualidad, etc.

Una persona desmotivada es aquella que ha ido perdiendo su curiosidad por metas, retos y planes, adentrándose en un planteamiento pobre de objetivos, que le lleva a un estado melancólico. La desmotivación es distinta de la depresión, aunque tienen zonas comunes; en la desmotivación lo que falta es algo que empuje a plantearse inquietudes positivas, ilusiones por alcanzar; en la depresión, la tristeza y la falta de energías produce una marcada *anhedonia* (la falta de placer e interés por las cosas que siempre han gustado), que va como en una especie de rampa deslizante hacia una existencia sin retos ni aspiraciones ni móviles que sean capaces de aspirar con determinación hacia un fin positivo, sugerente, atractivo, que se vive como esperanza ilusionada.

Veamos el siguiente caso clínico:

Caso clínico 1: un modelo de vida depresiva

Mujer de treinta y ocho años, soltera, de una familia aristocrática (sus padres tienen título nobiliario), que estudió secretariado internacional y que ha sido educada en un ambiente de personas muy mimadas y consentidas a las que nunca les faltó de nada. Son dos hermanos más y ella es la más pequeña. Viene a la consulta por primera vez acompañada de su madre. Viene a la fuerza, porque no ve necesidad de ir al psiquiatra.

«Vengo porque mi madre se ha empeñado. A mí no me pasa nada especial, ni raro. Sólo que tengo días malos y momentos en los que estoy triste o enfadada, pero nada más. Mi madre siempre está pendiente de mí y ante cualquier cosa pequeña que me sucede, se alarma.»

La madre se empeñó en venir unos días antes, sin que su hija lo supiera. Tomó la cita como si fuera para ella, pero la cuestión era ponernos al día de todo lo que le sucedía a su hija: «Mi hija lleva una temporada terrible, mi marido y yo lo estamos pasando muy mal, pues ya somos mayores y sufrimos al ver a esta hija hoy bien y mañana mal y pasado hundida... Todo se ha disparado desde la boda de su hermana, la que es dos años mayor que ella. Eso ha sido para ella muy duro, porque estaban muy unidas y ambas tenían el problema de fondo de que no tenían novio y la preocupación de quedarse solteras... A mi hija la segunda le importaba menos no haber tenido novio (nunca lo tuvo), ni el ver cómo pasaban los años sin encontrar un hombre. Ha estado muy unida a mí y algo menos a su padre. En cambio, la pequeña, la que viene a la consulta, ha sido siempre una persona más conflictiva, envidiosa, que se ha comparado mucho con sus amigas.

»Las semanas anteriores a la boda —continúa la madre— han sido de muchas tensiones, con lloros y gritos y agresividad mal contenida por parte de la pequeña, haciéndome preguntas de por qué ella no tiene novio, ni un grupo de chicos que la llamen y yo a veces no sé ni qué responderle. Tiene unos cambios de ánimo muy fuertes, con días más o menos buenos y otros fatales».

Volvemos con nuestra paciente. El interrogatorio es al principio un diálogo extraño, ya que habla de la familia, de su madre y de su hermana la que se acaba de casar, pero no entra en materia. Después de dejarla hablar, dirijo la entrevista ya con preguntas concretas:

—P: Por lo que me has contado, veo que la boda de tu hermana te ha afectado un poco, ¿por qué?

—R: Bueno, no sé qué decir, probablemente porque no me lo esperaba.

—P: ¿Cómo conoció tu hermana al que hoy es su marido?

—R: Fue en la boda de la prima de una de sus mejores amigas. Ella no iba a ir, pero al final cambió de opinión y fue.

—P: ¿Tú no estabas invitada a ir?

—R: Yo con esa amiga suya me llevo bien, pero realmente no es amiga mía, es sólo conocida.

—P: ¿Qué pasó?

—R: Al día siguiente de la boda me contó que había conocido a un chico de su misma edad, o me parece que él tiene un año menos. Que era hijo de unos conocidos de mis padres, que viven al norte de España y a los que hemos ido dejando de ver. Él es ingeniero agrónomo y trabaja en las tierras de su familia, que tienen sobre todo viñas y secano. La vi muy entusiasmada y mientras me hablaba me fui poniendo triste por dentro, pensando: «¿Y yo cuándo tendré un hombre que me guste?».

—P: ¿Y esa reacción qué te parece a ti?

—R: Pues no sé... No sabría cómo calificarla.

—P: ¿No crees que todo eso te hizo pensar en tu futura vida afectiva?

—R: Yo he tenido varios chicos que se han fijado en mí, pero siempre he sido muy estricta y he buscado un hombre especial, de mi nivel social... Ahora me doy cuenta de que he dejado pasar algunas oportunidades buenas.

—P: Y en relación con el tema de tus estudios, ¿por qué no estudiaste en la universidad?

—R: No me gustaba mucho estudiar, yo era mala estudiante y me aburrían los libros. Cuando pasó el tiempo, me di cuenta de que me había equivocado.

—P: ¿Fue falta de voluntad o de visión de futuro?

—R: A mí nunca me había faltado nada. Mis padres me lo han dado todo. Pensé que el tema del novio vendría de igual manera, no me planteé que fuera tan difícil encontrar un hombre con el que compartir mi vida.

—P: Tu madre me ha dicho que estás inestable, con muchos cambios de ánimo y que por cosas muy pequeñas te enfadas e irritas y que llevas unos meses malos, ¿eres consciente de ello?

—R: Ella exagera. Mi madre lo agranda todo. Estoy triste. Me veo sola y sin mi hermana. No tengo trabajo. Muchos días no sé qué hacer. Me veo con la vida a medio hacer y empiezo a pensar en lo que he hecho hasta ahora con mi vida y me da pena, creo que no he tenido suerte... En fin, es un cúmulo de cosas.

—P: ¿Qué haces un día normal?

—R: Ayudo a mi madre en cosas de la casa. Salgo a la calle a hacerle recados a ella...

—P: ¿Y no te planteas llenar más tu vida? Tú eres joven y podrías hacer algo más interesante.

—R: Yo creo que lo mejor sería casarme, como mi hermana. No es tan difícil encontrar un hombre que me guste y del que me enamore, ¿no le parece, doctor?

—P: Yo, como médico, creo que antes deberías tener otro tipo de vida, que te haría estar mejor contigo misma y, al mismo tiempo, buscar nuevas amistades, ampliar el círculo de tus personas conocidas. Tú eres joven, pero para encontrar un novio, hoy en día, puede no ser fácil...

Las distintas entrevistas quedan resumidas aquí. Dice la madre: «Yo la veo poco madura, no está en la realidad. Cuando tenía veintitantos años me decía: "Mamá, me gustaría casarme con un diplomático y organizar cenas en nuestra casa con gente importante...". Ha tenido siempre muchas fantasías y yo creo que su padre y yo nos hemos equivocado en su educación, pues le hemos exigido lo justo y se lo hemos puesto todo muy fácil. Se le pasan los días sin hacer casi nada, viendo la televisión, comprando y leyendo revistas del corazón, que a mí me parece que le han hecho mucho daño».

Sigue la información de la madre: «Ahora lleva unos meses en que le ha dado por decir que tiene depresión, que está triste y que ha oído que existen unas pastillas que te elevan el ánimo y no sé qué pensar, porque a mí el asunto me parece bastante más complicado».

Estamos ante una clara *vida depresiva*, con ingredientes propios de una persona poco madura en lo afectivo y que *no ha sabido trazar un proyecto de vida coherente y atractivo*, así como enfocar correctamente el tema de tener un novio o un grupo de amigos adecuado. Ahora está sola y *la boda de su hermana ha sido el detonante que ha puesto de relieve sus carencias, que estaban tapadas por una vida poco pensada y sin un programa propio.*

Ante la hipertrofia de la palabra *depresión* y si queremos ser precisos y no llamarnos a equivocación, lo adecuado es llamarle a esto *vida depresiva*.

Ahora va voceando su mercancía, el querer casarse, de aquí para allá, convirtiéndose eso en una obsesión que podría resultar muy negativa para su psicología. La psicoterapia no es fácil, pero lo inmediato es que llene su vida, la organice mejor y haga algo útil y sugerente para ella misma, según sus preferencias.

Otra característica de la vida depresiva es la *falta de visión de futuro*. Las modalidades de vidas depresivas son muchas y cada una puede tener añadidos matices, adjetivos y pliegues bien diferentes. Vamos a ver otra historia clínica bastante representativa:

Caso clínico 2: otro claro ejemplo de vida depresiva

Mujer de cincuenta y ocho años, soltera, que vive en un pueblo de unos diez mil habitantes, en la zona centro-sur de España. Viene acompañada de dos hermanos mayores que ella, uno casado y la otra soltera. Nos dice ella: «Hace tres meses ha muerto mi madre. Desde hace más de quince años me he dedicado a cuidar primero a mi padre (hasta que murió) y después a mi madre. Ése ha sido mi trabajo. Me habría gustado estudiar, pero en mi casa no había medios económicos y mis hermanos trabajaban todos en el campo. Pasó el tiempo y un día me dijo mi madre algo que me impresionó: "Hija, tú te quedarás con nosotros en casa para cuidarnos a tu padre y a mí; es muy difícil encontrar un hombre que te quiera de verdad y para encontrar uno que no merezca la pena, lo mejor es que te quedes soltera, pues con nosotros nunca te va a faltar nada"».

—P: ¿Qué le pareció ese planteamiento de su madre, de organizarle ella su vida?

—R: Fue también mi padre el que me lo dijo. Él tenía un carácter fuerte y yo no me atreví a decir otra cosa. Y fueron pasando los años, hasta ahora.

—P: ¿Cuándo se ha dado cuenta de que su vida no debía haberla hecho así?

—R: Ahora, al morir mi madre. Yo pensaba que las cosas debían ser así. Siempre cuidando de ellos, de sus enfermedades y de las cosas de la casa. Yo no recuerdo haber ido a las fiestas de mi pueblo a bailar, ni haber tenido unos días de vacaciones... Mis padres no me decían nada, yo tampoco comentaba nada...

—P: ¿Qué hacía, adónde iba cuando salía de casa?

—R: Mi pueblo es pequeño y allí nos conocemos todos y si sales mucho y te ven, todo el mundo habla de ti. Yo acompañaba a mis padres...

—P: ¿A qué les acompañabas, adónde?

—R: No me atrevo a decírselo... Cuando alguien de la familia se ponía enfermo, me iba yo a cuidarlo. Y luego le tengo que decir que mis padres estaban muy chapados a la antigua: yo recuerdo siempre a mi madre vestida de negro, de luto, por familiares no muy cercanos que se habían muerto. Ésa era una costumbre muy de ellos. Yo creo que he ido a dos o tres bodas en mi vida, han sido las únicas fiestas en las que he estado.

—P: ¿Y qué le parece eso?

—R: Es la vida, son las maneras de ser de los míos. Es lo que me ha tocado vivir.

—P: ¿Cómo se encuentra usted ahora, qué siente?

—R: Estoy triste porque me he pasado la vida cuidando a enfermos de la familia y por supuesto a mis padres, se me ha pasado la vida en eso... Lo he hecho porque ellos me dijeron que lo hiciera, pero me da pena verme ahora así, sin nada que hacer y triste...

—P: ¿Qué tipo de vida hace?

—R: Las cosas de mi casa, pero eso lo acabo enseguida y después me pongo a darle vueltas en mi cabeza a muchas cosas y pienso lo que podía haber hecho y las cosas que me he perdido.

—P: ¿Sale a dar un paseo, tiene amigas, va al cine?

—R: Salgo poco. Con una de mis hermanas voy a dar un paseo y los domingos como en su casa. Pero cada uno tiene su vida hecha, menos yo y no quiero estorbar...

—P: ¿Qué cree que le sucede, por qué está usted triste?

—R: Por lo que usted me ha dicho: que estoy sola y que no tengo nada que hacer... Y es verdad.

Hablando con su familia, hemos pensado que sería bueno para ella tener alguna actividad laboral fuera de su casa y se le ha encontrado un trabajo en una residencia de ancianos. Primero por las mañanas y después han querido ampliarle el horario al día completo, lo que parece excesivo, pues ella lo que necesita es salir unas horas, tener una ocupación y las tardes libres para disponer de tiempo para ella y fomentar algunas aficiones. Nos dice: «Llevo dos meses trabajando y esto me ha venido muy bien. Y sólo hasta la hora del almorzar. Salgo así de casa, estoy entretenida, gano un dinero y me siento de otra manera. He empezado a ir a la casa de la cultura del pueblo varias tardes a la semana y recibimos clases de cocina, cosemos, hacemos terapia de grupo y tengo algunas amigas con las que salimos y entramos».

Este caso clínico es más simple que el anterior, pero refleja un segmento de la cultura de la España profunda, con programas de vida muy pobres, sin visión de futuro, en donde la vida de los hijos ha sido (hablo ya en pasado) organizada por los padres, con miras cortas y pobres.

Por otro lado está el tema del luto. Hoy está cambiando este concepto, por fortuna, viviéndose de forma más sana y sin esas servidumbres propias de los sitios pequeños, en donde el luto era más que una costumbre, casi una obligación por el miedo al qué dirán y el temor a romper los hábitos arraigados de muchos años atrás.

Sorprende, positivamente, lo bien que ha respondido a la *laborterapia* (encontrar un trabajo y que éste le llene) y a la *socioterapia* (abrirse a más gentes y ampliar su círculo de relaciones). Ella sólo tuvo como *farmacoterapia* una ligera medicación para conciliar el sueño, puesto que estaba triste, pero no tenía depresión en sentido clínico, sino una *vida depresiva* por un planteamiento de vida trazado por sus padres, siendo ella incapaz de oponerse y ofrecer su propia alternativa.

Depresiones obsesivas

Esta modalidad depresiva tiene sus características propias. Ha sido reconocida desde antiguo, aunque plantea un debate claro en distintos aspectos que conviene matizar. En la última clasificación del DSM-IV-TR no aparece este subtipo depresivo. Hay que ir al apartado *trastorno depresivo no especificado* (F 32.9), en el que se incluyen cuadros depresivos que no cumplen los criterios de una depresión mayor, ni tampoco un trastorno adaptativo del estado de ánimo. Los puntos que debe aclarar son los siguientes:

Lo primero, si se trata de *un trastorno obsesivo-compulsivo al que se añaden síntomas depresivos como telón de fondo*. Este binomio es bastante común, pero aquí lo esencial y determinante son los síntomas obsesivos, que tienen una correspondencia clínica clara y que podemos resumir de la siguiente manera: ideas obsesivas, actos obsesivos y mundo afectivo.

Las *ideas obsesivas* constituyen un núcleo básico de la enfermedad obsesiva. Tienen un carácter intruso (se meten en la cabeza sin pedir permiso) y actúan de forma extraña, rara, insólita, repetitiva, machacona, parásita, insistente, con dificultad para poder controlarlas. Con frecuencia el paciente trata de combatirlas fabricando *rituales* que de alguna manera compensan ese estado. Esas ideas son pensamientos, imágenes, impulsos que tienen bastante persistencia y que a veces desaparecen y vuelven a asomar, lo que produce una ansiedad significativa. De alguna manera escapan al control del individuo, que ve que le rebasan y dominan. No son temas o cuestiones simples de la vida real, sino vivencias cargadas de ansiedad que producen un enorme malestar psicológico. Todo ello está envuelto en una atmósfera de duda (lo que llamaban los franceses la *folie de la doute*, según la célebre expresión de Falret y Legrand). Por otra parte, fue Janet (1903) el que subrayó que debajo de todo eso hay un *fondo psicasténico*, una especie de descenso de la tensión psíquica que da lugar a una sensación de incompletitud, de algo que no está terminado.

¿Cuáles son los principales temas? Contaminación, dudas, obsesiones somáticas, necesidad de simetría y un orden enfermizo, agresividad, contenidos sexuales, temas religiosos, asuntos de índole moral y el paso del tiempo. El enfermo se da cuenta de todo lo que sucede en su escenario mental (pensamientos, impulsos e imágenes), pero no puede combatirlo y algunos intentos por neutralizarlos le conducen a llevar a cabo actos o pensamientos diversos. En el subsuelo de todo ello hay de entrada ansiedad y más adelante afloran síntomas depresivos.

Los *actos o ritos obsesivos* son conductas que a veces se desarrollan con una cierta lógica en relación con el tema. El que tiene miedo a contaminarse se lava muchas veces las manos al día; el que duda patológicamente tiene el rito de comprobar luces apagadas, puertas cerradas, llave del gas. Otras veces no guarda esta relación tan racional.

La variedad es amplia. Va desde impulsos elementales (como automatismos, muecas, tics, cosas raras) hasta otros que no tienen ningún objetivo ni finalidad. Ya los primeros trabajos sobre estos comportamientos, como los clásicos de Mayer-Gross (1921), Hermann (1922), Stein (1927), Sánchez Planell (1971) o Costa Molinari (1972), mostraban como un rasgo clínico muy acusado la incapacidad para cortar estos ritos, la seria dificultad para frenarlos, viviendo estos enfermos una especie de *río de impulsos incontrolados*: un paciente teme blasfemar en la iglesia; otro piensa que en una conferencia podría insultar al orador; otro tiene miedo de perder el control de sí mismo y pegarle a la persona que tiene delante o darle una patada o hacer cualquier acto agresivo contra ella, quedando él de esa manera descalificado.

Hay, además, *conductas secundarias a las obsesiones*: comprobar, anotar, verificar, las cuales están subordinadas a esos pensamientos obsesivos. Por ejemplo, tendencia a un orden enfermizo, meticulosidad extrema, limpieza patológica.

En otras ocasiones emergen las *conductas mágicas*: hacer algo para evitar males mayores. Un paciente mío tenía que abrir tres veces la puerta del coche y cerrarla, porque si no hacía eso temía que su padre pudiera tener una enfermedad cancerosa y morir. Son actos obsesivo-compulsivos[8]: hay lucha y tensión entre el hacerlos y el no hacerlos.

---

8. La palabra *compulsión* proviene del latín jurídico, *compellere*: verse forzado a declarar en un juicio algo que uno no quiere. Y por extensión, en el lenguaje psicológico alude a hacer algo que uno no quiere, pero no puede evitarlo. La definición correcta podría quedar así: *verse forzado*. Debajo de eso hay ansiedad y en el suelo de ésta, depresión.

Son muchas las áreas psíquicas que se ven alteradas aquí: desde la percepción de la realidad (deformaciones frecuentes de la percepción, tiempo de reacción mucho más lento a estímulos exteriores), o del lenguaje (pesado, machacón, reiterativo en los contenidos, precisión y analítica prolija, no saber distinguir lo accesorio de lo fundamental, centrarse en detalles insignificantes, forma circular de hablar, con tendencia a matizar una y otra vez por miedo a que el interlocutor interprete mal sus palabras), a la de la sexualidad (suele ser patológica por todo lo anteriormente dicho: impotencia y frigidez, eyaculación precoz, etc.).

Por último, queda *su mundo afectivo*. Todo lo anteriormente expuesto va condicionando una afectividad propia. Freud (1921) dijo que en toda obsesión hay dos ingredientes: una *idea fija*, tenaz y persistente por una parte y, por otra, un *estado emotivo especial*. Este último es una mezcla de ansiedad, inquietud interior, miedo anticipatorio, paralización, dudas y síntomas depresivos, que son secundarios (reactivos) a toda la sintomatología obsesiva. Todo ello formando una rica y compleja amalgama de ingredientes dispersos, que originan un estado de ánimo mixto, muy displacentero.

A veces *las depresiones recaen sobre una personalidad obsesiva*. Aquí la cuestión es distinta. Aparece una depresión que está modulada por la personalidad previa. Tendríamos que volver a recordar lo que decía Jaspers en su *Psicopatología general*: lo *patogenético* (la enfermedad en sí misma) y lo *patoplástico* (el modo como esa persona en concreto vive su enfermedad, cómo la expresa y cómo su estilo personal la modula). Cada depresión tiene la singularidad de la persona que la padece.

También es frecuente la *asociación de una depresión y un trastorno obsesivo-compulsivo*. Cada uno con su independencia inicial, que dan lugar a una mezcla *sui generis* de síntomas. En estos casos debemos intentar delimitar la cronología clínica: ¿qué empezó antes y qué vino después? La historia clínica debe darnos la respuesta. Ya Videbech (1975) habló de *depresiones anancásticas*, en las cuales los síntomas obsesivos eran tan importantes como los puramente depresivos, dándose además una cierta atipicidad: el humor depresivo era más acusado por la tarde, con ansiedad muy marcada, sin alteraciones del ritmo sueño-vigilia y no siempre eran estacionales (es decir, más frecuentes en primavera y otoño). En muchos estudios de depresiones mayores se insiste en el alto porcentaje de manifestaciones obsesivas. No obstante, debemos insistir en la cronología: las obsesiones suelen tener un comienzo infantil y juvenil, mientras que las depresiones corresponden más a la edad adulta.

No debemos perder de vista cuál es el origen biológico de las obsesiones. Con los datos que tenemos hasta este momento, parece que desde la neuroquímica, *la serotonina es el neurotransmisor más responsable de esta enfermedad*. Hay muchas evidencias en esto: hoy sabemos que los fármacos recaptadores de esta sustancia (clomipramina, fluoxetina, sertralina, fluvoxamina) reducen los síntomas obsesivos. Mucho menos importante es el papel de la *noradrenalina* y en consecuencia los antidepresivos de acción noradrenérgica (como la nortriptilina o la desimpramina), que no muestran una clara acción antiobsesiva. La clonidina (agonista de la adrenalina) es eficaz, pero la mejoría que produce es pasajera.

La *dopamina* tiene también efectos causales sobre la enfermedad obsesiva, aunque los datos son aún contradictorios. Goodman (1990) fue uno de los primeros en aportar información sobre su influencia en la gestación de las obsesiones: la administración de apomorfina y anfetaminas en animales de experimentación producían estereotipias motoras; hay una cierta relación entre algunas enfermedades neurológicas (encefalitis letárgica, síndrome de Gilles de la Tourette) con lesiones corticales frontales y subcorticales basales. El mismo equipo de Goodman (1992, 1998) ha puesto de manifiesto una cierta relación entre las neuronas serotoninérgicas y dopaminérgicas.

Las nuevas técnicas de *neuroimagen* abren un porvenir esperanzador de estas enfermedades. La resonancia magnética nuclear (RMN), la tomografía de emisión de positrones (TEP) o la tomografía axial computarizada (TAC) nos ofrecen un panorama muy sugerente. Una hiperactivación de los territorios órbito-frontales hace bastante evidente la participación de los núcleos basales. Las teorías neuroanatómicas descansan, por el momento, en el sistema prefrontal y en el circuito cognitivo-motor complejo. Así, los daños producidos en el campo que integran hipotálamo, tálamo, lóbulo temporal y amígdala, provocan una desorganización de la conducta, con la pérdida de capacidades para la recompensa y con la asociación de un lenguaje obsesivo, reiterativo y prolijo. Por otro lado, los modelos corticales y subcorticales están ganando fuerza en los últimos años.

Finalmente, desde el trabajo de Sejenowski y sus colaboradores (1988, 1997) se ha desarrollado el *modelo cibernético*, el cual descansa sobre la teoría de la información: el equilibrio entre lo que entra (*input*) y lo que sale (*output*) se debe además a un *procesamiento correcto de la información* que cuenta con sus propias leyes, que hoy han sido ampliamente estudiadas, con dos esquemas, uno externo y otro interno. Veamos ahora un caso práctico:

Caso clínico: un paciente con depresión anancástica (obsesiva)

Mujer de treinta y cinco años, casada, tiene un hijo. Su marido trabaja en la construcción. Nivel cultural bajo: sólo tiene los estudios primarios. Viene por primera vez a la consulta y nos dice lo siguiente: «Tengo una depresión desde hace un año. Estoy muy baja de ánimo, sin ganas de hacer nada, muy pasiva, he engordado unos quince kilos en un año aproximadamente. Mi cuerpo se ha deformado —mide 1,67 m y pesa 82 kilos— y me veo horrible. A los dos o tres meses de aparecer la enfermedad he empezado con una serie de manías, que me tienen como atontada y me paso el día enganchada con esas cosas».

En las primeras entrevistas nos encontramos con una persona gruesa, de expresiones simples en el lenguaje, que llora durante la entrevista y que explica lo que le sucede con cierto detalle, pero centrándose en aspectos ridículos —un choque con la suegra, que el hijo de cinco años come mal, que hay una vecina suya que ha hablado mal de ella— o de escaso valor.

«Me han dado muchas pastillas y he estado muy atontada, sin fuerzas, pasándome el día durmiendo y cuando estaba despierta, todo era hacer mis manías, que antes no las tenía y que ahora sufro mucho con ellas. He dejado de trabajar —es dependienta de una tienda de ropa al por mayor— y eso hace que esté todo el día en casa de aquí para allá, pero sin hacer casi nada».

—P: ¿Qué manías tiene?

—R: Unas cuantas, pero la que más me hace sufrir es la de lavarme las manos y la del cuarto de baño.

—P: Explique la primera.

—R: Siempre he estado bastante preocupada por la limpieza y el orden de las cosas de mi casa. Pero no lo era para mi cuerpo. Una vecina me habló un día de cómo la gente se contagia de enfermedades y he visto en la televisión algún programa de médicos y me he quedado con esa idea y no la suelto.

—P: ¿Cuántas veces se lava las manos al día?

—R: No las he contado, pero muchas.

—P: Intente decirme cuántas, aproximadamente. ¿Más veces por la mañana o por la tarde?

—R: Yo creo que más veces por la mañana; una vez detrás de otra. No sé cuántas veces, diez o quince. Por las tardes parece que lo hago menos, también porque voy a casa de una amiga o con mi madre y allí me da vergüenza ponerme a lavarme las manos... Qué irán a pensar, a lo mejor se creen que estoy loca.

—P: ¿Qué se dice usted, mentalmente, por dentro, cada vez que va a lavárselas?

—R: No estoy tranquila, me veo esta parte sucia y me da miedo coger algo, una infección o algo malo.

—P: ¿Cuánto rato dura cada vez que se lava las manos?

—R: Lo suelo hacer muy despacio, sin prisa y luego me las miro por la palma y por la cara.

—P: ¿Cuánto tiempo transcurre, aproximadamente, entre una vez y otra?

—R: No sabría decirlo, no sé...

—P: Intente decírmelo.

—R: No me doy cuenta, una media hora, pero depende de si he tocado algo: ropa sucia que tengo que lavar o si me ha rozado alguien que veo yo que no está muy limpio o si he cogido dinero, sobre todo billetes y veo que están sucios o muy arrugados o con los bordes un poco rotos.

—P: ¿Cuál es la otra obsesión que antes me ha comentado, en qué consiste?

—R: Tardo mucho en arreglarme en el cuarto de baño.

—P: ¿Cuánto tiempo, más o menos?

—R: Esto sí que se lo puedo decir, casi toda la mañana, unas cuatro horas. Por eso no me ducho más que un día o dos a la semana, porque si no, no hago otra cosa.

—P: ¿Por qué tarda tanto, cuál es el motivo?

—R: No me quedo tranquila al irme lavando las distintas partes, porque veo la piel como manchada y vuelvo a pasarme la esponja, una y otra vez.

—P:¿Qué se dice por dentro, interiormente, mentalmente, cuando vuelve a repetir el lavado?

—R: Esto no está bien limpio, date otra vez con la esponja hasta que quede bien, así no lo puedes dejar, puedes coger una infección o algo malo.

Estamos ante una *depresión obsesiva o anancástica*. El estado de ánimo es muy bajo. Ha habido días recientes con ideas de suicidio e incluso algún amago de tendencias autolesivas (un día ingirió más de treinta pastillas de las que habitualmente toma y hubo que hacerle un lavado de estómago; en otra ocasión, también relativamente reciente, se hizo unos cortes en la muñeca con unas tijeras y «yo me asusté mucho al ver lo que estaba haciendo y enseguida llamé a mi marido para que me ayudara»).

Se le instaura una *terapia tetradimensional* en donde se incluyen todos sus componentes entrelazados formando una estructura:

— *Farmacoterapia*. Esto incluye medicación antidepresiva: venlafaxina por vía oral y clomipramina en perfusión endovenosa (ésta durante tres semanas), así como clordiacepóxido (ansiolítico) para combatir la ansiedad. La medicación original fue modificándose con el paso de los días, en función de su cuadro evolutivo. A la semana se le administró un neuroléptico de potente efecto antiobsesivo en gotas, con el fin de poder regular mejor la dosificación.

— *Psicoterapia cognitivo-conductual*. Lo que incluía un *programa de conducta* diseñado de forma binomial (objetivo e instrumento, qué y cómo irlo alcanzando) utilizando un lenguaje propio de su nivel sociocultural, en el que se incluían lenguajes cognitivos específicos para ir dejando de lavarse las manos por una parte (enseñándole una técnica de relajación sencilla y práctica, para ponerla en funcionamiento ante las reacciones de ansiedad subsiguientes al dejar de lavarse las manos) y acelerar la actividad de ducharse y arreglarse cada día.

Se midió con un reloj despertador el tiempo de las actividades del cuarto de baño, empezando por tres horas y media y bajando 15 minutos por día, con la ayuda primero de su marido (al que se le explicó cómo debía colaborar con su mujer) y de su tía de Madrid (que era donde ella se quedaba cuando estuvo siguiendo el tratamiento intravenoso).

Otras pautas de conducta fueron: no preguntar constantemente a su marido y a su madre (estuvo una temporada viviendo con ella) si lo que hacía estaba bien o no, si debía seguir lavándose y parar esa actividad; llenar más su día a día (tenía una vida bastante vacía y eso facilitaba estar entregada a los ritos obsesivos); luchar por ir teniendo una forma de pensar más sana; mensajes subliminales para frenar la cascada de dudas (de cosas triviales, ordinarias de la vida de cada día), etc.

— *Socioterapia.* Se le insistió en la necesidad de evitar el aislamiento en el que había caído y relacionarse más y cultivar amistades, tomando ella la iniciativa para salir, evitando comportamientos pasivos.

— *Laborterapia.* De todo lo anterior se desprendía la importancia de tener un trabajo o una actividad diaria, programada, en la que incluyera gimnasia y algún deporte (había engordado mucho en los dos últimos años). A las dos semanas de tratamiento se le cambió el antidepresivo por fluoxetina, ya que entre sus acciones incluye la de frenar el apetito.

Además, se le propone ir a la compra en el mercado e ir haciendo cada día algunas tareas propias del hogar (yendo poco a poco de menos a más): en esto colaboraron el marido y su madre, animándola a hacerlo y comprendiendo que todo esto formaba parte del tratamiento[9]. Las implica-

---

9. Los *modelos multidimensionales de los trastornos obsesivo-compulsivos* tratan de resumir la heterogeneidad de conductas que aquí se hospedan, cuatro dimensiones sintomáticas: simetría/ordenamiento, acaparamiento, contaminación/limpieza y obsesiones/comprobaciones. Cada una de ellas se relaciona con diferentes patrones de comorbilidad, transmisión genética, bioquímica (y neuronal) y respuesta terapéutica.

El *modelo pentadimensional* al que he hecho mención en esta y otras publicaciones (Rojas, 2003) incluye las vertientes biológica, psicológica, conductista, cognitiva y asertiva. A partir de ellas se traza el esquema terapéutico.

ciones entre lo obsesivo y lo depresivo en el mismo cuadro clínico requieren una evaluación correcta, cuantitativa, mediante escalas de conducta de cuánto hay de lo primero y cuánto de lo segundo. Por eso una cosa es investigar y otra, ser un psiquiatra práctico, clínico, que baja al terreno de la realidad y actúa sobre el enfermo con el fin de mejorarlo hasta donde pueda.

La mejoría en diez semanas ha sido muy acusada. Lo primero que se produjo fue una elevación del estado de ánimo y una reducción del nivel de ansiedad. Poco después empezó a luchar contra las dos obsesiones principales: lavarse las manos (ya mejoró con la medicación inicial) y la lentitud obsesiva en asearse cada día (ducha y arreglo personal). La motivación fue grande, sobre todo al comprobar que iba consiguiendo logros pequeños y resultados prometedores. La respuesta fue positiva porque mezcló a la vez la medicación, la psicoterapia cognitiva, la relación con la gente (socioterapia) y una actividad laboral programada.

Para terminar, reseñemos que Bobes (2001) ha subrayado la poca calidad de vida y la discapacidad que tienen los pacientes con un trastorno obsesivo-compulsivo[10] (ocupa el décimo lugar entre las causas más incapacitantes de acuerdo con datos de la OMS, aunque en el caso concreto de las mujeres comprendidas entre los quince y los cuarenta y cinco años ocupa la quinta posición), mientras que es mejor

---

La estabilidad temporal de los síntomas obsesivo-compulsivos es bastante evidente, tanto en contenido como en forma (aunque menos, Rettew, 1992; Rauch, 2002: en este estudio se administró la escala de obsesiones y compulsiones de Yale-Brown a una extensa muestra de pacientes, a lo largo de dos años, poniéndose de relieve que las manifestaciones son más estables de lo que debía suponerse; Mataix-Cols y otros, 2005, lo llevaron a cabo sobre una muestra de más de 2.000 enfermos, con métodos analítico-factoriales).

10. En los casos más graves, en donde las obsesiones pueblan toda la vida ordinaria del enfermo, sin dejarle tregua y en donde fracasan tanto los fármacos como las distintas psicoterapias, la *psicocirugía* es una herramienta bastante eficaz, en concreto la *capsulotomía bilateral anterior* descrita por Talairach (1949) y popularizada por Lars Leksell. Consiste en interrumpir las conexiones entre la corteza cerebral órbito-frontal y el tálamo, a su paso por la cápsula interna.

el pronóstico de las depresiones obsesivas (Rojas, 2003) cuyo núcleo primario es depresivo, sumándose *a posteriori* las manifestaciones anancásticas. Es esencial tener unos criterios de selección de estos *obsesivos de mal pronóstico*, que al menos tengan un curso de unos cinco años y que no hayan tenido ninguna respuesta positiva a los distintos tratamientos ensayados. Hoy se están manejando técnicas menos lesivas, siguiendo las directrices de Lippitz y su equipo (1999, 2005).

Pensar que una depresión obsesiva puede corregirse exclusivamente con medicación es un craso error. La ausencia de una psicoterapia cognitivo-conductual (es decir, que opera sobre el procesamiento de la información y todas las leyes que de ahí se derivan) constituye una equivocación que hace empeorar el cuadro.

Otros trastornos relacionados con la depresión

La personalidad predepresiva y sus antecedentes históricos

En un libro sobre la depresión no puede faltar un apartado sobre *la forma de ser depresiva*. En la clasificación de los trastornos de la personalidad no aparece esta modalidad predepresiva, pero quiero hacer referencia a ella por su indudable importancia. Se trata de un verdadero caldo de cultivo en el que es más fácil que prosperen los síntomas de una depresión. Podríamos definirla como *aquella forma de ser que se caracteriza por adelantar, facilitar y predisponer hacia tal enfermedad psíquica*. Es su antesala, un campo vulnerable, proclive a esa modalidad de trastorno del estado de ánimo. Existe una larga historia sobre este tema. Ya Hipócrates se refirió al equilibrio de los cuatro humores como un prototipo dialéctico de la personalidad. El *Corpus hipocraticum* sostenía que la melancolía procedía de las alteraciones de la sangre y que ésta albergaba el espíritu, el cual se enturbiaba, se estropeaba, dando origen a la enfermedad[1].

La idea platónica era que uno de los peores modos de enfermar estriba en la alegría exagerada y el dolor desbordante, ya que en ambos casos el individuo está frenético, fuera de sí y no es capaz de

---

1. Esto se debía a una discrasia sanguínea, es decir, a la mezcla de sangre, bilis y flema. El tipo bilioso muestra cierta disposición a padecer esta enfermedad por su temperamento melancólico, triste, pesimista. Su carácter cíclico le hace empeorar en primavera y otoño.

reflexionar tranquilamente. Esta antinomia circular entre placer y dolor significa un desorden de la naturaleza y es preciso que esté bien compensada[2].

La idea de mesura o equilibrio platónico resulta entonces decisiva: se persigue con el fin de alcanzar una buena ecuación entre el alma y el cuerpo. Si el cuerpo tiene más relevancia y prevalece sobre el alma, se produce un déficit de conocimiento y una cierta incapacidad para aprender, que lleva a la ignorancia. El ser humano que alcanza la simetría cuerpo-alma es superior, equilibrado, aspira a lo excelente y extraordinario: son los sabios, los poetas, los pensadores, aquellos capaces de soportar un destino trágico y mantenerse imperturbables. Lo contrario es la ametría, un deslizamiento hacia la desproporción de los elementos que integran al ser humano. Hoy asistimos a un cultivo del cuerpo que roza la idolatría y a una minimización de lo espiritual. Desde esta concepción, la enfermedad ha de entenderse siempre como asimetría, desequilibrio y falta de armonía.

Por su parte, Empédocles, basándose en la teoría de los cuatro humores de Hipócrates (surgidos de los cuatro elementos básicos de la vida: agua, aire, tierra y fuego), se refiere al calor (sangre), la sequedad (flema), la humedad (bilis amarilla) y el frío (bilis negra), que se sitúan respectivamente en el corazón, el cerebro, el hígado y el bazo. Cuando éstos alcanzan el equilibrio, el individuo está sano; cuando se descompensan, aparece la enfermedad.

Quizá el primer estudio sistematizado respecto de la personalidad predepresiva es el realizado por K. Abraham (1912), quien llama la atención sobre el parecido entre estos enfermos y los neurótico-obsesivos. Dicha semejanza se refiere especialmente a la ambivalencia amor-odio hacia una persona. En algunos casos la enfermedad parte de una actitud de odio que lleva a la persona a un estado de parali-

---

2. Platón se inspira en el célebre texto de Aristófanes, *Las nubes*, en el que se compara la tiranía con un modo de vida que surge a raíz de un desorden de la naturaleza, convirtiendo a la persona en lasciva y loca. En *Fedro*, Platón dice claramente que la manía está causada por los dioses y se desdice de su visión somatogénica de la melancolía.

zación; en otras palabras, le impide amar. Aparte de este rasgo de ambigüedad, hay que reseñar también un desmedido afán de rendimiento muy ligado a una hipertrofia de la conciencia moral (el *super yo* de la doctrina psicoanalítica) y una fijación de la ocupación del objeto amoroso incluso en el periodo no depresivo[3], lo que coincide con una marcada resistencia a la ocupación de ese objeto propuesto. En términos psicoanalíticos, se observan cualidades que en sí mismas son valiosas —constancia, exactitud, escrupulosidad—, pero que llegan a puntos extremos y por tanto patológicos[4]: la problematización de las cosas más sencillas y habituales de la vida ordinaria, la tendencia a salir frustrado de las relaciones con otras personas, etc.

Asimismo, en Sigmund Freud encontramos otra descripción de la personalidad predepresiva, la cual presenta también elementos cercanos a la esfera obsesiva, como ciertos prejuicios que se vuelven fijos. Pero a diferencia de los neuróticos obsesivos, aquí la «proyección» se suma a la represión del odio. Desde esta perspectiva, desarrollada por Freud principalmente en su libro *Duelo y melancolía* (1917), se formula que en estos sujetos la libido regresa a estadios primitivos, ya que la operación fundamental reside en la introyección del objeto de la libido. En una publicación anterior, *Carácter y erotismo anal* (1908), Freud señaló el afán de estos sujetos por el orden y su extraordinaria tendencia al ahorro.

La designación de estos tipos se ordena según el estado de ánimo: distimias temperamentales depresivas. En este punto hay una marcada diferencia con las ideas propuestas por H. Tellenbach, quien no toma como decisivo el estado de ánimo, pues aunque sea algo destacado en estos enfermos, no resulta decisivo. Aparte de esto, Kretsch-

---

3. Hoy sabemos que en los intervalos de las fases depresivas, cuando ya han desaparecido los síntomas, es muy frecuente que aparezcan de nuevo algunos, en muchas ocasiones rasgos que son específicos de la personalidad predepresiva. Entonces el cuadro clínico recuerda al de las neurosis obsesivas, aunque aquí se tiña por una neblina depresiva.

4. Estos pacientes no toleran ningún tipo de interrupción en su trabajo. Su ocupación profesional les absorbe tanto tiempo que no hay ninguna posibilidad de que asuman actividades de otro tipo. La ocupación y la preocupación profesional son centro y guía de su personalidad, pero hipertrofiadas hasta grados insospechados.

mer también apunta otras características: exagerada laboriosidad, esmero, formalidad, escrupulosidad. En su obra *El delirio sensitivo de autorreferencia* ofrece ya un modelo tipológico predepresivo caracterizado por una tendencia al agotamiento a la que se suma una estructura pulsional específica de índole sensitiva, la cual es condición *sine qua non* para que se produzcan esos acontecimientos autorreferenciales, es decir, esa persona lo refiere todo hacia ella misma, de forma suspicaz, recelosa, desconfiada, hostil.

El carácter sensitivo de Kretschmer se acerca al hiperemotivo de Dupré. Se trata de sujetos tímidos, sensibles, con un cansancio anterior al esfuerzo, ansiosos, psicasténicos en muchas ocasiones (con escrúpulos, vacilaciones, dudas perennes), que tienen luchas de conciencia moral y se ven afectados extraordinariamente por las reacciones de los demás, saliendo con mucha frecuencia traumatizados o heridos en el contacto social y con inhibición de sus reacciones agresivas de modo casi permanente. Esta paranoia sensitiva se desarrolla siempre con angustia y grandes tensiones emocionales internas, por lo cual sus reacciones a largo plazo son más depresivas y proclives al bloqueo psicológico (hiposténicas) que agresivas.

La tipología de Mauz (1930) tiene también mucho interés. Este autor hace un diagnóstico diferencial entre las depresiones monofásicas y las bifásicas. A cada una corresponden tipos premórbidos específicos, así como diferencias que delimitan cada entidad. Su tipificación psicológica más acabada se refiere a personas que están cercanas a los cuarenta años, en las que puede observarse que el ritmo propio y habitual se enlentece: se vuelven más pesadas y la energía psíquica aparece disminuida. Prevalece, por tanto, una vivencia de detención, con pérdida de la capacidad de proyección hacia el futuro.

Mauz perfiló sus características y llegó a afirmar que este carácter se manifiesta en todos los aspectos de su conducta de una manera patente, reflejándose sobre todo en una mirada particular, que queda prendida de la persona que le mira, como adherida al interlocutor, siguiendo con escrupulosa atención el diálogo; le dio el nombre de constitución *enequética*, derivado de la palabra griega *eneké*, que significa *pegajosidad*: muestran un nivel intelectual generalmente superior, una sobresaliente perseveración (pérdida de la rapidez en la adaptación, con tendencia al estancamiento) y un enlentecimiento evidente del lenguaje (lentitud, tartamudeo) que se acompaña de una pobreza en las expresiones verbales.

E. Bleuler acuñó el término de *epileptoidia*. Los trabajos de E. Minkowska (1923) y de Pierre Clark (1930) abundan en este mismo sentido. Por su parte, H. J. Weitbretch (1966) señala que la situación predepresiva no es sino una forma de vida angustiosa, muchas veces excesivamente cargada de actividad, que no deja tiempo para el descanso o para la distracción en otras vertientes que no sean las estrictamente profesionales. Ya Buytendijk (1954) había hecho notar que el desencadenante primordial de una depresión no es nunca una emoción, sino una situación puntual o una constelación situativa, que tanto puede ser de fracaso como de éxito.

Los trabajos del psiquiatra japonés M. Shimoda (1932, 1960) recogen los rasgos predepresivos más típicos de su país, entre los que destaca la hipersensibilidad del aparato emocional, que da lugar a un pensamiento insistente y tenaz (*shuchaku*) que se considera manifestación de un determinado gen. Poseer este carácter es la condición previa para padecer una depresión, a la que se suma la escrupulosidad, la ejemplaridad social y la obsesión de estos sujetos por hacer todo con una exagerada perfección.

Resumiendo, la personalidad previa a la depresión se caracteriza por aplicación excesiva al trabajo, entrega a fondo en una actividad, honradez patológica, escrupulosidad terrible, orden enfermizo, elevado sentido de la justicia rayando en los límites excesivos, ausencia de pereza... Todo ello de forma excesiva, patológica.

En la actualidad, los estudios tratan de medir y evaluar con instrumentos más rigurosos y mejor diseñados los distintos tipos de personalidad, entendiendo por tal la totalidad de los rasgos mentales que se muestran a través de la conducta.

Factores que pueden llevar a la depresión

Analizamos ahora el llamado *typus melancholicus* de H. Tellenbach (1969, 1974), que constituye una de las descripciones más precisas y bien formuladas sobre la personalidad y el desarrollo de la situación predepresiva. Este resultado se basa en la *catamnesis* (evolución de la enfermedad con el paso del tiempo), ya que desde el punto de vista metodológico era muy difícil obtener datos concretos sobre cada individuo antes de padecer la fase depresiva.

La experiencia psiquiátrica muestra la dificultad de observar durante la enfermedad la personalidad previa, ya que por lo general está sepultada bajo la sintomatología y las características propias de la forma en curso. La gran mayoría de los pacientes estudiados por Tellenbach, cuando se les preguntó por los posibles motivos de su enfermedad, respondieron que no sabían a qué podía deberse su estado. El rasgo esencial de este tipo predepresivo es, según Tellenbach, la fijación a *un afán desmedido de orden*: «En el afán de orden que hemos señalado como rasgo esencial del tipo melancólico tan sólo se trata de una versión de orden más acentuada, tal como la encontramos en muchas personas, incluso las que jamás han sido melancólicas.

»Cuando reconocemos en el afán de orden un rasgo fundamental de la estructura del tipo melancólico, ello no significa que toda persona ordenada corra el riesgo de tornarse melancólica. Lo decisivo es que la personalidad melancólica está firmemente fijada a una actitud caracterizada por el orden, que no siempre se manifiesta en todos los sectores de la existencia, pero sí al menos en alguno que es esencial. Los que rodean al sujeto, tanto en su hogar como en el ambiente profesional, aprecian dicho afán. El personal auxiliar de la clínica se da cuenta de cuando se ha iniciado la remisión del paciente; entre todos los enfermos, los melancólicos son los que mejor voluntad muestran para ayudar y los que más confianza merecen en este sentido [...]. La vida laboral está completamente determinada por la aplicación, el hacer las cosas a conciencia, el sentimiento del deber y la formalidad. El orden predomina también en cuanto a las relaciones con los demás, sobre todo en la escrupulosidad, en ocasiones incluso angustiosa, con que se procura mantener el ambiente libre de perturbaciones, roces, conflictos y sobre todo de lo culpable en todas sus modalidades. En las relaciones con respecto a los superiores y los colegas prevalece la fidelidad, la voluntad de servicio y la disposición a ayudar. Se respetan la autoridad y la jerarquía».

Como vemos por esta descripción, el orden es el tejido sustantivo que modela la personalidad y le da su carácter más genuino. Ello conduce a que estos sujetos se planteen exigencias muy superiores al término medio de la población, midiendo casi matemáticamente su rendimiento en los diversos planos en que éste puede ser explorado[5]. Esquematizando más los rasgos, podrían quedar resumidos en los siguientes: *orden en el mundo laboral*, con exactitud en el rendimiento[6]; *orden en las relaciones interpersonales* (se vive exclusivamente para el trabajo y para la familia, de ahí que la separación absoluta de familiares pueda ser amenazadora para el equilibrio anímico; el temor a estar solo es esencia de esta clase de relación humana); *orden excesivo en las relaciones familiares*; *escrupulosidad* (son personas que siempre piden perdón, que intentan arreglar las cosas; esto les lleva a pasarse días enteros dando vueltas en su cabeza a una frase o a cualquier hecho que haya sucedido, con una gran intranquilidad interior, que les lleva necesariamente a humillarse y pedir disculpas); *conflictos de conciencia que les sobrecargan* y, por último, *vivencias de amenazas* posibles que rompan su equilibrio psíquico o corporal.

A la conjunción de estos datos se denomina *ordenalidad*. Constituye la estructura específica de la personalidad premelancólica. En ella se registra sobre todo la incapacidad para controlar unas exigencias excesivas en el plano material y formal, en cuyo fondo laten rasgos ansiosos y anancásticos (obsesivos) que se coordinan con la propia enfermedad. Muchos pacientes, al ver roto el ordenamiento general que impera en toda su existencia, intentan racionalizar lo

---

5. A propósito del tema del rendimiento que exigen estos sujetos, pueden consultarse los trabajos de M. B. Cohen y cols. (1954), S. Arieti (1957), J. Becker (1960), J. Becker y cols. (1963), F. J. Ayd (1961), P. Matussek y cols. (1966), W. Blankenburg (1970), etc.

6. En el Congreso Mundial de Psiquiatría celebrado en Hamburgo en 1999, algunos psiquiatras japoneses destacaban la importancia de este hecho como factor precipitante de muchos intentos de suicidio en su país, en donde el concepto de rendimiento tiene un valor capital. Recuerdo que en conversaciones privadas y en debates públicos se ponía de manifiesto su sentido del trabajo, casi como el de la religión: no trabajar con meticulosidad y provecho es muy negativo para uno mismo.

que ha sucedido, buscando razones que justifiquen su estado actual y a fuerza de tanto buscarlas encuentran unas que son falsas, pero que en la elaboración reflexiva se le muestran al paciente como válidas.

Unas veces se trata de hechos somáticos de escasa entidad, como estados gripales o dificultades somáticas localizadas en un lugar específico del organismo, pero de poca permanencia; en las mujeres es muy frecuente achacarlo todo al ciclo menstrual, que tiene para muchas de ellas un significado especial. Otras veces, los razonamientos se insertan al amparo de situaciones conflictivas o problemáticas que son primadas en la propia reflexión. Tanto el embarazo como el puerperio pueden desempeñar el mismo papel.

Finalmente, Tellenbach traza las dos constelaciones básicas que se despliegan en la transformación endógeno-melancólica: la *includencia* y la *remanencia*. Ambas se encuentran en la categoría de lo situativo.

El sujeto se encuentra en correspondencia con la situación, que es similar a la que se produce en fisiología entre el estímulo y la respuesta y que da lugar a una serie de configuraciones cambiantes en la relación persona-mundo. El hombre se va situando en diversas posiciones que suele sentir como amenaza de su orden, de su «ley»; entonces todo puede transformarse en desorden.

El concepto orden fue introducido en psiquiatría por Zutt, quien trata de sistematizar los diversos tipos de orden que experimenta el sujeto. Su forma primaria es la relación yo-mundo (*deseinsordnung*). En la *includencia* el sujeto se «adosa» a una vida demasiado estrecha y si la ordenación geométrica de su existencia se ve alterada por un ascenso profesional, un cambio de trabajo, una mudanza de domicilio y, en general, por cualquier cosa que quebrante el propio espacio, sufre mucho y puede caer en una depresión al haberse roto ese equilibrio particular. Puede aparecer una fuerte tensión emocional, que se aproxima a lo depresivo. Veamos lo que dice Tellenbach a propósito de una mudanza: «Una mujer se muda a otra vivienda que es mucho más bonita que la anterior. Tiene, desde luego, apego por su antigua vivienda, pero siente más alegría por la nueva, que es más hermosa. La alegría previa a la mudanza anima su actividad. Tras el cambio y ya instalada en su nuevo domicilio, su alegría va cediendo por un creciente pesar. Ella misma no puede entender por qué ha cambiado así. Podría comprender que los muchos trabajos ocasionados por la mudanza la hayan deprimido, pero estas dificultades no han sido experimentadas como tales (antes al contrario) y, por otra parte, han transcurrido ya y se ha repuesto de las mismas. No obstante, el pesar prosigue [...]. En su clase de orden a la que se había acostumbrado en su antigua vivienda y en la situación específica de su habitar está la clave [...]. El tener que fundar un nuevo orden equivale a una exigencia existencial de descubrir nuevas conexiones de referencia... Para ello se precisa de la elasticidad de la libertad, ninguna alegría previa puede hacer superar esta dificultad».

La constelación de la *remanencia* consiste en permanecer detrás de uno mismo sin poder desprenderse de hechos vividos en su biografía. Existe una incapacidad para controlar el pasado y aflora paulatinamente la culpa. Son personas que se van viendo atadas a hechos negativos de su vida pasada y una y otra vez vuelven sobre ellos, no siendo capaces de superarlos.

Ambas constelaciones nos ponen delante de un hecho común: que las situaciones que tienden o llevan a la depresión son vividas como un cambio negativo, como una mutación cargada de nuevas exigencias que esa persona no puede afrontar... y se rompe y por ahí *entra* la depresión. A veces se combinan ambos factores, aunque suele prevalecer uno de ellos. Los dos, la *includencia* y la *remanencia*, al ponerse en marcha, conducen hacia la depresión. *La includencia supone vivir el orden y el espacio de forma excesiva, desproporcionada, enfermiza. La remanencia supone sentirse atrapado por el pasado, siendo incapaz de superarlo, asumirlo, contemplarlo de otra manera.* Hay muchos matices en ambos conceptos.

La personalidad depresiva: puerta abierta a las depresiones

La palabra *depresión* alberga en su seno demasiados significados. Pero aquí nos referimos a *una forma de ser pesimista, negativa, que tiende a captar más lo malo que lo bueno y que tiene siempre una ópti-*

ca de la realidad sombría, pobre y *centrándose en lo peor.* Se *tiene* una depresión, pero se *es* una persona depresiva. Lo primero es transitorio, pasajero, dura lo que es el curso de ese episodio, mientras que en el segundo caso hablamos de algo que permanece, que está instalado de un modo estable y que no es fácil de desterrar. La clave: *tener* y *ser.*

La ya comentada dimensión poliédrica de la palabra *depresión* ha hecho que ésta se utilice para referirse a distintos padecimientos psicológicos, como si se tratara de una especie de cajón de sastre. Por su parte, el concepto *personalidad depresiva* ha tenido una historia zigzagueante, variopinta, extraña, hasta el punto de que en el DSM-IV (1994) no forma parte de la clasificación principal[7], sino que aparece al final, en el Apéndice B, cuyo título genérico es «Criterios y ejes propuestos para estudios posteriores». Tampoco figura en el CIE-I0.

Sin embargo, encontramos antecedentes en el *temperamento melancólico* de Hipócrates, descrito hace más de dos mil años. En el siglo XVII, R. Burton describió esta forma en su libro *Anatomía de la melancolía.* Más tarde, este diagnóstico se perdió hasta que volvió a resurgir en el término *ciclotimia* de Kahlbaum (1882), quien asoció la depresión y la manía en una misma enfermedad, aunque con dos caras contrapuestas y, a la vez, separando una forma de ser depresiva.

Más tarde, E. Kraepelin (1921) describió unos *estados afectivos de la personalidad* que tenían un tono emocional por debajo de lo normal y que eran persistentes, como una disposición temperamental a la tristeza: si alguien se encuentra bien en un momento determinado, enseguida vienen recuerdos negativos, sentimientos de culpa o autorreproches que impiden saborear los aspectos positivos.

---

7. El concepto de personalidad depresiva aparece en el DSM-II, pero fue omitido en el DSM-III y el DSM-III-R. Algunos clínicos de gran experiencia, como Kernberg (1988), H. S. Akiskal (1989), A. T. Beck (1990), W. Benjamin (1993) y T. Millon (1994), procedieron al renacimiento de este trastorno, el cual estudiaron con rigor científico.

E. Kretschmer (1925) describió un grupo de tipos de personalidad hereditarios, entre los que incluyó el *temperamento depresivo*, caracterizado por el pesimismo y la melancolía. Kurt Schneider (1950) describió la *depresión como un tipo constitutivo de personalidad*, instalada en la falta de comodidad y en la queja, con serias dificultades para encarar el futuro. Y Tellenbach, como ya he comentado, sistematizó el *typus melancholicus* a partir de un estudio de 119 pacientes[8].

Los psicoanalistas, por su parte, hablaron del *carácter depresivo*, que se expresa como una predisposición a estar abatido, decaído, con baja autoestima, sentimientos de culpa crónicos y tendencia a la autocrítica. En 1969 Klein y Davis describieron el *carácter disfórico*, cuyas principales características eran la tendencia crónica a quejarse y la sensación de infelicidad permanente. Se trata de personas siempre insatisfechas, apáticas, con pocos ánimos para hacer cualquier tipo de trabajo o actividad. En 1971, L. Rojas Ballesteros diseñó, en esta misma línea, la *personalidad triste* y Llavero (1972) habló de *personalidad con tendencia a la depresión*. En 1975 J. J. Schildkraut y W. L. Klein propusieron la denominación de *síndrome depresivo caracterológico encronizado* como equivalente de la personalidad depresiva. Más tarde, Spitzer y sus colaboradores (1977) establecieron tres categorías: trastornos depresivos unipolares, trastornos depresivos menores y trastornos depresivos crónicos; en este último grupo se incluye la personalidad depresiva.

La personalidad depresiva está constituida por un patrón de conductas y pensamientos que se inician en la edad adulta y que emergen a través de *un estado de ánimo permanentemente triste, decaído, con bajo nivel de autoestima, tendencia a criticarse por todo y visión pesimista de uno mismo y del mundo que le rodea*. Es impor-

---

8. Hubertus Tellenbach ha mantenido con algunos psiquiatras españoles una estrecha relación. Gracias a su colaboración docente e investigadora con Francisco Alonso-Fernández (1979-1984), quienes entonces formábamos parte de ese equipo pudimos conocer más de cerca sus formulaciones sobre la personalidad depresiva.

tante señalar que, mientras el depresivo está triste, la personalidad depresiva es triste. La diferencia estriba en lo pasajero y transitorio frente a lo permanente y estable: lo primero aparece y desaparece; lo segundo tiene residencia fija[9].

Los estudios científicos realizados hasta ahora tienen muchas limitaciones, porque han partido de criterios poco rigurosos y sistemáticos y porque no se han evaluado seriamente los estudios de historias familiares con este tipo de personalidad. Además, en este caso resulta fundamental la comorbilidad (asociación de una personalidad depresiva con una depresión) para determinar qué viene antes y qué después[10].

En 1990 A. T. Beck habló de los *esquemas de la personalidad depresiva*, que son estilos de conducta y pensamiento centrados en una tríada: visión negativa de uno mismo, tendencia a interpretar las vivencias personales de forma negativa y visión negativa del pasado. La *negatividad* vertebra su vida. Los tres aspectos inducen al paciente a interpretar todo de forma pesimista. Se trata de *tres errores en el procesamiento de la información*, que originan un desorden en la forma de pensar que predispone hacia la melancolía.

En la última década del siglo XX la investigación sobre este pro-

---

9. Muchos trastornos de la personalidad no son diagnosticados y las personas que viven cerca de dicho sujeto sufren su estilo enfermizo de ser. Como ya he señalado, hay que prestar especial atención a la habitual confusión entre personalidad depresiva y depresión propiamente dicha.

10. Un trabajo relativamente reciente de Katharina Phillips y cols. (1998) es bastante prometedor al respecto. Este equipo estudió a 54 sujetos con rasgos depresivos leves de inicio precoz y de larga duración asociados a un trastorno psiquiátrico (Eje I). Al analizar su historia familiar encontraron que ningún paciente con una personalidad depresiva tenía depresión; y por otro lado, resultó sorprendente que los familiares de los sujetos con una personalidad depresiva no padecían depresiones más frecuentemente que los del grupo de control. La conclusión de este trabajo de investigación fue en dos direcciones: la personalidad depresiva es un padecimiento estable que puede o no coincidir con una enfermedad depresiva.

Al lector interesado en bucear más en esta línea argumental le recomiendo consultar el libro de R. M. Hirschfield, *Depressive personality disorders*, Wiking, Nueva York, 2001.

totipo ha crecido y se ha profundizado en el intento de sistematizar su perfil. Destacan dos autores: H. S. Akiskal (1992) y Cloninger (1997). El primero ha descrito la depresión subclínica: pesimismo, dificultad para disfrutar de las cosas positivas de la vida ordinaria, tendencia a la preocupación; el segundo habla de un trastorno afectivo autónomo, independiente, centrado en los puntos de Akiskal, pero con un sustrato neurobiológico[11].

Una forma de ser pesimista

¿Cómo podemos definir a la personalidad depresiva? Ya antes he dado un primer concepto aproximativo, ahora quiero precisarlo más. *Es aquella forma de ser centrada en una visión pesimista de sí misma y del entorno, con una tendencia a sentir displacer ante cualquier acontecimiento de la vida y cuyo ánimo está habitado generalmente por una mezcla de pesimismo, tristeza, aburrimiento y apatía.*

Su conducta se solapa a veces con otras manifestaciones, pero en la mayoría de las ocasiones su estilo es patente, claro, diáfano; es lo que la gente de la calle llama una persona negativa. Suele reducir su vida exterior y sus intereses y en ella van creciendo la preocupación y las rumiaciones internas. Se centran en sí mismos, lo que les lleva a tener pocas amistades.

En tanto que patrón de conducta fuertemente arraigado, la personalidad depresiva, como casi todas las restantes, suele caracterizarse por una forma de percibir, sentir, pensar y comportarse. Vamos a adentrarnos en cada una de ellas.

La percepción es la captación de la realidad en su complejidad. Aunque todos los sentidos tienen también mucha importancia, la vista adquiere protagonismo, puesto que el mundo entra por los ojos. Son muy diversas las leyes que regulan este proceso. Mien-

---

11. En donde los tres transmisores cerebrales más importantes —serotonina, dopamina y noradrenalina— adquieren un nuevo protagonismo.

tras que para el conductismo todo depende de la relación estímulo-respuesta, para la psicología cognitiva la cuestión es diferente: nuestra mente recibe del exterior una serie de datos, información que a continuación se procesa y ordena; más tarde se elaboran conceptos e interpretaciones de la realidad. Según este esquema, la personalidad depresiva es negativista, con tendencia a oponerse a los criterios de los demás (oposicionismo indirecto); atiende más a lo malo que a lo bueno, como si su mirada psicológica estuviera selectivamente inclinada a lo negativo, algo que va fijando en estos sujetos un fondo cáustico, despectivo, distante, frío, como sin alma.

Desde un punto de vista sentimental, la personalidad depresiva se muestra melancólica, falta de ilusiones. La ilusión es el envoltorio de la felicidad, el tirón que empuja la vida hacia delante; y aparece quebrado en este tipo de personalidad. El descontento y la desilusión son, pues, una constante; incluso «contagian» a los demás su desmoralización, se trate del tema que se trate. Por eso la gente huye de estos sujetos, a los que tachan de «aguafiestas».

Respecto a su forma de pensar, las personalidades depresivas son incapaces de embarcarse en ninguna empresa, ya que *a priori* piensan que todo saldrá mal; prefieren la pasividad, el no hacer nada. Su afectividad lánguida y derrotista les lleva a adelantarse en negativo, por lo que suelen abstenerse y participar poco. Ejercen un fuerte autocontrol y han aprendido a quedarse al margen: no dicen nada, expresan lo justo y muestran un escaso interés por lo que sucede a su alrededor. Todo esto se amalgama en su interior dando lugar a una serie de vivencias subjetivas: bajo nivel de autoestima, cierto complejo de inferioridad, inseguridad, fijarse siempre en lo peor y más negativo, etc. Son frecuentes los monólogos interiores, generalmente autocríticos.

Es posible confundir este cuadro de la personalidad depresiva con una auténtica depresión. La diferencia debe establecerse en la temporalidad de los hechos: en el primer caso los acontecimientos son como son desde que el sujeto tiene un comportamiento elaborado, o sea, *desde casi siempre*; en la depresión, sin embargo, todo sucede *a partir de un momento concreto* y, si el tratamiento es correcto, irá desapareciendo en unas semanas para remitir totalmente.

Por último, si nos referimos a la vertiente del comportamiento, uno de los síntomas externos más frecuentes de la conducta de la personalidad depresiva es la *anhedonia*: dificultad grave o incapacidad para sentir y buscar placer; es la consecuencia de la visión escéptica de la vida, el derrotismo y la actitud seria ante la existencia. A ella se suma un cansancio exagerado, incluso anterior a cualquier esfuerzo.

Hace años se incluía en este grupo psicológico a los llamados *neurasténicos*, quienes evitan abrirse a otras personas, no buscan recompensas, ya que existe un déficit intrínseco por falta de esperanza y valoran muy poco las propias posibilidades. A ello se suma la hipersensibilidad psicológica: sufren por todo en demasía y es fácil que se sientan heridos por los demás; cualquier pequeño fallo se vive de forma terrible, dramática, sobre todo hacia el interior, ya que su capacidad de expresión hacia fuera es muy escasa. Tienen problemas para relacionarse ya desde pequeños.

Hasta aquí la sintomatología. En cuanto al tratamiento, el error frecuente es pensar que se trata de una depresión. El primer paso debe ser hacerle ver al sujeto lo que le pasa, para que tome conciencia de que su forma de ser y funcionar es enfermiza, inadecuada y perjudicial. Si no se logra esto, el resto tendrá poco valor.

La psicoterapia permite diseñar pautas de conducta sanas para que estos sujetos vayan modificando y corrigiendo *su patrón extraviado*. Se actúa sobre los sentimientos, la forma de pensar y las manifestaciones de la conducta. El establecimiento de una *relación positiva* entre el médico y el paciente es esencial; una alianza en la que la figura del terapeuta tenga la suficiente fuerza como para diseñar nuevos esquemas mentales (pensar en positivo, no distorsionar la realidad, ser más lógicos en la elaboración de ideas y conceptos tanto personales como del entorno).

No obstante, en muchos casos es preciso administrar fármacos antidepresivos, ya que se combinan el trastorno de la personalidad y una depresión añadida.

CRITERIOS PARA EL DIAGNÓSTICO DE PERSONALIDAD DEPRESIVA

A. Patrón permanente de comportamientos y funciones cognoscitivo-depresivos que se inicia al principio de la edad adulta y se refleja en una amplia variedad de contextos. Se caracteriza por cinco (o más) de los siguientes síntomas:
1. El estado de ánimo habitual está presidido por sentimientos de abatimiento, tristeza, desánimo, desilusión e infelicidad.
2. La concepción que el sujeto tiene de sí mismo se centra principalmente en sentimientos de impotencia, inutilidad y baja autoestima.
3. Se critica, se acusa o se autodescalifica.
4. Cavila y tiende a preocuparse por todo.
5. Critica, juzga y lleva la contraria a los otros.
6. Se muestra pesimista.
7. Tiende a sentirse culpable o arrepentido.
B. Los síntomas no aparecen exclusivamente en el transcurso de episodios depresivos mayores y no se explican mejor por la presencia de un trastorno distímico.

(DSM-IV-TR, 2000)

La incapacidad para expresar sentimientos: alexitimia

Este término, *alexitimia*, se ha ido poniendo de moda desde hace unos años y cobija en su seno una patología que se da en más de un 90 por ciento de casos en el hombre y que es poco frecuente en la mujer. Procede de la partícula *a-*: carencia; *lexos*: lenguaje o expresión; y *timia*: relativo a la afectividad. La definición la extraemos de su origen etimológico: *alexitimia es la incapacidad o grave dificultad para expresar sentimientos.* Fue acuñado por Sifneos en 1972. Es un neologismo y, como tal, procede de las quejas de ciertas mujeres ante maridos fríos, secos, distantes, poco expresivos en lo afectivo, que tienen un lenguaje emocional muy breve. *La alexitimia consiste en un déficit afectivo profundo que consiste en la dificultad para expresar sentimientos y emociones, pobreza imaginativa, lenguaje verbal y no verbal vacío de contenidos afectivos y personales, así como una seria dificultad para identificar sentimientos propios y ajenos.* Trataré de detenerme en cada uno de estos cuatro apartados:

1. *Déficit afectivo profundo*: quiere esto decir que hablamos de una carencia, de un estado de pobreza que se refiere concretamente a un área de la psicología, como es la expresión hacia fuera de lo que uno siente, percibe, capta y transita por el interior de nuestras fibras más íntimas. El arsenal afectivo existe, pero no se asoma hacia fuera.

2. *Dificultad grave para expresar sentimientos en el lenguaje verbal y no verbal*: las palabras y los gestos son muy escasos y recortados, es como si asistiéramos a una sobriedad extrema en las maneras externas de la conducta. En tal sentido, la alexitimia es hoy una etiqueta polivalente que acoge a la persona glacial, seca, inexpresiva, estirada, que muestra un hablar con mínimos componentes emocionales. La comunicación es rígida, con una mímica pobre y escasa y siendo muy parco en los movimientos corporales. Hay dificultad para todo lo que sea verbalizar emociones, viviendo los sentimientos sin diferenciarlos unos de otros, como si el mundo de los matices no existiera, siendo casi imposible describir estados afectivos por la pobreza de su autoobservación y su discurso. Taylor (1984) les llamó *sujetos robots*, como si tuvieran un comportamiento mecanizado. Parecen casi normales desde fuera y sólo cuando se les conoce de cerca, a fondo, muestran su auténtica cara: mínimo contacto afectivo.

3. *Pobreza imaginativa*: la imaginación, bien administrada, es un componente que enriquece la personalidad. Hay una que es sana y otra patológica. Entre ambas existe un abanico de posibilidades imaginativas que van desde la creatividad a la huida de la realidad. Aquí no se ha cultivado y, por tanto, es prácticamente inexistente. Pensamiento ausente de fantasías y simbolismos. Discurso minucioso, detallista, impersonal.

4. *El discurso está vacío de alusiones personales y afectivas*: son personas que hablan en tercera persona y rara vez hablan de sí mismos o hacen alusiones a temas privados o de afecto[12],

---

12. A esto se le ha llamado *pensamiento operativo*, es decir, práctico al máximo, atento sólo a los hechos, desprovisto de cualquier aditamento afectivo. El mismo Sifneos lo tipifica de ese modo. Véase su artículo Problems of psychothe-

como si todo ese territorio estuviera fuera de sus circuitos psicológicos. La *falta de colorido afectivo* conduce a una monotonía atroz que va desembocando en una *atmósfera psicológica despersonalizada*, que llama la atención y que recuerda a lo que serían una especie de *relaciones notariales*.

¿Está la alexitimia cerca del mundo de la depresión? No podemos dar una respuesta radical. Lo que sí está claro es que está próxima a la personalidad esquizoide y en menor medida a la personalidad depresiva; cabalga entre ellas, aunque tiene acentos propios que le dan un perfil claro. No obstante, lo que sí es evidente es que algunos pacientes alexitímicos pueden desarrollar una depresión condicionada por ese estilo de relacionarse consigo mismo y con los demás.

En el caso clínico que veremos al final de este capítulo, la depresión no se da en el alexitímico, sino en la mujer de él, lo que habla a las claras de la enorme repercusión que tiene el vivir al lado de una persona así.

Su origen y causas

¿A qué es debida esta forma de conducta, cuál es su génesis? Como cualquier análisis de comportamiento, sus raíces son pentadimensionales: biológicas, psicológicas (vivenciales), de conducta, cognitivas y asertivas. Cada una de ellas se adentra en la explicación de este fenómeno psicológico.

La *génesis biológica* se refiere a la desconexión del sistema límbico con la zona neocortical, debido a una alteración de la conexión

rapy of patients with alexithymic charasteristics and physical disease, *Psychother, Psychosom*, 26, 65-70, 1975. Comenta lo laborioso que es intentar diseñar una psicoterapia adecuada que vaya corrigiendo esta carencia. En este *pensamiento operativo* faltan la imaginación, la fantasía y la riqueza de sentimientos que forman una geografía especialmente diversa. Yo les suelo llamar a estos sujetos *analfabetos sentimentales*.

interhemisférica. Hay similitudes de los alexitímicos con los que han sufrido lesiones del cuerpo calloso[13]. Hoy conocemos mejor los mecanismos neurobiológicos responsables de la expresión facial de las emociones, sobre todo teniendo en cuenta que la cara tiene su propio alfabeto, que es menester estudiar y catalogar. Ello va desde el aumento del movimiento muscular de media cara, sabiendo que existe una cierta asimetría facial de la cara izquierda. Ya Borod (1992) se planteó si el control de la emoción es interhemisférico o intrahemisférico o si bien una y otra forma se encuentran relacionadas entre sí[14].

Los trabajos se fueron sucediendo desde las primeras descripciones de este síndrome. Así, Nemiah (1976) habló del bloqueo del paso de los impulsos desde el sistema límbico a la corteza cerebral. Hoppe y Bogen (1977) estudiaron un grupo de enfermos que habían tenido crisis epilépticas severas y que fueron operados de una *comisurectomía cerebral*, es decir, la extirpación quirúrgica de la comisura interhemisférica, lo que llevaba a una inhibición del cuerpo calloso y dio lugar a un cuadro de alexitimia muy claro: frialdad afectiva, inexpresividad emocional, mínimo contacto interpersonal con alguna nota sentimental, reducción de los gestos al mínimo. Poco después, Cole y Bakan (1985) pusieron de relieve que hay una estrecha relación entre un déficit del hemisferio derecho y la alexitimia. En este sentido es curiosa la conclusión de Rodenhauser y su equipo (1986) sobre la alta incidencia de alexitimia en sujetos zurdos. Zeitlin y su equipo (1994), en un estudio con veteranos de guerra que habían padecido estrés postraumático, demostraron la evidente relación entre la alexitimia y la falta de comunicación entre los hemisferios cerebrales derecho e izquierdo.

---

13. El cuerpo calloso es una estructura anatómica que se encuentra entre el hemisferio cerebral derecho e izquierdo y vincula la información entre ambos.

14. Es interesante anotar las investigaciones de Davidson (1990, 1997): sus experimentos le llevaron a la conclusión de que el *disgusto* se asocia con una mayor activación de las regiones frontal y temporal anterior del hemisferio derecho; mientras que las expresiones de *felicidad* se acompañan de una mayor activación de la zona temporal anterior del hemisferio izquierdo. Esto pone de relieve que la relevancia que tienen los territorios anteriores de nuestro cerebro es muy alta en la expresión de las emociones.

La *génesis psicológica* se refiere a la incapacidad para elaborar un diccionario personal afectivo, que conduce a una indiferencia y frialdad emotiva, con variables de respuestas planas, sin vibración, sin saltos normales. Así, dos psicoanalistas franceses, Marty y Uzan (1990), hablan de un pensamiento monocorde, sin inflexiones en la forma de hablar y con una cierta tendencia a enfermedades psicosomáticas de diversa localización, como si esos síntomas somáticos expresaran lo que ellos no saben hacer a través de su lenguaje oral.

La *génesis conductista* se refiere a la rotura en el binomio estímulo-respuesta, de tal modo que estímulos afectivos claros no son identificados como tales y la respuesta que se espera no se produce, por hábito, por una manera de funcionar que se ha generalizado. Por eso, en estos casos, parte de la psicoterapia consiste en enseñar a estas personas a tener reacciones más afectivas, identificando sus errores[15]. Los psicólogos conductistas interpretan la alexitimia como procesos de aprendizajes pobres en contenidos emocionales, con un fondo hereditario. Herencia y ambiente vuelven a hermanarse aquí.

La *génesis cognitiva* se refiere a la incapacidad para procesar la información afectiva, ya que existe una grave anomalía en la integración de los estímulos, que no fabrican esquemas ni convicciones adecuadas en este sentido. Los hechos vividos son como unidades independientes, lo que va llevando a una vida sentimental muy limitada y escueta. Algunos autores (Borens y equipo, 1977; Kleiger, 1980; Kristal, 1986; Jodar y equipo, 2000) sugieren la asociación de génesis

---

15. Hay un caso literario a este respecto, la novela de Albert Camus, *El extranjero*: el protagonista es Meursault; su cortejo emocional es mínimo y ante circunstancias fuertes y trágicas de la vida, como la muerte de su madre o de su hermano, se refiere al calor o la gente que acompaña al sepelio, pero con una distancia psicológica muy grande. No sabe cifrar la información afectiva y carece de habilidad para el contacto social, ligando sus sentimientos con los de otras personas, lo que provoca una serie de malos entendidos que pueden ser interpretados como orgullo, soberbia, frialdad o inmutabilidad psicológica. El extranjero de Camus resulta raro, extraño, como si estuviera fuera o al margen de la realidad concreta de esa circunstancia.

más amplias que dan lugar a este trastorno. Algunos la relacionan con un menor nivel de inteligencia o con una apariencia externa de menor nivel. En este sentido hay distintas hipótesis contradictorias.

Finalmente, la *génesis asertiva* consiste en la tendencia a la soledad, el aislamiento social y el permanecer instalado en un sistema del que no sabe salir al exterior y entablar unas relaciones sociales mínimamente correctas con los de su entorno. La comprensión psicosocial abraza dos orígenes.

Recientemente se está hablando de *prosodia afectiva*, que puede definirse como aquella parte de la gramática que enseña la recta pronunciación; o también, la parte de la fonología dedicada al estudio de las unidades inferiores del fonema. Extrapolando esto al adjetivo que se le añade al término *prosodia*, el *afectivo*, esto significa el *estudio del procesamiento de la afectividad*. Hoy atendemos mucho más a *evaluar la capacidad para reconocer emociones vehiculizadas por estímulos visuales, auditivos y táctiles*. Ya Ekman diseñó un método para clasificar las caras: de enfado, tristeza, felicidad, miedo, sorpresa, repugnancia, desdén, bloqueo, etc. Hoy sabemos que muchos depresivos endógenos reducen sus expresiones faciales afectivas. Los esquizofrénicos muestran dificultades para expresar y reconocer tipos de caras muy rotundas y claras (miedo, tristeza, alegría, etc.), como han demostrado Leentjens junto a su equipo (1999), Edwards y colaboradores (2001) y Ross (2001). También se ha comprobado esto en enfermos de Parkinson (Acebedo y equipo, 2003).

Hoy han prosperado los trabajos de investigación, con el fin de mejorar la vida afectiva de estos sujetos. Ya contamos con algunas escalas para medirlo, como las de Bagby y Taylor (1994, 1999, 2005), o la de Yllá y equipo (1997, 2002). Pero el instrumento más utilizado es el *Beth Israel Hospital Psychosomatic Questionnaire* (BIQ; Sifneos, 1973, 1977), que se compone de diecisiete ítems, aunque más tarde fue ampliado a veintiuno (Taylor, 1988; BIQ-1) y después a una escala de preguntas semiestructuradas (Kleiger, 1990; BIQ-2): tiene una adecuada utilidad y es capaz de medir el grado y la profundidad de la conducta de la alexitimia. Ayuso y Baca han profundizado en la alexitimia relacionada con los trastornos de la conducta alimentaria, que se asocia a la personalidad obsesiva de las anoréxicas.

El cuestionario de *Schalling-Sifneos Personality Scale* (1973) recoge muy bien esta sintomatología. La *Toronto Alexitimia Scale* (TAS)
es más amplia y mide algunos segmentos no explorados por otras.

Caso clínico: la mujer de un alexitímico bastante puro

Viene a la consulta una mujer de cuarenta y tres años, licenciada en
Historia, con cinco hijos, todos muy seguidos. Es la primera vez que viene y presenta una *depresión endógena mayor*, con todos los aditamen-
tos: inmotivada, es su primera fase, tiene antecedentes familiares (sus
padres, una tía materna y una prima hermana por parte de su madre).
Nos relata lo siguiente: «Desde hace un mes estoy muy decaída, como
sin gasolina, no tengo fuerzas y yo, que he sido de una vitalidad extraordinaria, prácticamente no hago nada». La acompaña su madre, que ha
sufrido al menos dos episodios depresivos y nos comenta lo siguiente:
«Conozco muy bien a mi hija, porque nos parecemos mucho. Las dos
somos muy vitales, con un genio fuerte, hacemos tres o cuatro cosas a
la vez y somos muy positivas, siempre vemos la vida con optimismo...
Lo que tiene mi hija yo lo conozco muy bien y espero que se recupere
pronto con una medicación, como me ha ocurrido a mí».

Al hacer la historia clínica no observamos ningún factor predisponente
ni desencadenante. Lleva un tipo de vida bastante ordenado, da clases
de Historia en un colegio, donde hay buen ambiente y se siente integra-
da. Se le aplica un tratamiento a base de antidepresivos vía intravenosa
primero, después de forma intramuscular y desde el principio, vía oral.
Tiene la preocupación de no engordar y buscamos la fluoxetina, que es
eficaz en ese sentido; se le asocia un ansiolítico a dosis muy bajas (bromacepan de 1,5, dos al día) y loracepan-1 mg para dormir mejor. Su
respuesta es rápida, en cinco semanas se recupera totalmente y le damos
el alta médica. Al final de su tratamiento tuve ocasión de conocer al marido. De su misma edad, un hombre al que, tras una entrevista de algo
menos de media hora, con ella presente, veo muy alexitímico: callado,
soso, mínimamente expresivo, casi indiferente en relación con la depresión que había padecido su mujer, que apenas hace preguntas y que está
en la consulta casi como un convidado de piedra. Ello me sorprende y

en la revisión de ella a los dos meses se lo comento de pasada: «Por cierto, me sorprendió lo callado de tu marido, que no dijo casi nada cuando estuvo aquí contigo, el último día que nos vimos». Me pregunta la causa de mi observación y le respondo: «Esa forma de ser entra dentro de lo que hoy conocemos con el nombre de alexitimia» y le explico el concepto. Me responde: «Es muy trabajador, pero siempre es muy poco hablador. Yo me enamoré de él locamente, he sido siempre muy romántica y él me hacía poco caso y eso fue un acicate para que me interesara más por él. Conocí a su familia y enseguida hice buena relación con ellos, especialmente con su madre; el padre es igual que él: serio, habla poco... Es educado, pero ha estado años dándome la mano en lugar de un beso y la verdad es que esto me hace sufrir, pero ya me he acostumbrado».

Tres años después, vuelve a la consulta. Nos dice: «Ahora he venido no porque tenga depresión, sino porque me he dado cuenta de que la relación con mi marido es paralela. Él está en su trabajo (es economista en una empresa multinacional) todo el día, viene a última hora y su pasión es el ordenador y los coches antiguos (tiene una colección extraordinaria, una parte de nuestra casa la tenemos dedicada a este tema). He pensado en algunos momentos aquello que usted me dijo de mi marido y que yo le quité importancia en su momento, pero ahora me he dado más cuenta, se ha agudizado y he dejado de trabajar durante un año para estar más pendiente de mi madre, que está enferma y he visto claro que mi marido casi no cuenta conmigo. Y éste es mi problema, no sé qué hacer, ni cómo enfocar esto».

Le hago las siguientes preguntas:

—P: ¿Hay diálogo entre vosotros?

—R: Muy poco, hablo yo y él me responde con monosílabos.

—P: ¿Cómo están tus sentimientos hacia él?

—R: Me he ido desenamorando. Mis amigas me dicen que es muy raro, que en las pocas ocasiones en que ha coincidido con alguna de ellas su trato es increíble de seco y distante. Llevo un año que estoy mejor cuando él no aparece o está de viaje por temas de su trabajo.

—P: ¿Qué es lo que más te duele?

—R: Todo, pero el no sacar ningún tema de conversación, el no hablar de nada... Y hay tres o cuatro cosas que me sublevan: sólo se pone algo afectuoso cuando quiere tener relaciones sexuales conmigo o cuando necesita dinero (he tenido una pequeña herencia familiar y he recibido acciones de bolsa, tierras y un cierto dinero). Pero no sabe por dónde van los estudios de sus hijos, ni sus notas, ni los nombres de sus amigos...

—P: ¿Qué piensas que se puede hacer tú, que lo conoces bien?

—R: Él me ha dicho que no necesita un psiquiatra, porque él no está loco; sigue pensando que sólo debes ir a este médico cuando has perdido la cabeza o algo parecido[16].

—P: Le llamaré y concertaremos una cita.

—R: Tal vez no se atreva a decirle que no viene, quizá ésa sea una posibilidad antes de que yo busque la separación.

Y así fue. Le llamé y accedió a venir. La entrevista fue difícil: «Yo no soy consciente de lo que me dice mi mujer, que le hago poco caso y que estoy siempre trabajando. Ella sabía cómo era yo y estuvimos dos años de relaciones y me conocía bien; soy de pocas palabras, como mi padre, pero le he dado lo que soy». Le expliqué que él padece un trastorno psicológico que se llama *alexitimia* y que significa una *evidente incapacidad para expresar, de palabra y con obras, afectos, sentimientos, cariño*. Y le voy exponiendo dónde está su carencia. Hay en él un fondo positivo, pues él reconoce que es así y que le gustaría cambiar y no sabe cómo. Incluso me dice: «Cuando yo era pequeño, recuerdo que mi padre estuvo unos meses trabajando fuera y, cuando vino, le dio a mi madre unos golpes de afecto en la espalda, pero no la besó... Yo no he visto besarse a mis padres, ni decirse cosas como usted dice, afectuosas, yo no he presenciado ese tipo de escenas. Es más, mi padre nos ha dicho muchas veces a mí y a mis hermanos (somos cuatro chicos) frases como éstas: los hombres no lloran, los hombres no deben expresar sentimientos porque eso es más bien femenino... Yo he crecido en ese ambiente».

Noto que al tocarle su tema, la inexpresividad, él lo reconoce, pero me insiste en el ambiente en el que creció. Aquí asoman de nuevo dos

---

16. Sorprende esta afirmación en una persona universitaria y con un cierto nivel de cultura. Los que aún siguen pensando así suelen ser personas muy poco cultas y elementales.

notas de la conducta: la herencia y el ambiente. Lo congénito y lo adquirido. Y prosigue: «Estuve años interno, desde los trece años hasta el preuniversitario, antes de entrar en mi carrera. En ese colegio existían también esos principios y yo los he ido haciendo míos. Pero le repito, es mi forma natural de ser. Mi mujer me viene diciendo desde hace unos años ese defecto mío, si se puede hablar así y la verdad es que yo no sé cómo hacer para modificarlo».

Ante esta actitud positiva le explico que voy a hacer un *programa de conducta* para darle unas pautas, para que adquiera unas habilidades en la comunicación conyugal y con los hijos. «Yo no recuerdo nunca haber hablado con mi padre los dos solos; él tenía la autoridad en mi casa, pero no pude tener confianza con él, aunque sí respeto e incluso miedo cuando los resultados de las notas no eran buenos. Nunca tuve confianza con él, ni le conté cosas mías. Ése era el clima que se vivía en mi casa.»

Acepta la psicoterapia y empieza a venir cada dos semanas a recibir indicaciones psicológicas. Trazamos un plan concreto sobre el modo de *adquirir habilidades para expresar mejor la afectividad* y en cada sesión vamos analizando cada uno de los objetivos concretos que hemos ido diseñando y que dan lugar al siguiente catálogo. Se las doy en primera persona y cada una de ellas se acompaña de una breve explicación. En el curso de este listado, él se sorprende porque «yo no sabía que había que hacer todo eso, pensaba que con estar casado era ya suficiente y que el amor marchaba por sí solo, sin necesidad de tantas estrategias». Ésta es la tabla de ejercicios de conducta:

—Cuidar el lenguaje verbal: hablar más, sacar temas de conversación a nivel general.

—Aprender a hablar de temas intrascendentes[17] (que suelen ser el contenido de muchas conversaciones, sobre todo en sus inicios).

---

17. Es muy típico del tímido (o mejor, llamados ahora *personalidad por evitación*) la dificultad para hablar de cosas sencillas y habituales de la vida ordinaria, al tener la idea de que si no es de cuestiones importantes, ellos permanecen en silencio. Enseñarles que esto es un error de apreciación y argumentarlo les ayudará a mejorar su comunicación.

—Aprender a decir cosas agradables a la otra persona (sobre su vestido, sobre las tareas que desarrolla, sabiendo elogiarlas, sobre su aspecto físico, etc.).

—Darle un beso a su mujer cuando se vaya de casa o cuando regrese (esto es muy básico, pero el alexitímico, al ser un analfabeto sentimental, no sabe nada al respecto, es un perfecto ignorante de lo más elemental).

—Contar algunas cosas del trabajo y de cómo ha ido la jornada laboral.

—Decirle con cierta frecuencia a su mujer cosas como «te quiero», «te necesito», «me gusta estar contigo», «disfruto a tu lado»...

—Compartir más cosas con su mujer, pero tomando la iniciativa alguna vez para hacer planes interesantes (ella se queja —le digo— de su actitud pasiva: no hacer, no proponer, no sugerir...).

—Cogerla de la mano, darle un beso de vez en cuando, tener algún gesto físico de complicidad (a esto se le llama cuidar el lenguaje no verbal).

—No ponerse cariñoso con su mujer sólo unos minutos antes de tener relaciones sexuales (esto es igualmente muy básico).

—En la relaciones sexuales, ocuparse de que su mujer disfrute, no ir únicamente a gozar de la sexualidad olvidando que ella (y en general todas las mujeres) es más lenta y necesita más tiempo de preparación (esto es, asimismo, muy básico).

—Es bueno hacerle algún regalo a su mujer en días señalados: santo, cumpleaños, aniversario de boda y alguna otra fecha singular. El descuido sistemático de esos detalles hace plana y distante la relación.

— Por último, le pedimos colaboración a su mujer para completar esta lista, con el fin de elaborar una colección de cosas concretas, sencillas, posibles y realistas, para mejorar la relación conyugal.

Las depresiones en la mujer

La condición femenina

Mucho se ha hablado de las diferencias psicológicas entre el hombre y la mujer. Son dos estilos complementarios de ser, aunque en los últimos veinte años aproximadamente se han igualado sus papeles y la mujer, una vez incorporada a las tareas tradicionalmente masculinas, se ha acercado al tipo de vida del hombre, salvo en su condición de transmisora de la vida.

La incorporación de la mujer a la universidad comienza hacia 1960 en la gran mayoría de los países de Europa, aunque lo hace antes en Estados Unidos. Se trata de una frontera imprecisa, poco clara, desdibujada, borrosa, ya que habría muchos matices que hacer, sobre todo en aquellos países de la Europa del Este bajo el régimen comunista. Dentro de ellos el más desarrollado ha sido Hungría, la llamada Suiza del Este de Europa. Igualmente han existido también diferencias acusadas entre Francia, Alemania, Italia, Grecia o España, por citar algunos.

Hoy sabemos que *la incidencia de la depresión en la mujer es más del doble que en el hombre.* Aquí hay que hacer igualmente observaciones particulares, ya que no es lo mismo la mujer que habita en el medio rural o en el urbano, la que trabaja exclusivamente como ama de casa o la que tiene una actividad fuera del hogar, la que no ha tenido estudios universitarios y la que sí ha podido acceder a ellos. *La calidad de vida de la mujer y su tipo de vida* tienen asimismo una clara repercusión ante la posibilidad de padecer el trastorno. También influyen la edad, el estado civil (soltera, casada, separada, divorciada y vuelta a casar), si tiene o no hijos. Todos esos factores hacen que las cifras estadísticas varíen: *entre dos y tres veces más depresiones que en el hombre.* Es decir, *que la mayor vulnerabilidad de la mujer hacia la depresión depende de factores biológicos* (hormonales, endocrinológicos), *psicológicos* (tipo de vida[1], estudios, nivel profesional, número de hijos y estudios de ellos) y *socioculturales* (medio ambiente[2], cultura). Cada detalle en particular y su asociación ofrecen un amplio abanico de posibilidades.

Los datos estadísticos apuntan a que pueden darse episodios depresivos de distinta índole en el *síndrome de tensión premenstrual* (unos días antes de la menstruación), en el *posparto* (a veces de forma casi inmediata y otras veces transcurridos unos días o semanas) y en el *climaterio* (cuando la menstruación se retira). Del mismo modo hoy sabemos que se presentan menos fases depresivas en las *solteras* y en las *viudas*, lo cual requiere algún tipo de explicación a la que más adelante me referiré. En estos dos estados la mujer se acomoda mejor y vive con más soltura y libertad de movimientos (como han puesto de relieve Brown y Harris, 1978).

La personalidad de la mujer es una ecuación entre naturaleza y cultura. Lo biológico, lo psicológico y lo social forman un entramado, un compendio que da lugar a un estilo. La integración de todo ello está presidido por su condición de transmisora de la vida, con todo lo que eso significa. *La mujer hace la casa y edifica la familia*; de ahí que sea el eje de lo familiar. Sobre ella pesa una responsabilidad histórica. En Occidente podemos decir que ella es más portadora de elementos afectivos, mientras que el hombre aporta más los lógico-

---

1. La mujer con niños pequeños que trabaja en casa y fuera de ella tiene mayor tendencia a las depresiones y algo más la separada y la que es la cabeza visible de la vida de muchas familias (pero tiene poca resonancia social). El ama de casa está en estado permanente de horas extraordinarias, sin quejarse.

2. Hay dos datos estadísticos muy contundentes, puestos de relieve por muchas investigaciones: la mujer es más depresiva que el hombre (entre el doble y el triple, según las circunstancias) y más longeva (Chesler, 1988; Ferreri, 1997; Gerard, Raffaitin y Cuche, 2000). En lo primero hay que decir que al hombre le cuesta más aceptar que está depresivo, se niega a reconocerlo con más frecuencia que la mujer. En relación con el segundo punto: ella va más al médico y se preocupa más de su salud en general.

racionales. La mujer se inclina más a lo concreto y a lo intuitivo, mientras que el hombre se mueve más por lo abstracto y racional. Tiene ella una mayor tendencia a la sensibilidad psicológica, por eso sabe detectar matices y vertientes del mundo de los sentimientos. Éste es uno de los argumentos —junto a su biología— por los que tiene tres veces más tendencia a la depresión que el hombre.

No obstante, todo está cambiando en las últimas décadas. Los giros vertiginosos que se han operado con la incorporación de la mujer a la vida profesional, compitiendo con los hombres, han puesto sobre la mesa un nuevo modelo de mujer[3]. Hay, por lo tanto, dos hipótesis sobre por qué las mujeres pueden presentar más depresiones que los hombres:

— *Hipótesis biológica.* La mayor incidencia de las depresiones es debida a importantes diferencias hormonales entre el hombre y la mujer. Aquí debemos destacar dos apartados distintos. Por un lado, *las diferencias morfológicas y funcionales del sistema nervioso:* las diferencias entre el cerebro de la mujer y del hombre se refieren al volumen y a la forma de las neuronas. Las diferencias son muy marcadas, sobre todo en el llamado *cerebro emocional,* como el *sistema límbico* y el *hipotálamo* y, por otro lado, en la corteza cerebral. La testosterona va a tener una especial importancia. El sistema límbico representa una síntesis entre lo que pudiéramos llamar el cerebro instintivo y el cerebro intelectual y tiene una enorme importancia en todo lo que es aprendizaje, memoria y mundo de las emociones, integrándose ahí las funciones superiores del pensamiento. El hipotálamo es una franja estrecha y vertical que se relaciona directamente con la conducta sexual. Las conexiones entre ambos conducen a regular los procesos fisiológicos básicos.

---

3. La mujer ha estado sometida al hombre durante muchos decenios. El *machismo* ha significado que de alguna manera se cumplía en la relación hombre-mujer la ley del embudo. La parte de arriba para el hombre (todo se le permitía y se daba por bueno) y la parte de abajo para la mujer (todo se le criticaba y cualquier conducta más o menos negativa era fuertemente cuestionada). Hoy el machismo está herido de muerte en Occidente, la igualdad hombre-mujer es cada vez mayor y como un botón de muestra la mujer se ha incorporado en los últimos treinta años a todas y cada una de las profesiones que tradicionalmente ocupaban sólo los hombres. El tema tiene muchas ramificaciones.

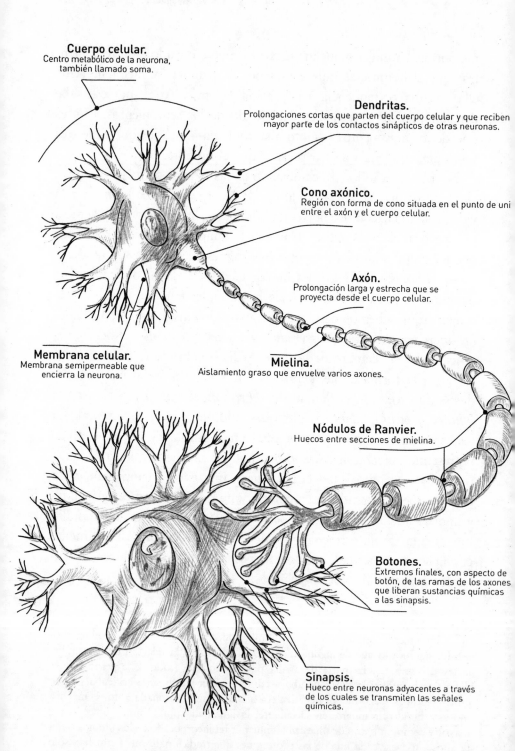

Cuerpo celular.
Centro metabólico de la neurona,
también llamado soma.

Dendritas.
Prolongaciones cortas que parten del cuerpo celular y que reciben
mayor parte de los contactos sinápticos de otras neuronas.

Cono axónico.
Región con forma de cono situada en el punto de uni
entre el axón y el cuerpo celular.

Axón.
Prolongación larga y estrecha que se
proyecta desde el cuerpo celular.

Membrana celular.
Membrana semipermeable que
encierra la neurona.

Mielina.
Aislamiento graso que envuelve varios axones.

Nódulos de Ranvier.
Huecos entre secciones de mielina.

Botones.
Extremos finales, con aspecto de
botón, de las ramas de los axones
que liberan sustancias químicas
a las sinapsis.

Sinapsis.
Hueco entre neuronas adyacentes a través
de los cuales se transmiten las señales
químicas.

Principales características externas de una neurona típica.

El cuerpo calloso (la zona anatómica que está entre los dos hemisferios cerebrales) es mayor, así como la comisura anterior. Mientras en el hombre predomina el hemisferio cerebral derecho, en la mujer predomina el izquierdo. También se han observado diferencias en la distribución y densidad de las neuronas del hipocampo y de la corteza del cerebro. En el hipotálamo existen núcleos de mayor tamaño en el hombre (más del doble) y diferencias en la arborización de las dendritas (terminaciones nerviosas de las neuronas).

Además de esas diferencias en la forma, también las encontramos en el funcionamiento, relacionadas con aspectos bioquímicos. Por otra parte, el *tema de las hormonas* tiene un papel esencial[4].

— *Hipótesis psicológica*. En las últimas dos décadas se han producido grandes cambios en la vida de la mujer: desde su incorporación a todo tipo de trabajos, pasando por una mayor participación en la política, la vida económica y social, pasando por un evidente descenso del machismo. Siguen persistiendo problemas de discriminación en el trabajo, sobre todo en relación con la maternidad. Casi todos estos cambios han sido positivos y han significado un avance social. En otras ocasiones, cuando el resultado es la pérdida de la feminidad o de la posibilidad de seguir transmitiendo la vida o cuando todo apunta hacia un abandono de la educación de los hijos, el tema es entonces negativo. No perdamos de vista que la educación en la familia sigue siendo tarea de la mujer en una proporción muy elevada.

La relación *entre estado civil y depresión* es importante. No es lo mismo estar soltera, casada, divorciada... o divorciada y volver a una nueva unión. En estas dos últimas circunstancias suele ser la mujer quien

---

4. No quiero extenderme en este plano, para que el lector medio pueda seguir la exposición. Basta decir que existen dos tipos de hormonas: *proteicas*, entre las cuales están los estrógenos, andrógenos, progesterona, etc; luego las que *derivan del colesterol* y finalmente las que *proceden de aminoácidos*. Sus distintas concentraciones y la diferente sensibilidad durante el desarrollo del feto y la primera etapa tras el nacimiento del niño determinan variaciones y oscilaciones muy relevantes.

Además *existe una estrecha relación entre las hormonas, los neurotransmisores y los trastornos depresivos*, que son cada vez más conocidos y que están basados en la serotonina, dopamina, noradrenalina, GABA (ácido gamma-aminohidroxibutírico), acetilcolina, ácido glutámico y péptidos opioides.

se queda con los hijos. En general, la mujer casada tiene más depresiones que la soltera. Mientras, el hombre soltero muchas veces ni se plantea comprometerse en una vida conyugal[5], sobre todo si su nivel de formación humana es pobre, como sucede en tantas ocasiones. Paykel (2005), en su libro *Depression in women*, plantea cómo la mujer busca centrar su mundo sentimental; en cambio, el hombre pretende relaciones sentimentaloides impregnadas de sexo cuestionándose muy poco un compromiso serio. Una monografía de C. Leal (2000) estudia todos estos factores que configuran las depresiones en la mujer.

Luego está *el nivel de trabajo profesional* relacionado con *el estatus socioeconómico*. Las mujeres con niveles bajos tienen más tendencia a la depresión. En las que muestran niveles más altos, es la ansiedad la manifestación más frecuente, por el estrés de sostener a la vez su profesión fuera del hogar y la atención a su casa e hijos e incluso de familiares de la tercera edad a su cargo (padres, suegros), lo que significa una sobrecarga que va a comprometer su promoción profesional.

Hoy se ha producido un cierto reparto de la actividad doméstica entre el hombre y la mujer, sobre todo en parejas jóvenes, lo que ha dado un cambio muy sustancial para evitar que la mujer pueda tener fases depresivas por agotamiento y exceso de responsabilidades. Cuando esto no se da y sigue la mujer en permanente estado de horas extraordinarias, su tendencia a la depresión se ve aumentada. Dicho en otros términos: *la mujer es especialmente sensible a las frustraciones afectivas y algo menos a las profesionales; en el hombre sucede lo contrario.*

Hoy sabemos que muchas depresiones van precedidas de un estado de estrés y ansiedad anterior, que al mantenerse durante mucho tiempo, termina por convertirse en una depresión. *La depresión reactiva en la mujer es una respuesta a una situación negativa y continuada que ella no puede corregir.*

---

5. Sólo una observación a este respecto: cómo enfocan la sexualidad el hombre y la mujer hoy. Muchos hombres, fingiendo amor, lo que realmente buscan es sexo; por el contrario, muchas mujeres, fingiendo sexo, lo que de verdad buscan es amor. Este camino daría pie a un debate rico y complejo.

Las depresiones asociadas al cuerpo de la mujer

Hay una clara relación entre hormonas femeninas y depresión. Éste es uno de los factores de riesgo. Por él, fundamentalmente, *la mujer es más vulnerable a la depresión* y puede padecerla más a menudo.

Existe una estrecha relación entre la función hormonal y los trastornos del humor, dándose en cada uno de los *periodos de la vida genital de la mujer*, como son el *premenstrual*, la *ovulación*, el *embarazo*, el *posparto* y el *climaterio*. En esas circunstancias los cambios bioquímicos son decisivos, así como la disminución o pérdida de la libido, anorgasmia (ausencia de orgasmo), modificación del ciclo menstrual, amenorrea (ausencia de la menstruación), etc.

El síndrome de tensión premenstrual

Las grandes variaciones hormonales de la mujer pueden dar lugar a grandes cambios en el estado de ánimo. Un trabajo clásico de Piollet (1981) en Francia ponía de manifiesto que en torno al 50 por ciento de los ingresos de urgencia de un hospital psiquiátrico eran debidos a las modificaciones anímicas dentro del síndrome de tensión premenstrual. Los diversos neurotransmisores (serotonina, dopamina, noradrenalina, etc.) desempeñan un papel regulador tanto a nivel del hipotálamo como de la hipófisis.

En el *síndrome de tensión premenstrual* se asocian síntomas físicos diversos: dolores de cabeza (frontales, fronto-temporales, en la nuca), mastodina (dolores en las mamas, con sensación de hinchazón), dolores abdominales (en la zona de proyección de los ovarios), dolores lumbares, cansancio anterior al esfuerzo, molestias en las piernas, etc.; entre los síntomas psíquicos nos encontramos con lo más significativo para nuestro tema: tristeza, llanto fácil, hipersensibilidad psicológica (todo le afecta demasiado), grandes cambios de humor de unas horas a otras, irritabilidad, ansiedad, a veces agresividad o desproporción en las reacciones estímulo-respuesta (una pequeña contrariedad produce un efecto negativo desproporcionado), etc. Hoy se sabe que en torno al 70 por ciento de las mujeres lo padecen y que el 40 por ciento tienen síntomas significativos, de cierta entidad.

Se ha insistido mucho aquí en tres manifestaciones: síntomas depresivos, labilidad afectiva y los signos físicos apuntados. A veces se asocia al final el *síndrome de la ovulación*, lo que complica y aumenta los síntomas. El caso que a continuación comento terminó en un serio intento de suicidio.

Caso clínico: depresión con intento de suicidio

Estamos ante una mujer de treinta años, soltera, diseñadora de moda, que fue vista por primera vez con una depresión mayor asociada a un intento de suicidio leve (se tomó treinta tabletas de un ansiolítico, pero de la dosis más baja, con lo que estuvo durmiendo un día entero y al día siguiente se recuperó). En la primera entrevista nos dice: «Estaba muy decaída, era fin de semana, me sentía muy sola, había discutido con mi madre y estuve mucho rato pensando y dándole vueltas a cosas de mi vida pasada. La medicación que estaba tomando no me ayudaba casi nada, me dejaba atontada, la boca muy seca y sin fuerzas. Llevo tiempo pensando en el suicidio, pero es una idea que va y que viene, sin mucha fuerza. Estuve viendo un rato la televisión y vi una escena en la que una mujer, mayor que yo, dijo que para suicidarse había que ser muy valiente y me quedé con esa frase. Me fui a mi habitación, me tumbé en la cama y, al rato, fui a por un vaso de agua y me tomé todas las pastillas que me quedaban en el envase.

»¿Por qué lo hice? Porque estoy harta de sufrir. Mi vida está llena de fracasos, sobre todo en cuestión de amores. Lo único que tengo es mi trabajo. Éste es el tercer intento de suicidio que hago. Ese día estaba muy nerviosa, irritable, respondona en mi casa y agotada».

En el curso de la entrevista llegamos a la conclusión de que los tres intentos de suicidio han sido en los días anteriores a la menstruación. Su madre nos lo confirma: «Los días antes de la regla se pone fatal, yo me doy cuenta enseguida porque se pone insoportable, es una mezcla rara de agresividad y tristeza, dice cosas fuertes a los demás, ella se ve la peor de la familia, llena de defectos. No se puede hablar con ella porque tergiversa las cosas y por una pequeñez puede tener reacciones terribles. Lo que tengo claro es que las tres veces que ha intentado algo contra su vida estaba en ese periodo. Yo también lo padecí y mi madre, pero no era tan fuerte como ella lo tiene».

Nos lo confirma la paciente: «Se lo dije al ginecólogo en una revisión que tuve hace muchos meses y me dijo que me tomara un calmante. Son los días antes de la regla, a veces incluso una semana antes. No puedo controlarme y con frecuencia no voy a trabajar o estoy muy tensa en mi trabajo».

No hay antecedentes depresivos, a pesar de que hemos rastreado con ella y sus padres, pero no se han encontrado depresiones en la familia. Al estudiar su personalidad hemos manejado dos tests: el IPDE, el MCMI-III (Millon Clinical Multiaxial Invectory) y el SCID-II (un cuestionario de personalidad): nos encontramos con una *personalidad histriónica* en grado muy alto (tendencia a dramatizar, a convertir un problema en algo terrible, a magnificar las dificultades, necesidad de llamar la atención y ser protagonista, etc.).

Le comunicamos los resultados de la exploración de su personalidad. Le pedimos una información sobre ella misma en los siguientes términos: l) cómo es mi personalidad; 2) traumas de mi vida (ahí observamos varias relaciones afectivas muy difíciles, que le han dejado una huella muy negativa que no ha superado); 3) qué le quitaría a mi forma de ser y qué le añadiría para mejorar mi personalidad; 4) objetivos a corto y medio plazo; 5) historia resumida de tus relaciones afectivas; 6) relación con cada uno de la familia (vemos una mala relación con su madre que viene de antiguo y que se ha ido haciendo crónica; vive en casa con un hermano de veintidós años, con el que tiene una relación positiva).

Hemos empezado a trabajar con esta información personal, con el fin de ir realizando una psicoterapia cognitivo-conductual[6]. Se le ha puesto

---

6. Cuando hablamos de este binomio nos referimos a lo siguiente: *lo cognitivo* se refiere a cambiar el modo de pensar en áreas muy específicas de la conducta, con el menor número posible de distorsiones en la captación de la realidad. Todo ello en función de su propia información (*rastreo psicológico*) y de los datos que da su familia sobre ella (*información complementaria familiar*). Por otra parte, *lo conductual* va encaminado a que su comportamiento sea más estable y equilibrado, aprendiendo a tener un mejor autocontrol e ir sabiendo darle a las cosas que le suceden la importancia que realmente tienen.

un tratamiento farmacológico a base de ansiolíticos, una dosis muy ligera de antidepresivos y un fármaco especial (una hormona para los días antes de la menstruación, cuando ella percibe que empiezan los primeros síntomas de la *tensión premenstrual*). Se le ha explicado en qué consiste éste y esto ha reforzado su *insight*, es decir, ha tomado conciencia de que su personalidad es histriónica y que su naturaleza tiene en los días anteriores al ritmo menstrual esta patología, para la que debe tomar una medicación.

Los antidepresivos no son eficaces aquí, por la brevedad del proceso, ya que estos medicamentos tardan en hacer efecto más días de lo que suele durar el síndrome. Son eficaces los tranquilizantes menores (psicorrelajantes o ansiolíticos) y la progesterona.

Las depresiones en el embarazo

Nos encontramos con las *depresiones gravídicas*, que son las que suceden en el curso del embarazo: son las menos frecuentes y, según dicen los distintos trabajos de investigación, se pueden dar al final del embarazo, un mes antes aproximadamente del parto.

Una cosa es un embarazo deseado y otra, bien distinta, el no deseado. En el segundo caso pueden aparecer manifestaciones de ansiedad que terminen en una depresión. Aquí las variables son muchas: en mujeres solteras, adolescentes, sin recursos, en plenos estudios, con la oposición de sus padres, como consecuencia de una relación afectiva muy endeble, etc. Todos esos elementos configuran un *mapa de la adolescente embarazada* complejo, con muchas implicaciones y matices, que pueden dar lugar a formas depresivas diversas y abigarradas.

Ciertos antidepresivos no deben emplearse durante el embarazo y la lactancia, aunque con matices. Son muchas las mujeres que consultan antes de quedarse embarazadas para saber qué pueden tomar durante la gestación si se presentara un episodio depresivo; otras lo hacen una vez embarazadas y, finalmente, un grupo se preocupa de si durante la lactancia puede recibir fármacos antidepresivos y cuáles. En el momento actual no existen datos concluyentes. Durante los tres primeros meses del embarazo sí pueden recibir ansiolíticos a dosis bajas (tipo cloracepato dipotásico o Tranxilium-5 mg, dos o tres veces al día). La información más exhaustiva sobre la exposición de antidepresivos durante el embarazo y antes del nacimiento del bebé corresponde a la fluoxetina (Adofen, Reneuron, Prozac, etc.). Ningún estudio ha constatado la aparición de malformaciones en el niño, ni riesgo de aborto con estos fármacos (Goldstein, 1995; Ericson y equipo, 1999; Cohen y Séller, 2000; Addis y equipo, 2000; Altshuler y equipo, 2006). Sí se ha puesto de relieve que el empleo de la fluoxetina durante el tercer trimestre del embarazo producía algunas complicaciones perinatales: nerviosismo, ansiedad generalizada, taquipnea (respiración más rápida y acelerada), etc., pero no en todos los casos estudiados.

Un estudio de Kulin y sus colaboradores (1998) sobre una muestra de 226 embarazadas que habían tomado tres distintos antidepresivos, sertralina (Aremis, Besitran), paroxetina (Seroxat, Frosinor) y fluvoxamina (Dumirox), demuestra que el índice de malformaciones no fue superior al de las personas que no habían tomado esos fármacos, ni a la población general embarazada.

Hay otra investigación que no quiero dejar de comentar, del sueco Erickson y su equipo (1999, 2006), sobre una muestra de 969 mujeres embarazadas que habían recibido distintos tipos de antidepresivos[7]: citalopram (375 casos), paroxetina (122 casos), sertralina (33

---

7. Remito al lector a la clasificación de los antidepresivos y a esos cuadros expuestos. Hay pequeños manuales muy útiles para el médico no psiquiatra y también para personas interesadas en general, en donde uno puede beber en esas fuentes, como son los libros siguientes: J. Gibert Rahola, *Lo que siempre quiso saber de los psicofármacos y nunca se atrevió a preguntar*, Aula Médica, Madrid, 2000; Santiago López Galán, *Guía farmacológica en psiquiatría*, Sanofy, Madrid, 2002; J. Bobes y S. Cervera, *Calidad de vida y trastornos depresivos*, Congreso Nacional de Psiquiatría, Oviedo, 1995; Paul Goodnick, *Predictores de la respuesta al tratamiento en los trastornos del estado de ánimo*, American Psychiatric Press, Londres, 1997; Jerónimo Saiz y otros, *Guía práctica de trastornos depresivos en la asistencia primaria*, Roche, Madrid, 1993.

Pero lo que me parece básico es consultar al psiquiatra de confianza y pedirle opinión al respecto, concretando las características de esa mujer: si ha tenido antecedentes familiares de depresión, si ella misma ha padecido fases depresivas (cuántas y si han sido estacionales y ante qué fármacos ha respondido mejor), tipo de personalidad previa, enfermedades físicas tenidas con anterioridad, etc. Con esos datos el psiquiatra estará en mejores condiciones de dar una información más amplia y con mayor rigor científico.

casos) y fluoxetina (16 casos) y comunicaron unos índices de complicaciones y malformaciones congénitas perinatales equiparables a los niveles normales de la población. Entre las 150 mujeres que tomaron venlafaxina durante el embarazo, la incidencia de malformaciones graves no superó el índice esperado del 1 al 3 por ciento (Einarson, 2001).

El empleo de antidepresivos tricíclicos antes del nacimiento del bebé tampoco parece incrementar el riesgo de malformaciones congénitas, aunque estos fármacos pueden producir una toxicidad neonatal transitoria o síntomas de abstinencia cuando se toman en fechas próximas al parto (letargo, hipotonía, estreñimiento, taquicardia, retención urinaria, etc.).

Hay algo que quiero señalar porque me parece muy interesante a la hora de ser prácticos: *durante el embarazo es preferible utilizar imipramina, desipramina o nortriptilia, por sus menores efectos adversos* (tanto anticolinérgicos como referidos al descenso de la tensión arterial), *ajustándose las dosis al mínimo*. También se han comunicado buenos resultados con la mirtazapina, con ausencia de malformaciones y complicaciones.

A la hora de elegir un antidepresivo en una mujer embarazada, los médicos psiquiatras debemos pensarlo despacio y podemos consultar la lista que establece la Food and Drug Administration (FDA), que clasifica dichos medicamentos en cinco grupos, en función del riesgo que se haya demostrado para el feto:

— Grupo A: se ha demostrado con estudios controlados que este grupo de antidepresivos no han supuesto riesgo alguno para las mujeres embarazadas.
— Grupo B: indica que no existen en la actualidad pruebas que confirmen riesgo.
— Grupo C: no está contraindicado.
— Grupo D: se habla de pruebas claras y fehacientes de riesgo, lo que significa que no deben emplearse.
— Grupo X: indica que esta medicación está totalmente contraindicada.

No olvidemos que los antidepresivos utilizados durante el embarazo exponen el cerebro del feto a sustancias psicoactivas, en un momento en que se está desarrollando su sistema nervioso. Su cerebro tiene aún escasa mielinización (mielina: sustancia blanca refringente, mezcla de diversas grasas, que sirve de cilindraje en los tubos nerviosos), lo que permite que esas sustancias se almacenen más fácilmente ahí, lo que puede acarrear consecuencias negativas para el feto.

He entresacado dos estudios prospectivos (Nulman y equipo, 1997; y Hendrick, 2003, 2006) con una serie de casos de niños expuestos a antidepresivos en el periodo prenatal. El primer estudio evaluó a 55 niños cuyas madres recibieron fluoxetina y a 80 niños que en ese mismo espacio de tiempo habían recibido antidepresivos tricíclicos, comparándolos con 84 no expuestos y no se constataron diferencias significativas en los niños hasta los siete años en cuanto al cociente intelectual, al desarrollo del lenguaje, el carácter, el temperamento y el grado de dispersión.

En cualquier caso, la retirada del antidepresivo antes del parto constituye una medida más que razonable, sobre todo si el estado de ánimo es al menos mediano, aunque no bueno o excelente. Si se mantiene el antidepresivo en esa mujer hasta el final del embarazo, debe ser seguida con minuciosidad y explorada cada semana[8]. Cada caso debe ser evaluado individualmente, sabiendo el número de fases depresivas que esa persona ha tenido y el espacio libre de síntomas entre un episodio y otro. En las mujeres con recaídas rápidas y de cierta gravedad tras la suspensión del medicamento, debe mantenerse éste durante todo el embarazo[9].

---

8. Muchas mujeres me dicen: «Doctor, si me quedo embarazada y tomo durante unos días el tratamiento antidepresivo, por desconocimiento, ¿le puede pasar algo al niño?». La respuesta es ésta: al dar positiva la prueba de embarazo, un par de semanas después de la concepción, el embrión en fase de desarrollo será objeto de una exposición mínima al fármaco, dado que la circulación útero-placentaria no se establece hasta las doce o catorce semanas que siguen a la concepción.

9. Sugiero consultar el *Expert Consensos Guideline Series on Treatment of Depression in Women* (2006), así como distintas páginas de internet en donde hay una amplia información. Insto a los lectores más interesados a conectarse especialmente con la página de Cochrane Collaboration: www.cochrane.org, en la que se presenta una amplia gama de tratamientos y con muchos estudios de investigación en los que se pondera la calidad de ese trabajo clínico.

También aquí la información del psiquiatra debe ser exhaustiva y es preciso que esa mujer firme el consentimiento informado de los riesgos que puede correr y que comprende toda la información suministrada.

Resumiendo: las mujeres con antecedentes de depresión pueden recaer durante el embarazo o el puerperio. La depresión durante el embarazo implica riesgos para la madre y para el feto. Tras el nacimiento, si aparece la depresión posparto, ésta puede interferir en el establecimiento de los vínculos madre-hijo, lo que puede tener unos efectos negativos para ese niño. En tales casos es de mucho interés la aplicación a la madre de psicoterapia, terapia de pareja o grupos de apoyo, que pueden servir para fortalecer su personalidad. *Hoy sabemos que los riesgos de tomar antidepresivos durante el embarazo y la lactancia no son tantos, comparados con las ventajas*, según los últimos trabajos y estudios de investigación.

La supresión del tratamiento debe hacerse progresivamente. En ningún caso se puede interrumpir una pauta concreta de pronto, de la noche a la mañana, sin más, pues es habitual una vuelta a los síntomas depresivos en breve. Los antidepresivos no producen adicción (a diferencia de los ansiolíticos). Las mujeres responden de manera similar a los hombres en relación con los antidepresivos. Hay trabajos de investigación al respecto que matizan esto, aunque son muchas las variables. Clarificar la importancia de las distintas interacciones y efectos no es tarea fácil. Lo que sí es concluyente es que las mujeres tienen una mejor respuesta a los IMAOS que los hombres. Y por otra parte, sabemos que las hormonas ováricas modifican la recaptación de la serotonina. Hay que añadir estudios recientes en donde se subraya la diferencia relativa entre varones y hembras en cuanto a la función cerebral derecha e izquierda, lo cual explicaría algunas divergencias de respuesta antidepresiva (Quitkin y equipo, 2002).

He insistido mucho en el tratamiento de la depresión bipolar. Hoy tenemos como principales medicamentos para alcanzar la *eutimia* (el equilibrio, el conseguir que ese sujeto se mantenga en la banda media del estado de ánimo, ni eufórico ni depresivo) el *litio* y el *valproato sódico*. A renglón seguido, la *carbamacepina* y la *oxcarbamacepina*.

Detrás, muy cerca, toda una lista: *lamotrigina, topiramato, GABA, levetiracepam,* etc.

Los trabajos de investigación con el litio durante el embarazo han sido muy abundantes. El riesgo de recaída, en los bipolares, es poco claro y los resultados sobre si el embarazo modifica este riesgo son contradictorios. La mayoría de los estudios afirman que las mujeres bipolares sin tratamiento continuado durante el embarazo tendían a recaer aproximadamente el 50 por ciento de las veces (Nonacs, Viguera y otros, 2000). Los índices de recaídas son más frecuentes cuando el litio se interrumpe bruscamente. Lo que es importante es que *el litio se distribuya de manera uniforme en toda la placenta.* Las concentraciones más altas de litio durante el parto se relacionan con un mayor número de complicaciones; es posible disminuir las concentraciones de litio si éste se suspende momentáneamente en las proximidades del parto[10].

De la misma manera, en las *depresiones bipolares de ritmos rápidos* no se ha encontrado que en el tratamiento a largo plazo fuera mejor el litio que el valproato sódico (Calabrese y equipo, 2005).

La depresión posparto

La *depresión posparto* tiene mucho interés y se da en las primeras cuatro semanas después del parto. Las tasas de prevalencia oscilan, según los numerosos trabajos, entre el 10 y el 40 por ciento. Suele iniciarse a las dos semanas de dar a luz, aunque algunas se presentan a los pocos días del parto, con un carácter de inmediatez. Los primeros síntomas suelen mezclar la tristeza y el decaimiento de ánimo con un rechazo al bebé que a veces se asocia con

---

10. La relación entre las concentraciones de litio en sangre del cordón umbilical y en sangre materna se mantuvieron constantes. La suspensión del litio entre veinticuatro y veintiocho horas antes del parto reduce la concentración materna de litio. Sugiero consultar el artículo de Jeffrey Newport y su equipo: «Paso placentario de litio y resultado obstétrico», *Am J Psychiatry* (ed. esp.), n.º 9, 121-129, 2006.

sentimientos de incapacidad para quererlo de cara al futuro. Es de gravedad moderada, aunque en mi experiencia personal he visto algunas severas, acompañadas de ideas y tendencias autodestructivas. La respuesta a los antidepresivos es variable, pero si el tratamiento se inicia con prontitud a la aparición de los síntomas, la recuperación puede ser buena. He visto resultados muy positivos aplicando antidepresivos en vena y vía oral. Los nuevos elevadores del ánimo recaptadores de la serotonina (paroxetina, a razón de 20 mg dos veces al día) son bastante eficaces en las depresiones inhibidas (aquellas en las que esa mujer está muy parada, como bloqueada).

Caso clínico: una mujer aquejada de depresión posparto

Se trata de una mujer de 29 años. Éste es su segundo parto. El primero fue hace 15 meses y entonces pasó un par semanas difíciles tras el parto, pero no recibió ningún tipo de tratamiento: «En mi primer parto lo pasé mal, porque el bebé tardó en salir y duró demasiadas horas. Una vez que di a luz, pasé un par de semanas como agotada y decaída, no tenía ganas de hacer nada, incluso algún día estuve llorando al ver que no podía ocuparme de mi hija, verme tan sin energías. Ahora ha sido distinto: al día siguiente de dar a luz no tenía fuerzas y dicen que me quedé parada, floja, sin iniciativa».

Justo al día siguiente del parto, aparece un *depresión inhibida* (bloqueada, callada, sin decir nada, con una marcada reducción psicomotora) que, a la semana, dio origen a una *depresión catatónica* con todos los síntomas bien marcados: inmovilidad motora total, cara congelada, impresión de estupor corporal, resistencia a hacer cualquier tipo de movimiento que se le pide, postura rígida, mutismo, mirada perdida y adopción de posturas extrañas.

Dice el marido: «Yo estaba muy preocupado, pensé que alguna medicación que tomó durante el embarazo o lo que se le aplicó durante el parto le pudo hacer este efecto. Está fuera de la realidad, como abstraída. No me responde cuando le hablo, es como si no me oyera».

Ha tenido antecedentes depresivos familiares: una prima hermana por parte de su madre tuvo algo parecido, pero menos agudo, en el primer parto de un hijo (que luego, en el segundo embarazo, no se repitió).

Durante dos semanas tomó venlafaxina (antidepresivo recaptador de la serotonina y la noradrenalina; 75 mg dos veces al día) y la mejoría fue mínima. Se le pidió un ECG y una determinación plasmática de colinesterasa y al estar ambas cosas dentro de los límites normales, se aplicó el TEC, ocho sesiones y, a la tercera, dio un cambio total: empezó a hablar, le cambió la cara, volvieron los movimientos a manifestarse gradualmente y al final del mismo la recuperación estaba en el 90 por ciento, quedándole tan sólo una amnesia de temas recientes, que se restableció en otras dos semanas.

Hay que mencionar también los *blue post partum*, una reacción emotiva de la mujer a los dos o tres días de empezar el puerperio, cuya sintomatología está caracterizada por tristeza, llanto, ansiedad, cambio de ánimo, inestabilidad psicológica, hipersensibilidad a estímulos negativos y labilidad afectiva. Todo eso forma una especie de conglomerado de carácter *depresivo ansioso desdibujado y breve*, que a veces se acompaña de un cierto estado *confusional* y que se da entre el 20 y el 60 por ciento de las mujeres que dan a luz (Gerard, Cuche y equipo, 2003). Suele durar una o a lo más dos semanas y a veces se resuelve de forma espontánea. La mayoría de los autores dicen que está ocasionado por cambios hormonales inmediatos al posparto, en relación con la progesterona, estrógenos, prolactina, cortisol, hormonas tiroides y el AMP cíclico. Parece ser que es difícil quedarse con un solo factor desencadenante o exclusivo, siendo diversos los que interactúan unos con otros. Es leve. Se cura de forma natural, pero en ocasiones es el principio de una depresión posparto.

Se ha hablado, sobre todo por parte de la psiquiatría francesa, de las llamadas *depresiones gravídicas de registro neurótico*, que son las que se dan en un terreno neurótico o conflictivo. La base es un trastorno de la personalidad (generalmente mixto, en donde se asocian distintos tipos de desajuste a la vez) asociado con sentimientos de incapacidad, autodesprecio, inseguridad, astenia, demanda insistente de afecto, inestabilidad de ánimo y casi siempre aflora algún tipo de insomnio. El cuadro clínico se puebla, a veces, de obsesiones relativas a la dificultad para ocuparse del bebé, baja autoestima para las tareas maternas y domésticas, ansiedad. Aquí vuelve a plantearse el tema de la aplicación o no de antidepresivos. *Hay que suspender los antidepresivos durante los tres primeros meses del embarazo o aplicarlos a dosis mínimas con un seguimiento muy cercano de esa mujer.* Todo está lleno de matices, pues no es lo mismo una depresión mayor en esos momentos que una depresión menor o reacciones depresivas secundarias ante dificultades y problemas de la vida.

La menopausia

Las *depresiones en la menopausia* son frecuentes y se deben a un importante cambio hormonal que se da en la mujer. La retirada de la menstruación se produce en la actualidad entre los cuarenta y cinco y los cincuenta y cinco años, aunque es en la cercanía de los cincuenta cuando es más habitual, sobre todo cuando la esperanza de vida de la mujer se sitúa en torno a los ochenta y dos años.

La OMS (Organización Mundial de la Salud) nos define la *premenopausia* como el periodo fértil de la mujer anterior al cese del ritmo menstrual. Y *menopausia,* como el cese permanente de la menstruación (doce meses de amenorrea, es decir, de ausencia de menstruación) que resulta de la pérdida de actividad folicular ovárica.

No siempre la menopausia se asocia con la depresión. Hay muchos trabajos de investigación que subrayan este hecho. Winokur, en 1973, demostró en un grupo numeroso de mujeres menopáusicas que el riesgo de tener una depresión no era mayor que en otras etapas de la vida. Aquí debemos dejar bien sentado que no es sólo la cuestión hormonal, sino que actúan otros elementos psicológicos: es el final de la reproducción. En muchas culturas aquí se inicia la vejez, la mujer hace un cierto balance personal al atravesar esta frontera, un ciclo de la vida se cierra, etc. Por el contrario, otros investigadores han mostrado que es más frecuente la depresión en *menopausias quirúrgicas.*

Las diferencias y discrepancias de datos en este sentido son muy acusadas (Sánchez Cánovas, 1996), lo cual puede explicarse por los diferentes métodos de investigación usados para explorar esta etapa de la vida de la mujer.

La menopausia está producida por una atresia folicular ovárica (oclusión de una abertura natural) que se produce de forma natural y que se asocia con una disminución de dos hormonas: estrógenos y progesterona. Al disminuir el funcionamiento del ovario, cesa el sangrado menstrual. En el periodo anterior, en la *premenopausia*, aparecen cambios en la temperatura corporal (oleadas de calor y de frío), oscilaciones frecuentes en el estado de ánimo, hipersensibilidad psicológica, ansiedad generalizada, miedos difusos, alteraciones del sueño, etc.

Hay otras interpretaciones, más psicológicas, que ponen de relieve la vivencia de la mujer que ve cómo pasa su vida y ya no podrá volver a tener la posibilidad de engendrar hijos, elaborando una serie de pensamientos más o menos negativos en torno a ese gran tema. También cree que se produce una disminución de su atractivo, la entrada en la antesala de la vejez. Todo esto varía mucho según las diferentes culturas. Así, las mujeres con buen apoyo sociofamiliar y una vida afectiva estable y con unas relaciones con los hijos positivas tienen menos posibilidades de padecer depresiones.

La menopausia quirúrgica es aquella que se produce cuando tras una operación a la mujer le extirpan los ovarios y el resto del aparato reproductor, lo que se llama *histerectomía*. La intervención suele ser debida a tumores en esa zona (80 por ciento), hemorragias uterinas (24 por ciento) y prolapsos uterinos (6 por ciento). Muchos trabajos de investigación subrayan que *la menopausia quirúrgica produce más depresiones que la menopausia natural, las cuales siempre se acompañan de ansiedad.* McKinlay (1987) y Gath y su equipo (1995) insistieron en ese sentido.

Tanto en la menopausia natural como en la quirúrgica, la llamada terapia hormonal sustitutiva (TSH) es una indicación importante. Hasta la fecha todas las explicaciones que se han dado sobre ella es que su causa es debida al *cese de la función de los ovarios*, lo que origina una *carencia de estrógenos y una alteración de los neuro-*

transmisores cerebrales[11]. La TSH consiste en la administración pautada y controlada de estrógenos solos o asociados a la progesterona, incluso algunos autores hablan de que esta medicación en algunos casos puede ser más útil que los mismos antidepresivos. Otros son menos optimistas y ven los posibles efectos secundarios como peligrosos (problemas cardiovasculares, osteoporosis, disminución de la libido, etc.). La terapia hormonal sustitutiva puede ser eficaz, siempre que se aplique con un seguimiento y control precisos, evaluando efectos positivos y efectos secundarios.

Las depresiones tras el aborto

Son muy frecuentes las *depresiones tras un aborto voluntario*, que sumergen a esa mujer en una depresión insidiosa que va de menos a más, dejando de cara al futuro una huella importante que asoma y se esconde de manera intermitente: la soledad, la falta de apoyo familiar, los sentimientos de culpa, los conflictos vividos que han terminado en esa decisión, la tristeza reactiva, etc.

David Fergusson y su equipo (2006) han publicado un trabajo muy interesante a este respecto: cuando una mujer joven aborta, incrementa significativamente el riesgo de padecer una enfermedad psíquica. Según este equipo de investigadores, el 42 por ciento de las mujeres que abortaron antes de los veinticinco años experimentaron una depresión en los cuatro años siguientes. Estos datos proceden de un estudio de seguimiento de una cohorte de 1.265 niños desde que nacieron en Nueva Zelanda en 1977, en la ciudad de Christchurch. Estos investigadores comprobaron que el 41 por ciento de las mujeres que permanecían en la cohorte habían quedado embarazadas antes de cumplir los veinticinco años, que el 24,6 por ciento habían abortado y que éstas tenían una tasa mayor de problemas psíquicos, un 35 por ciento más de las que decidieron seguir adelante con su embarazo.

---

11. La serotonina, dopamina, noradrenalina, los opiáceos endógenos, prostaglandinas y los receptores celulares cerebrales.

Otros problemas detectados son ansiedad, tendencias suicidas y abuso de alcohol y drogas[12]. Se han tenido en cuenta en dicho estudio otras variables: su contexto social, educación, etnia, salud mental previa, haber sufrido abusos sexuales, tipo de personalidad, antecedentes personales y familiares, etc. En Nueva Zelanda se realizaron en 2004 un total de 18.211 abortos, el 98 por ciento se dice que fue por riesgo de la salud mental de la mujer. En España, durante 2005, hubo unos 84.000 abortos. Lo que tiene un sentido lógico, que el aborto provocado es un trauma, ha sido demostrado en este reciente estudio, como en otros de estructura parecida.

Ya Nickevic y su equipo (1998), en un trabajo de investigación sobre mujeres que habían abortado voluntariamente, encontraron que el 45 por ciento tenían ansiedad. Gómez Lavin (2004) ha insistido en las formas depresivas como más habituales que los síntomas de ansiedad tras el aborto voluntario.

Las *depresiones tras un aborto espontáneo* pueden suceder, pero dependen de diversos factores: tiempo de la gestación (no es lo mismo el aborto a las pocas semanas que cuando el embarazo lleva muchos meses), si es de una primípara (es su primer embarazo) o de

---

12. Fergusson, que se declara partidario del aborto, dice que es el primer sorprendido por estos datos. Él manifiesta que es ateo y que no sabe cómo interpretar estos resultados, pero que habría sido una clara irresponsabilidad científica no publicarlos. El trabajo está publicado en el *Jour Child Psych Psychiat*, 47, 1, 16-24, 2006. Hay unas manifestaciones de él a la prensa, muy sugerentes, que copio literalmente: «Por hacer un paralelismo, si hubiéramos descubierto un efecto secundario negativo de un medicamento, tendríamos la obligación de publicarlo. Hemos tenido que acudir a cuatro publicaciones, lo cual es insólito, pues normalmente la aceptan a la primera. Nadie puede acusarme de creencias religiosas, pero es probable que haya revelado unos datos que favorecen la perspectiva a favor de la vida. No actúo al dictado de intereses ideológicos, hago lo científicamente posible con un problema difícil»(*The New Zeland Herald*, 5 de enero de 2006). Y continúa Fergusson diciendo que él y su equipo no esperaban encontrar ninguna relación entre aborto y enfermedades psíquicas, pero reconoce que ha sido al revés: «La salud de la mujer está en juego. Es escandaloso que la operación quirúrgica que se realiza en una de cada diez mujeres esté tan poco estudiada y evaluada. Nuestro estudio demuestra una fuente de relación entre someterse a un aborto y padecer una depresión y algún otro tipo de alteración psicológica».

una multípara (ha tenido ya varios embarazos), si había puesto mucha ilusión en ese hijo o si ha sido un embarazo no buscado ni deseado, si se ha acompañado de alguna enfermedad física concomitante, etc. Son menos frecuentes que las anteriores, ya que no implican una decisión personal grave.

Las depresiones bipolares en la mujer

Las depresiones bipolares suelen iniciarse en la mujer en la adolescencia o en la primera edad adulta, lo que implica el riesgo de padecer dicho trastorno, durante los años fértiles; la posible mejoría de la depresión bipolar es un tema controvertido (véanse los trabajos de investigación de Pugh, 1963; Kennedy, 1987; Terp, 1998; Grof, 2000; Freeman y Smith, 2002; Yonkers y equipo, 2004) y hoy sabemos que el embarazo no protege a todas las mujeres con un fondo bipolar: es más, durante el puerperio ese tipo de mujer tiene entre seis y siete veces más posibilidades de padecer una depresión bipolar con necesidad de ser ingresada y el doble de posibilidades de que presente un episodio recurrente.

La American Psychiatric Association (APA) ha elaborado unas directrices generales para el tratamiento del trastorno bipolar (2002, 2006), cuya aplicación se hace más compleja en el preparto y posparto. El riesgo de malformaciones fetales relacionadas con el uso de psicofármacos depende de las propiedades de cada medicamento y del tiempo de exposición fetal. Así, la toma de estos medicamentos durante los primeros treinta y dos días que siguen a la concepción puede afectar al desarrollo. La exposición durante los veintiuno a cincuenta y seis días posteriores a la concepción podría afectar a la formación del corazón. Y la exposición durante los días cuarenta y dos a sesenta y tres puede alterar el buen desarrollo del labio y del paladar. Las anomalías del cráneo pueden producirse después del primer trimestre. Quiero hacer un breve resumen de la acción de los principales *estabilizadores del ánimo* durante el embarazo en las mujeres portadoras de depresión bipolar:

— *Litio.* Sigue siendo un medicamento esencial tanto en la prevención como en el mantenimiento. Existe una base de datos, el *Register of Lithium Babies*, completada por médicos, que revela que es seria la posibilidad de padecer *disginesia de órganos* (alteraciones congénitas de diferentes territorios corporales), especialmente malformaciones cardiovasculares, sobre todo la llamada *anomalía de Ebstein*, que consiste en un prolapso de la válvula tricúspide acompañada de cierta hipoplasia (disminución) del ventrículo derecho (Mizrahi y equipo, 1979); en consecuencia, el riesgo de presentar esta alteración es entre veinte y cuarenta veces superior tras la exposición prenatal al litio.

También presenta *efectos sobre el crecimiento intrauterino*, pues se constató que estos bebés eran de más peso. En cuanto a las *acciones teratógenas sobre el comportamiento*, en un estudio de seguimiento de una muestra de sesenta niños que habían estado expuestos al litio durante el primer trimestre o a lo largo de todo el embarazo, no fueron diferentes en su comportamiento de sus hermanos no expuestos (Schou y equipo, 1976; Jacobson y equipo, 1997).

De los *efectos secundarios neonatales,* el más frecuente fue el *síndrome de floppy baby*, caracterizado por cianosis (la cara del niño aparece azulada) e hipotonía muscular (disminución del tono de las masas musculares de las extremidades superiores e inferiores). También se han descrito algunos casos de hipotiroidismo y diabetes (han sido Schou y Mizrahi, en 1991, los que más han trabajado en este tema). En la actualidad se controlan de forma sistemática los niveles de litio en sangre de la madre embarazada.

Utilización del litio durante el embarazo: la vida del litio en el organismo es relativamente corta, de ocho a diez horas y los niveles en sangre presentan grandes fluctuaciones. La administración más frecuente es la de tres tabletas al día, llegando en torno a los 1.000 mg. Estos índices de litio en sangre (litemia) deben vigilarse al máximo y pueden variar con los vómitos, fiebre y la administración de sodio. A medida que pasan los meses del embarazo, aumenta la eliminación de litio por el riñón, lo que exige que deba ser aumentada su dosis.

Se ha comprobado que los niveles de litio en el cordón umbilical equivalen a los mismos niveles en la sangre de la madre. Algunos expertos recomiendan la supresión total del litio al inicio del parto para evitar la reducción radical del volumen de los vasos arteriales durante la expulsión del niño del seno materno.

Si el bebé estuvo expuesto al litio durante el primer trimestre del embarazo, es posible detectar anomalías con ecografía de alta resolución y ecocardiografía fetal a las dieciséis o veinte semanas de la gestación (Altshuler y equipo, 1996, 2006).

— *Anticonvulsivantes.* Como comentaremos en el apartado de tratamiento sobre las depresiones en general y las bipolares en particular, hoy se están utilizando medicamentos contra los ataques convulsivos para regular las depresiones y frenar su recaída, especialmente el valproato sódico (Depakine), la carbamazepina (Depamide) y la oxcarbamazepina (Trileptal): parece ser que alguno de ellos tiene un efecto teratógeno peor que el litio, como la espina bífida, microcefalia (cabeza bastante más pequeña) y anomalías cardiacas. Incluso se ha descrito una *cara anticonvulsivante,* caracterizada por una disminución de la masa media de la cara, nariz corta y con las ventanas nasales vueltas hacia arriba y el labio inferior largo. Parece ser que la lamotrigina (Lamictal, Labileno, Crisomet) de reciente diseño para el tratamiento de las depresiones mono y bipolares tiene un menor índice de malformaciones.

En lo que se refiere al valproato sódico, hoy su aplicación es diaria y tiene una importancia en el tratamiento bipolar enorme. El empleo de esta sustancia durante el primer trimestre del embarazo se asocia con algunas anomalías del tipo de la espina bífida. En cuanto a sus *efectos sobre el crecimiento intrauterino,* han sido frecuentes los hallazgos de algunos investigadores (Briggs, Freeman y Yaffe, 2006). Los *efectos secundarios neonatales* consisten en la disminución de la frecuencia cardiaca del bebé en los días antes del parto, acompañada de irritabilidad, nerviosismo, problemas de alimentación y disminución del tono muscular, disminución de la glucosa en sangre (hipoglucemia) y aumento de la toxicidad en el hígado (hepatotoxicidad).

Su utilización durante el embarazo: en mujeres con depresión bipolar o con crisis epilépticas se recomienda cambiarlo por otro unos meses antes del parto, ya que este medicamento se concentra dos veces más en la sangre del cordón umbilical que en la sangre de la madre. Se recomienda un aporte complementario de ácido fólico (3-4 mg/día), ya que disminuye el riesgo de anomalías, sobre todo en los primeros tres meses del embarazo, así como de vitamina B-12, para evitar una anemia perniciosa.

De la *carbamacepina* podemos decir que su efecto sobre una anomalía en la génesis de algunos órganos (*disginesia*) parece bastante clara. Un estudio de treinta y cinco mujeres tratadas con carbamacepina durante los tres primeros meses del embarazo mostró anomalías craneoencefálicas, disminución del grosor de las uñas (hipoplasia ungueal), así como retrasos del desarrollo. Su poder negativo (teratógeno) aumenta cuando se mezcla con el valproato sódico. La oxcarbamacepina parece que tiene menos efectos negativos (Diav, Shechtman, Arnon y Ornoy, 2001).

Efectos secundarios neonatales: disminución de peso al nacer el bebé, así como del perímetro de la cabeza. Se han descrito reacciones adversas del hígado pasajeras, así como un aumento de la bilirrubina; en ambos casos esa alteración hepática desapareció cuando el niño empezó la lactancia materna. La mayoría de los expertos sostiene que sólo debe utilizarse la carbamacepina *durante el embarazo* cuando se han agotado las demás opciones. Es interesante el trabajo del equipo de Rzany (1999): las mujeres que inician un tratamiento con carbamacepina después de dar a luz corren un riesgo mayor de reacciones adversas graves (insuficiencia hepática, disminución de los granulocitos, etc.) que aquellas que reciben dicho medicamento al quedarse embarazadas.

También puede disminuir en el feto la vitamina K, que regula la coagulación, lo que podría originar hemorragias en el nacimiento y anomalías de la línea media de la cara; por ello se recomienda en tales casos dar 20 mg/día de vitamina K por vía oral durante el último mes del embarazo. Algunos pediatras sugieren la vitamina K por vía intramuscular. Por lo demás, en estudios controlados no se detectó ninguna anomalía significativa de comportamiento.

La *lamotrigina* es uno de los más recientes fármacos estabilizadores del ánimo (también llamados *eutímicos* o *normotímicos*), siempre aprobada recientemente con esta indicación clínica.

Dos trabajos de investigación (Calabrese y equipo, 2000; Shelton y equipo, 2006) demostraron que los episodios de *disginesia de órga-*

nos se espaciaban, es decir, que los intervalos libres de síntomas eran más largos. Un estudio financiado por GlaxoSmith-Kline, el *Lamatrigine Pregnancy Registry*, a final de 2003, consignaba 1.081 casos, obteniéndose 693 informes sobre la evolución clínica de los recién nacidos. Se identificaron 9 anomalías importantes en los hijos de mujeres tratadas con esta monoterapia, lo que corresponde al 2 por ciento de los casos, frente al 3,4 por ciento de las 278 mujeres que recibían tratamiento con varios anticonvulsivantes.

No se han detallado efectos sobre el crecimiento intrauterino, aunque sí reacciones adversas hepáticas exantemas (alteraciones de la piel), como efectos secundarios neonatales. Durante el embarazo se ha observado la disminución de su concentración en sangre.

— *Antipsicóticos de primera generación*. Hay mucha información sobre los efectos de los *antipsicóticos clásicos*. La *butirofenona* es el más utilizado (Haloperidol) y se lleva la palma: se ha empleado históricamente para tratar las náuseas y los vómitos durante el embarazo y también los trastornos psicóticos de las mujeres en pleno embarazo. Además tenemos las *fenotiacinas* (Clorpromacina, Largactil).

Por lo que se refiere a la *disginesia de órganos*, en un estudio ya tradicional (Rumeau-Rouquette y equipo, 1976; Slone y equipo, 1977) de 315 mujeres expuestas y 11.099 no expuestas, estos investigadores encontraron un índice de malformaciones superior en los hijos expuestos (3,5 por ciento) en comparación con los otros (1,6 por ciento). Asimismo se estudiaron los efectos con *sustancias afines* (como perfenacina o trifluoperacina) y no se observó un índice mayor de malformaciones. Hay un trabajo de Cohen y Altshuler (1996) en el que se relaciona el uso del conocido Haloperidol con un acortamiento de las extremidades, pero trabajos de investigación con muestras más numerosas no confirmaron este hallazgo (Van Waes y equipo, 1966).

Ayd (1968) y Sexon y equipo (1989) han descrito cómo algunos recién nacidos·que habían estado expuestos a Haloperidol durante el embarazo sufrieron un síndrome de abstinencia incipiente (irritabilidad, giro de la lengua hacia delante, gestos anormales de la mano y temblor en todas las extremidades). Y en los que tomaron Clorpromacina se pudieron observar temblores, aumento del tono muscular (hipertonía), inquietud motora, espasticidad y problemas de alimentación. Estos síntomas pueden durar de ocho a diez meses, para luego desaparecer. No hay más síntomas neonatales descritos.

Para *su utilización durante el embarazo* siguen desempeñando un papel importante en el tratamiento inicial de la euforia (manía, hipomanía) relacionada con el curso de la gestación. Algunos consideran que su riesgo es menor que en los antipsicóticos de la segunda generación (Wisner y equipo, 2004).

— *Antipsicóticos de la segunda generación.* Aquí nos encontramos con quetiapina (Seroquel), risperidona (Risperdal) y olanzapina (Zyprexa). Tienen grandes ventajas y presentan muchas novedades terapéuticas. En lo referente a *disginesia de órganos*, la olanzapina (Zyprexa) no se ha relacionado con malformaciones (Goldstein, 2000, 2006; Littrell y equipo, 2000). Tampoco se han descrito efectos secundarios neonatales. Para su empleo durante el embarazo, la olanzapina se ha relacionado con un aumento de peso y resistencia a la insulina, diabetes durante la gestación y aumento de la tensión arterial (Kirchheiner y Berghofer, 2000).

— *Bloqueadores de los canales del calcio.* El más utilizado para el tratamiento de la depresión bipolar es el verapamilo, pero aún no se ha confirmado su eficacia (Wisner y equipo, 2002). Dicha sustancia se utiliza en el tratamiento de la hipertensión arterial de la madre y las arritmias fetales y se ha valorado su utilización en los tres primeros meses del embarazo y sus efectos sobre el feto (Magee y equipo, 1996): desarrollaron algunas malformaciones, asociadas a un índice de partos prematuros, pero este hecho no se confirmó en otros trabajos (Marlettini, 1990).

— *Benzodiacepinas, tranquilizantes e hipnóticos.* Las benzodiacepinas se usan muy a menudo como tratamiento coadyuvante en la estabilización del estado de ánimo. Algunas pueden manejarse con prudencia durante los tres primeros meses del embarazo, pero a dosis muy bajas (Rojas y equipo, 2006), del tipo del cloracepato dipotásico (Tranxilium). En los casos más graves de agitación o trastornos del ritmo sueño-vigilia se han usado el loracepan (Orfidal, Idalprem, Placinoral, Sedicepan) y el clonacepan (Rivotril), que tiene buena respuesta en las depresiones bipolares.

No existen informaciones sobre malformaciones causadas por el loracepan ni el clonacepan. El fármaco por excelencia dentro del campo de los ansiolíticos es el diacepam (Diacepam, Valium, Vincosedan, Complutine) y su seguridad en este campo es controvertida: parece ser que el efecto más frecuente son las fisuras bucales en el bebé y algún caso muy aislado de labio leporino (Heinonen, 2006).

Aunque el riesgo causado por las benzodiacepinas es bajo, se pueden emplear algunas de las más fuertes durante el embarazo, pero tienen una vida media en sangre más corta y causan menos efectos sedantes. También se han descrito casos de un menor crecimiento intrauterino, pero no se han puesto de relieve complicaciones con el loracepan ni con el clonacepan.

En cuanto a los efectos secundarios neonatales, las benzodiacepinas causan reacciones adversas al final del embarazo. Algunos informes han señalado problemas de termorregulación, apneas (dificultades e interrupciones de la respiración), bajo tono muscular (hipotonía) y problemas de nutrición. Los hijos de madres que tomaron benzodiacepinas a dosis relativamente altas durante el embarazo pueden manifestar síntomas de abstinencia: temblores, irritabilidad, diarrea, vómitos, succión vigorosa del pecho materno (o del biberón). Un estudio interesante es el de Weinstock (1996) sobre una muestra de treinta y nueve madres que tomaron durante el embarazo clonacepan (entre 0,5 y 3,5 mg/día) para tratar una ansiedad bastante marcada, no observándose efectos secundarios neonatales. Por último, se han comunicado algunos casos de retrasos del desarrollo y motores. Otros investigadores no detectaron ningún tipo de alteraciones.

Aparte de la farmacopea, existen otros métodos relacionados con el tratamiento de las depresiones que pueden tener efectos sobre el embarazo. Uno de ellos es la *terapia electroconvulsiva* (TEC). El empleo del TEC (antiguo electroshock modificado bajo anestesia) presenta pocas reacciones adversas y sus riesgos son menores que la medicación habitual en una fase depresiva o eufórica. No hay prácticamente manifestaciones de órganos que vengan alterados en estos niños. En cuanto a su empleo durante el embarazo, presenta complicaciones muy poco frecuentes y transitorias.

Los barbitúricos pueden producir una disminución de la frecuencia cardiaca fetal y la atropina, taquicardia. Se han observado algunas contracciones uterinas, pero en ningún caso éstas desencadenaron un parto prematuro. En pacientes desnutridas o deshidratadas pueden darse contracciones. Los estrógenos disminuyen el umbral convulsivo y la progesterona lo eleva. Hay casos en los que afloran hemorragias durante la intubación, pudiendo utilizarse un tubo con balón de pequeño tamaño (tamaño pediátrico).

No se han comunicado efectos sobre el crecimiento intrauterino. En cuanto a los *efectos teratógenos y del comportamiento*, en algunos casos muy aislados se ha descrito retraso mental en niños expuestos *in utero* al TEC (Impastato, 1966), en investigaciones de hace muchos años. No obstante, hoy no podemos confirmar eso, con las precauciones con las que se utiliza ahora el TEC.

Por último, comentaremos que las distintas psicoterapias en las fases depresivas y/o eufóricas (maníacas) tienen como objeto establecer una buena relación médico-enferma, mejorar el cumplimiento de la medicación, hacer que esa persona tome conciencia de que está deprimida o eufórica, así como prevenir las recaídas, subrayando la importancia de la medicación estabilizadora.

La *psicoeducación* tiene un valor indudable: explicarle a estas mujeres qué es una depresión, cuál es la modalidad que padece y si es bipolar, decirle las características, los síntomas que residen en su interior, la importancia de la medicación de mantenimiento y, en su caso, los estabilizadores del ánimo y la necesidad de un control en sangre periódico, saber que está contraindicada la ingesta de alcohol mezclada con antidepresivos, cuál es el camino a seguir cuando se inicia una nueva fase y cómo darse cuenta de cuándo comienza una fase eufórica, así como enseñarle lo que es un estado de eutimia (no estar ni arriba ni abajo en el ánimo, sino que el estado anímico es el habitual de esa persona cuando no tiene oscilaciones ascendentes o descendentes, maníacas o depresivas)... Todo esto es materia frecuente de comentario a esa mujer y a su familia, con el objeto de que comprendan su enfermedad, la acepten y sigan las pautas diseñadas y sepan cómo actuar ante diversas circunstancias imprevistas. También es bueno recomendar a estas mujeres la importancia de dormir un número de horas adecuado. Algunos autores han descrito cómo la *privación de sueño* puede desencadenar fases maníacas.

El síndrome de estar quemado (*burnout*)

Sobrecarga emocional en el trabajo, con desgaste e insatisfacción

En los últimos años se ha popularizado la expresión *estar quemado*, concepto que es menester apresar, ya que al utilizarse con gran frecuencia, su significado se ha desdibujado y se emplea de forma imprecisa.

El primer antecedente histórico fue elaborado en 1953 por Schwartz y Hill entre las enfermeras de un hospital psiquiátrico inglés, haciendo referencia a una baja de moral de las mismas en su trabajo. La enfermera Jones lo reflejaba de este modo en unas notas personales: «Comencé a ser cada vez menos efectiva con mis pacientes. Mi hostilidad hacia ellos era insoportable. Comencé a verlos como personas irritantes, que hacían continuas demandas. Ellos se daban cuenta y tendían a alejarse de mí. Los pacientes agresivos empezaron a gruñirme. Las notas de la jefa de enfermería sobre mi ineficacia eran cada vez más frecuentes y mi ira era personal e intensa. Las notas despreciativas de los pacientes me afectaban y yo tendía a mantenerme alejada de ellos».

Fue descrito inicialmente por Freudemberg en 1974 de un modo más científico y riguroso: él trabajaba en una clínica para toxicómanos en New Cork, observando que al año de trabajar allí la mayoría de los voluntarios sufría una pérdida de energía, cansancio físico y psicológico, con síntomas de ansiedad y de depresión, a lo que se fue añadiendo poco a poco desmotivación por llevar a efecto su trabajo y una agresividad gradual con los pacientes. Poco más tarde la psicóloga Cristina Maslach estudió las respuestas emocionales de los profesionales de ayuda que tras un periodo de trabajo presentaban una *sobrecarga emocional* o *síndrome del* burnout: es decir, *estar quemado* ante las dificultades, los sinsabores y problemas. Esta autora lo sistematizó así: «Síndrome de agotamiento emocional, despersonalización y baja realización personal». Lo cual significaba lo siguiente:

— *Agotamiento emocional*: cansancio físico y psicológico, con disminución de los recursos personales y una cierta pérdida de la vitalidad.

— *Deshumanización*: la cual se acompañaba de *despersonalización* (una cierta extrañeza de uno mismo), insensibilidad en el trato, actitudes negativas y un cierto grado de cinismo hacia las personas que debían recibir sus servicios.

— *Falta de realización personal*: con tendencias a valorar el propio trabajo de forma negativa, pérdida gradual del gusto por ese tipo de tarea, con sensaciones de insuficiencia para esa actividad, que se acompañaban de bajo nivel de autoestima y respuestas negativas hacia uno mismo.

— *Síntomas físicos de estrés*: agotamiento, cansancio anterior al esfuerzo, nerviosismo, taquicardia, opresión precordial y un malestar difuso generalizado.

Poco después, Maslach y Jackson (1981) describieron sus síntomas de forma más precisa e incluso diseñaron una escala de conducta para medirlo (1981, 1986: *Maslach Burnout Invectory*). Existe lo que podemos llamar una *vulnerabilidad predisponente* que está representada por los siguientes factores: la edad, el nivel de estudios e instrucción, neuroticismo, personas con tendencia a la responsabilidad, dificultades respecto a acontecimientos exteriores (no a ellos mismos), falta de eficacia, poca resistencia al estrés, así como falta de apoyo social y pocos recursos psicológicos para afrontar situaciones difíciles, sobre todo la tensión en el trabajo. Todo ello forma una rica constelación de elementos que facilitan que alguien caiga en este síndrome. Se da con bastante frecuencia *en los profesionales de la relación de ayuda*, es decir, aquellos que tienen un contacto directo persona a persona. En medicina es muy habitual, sobre todo en las enfermeras, que además de tener una dimensión técnica, tienen otra muy especial, la humana, que sirve para aliviar al enfermo y hacerle más llevadera su estancia en el hospital. Por eso cuando éstas tienen una sobrecarga excesiva de trabajo y actividad y se ven desbordadas y no son comprendidas por los médicos, se van derrumbando poco a poco. Ellas son víctimas frecuentes del *burnout* y, siendo piezas claves en el sistema hospitalario, cuando no funcionan bien, esto repercute muy negativamente en el nivel de calidad de un centro de salud.

Veamos un caso clínico que, como siempre, nos acerca al concepto con un realismo notarial.

Caso clínico 1: un profesor de secundaria con síndrome de *burnout*

Se trata de un profesor de instituto, de cuarenta y dos años, casado y con tres hijos, que vive en una ciudad del sur de Madrid: trabaja ininterrumpidamente de 8.30 a 17.00. Tiene tres grupos de treinta alumnos cada uno, de quince años aproximadamente. Lleva dos años en este centro docente, pero su experiencia como profesor es de unos catorce años. Su perfil psicológico es el siguiente: persona más bien introvertida, muy trabajador, responsable, muy ordenado (utiliza a diario la pizarra con el fin de ordenar los conceptos, hacer clasificaciones o matizar algunos puntos de la lección que esté explicando), bastante sensible, tímido (dentro del círculo de las llamadas personalidades por evitación) y con pocos recursos para la relación social.

En el curso anterior tuvo bastantes problemas con el grupo de alumnos peores de la clase, que son cinco y que presentan un claro fracaso escolar. Tres de ellos han hecho pintadas en la pizarra del aula, de carácter peyorativo hacia el profesor, con dibujos de su cara (caricatura muy despectiva), repitiendo frases o estribillos frecuentes en su lenguaje cotidiano. En otras ocasiones, en el curso de la clase y estando él de espaldas a los chicos, ha oído insultos y frases soeces contra él, pero no ha podido saber quién ha sido.

Ya al principio de este año, después de las vacaciones, no quería incorporarse y tuvo una semana antes mucha ansiedad, acompañada de frecuentes colitis, insomnio y un cierto cambio negativo de su personalidad. Este curso académico lleva tres meses de actividad y el grupo de alumnos discordantes es peor y algo más numeroso, ya que son siete: crean mal ambiente entre el resto de los compañeros, se quejan de que el profesor explica demasiada materia, que va muy deprisa y que a ese minigrupo lo atiende poco. Presentaron una queja verbal y luego por escrito al director del centro y esto ha enturbiado más las relaciones con el profesor. El resto de los alumnos están bastante desmotivados, el nivel de estudio y deberes que han de realizar es bajo y ya no puede controlar al «segmento de los incordiantes», ni tampoco ahora al de los «pasotas». Nos dice él: «Cada día voy a clase con menos ganas. He sido un amante de mi trabajo y mi pasión ha sido siempre dar clase, pero no en estas condiciones. En los controles de exámenes el fracaso en las notas es del 70 al 75 por ciento. La gente, durante las clases, está dispersa. Son insolentes, maleducados, prepotentes, altivos y no me tienen casi ningún respeto, exceptuando un pequeño grupo, pero que tiene poca fuerza frente al resto.

»He vuelto a dormir mal, con pesadillas y agresiones de los alumnos a mi persona. La forma de responder en clase a mis preguntas se ha vuelto irónica, despectiva. Yo explico dos asignaturas: Lengua y, por otra parte, Historia de la Literatura Española. Me veo incapaz de seguir y me han dado la baja hace unos días, porque ya no podía más. Era entrar en clase y empezar con taquicardia, opresión precordial, sequedad de boca y miedo, mucho miedo. Hace unos días me quedé solo en la clase, en el momento del recreo y oía cómo gritaban contra mí desde el patio, con insultos, desprecios y pareados en un tono que yo no puedo consentir.

»El director del instituto me ha dicho que le dé una lista de esos alumnos tan negativos. Se la he dado y al día siguiente me he encontrado el cristal de mi coche roto y una rueda pinchada y llena de clavos. Dos de ellos han sido expulsados, pero yo estoy desmoralizado, mis deseos de dar clase se han ido reduciendo y cada vez me siento peor: inseguro, desmotivado, decaído, sin deseos de seguir. El solo hecho de pensar en volver a mi clase me produce pavor, un miedo terrible y una tensión generalizada por todo el cuerpo, es como una especie de bloqueo. Mi mujer está muy preocupada, al igual que mis hijos, el mayor de los cuales, de dieciséis años, me dice que eso es normal y que lo que tengo que hacer es quitarle importancia a lo sucedido y seguir adelante».

Se le ha diagnosticado un *síndrome de* burnout, al que se ha ido asociando una *fobia a ir a clase*: el hecho de pensar en retornar a su lugar de trabajo le produce una *ansiedad generalizada* que le hace imposible ni planteárselo. Según nos comenta, son bastante frecuentes todos estos acontecimientos y, hablando con otros profesores, muchos dicen que a ello se asocia la falta de carácter del director, que es contemporizador y que, por evitar males mayores (poner en la calle a más del 30 por ciento del alumnado), consiente y se ha vuelto muy permisivo con ciertas conductas de los chicos. Por tanto, vamos a destacar aquí los principales puntos problemáticos del caso que nos ocupa:

Se trata de un *hassle* o acontecimiento conflictivo, fastidioso, negativo, que afecta a su vida laboral diaria. Ello origina unas relaciones especialmente malas con los alumnos con fracaso escolar, que han contagiado al grupo mediano, que se ha ido inclinando hacia ellos. La *evaluación que hace el profesor es igualmente negativa* y valora esa realidad de manera especialmente insuperable, por fuera y por dentro, externa e internamente.

Este *estrés laboral crónico* ha desencadenado una sintomatología en cinco dimensiones: *física* (síntomas somáticos: taquicardia, pellizco gástrico, sequedad de boca), *psicológica* (inseguridad, miedo, baja autoestima, temor a perder el control y a agredir a algún alumno, con las posibles negativas consecuencias que esto puede tener), *cognitiva* (mal procesamiento de la información, adelantarse en negativo, distorsión de pequeñas anécdotas ligeramente negativas, que al estar quemado las magnifica; además se ha vuelto hipersensible, suspicaz), *de conducta* (temblores generalizados, tics en la cara, andar en la clase de un sitio para otro delante de su mesa) y *social* o *asertiva* (no quiere salir los fines de semana con su mujer ni con amigos comunes, está bloqueado y en las sesiones conjuntas con el resto de los profesores casi no se atreve a intervenir).

Padece una *fobia social*: terror, pánico, miedo insuperable a volver a las aulas e impartir sus actividades docentes. Nos ha dicho: «Otros profesores practican una especie de *absentismo laboral atípico*, ya que se dan la baja por cualquier molestia física, cuando lo que en realidad les sucede es lo mismo que a mí. Yo estoy hundido, deprimido, mal, pero sé por qué me viene a mí esto».

Se le ha prescrito un tratamiento psicorrelajante (alprazolan-5 mg, tres veces al día), un facilitador del sueño (nitrazepan) y un antidepresivo (venlafaxina, 75 mg por la mañana). Además de la baja laboral, se le ha iniciado una psicoterapia dándole *pautas de afrontamiento* para saber enfrentarse con sus alumnos y ensayar un comportamiento más adecuado, haciendo valer su autoridad. Se ha hablado con el director del instituto, buscando una mejor colaboración entre ellos.

La mejoría en su estado de ánimo ha sido evidente. El tema de la *fobia a volver a clase* sigue intacto y es la siguiente meta ir desdramatizando el asunto y hacer un programa antifóbico para ir superando gradualmente la situación.

Entre los distintos trabajos de investigaciones realizadas (Harrison, 1983; Seidman y Zager, 1987; Schutz y Long, 1988; Hobfoll y Fredy, 1993; Torres y equipo, 1996; Valero, 1997; Mingote y equipo, 1999, 2003 y 2004; Gil Monte y Peiró, 1997; Daniel y Pérez, 1999; Rojas, 2004) parece que son los profesores de enseñanza en colegios y los médicos de hospital y ambulatorios los que más padecen este trastorno. Pero su área se expande a otros sectores, quizá no con tanta fuerza como a esos dos: periodistas, abogados de macrobufetes (en donde los escritos deben presentarse en un plazo clave y si no se relizan así se pierde el caso jurídico), enfermeras, trabajadores sociales, políticos y, por supuesto, amas de casa. Veamos otro caso ejemplar:

Caso clínico 2: el desgaste profesional de un médico de hospital

Estamos ante un médico de cuarenta y cinco años, casado y con tres hijos. Trabaja en un hospital de una gran ciudad, en el servicio de aparato digestivo, en el que existe una unidad de cirugía, lo que comporta un enorme trabajo y guardias periódicas de veinticuatro horas. Hay en el equipo, entre médicos y enfermeras, catorce personas. El ambiente es malo, con pequeños disgustos y puntos de vista distintos, que en un principio parecían fáciles de superar pero han ido a más y se ha creado un clima tenso, distante, de irritabilidad de fondo, de tal manera que el posible cambio de una guardia o pedirle un favor a un compañero se ha convertido en algo muy difícil. Hubo, hace unos años, dos grupos, que se fueron disgregando y en la actualidad algunos médicos simplemente se dan los buenos días, pero por lo demás la comunicación es muy pequeña y, aunque se guardan las formas, todo se ha ido enrareciendo. El jefe del servicio es una persona de carácter fuerte, con pocas maneras, muy directo, nada diplomático, con poca capacidad para motivar al resto de las personas que trabajan allí. Hace ya tres años que la cena de Navidad no se celebra, pues más de la mitad de la gente que allí trabaja no va: cada uno pone una excusa, pero lo cierto es que las tensiones han ido creciendo y las diferencias de criterio también. En los últimos años las diferencias políticas se han acentuado.

Nuestro paciente viene a la consulta con un cuadro clínico de depresión ansiosa. Le acompaña su mujer, médico especialista en dermatología, que trabaja en un ambulatorio de la Seguridad Social. Él nos dice: «Estoy mal psicológicamente. Yo creo que lo que tengo es un agotamiento crónico. Tenemos demasiado trabajo en nuestro servicio y veo transcurrir las semanas con gran rapidez, sin tiempo para nada. Hace dos años leí mi tesis doctoral, que fue un verdadero reto para mí, pues la casuística la hice yo solo, con un residente que me ayudó; el tratamiento estadístico de los datos fue muy laborioso, pues la estadística nunca se me dio bien; después, el escribirla: no tengo facilidad para redactar y me puse muy angustiado porque el tiempo transcurría y los plazos se acababan. Al final todo salió bien, pero yo estaba destrozado.

»Sólo una persona de mi servicio vino a la lectura de la tesis, además de dos enfermeras muy de mi confianza. Pasé unos días tranquilos y pedí un permiso por asuntos propios, durante dos semanas, pues necesitaba un descanso. Me incorporé al trabajo y ya el primer día el estrés fue terrible. El número de enfermos que debo ver cada día es excesivo, así como los informes que debo hacer, las revisiones, preparar los casos de cirugía, asistir a dos sesiones clínicas (a veces, tres) a la semana. Nadie te estimula ni te anima, pues nuestro servicio no tiene una cabeza visible. Nuestro jefe no funciona, se ha adocenado, sólo grita y se pone de mal humor cuando algo no sale o recibe una carta o una llamada del gerente del hospital por alguna queja. Hemos tenido en los últimos dos años seis denuncias médicas por distintos temas, una de las cuales me ha tocado a mí de lleno y estoy implicado en un juicio... A un paciente nuestro le ha quedado un problema digestivo que se atribuye a una mala práctica de nuestro equipo cuando le operó. Nadie del servicio me ha animado, salvo alguna pregunta más o menos informativa.

»Yo he sido médico por vocación. Era mi ilusión desde que estudiaba en el colegio. Conocí a mi mujer en la universidad. Ella era de un curso menor y hacia mitad de la carrera nos hicimos novios. Me ha apoyado siempre mucho. Yo procedo de unos padres muy trabajadores, del medio agrícola, que no tuvieron estudios y para ellos ver a su hijo médico fue una enorme satisfacción. Siempre he sido responsable, incluso perfeccionista con mi trabajo: muy ordenado, llevando mis carpetas sobre temas diversos; hice muchos cursos de ampliación de estudios y de conocimientos diversos en materias relacionadas con mi especialidad.

»Desde que entré en el servicio me di cuenta de que las relaciones humanas eran fundamentales y traté de hacer amistades con todos, pero vi que el entorno estaba bastante tirante y que el origen era una plaza de jefe de servicio que había salido y dos personas de nuestro departamento aspiraban a ella. La sacó el que tenía menos currículo y estaba peor dotado. Ahí empezaron los males. Ellos siguen trabajando aquí, pero la comunicación es mínima. Al principio de mi llegada se hicieron dos grupitos, que cada uno de ellos había más o menos organizado. Después esto se disipó y cada uno va a lo suyo.

»En el trabajo somos máquinas. Yo me llevo bien con médicos de otros servicios y especialidades, pero no hablo con casi nadie del nuestro. Hay mucha desconfianza y cualquier comentario que haces puede llegar distorsionado al jefe, con lo que se crean una serie de descalificaciones recíprocas que hacen irrespirable la atmósfera psicológica.

»Lo de mi denuncia lleva ya dos años. Ha habido un primer juicio y lo he pasado muy mal: insomnio (yo que he tenido a gala dormir siempre de maravilla), ansiedad, malestar psicológico, irritabilidad. Incluso he pasado un racha muy mala con mi mujer: discusiones frecuentes, días casi sin hablarnos, mala relación con dos hijos míos en plena adolescencia. Mi abogado me ha ayudado mucho, sobre todo dándome serenidad y seguridad.

»Desde hace aproximadamente medio año el domingo por la tarde me pongo fatal pensando en la vuelta al hospital. Estoy planteándome, de cara al futuro, abrir una consulta privada, esperar un tiempo a ver cómo funciona y, si va bien, dejar el hospital. Allí no tengo vínculos afectivos, me siento mal nada más llegar por la mañana; todos los médicos nos quejamos, todos estamos contra el sistema, unos y otros se descalifican... Un amigo mío dice que nos hemos convertido en funcionarios y que eso es lo peor para un estamento médico.

»Yo nunca había ido al psiquiatra. Recuerdo cuando estudié esta asignatura que me costó bastante trabajo, pues el catedrático que teníamos no explicaba bien: era farragoso, complicado, subjetivo, yo creo que poco al día. En cambio, me gustó más la psicología médica. Teníamos un profesor distinto, que hacía muy atractiva la materia. Ahora que sé mi diagnóstico, me he quedado más tranquilo y me debo plantear mi futuro profesional con más realismo».

Se le ha explicado que padece un *síndrome de* burnout[1], que en el lenguaje coloquial se llama *estar quemado* y que se compone de una *depresión con ansiedad,* que en este caso se ha asociado con *una cierta crisis conyugal* de buen pronóstico.

---

1. Leo en el periódico *OMC*, que pertenece a la Organización Médica Colegial de España (n.º 86, XII, 2002), la siguiente noticia: «Más de 32.000 profesionales de la medicina española padecen el síndrome del médico quemado: entre un 15-20 por ciento de los profesionales de la medicina padece el *síndrome de* burnout, un problema social y de salud pública de primer orden. Los profesionales sanitarios presentan mayor riesgo que el resto de la población a sufrir este tipo de enfermedades somáticas y psiquiátricas. Según los expertos, la administración pública ha negado este problema considerándolo un tema de carácter personal». Éste es el enunciado de la noticia, que aparece en la primera página de dicho periódico. Después se sigue del siguiente modo, igualmente en portada: «La sobrecarga de trabajo, el gran número de pacientes por médico, la responsabilidad por la vida de terceras personas, el excesivo individualismo, las retribuciones bajas, la falta de apoyo de compañeros y de los jefes de servicio, así como las demandas de los pacientes por malas prácticas, son algunos de los factores que más inciden en la aparición del *síndrome del médico quemado*. La solución no está muy clara..., por un lado, no hay una estrategia simple y universal capaz de prevenir o tratar el síndrome y, por otro, la administración está obviando el problema... Las especialidades más afectadas son: oncología, medicina interna, psiquiatría y oncología pediátrica, todas ellas con grandes dosis de estrés».

El tratamiento ha tenido tres vertientes. La *farmacoterapia* ha consistido en la aplicación de ansiolíticos (lorazepan-5, una cada ocho horas), antidepresivos (venlafaxina-75, media tableta por la noche y a los pocos días subir la pauta de la dosis a una entera) y un facilitador del sueño (zolpiden, una hora antes de acostarse). Todo ello junto a una *psicoterapia cognitiva* (con el fin de cambiar sus actitudes dentro del marco laboral) y *algunas normas de socioterapia* (para intentar desproblematizar la situación ambiental). Nuestro paciente ha hablado con el gerente y el director del hospital, los cuales han hablado con el jefe de servicio donde él trabaja y nos dice lo siguiente: «Algo ha cambiado ya; al menos nuestro jefe más inmediato no niega la realidad y vamos a buscar una vía de acercamiento entre los miembros del equipo sanitario, racionalizar el número de enfermos, que el jefe del servicio se implique más y mejor con los distintos médicos y enfermeras, hacer algún proyecto de investigación conjunto, así como la incorporación de un psiquiatra al equipo, que además pueda servir de elemento conciliador en el ambiente de trabajo. Esperemos que esto se materialice en resultados positivos».

Del desgaste profesional a la fatiga crónica

El cansancio es un síntoma muy frecuente. No sólo en el ámbito de la medicina, sino que en el lenguaje diario es ampliamente manejado. Aproximadamente algo más del 20 por ciento de la población que solicita asistencia médica se queja de ello (David, Pelosi y equipo, 1990; Catervas, 1992; Bates, 1993; Pawlikowska, 1994; Fukuda, 1996, 1999; Afari Buchwald, 2002). Generalmente tiene un carácter pasajero, transitorio, ocasionado por días, semanas o una temporada de mayor trabajo o de una actividad acompañada de estrés. Son circunstancias especiales de la vida. Sin embargo, un grupo minoritario se queda anclado y padece una fatiga persistente, que se va instalando, sin que se acompañe de anemia o hipotiroidismo o ninguna infección o cuadro clínico somático que lo explique.

El síndrome de fatiga crónica es una afección caracterizada por un cansancio profundo de una duración no inferior a seis meses, cuyas pruebas de exploración física o de laboratorio no aportan nada que lo justifique. Estas personas ven muy limitada su actividad, lo que da lugar a bajas laborales y graves repercusiones personales y familiares (Bombardier, 1996; Buchwald, 1996). El síntoma más importante es una mezcla de cansancio, debilidad, impotencia, aplanamiento y flojedad que lleva a un estado de postración y desfallecimiento que se vive como abrumador, produce un gran desaliento y se va haciendo crónico. A ello se añaden alteraciones del sueño, trastornos cognitivos (mentales: distorsiones perceptivas, deficientes interpretaciones de uno mismo en sus capacidades y del ambiente familiar y social). Holmes y equipo (1988, 2001, 2005), desde los Centres for Disease Control and Prevention (CDC) de Estados Unidos, lo bautizaron con el nombre de *síndrome de fatiga crónica* y establecieron su definición con los siguientes siete síntomas: gran cansancio, que limita seriamente el nivel de actividad de esa persona, disminución de la concentración (y también de la memoria), dolor muscular (a veces asociado a rigidez), dolores de diversas articulaciones (molestias y dolores multiarticulares), dolores de cabeza (de diversa localización, pero que no son debidos a otro diagnóstico), sueño no reparador y fatiga excesiva tras cualquier tipo de esfuerzo.

No olvidemos que la *fatiga pasajera* es muy habitual en la vida normal y, por supuesto, en cualquier tipo de enfermedad por ligera que sea: desde una gripe a unas anginas, pasando por una infección bucal o renal, hasta el exceso de trabajo profesional. La *fatiga persistente* que se convierte en *crónica* puede darse en muchas enfermedades somáticas hoy bien conocidas: enfermedades funcionales, fibromialgia, colon irritable, hipersensibilidad a ciertas sustancias químicas, dolores corporales difusos, etc. Muchos estudios apuntan a una causalidad múltiple[2], que va desde factores genéticos (hay un cierto potencial here-

---

2. Son muy interesantes los estudios con neuroimagen. Sobre todo la resonancia magnética (RM) y la tomografía computarizada por emisión de fotón único (SPET9). Algunos trabajos han demostrado anomalías en la sustancia blanca subcortical. Asimismo se ha puesto de relieve un menor flujo sanguíneo cerebral regional en todo el cerebro (Cope y Davis, 2006). No obstante, todos estos hallazgos necesitan una confirmación más sólida.

ditario), con familias con mayor tendencia a la fatiga persistente, pasando por alteraciones del sistema nervioso central, alteraciones del sistema inmunitario o anomalías endocrinológicas[3], hasta agentes infecciosos y por supuesto trastornos de tipo psiquiátrico (depresión menor, hipocondría, trastornos por somatización, depresión atípica, trastornos de la personalidad, ansiedad generalizada). Existe una *entrevista altamente estructurada* que pertenece al *Diagnostic Interview Schedule*, diseñada para ser administrada por entrevistadores no expertos y que es la más utilizada para explorar la *fatiga crónica* (Robins y equipo, 1989, 2006), dando como resultado índices altos de respuesta en depresión y ansiedad.

El desgaste profesional que aterriza en el síndrome de estar quemado sucede cuando esa persona está sobrepasada y su capacidad positiva de adaptación ya no funciona. Hay aquí impotencia, una cierta imposibilidad para luchar de forma racional y que eso se acompañe de resultados buenos. Fallan las estrategias de afrontamiento y va a haber una afectación física y mental que se acompaña de manifestaciones psicosomáticas. *El* burnout *significa un gran deterioro profesional, que se acompaña de absentismo laboral, rotaciones de trabajo frecuentes, ansiedad, miedos diversos, depresión e incluso el deseo de abandonar ese puesto de trabajo.*

Hay varias etapas: todo se inicia con un *cansancio psicológico* en el que se mezclan una pérdida de energías que después se desplaza hacia una *despersonalización*: respuestas frías, distantes, glaciales, monosilábicas, sin alma, con trato distante hacia los clientes, los enfermos o la gente con la que tiene que contactar. De aquí se pasa a la *falta de realización personal*: el trabajo se vuelve pesado, poco grato, se va haciendo de mala gana y se tiene la vivencia de que no sirve para algo positivo, con una percepción de uno mismo cada vez peor.

---

3. En una revisión bastante exhaustiva de Parker y Wesseley (2001), se han puesto de relieve anomalías del eje hipotálamo-hipofisario-suprarrenal, así como de las vías serotoninérgicas e hipocortisolismo, cuyo origen es más del sistema nervioso que suprarrenal.

Diferencias del *burnout* con otros padecimientos psiquiátricos

Hay similitudes y diferencias con otros cuadros clínicos habituales en la práctica de la psiquiatría que conviene deslindar. Dibujar unas fronteras claras y nítidas entre unos y otros puede resultar difícil en algunas ocasiones. Por ello quiero matizar estos aspectos:

— *Agotamiento*. En el cansancio por un trabajo fuerte, denso, estresante, esa persona está contenta con lo que hace, le gusta, disfruta de esa tarea y le gustaría que el ritmo vertiginoso de esa actividad fuera más suave, con espacios de tiempo libre. Aquí se trata de un cansancio posterior al trabajo gustoso que se hace y que tiene esta consecuencia natural, lógica. En la fatiga por el esfuerzo realizado hay satisfacción y gozo de ver los logros alcanzados y el merecido descanso es recibido de forma positiva y armónica. En el *síndrome de estar quemado* hay un sentido del fracaso y un disgusto por la actividad que se lleva adelante.

— *Insatisfacción por el trabajo*. Aquí pueden ser muchas las variables. Hacer un trabajo que a uno no le gusta o no le va o cuando el ambiente no es bueno o tiene un nivel bastante inferior en relación con los estudios alcanzados. Aquí no se está quemado, hundido, indiferente, sino que uno percibe que debe mejorar su estatus profesional y que lo que ahora se está haciendo es un puente para ir a más: el carácter transitorio o pasajero tiene aquí una enorme fuerza. El *burnout* es bastante más que eso.

— *Trabajo impersonal y con escasa autorrealización*. Aquí estamos hablando de tareas demasiado mecánicas, en donde el profesional funciona muchas veces casi como un autómata. Pensemos en un empleado de correos, un oficinista en la ventanilla de un ministerio dedicado a pedir papeles y documentos a todo el que llega allí, con permanentes quejas de los usuarios; el que trabaja en una fábrica y está en el servicio de empaquetamiento o de cierre de botellas, o poniendo etiquetas en unas cajas, o descargando cajas de bebidas de un camión en plena vía pública, etc. En el *burnout* hay un choque con el resto de las personas, tanto con los del mismo trabajo, como con las personas a las que sirve, con roces continuos, silencios, tensiones, etc.

Diferentes tipos de *burnout*

— *La enfermedad de Tomás*. Es considerada como una modalidad del *burnout* y se delimita cuando alcanza un tono masivo y tiene como síntomas inmediatos: la *crisis de identidad profesional* y una *indiferencia crónica ante la docencia, la asistencia y la investigación que deben hacer los médicos de hospital,* como han descrito Gervas y Hernández Monsalve (1989). Tiene que ver con lo que está ocurriendo en los últimos años en la medicina, en donde el nivel socioeconómico y la gratificación personal por ese tipo de trabajo conducen a una vivencia profesional cada vez más devaluada.

Esta enfermedad está irrumpiendo con fuerza en la medicina, no sólo de hospital, sino también de consultas externas; estas últimas presentan una gran limitación de tiempo, el médico es casi como un robot, los medios diagnósticos tienen una inmediatez que muchas veces no se puede realizar, el facultativo se ve asfixiado por un sistema de salud que cada vez le exige más, sometido a una estresante exposición ante el paciente y usuario, con la prensa sensacionalista dispuesta a publicar errores diagnósticos y de tratamiento, así como el proliferante grupo de *abogados cazademandas* que están al acecho para llevar a cabo reclamaciones por mala práctica (González Menéndez, 2005), *transformando la relación médico-enfermo* en una *relación médico-demandante potencial.* El médico no se siente a gusto desarrollando su tarea y las quejas contra el sistema aterrizan en él. *La tragedia profesional de Tomás es su crisis de identidad,* que se pregunta: «¿Quién soy yo, cuál es mi verdadero trabajo, contra qué lucho yo, cuál va a ser mi futuro en estas circunstancias?».

— *Crisis existenciales*. Son muy frecuentes hacia la mitad de la vida[4] y son miradas de reojo a lo que ha sido nuestra razón de vida.

---

4. Aquí lo que sucede es una especie de *flash-back*, se echa una mirada retrospectiva a la biografía y de alguna manera se hace *balance existencial*, es decir, *haber* y *debe*. Y cada segmento de nuestra travesía rinde cuentas de su viaje. Arqueo de caja. Hacemos cuentas con nosotros mismos. Los grandes asuntos de la existencia personal pasan revista ante nuestros ojos. Muchas veces el ser humano evita esto, por la dureza de la vida. *El hombre es un animal descontento*. La mejor

Broufenbrenner hablaba de *crisis del ciclo vital*, Unamuno, de *intrahistoria* y Binswanger, de *historia vital interna*. En estas crisis uno revisa lo que ha ido haciendo y se contempla lo positivo y lo negativo, dándole más cabida e importancia a lo segundo. En el *burnout* uno se ha ido quemando y cada vez cree menos en el sistema, en el entorno, en uno mismo... y esto provoca una mezcla de escepticismo, indiferencia hacia lo que uno hace y un malestar profesional muy acusado, que va conduciendo a preferir no ir al trabajo y no entregarse en ese ambiente laboral.

— *Depresión.* Aquí es donde podemos encontrar más dificultades para distinguir el *burnout* de una depresión clínica. La depresión es una enfermedad del estado de ánimo, que si es exógena (reactiva), quiere decir que es debida a algo, condicionada por uno o varios factores negativos que se suman y dan lugar a este bajón del ánimo patente y grave. *El estar quemado y la depresión conviven con frecuencia, superponiéndose unos síntomas con otros.* Son hechos clínicos muy relacionados, pero independientes. En el *burnout* hay un desgaste profesional como eje central. En la depresión, la clave es la tristeza y el hundimiento psicológico; el primero afecta más al trabajo y a su contexto, mientras que la segunda se refiere a un fenómeno más global; aquél es de procedencia laboral, mientras que ésta es de fondo más generalizado.

En cuanto al tratamiento hay diferencias marcadas: en el *burnout* hay que restablecer un orden laboral alterado; en la depresión hay que emplear antidepresivos y algo de psicoterapia.

— *Indefensión aprendida.* Esta expresión fue puesta en circulación hacia 1975 por Martin Seligman y se refería al aprendizaje de ciertos animales de experimentación cuando no podían escapar de una situación negativa. Más tarde extrapoló esto a la psicología humana, al mencionar vivencias muy negativas de las que no se puede uno

---

de las vidas está llena de sinsabores, dificultades, fracasos, cosas que se han quedado a mitad de camino y no han salido. Excursión hacia la historia personal, penetrando en sus principales asuntos: amor, trabajo, cultura, familia, amistades, retos conseguidos, superación de heridas y adversidades, etc.

librar y hay que sufrir inevitablemente. Peterson (1993, 1999) ha subrayado las tres características que definen el *helplessness*: que se aprecie claramente un sentido de derrota, una pasividad total, un agotamiento emocional que lleva a no implicarse en el trabajo; presencia de una historia de acontecimientos en los que el sujeto no perciba su control (como, por ejemplo, la falta de progreso de clientes); pensamientos negativos y distorsionados sobre la imposibilidad de mejorar la situación y darle un giro en positivo (Yela, 1992, 2000). Pero, insisto, *en el síndrome de estar quemado lo específico es un contexto laboral que se ha agotado a sí mismo y en el cual el individuo está roto y plano.*

— *Ansiedad.* Hay varias modalidades de ella, pero las dos que aquí más nos interesan para comparar con el *burnout* son la *ansiedad generalizada* por un lado y el *estrés* por otro. En la ansiedad (exógena o endógena) la vivencia tiene unos matices claros que afectan a lo físico (taquicardia, sudoración, pellizco gástrico, dificultad respiratoria) o a lo psicológico (temor a la muerte, temor a perder el control o a la locura: son los tres espectros amenazadores más graves que se viven en los momentos estelares). En el *burnout* hay ansiedad laboral, es decir, muy ligada a los hechos profesionales y al desgaste que de allí se desprende, pero la ansiedad es secundaria y fuera de ese espacio disminuye y se suaviza.

El estrés es la versión moderna de la ansiedad y consiste en un ritmo trepidante de vida sin tiempo para nada, más que para trabajar: estar permanentemente desbordado de trabajo, por dificultad para decir que no ante las grandes demandas de tareas profesionales que se suceden como en un carrusel de hechos sucesivos, continuos, sin parar. Esto es *estrés laboral*, pero ese trabajo ingente se hace con gusto, uno se siente identificado con aquello que lleva entre manos y percibe que lo que hace es coherente y tiene un sentido y sirve de ayuda a los demás. En el estar quemado, la vivencia laboral es negativa y todo se vuelve absurdo y sin sentido, porque falla el sistema.

Merin y su equipo (1995, 2002) definieron el estrés como respuesta a unos estímulos y como interacción de unos con otros. Dice Labrador (1992) que el estrés es una activación fisiológica, de conducta y cognitiva (mental) que prepara al sujeto para afrontar una demanda del medio de tipo excepcional. Pensemos en el sujeto que tiene que entregar un trabajo o escrito largo y farragoso, con un plazo muy cercano y ve que los días pasan y la fecha límite se echa encima; o en el que prepara una oposición o está terminando un libro... En todos esos casos el trabajo se vive como algo positivo, enriquecedor, cosa que no ocurre en el *burnout*, en el que uno se vuelve indiferente y hasta cínico con aquello que está haciendo.

El síndrome de estar quemado es una respuesta a un estrés laboral, por un deterioro, erosión, agotamiento, que lleva a una vivencia negativa, a sentirse uno extenuado, consumido y sin capacidad de reacción[5].

Aproximaciones al estudio de este síndrome

Finalmente, quiero hacer una breve referencia a los distintos modelos de investigación que se han puesto de relieve sobre el *burnout*. Aunque inicialmente surge en el contexto de la psiquiatría, después a nivel clínico general, hoy se ha generalizado y se refiere a muchos ámbitos de trabajo en donde se dan las condiciones de desgaste que he expuesto en las páginas que preceden[6].

El *modelo de Cherniss* fue el primero que apareció. Hoy sabemos que los *índices de vulnerabilidad psicológica* varían mucho según el

---

5. Es muy interesante a este respecto el trabajo de José Carlos Mingote y colaboradores (1999, 2004) sobre «El síndrome de estar quemado entre los médicos y el personal sanitario», que considera debido a tres razones: mayor sobrecarga de atención a los pacientes; mayores exigencias para los trabajadores sanitarios; empeoramiento de las condiciones laborales, con incrementos de turno de trabajo y escasa promoción. Yo añadiría una nueva: *la medicina se ha vuelto judicial*, lo que significa que se presentan continuas denuncias a los médicos, unas justificadas y otras, como consecuencia de un descontento de los enfermos, que no sabiendo contra quién ir, atacan al médico. Las consecuencias de esta cuarta nota están ya hoy a la vuelta de la esquina.

6. En el *burnout* médico hay dos perspectivas: una, la *clínica*, que es consecuencia del estrés por un trabajo desbordante; otra, la *psicosocial*, que es el resultado de un entorno psicológico y social, con respuestas personales propias de cada individuo (unos lo llevan mejor y otros sucumben).

tipo de personalidad sobre la que recaen. Unos se crecen ante las dificultades, factores negativos y demandas, mientras que otros son incapaces de superarlas y se ven arrollados por las circunstancias.

El *modelo de Golembiewski* habla de fases del estar quemado y de que la primera de ellas es la despersonalización: el logro personal es lo primero en afectarse.

El *modelo de Leiter* subraya que el papel principal corre a cargo del agotamiento emocional y que al estar quemado por el trabajo se produce una pérdida en la calidad de las relaciones con las personas que uno debe tratar, una carga excesiva laboral, además de conflicto y deterioro con las personas del medio en donde uno está trabajando.

El problema que se plantea, llegados a este punto, es *cómo afrontar el estrés laboral* de forma positiva, para no quedar atrapado negativamente en él.

Es muy interesante el trabajo de Alarcón, Vaz y Guisado (2002) estableciendo los *antecedentes externos* del *burnout*: contacto con las personas, nivel de ruido, presión en el trabajo, conflictos interpersonales, comodidad laboral, sobrecarga excesiva, ambigüedad y conflictos de papeles, tipificación de las fuentes del estrés y las caracte-

MODELO DE CHERNISS	MODELO DE GOLEMBIEWSKI	MODELO DE LEITER
–Prácticas orientativas	Intervención en desarrollo de:	–Manejo de la sobrecarga
–Manejo de sobrecarga	–Organización	–Rediseñar el trabajo
–Estimulación óptima	–Sensibilización del problema	–Conflicto interpersonal
–Mayor contacto con clientes	–Recogida de datos	–Entrenamiento en habilidades
–Desarrollo de autonomía	–Confrontación y *feedback*	–Estrategias de *coping*
–Supervisión	–Grupos de interés	–Toma de decisiones participativa
–Observación de trabajadores más experimentados	–Planificación de acción	–Apoyo de supervisor
	–Revisión y puesta al día	–Contacto con clientes estresante
–Entrenamiento de liderazgo	–Reorganización	–Expectativas
–Contacto informal con *staff*		–Revisión y planificación

Figura 1. Modelos explicativos del *burnout*.

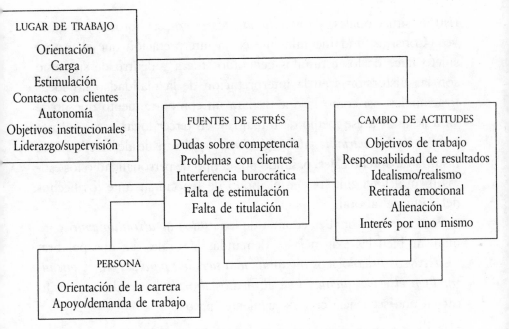

Figura 2. Modelo de Cherniss del *burnout.*

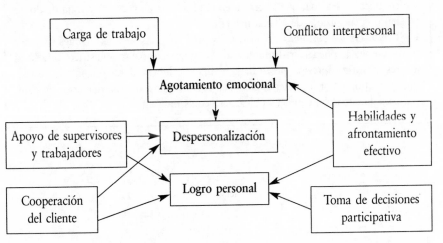

Figura 3. Modelo de Leiter del *burnout.*

rísticas situacionales; y los *antecedentes internos*: motores y cognitivos. Consiste fundamentalmente en la interpretación que el propio sujeto hace de los estímulos generados fuera y dentro de sí, como son las distorsiones en la interpretación de la realidad o las ideas irracionales, así como lo que dispara un comportamiento que no se va a adaptar a ese medio de trabajo; y, en tercer lugar, estos autores hablan de las *variables del organismo*, que van desde la edad a la historia de aprendizajes, pasando por el tipo de personalidad o los estilos mentales (cognitivos) en el modo de reaccionar ante los hechos del desgaste laboral.

Una cuestión final es el tema de los *estilos de afrontamiento* para manejar bien las exigencias y demandas laborales, en una palabra, *los recursos psicológicos que pone una persona para superar y encauzar bien el estar quemado en el medio laboral*, que podemos clasificar en una secuencia con los siguientes pasos:

NORMAS PARA AFRONTAR EL SÍNDROME DE *BURNOUT*

1. *Observación inicial de los hechos.* Que consiste en la evaluación de lo que está sucediendo como estrés laboral o de otro tipo, siendo capaz esa persona de hacer un análisis detallado de lo que sucede.
2. *Valoración de los recursos y habilidades personales.* Ser consciente de los elementos con los que uno cuenta para encarar correctamente la situación conflictiva, tanto de uno mismo como del entorno más cercano.
3. *Respuestas de afrontamiento.* Las cuales tienen el objetivo de elaborar una conducta adecuada, que se centra en el problema en cuestión y trata de dominarlo o encauzarlo de alguna manera.
4. *Controlar los síntomas del estrés.* Es decir, que las manifestaciones físicas y psicológicas pueden ir disminuyendo: taquicardia, pellizco gástrico, dificultad respiratoria, opresión precordial, temblores, hipersudoración, inquietud, desasosiego, temor a perder el control... hasta llegar a una posible crisis de pánico si la situación conflictiva alcanzase cotas muy altas.

---

capítulo	
siete	Tratamiento de las depresiones

Diagnosticar bien la depresión

La primera tarea debe ser establecer qué clase de depresión ha sido diagnosticada. Hoy, la palabra *depresión* tiene una utilización excesiva, que ha conducido de alguna manera a *llamar depresión a casi todo sufrimiento*, de tal modo que se confunden los criterios y eso puede llevar a usar antidepresivos cuando esa persona puede tener otra cosa distinta. *La clínica es la gran maestra, pues enseña lecciones que no vienen en los libros.* El lenguaje de las palabras debe ser desentrañado para esclarecer qué se esconde debajo de él.

El conocimiento minucioso de las distintas formas depresivas nos ha llevado a diagnosticarlas más y precisar qué modalidad tenemos delante. Por ejemplo, hoy sabemos que muchos trastornos de conducta infantil y de la pubertad son *depresiones enmascaradas*, formas clínicas camufladas que se presentan ante nosotros bajo otra fachada (fracaso escolar, el niño que deja de jugar y participar en el colegio, inapetencia para comer, etc.), ya que a esas edades no se ha elaborado aún la capacidad de introyección ni se sabe cómo describir sentimientos o expresiones afectivas más finas (tristeza, apatía, melancolía, etc.). De la misma manera, existen *síntomas preclínicos de la depresión*, que incluyen manifestaciones iniciales, difusas, poco precisas, que pueden ser de una amplia banda de síntomas (Berger y equipo, 1998). Los *límites de la depresión mayor* deben ser evaluados adecuadamente:

1. Los *síntomas esenciales* deben estar presentes: estado de ánimo depresivo (tristeza, apatía, decaimiento, falta de ilusión, ganas

de llorar), incapacidad para sentir placer (*anhedonia*), cansancio o fatiga (sensación de agotamiento anterior al esfuerzo), insomnio (o lo contrario, demasiadas ganas de dormir: hipersomnia), sentimientos de vacío y desesperanza y suele ser muy frecuente la ansiedad (aunque en un número pequeño las depresiones se manifiestan sin inquietud ni exterior ni interior).

2. Que *el nivel de gravedad afecte al funcionamiento de esa persona*. No se trata de *estar bajo de tono*, expresión muy frecuente del lenguaje coloquial, sino de algo bastante más denso y severo. La actividad de ese individuo queda cortada y disminuida: trabajo, relaciones sociales, actividades de la vida ordinaria, rendimiento.

3. La *duración* debe ir de las dos semanas, como mínimo, hasta las seis u ocho. Aquí hay una cierta variabilidad (Rush, 1994; Jackson, 1996; Kendler y Gardner, 1998; Thompson, 2000; Judd y equipo, 2002; Wells y equipo, 2006), pero lo que está claro es que un cambio de ánimo negativo de breve duración no puede ser calificado como una depresión en sentido estricto[1].

4. El *número de síntomas* debe ser de tres o cuatro de los señalados como esenciales. Sin ellos, sin su presencia, no debemos poner la etiqueta de depresión.

5. Hay un hecho muy significativo, la llamada *prueba ex juvantibus*, que describiré de la siguiente manera: la aplicación de antidepresivos durante unos diez días nos da una primera exploración, ya que si ese sujeto ha mejorado de sus síntomas (medido esto mediante una escala de evaluación de conducta) de forma objetiva, podemos hablar de que *realmente* estábamos ante una depresión. Aquí las anécdotas pueden ser muchas. Recuerdo siempre que cuando explico en la universidad qué es la depresión, a la salida de clase algún alumno me dice que se

---

1. La inestabilidad emocional no es un síntoma depresivo. Puede ser normal que se dé en una persona sana, todavía con una forma de ser poco hecha. Lo más frecuente es que sea propio de un trastorno de la personalidad.

ha sentido identificado con la descripción y que siente necesidad de tratamiento. Alguna vez no he sabido resistirme y en una pequeña entrevista le he prescrito un medicamento, lo que ha producido dos reacciones contrapuestas: una en la cual dicho sujeto, al cabo de unos días, me ha manifestado lo mal que le ha sentado. La reacción ha estado llena de efectos secundarios (somnolencia, sequedad de boca, taquicardia, sudoración, atontamiento de cabeza, etc.); la otra, una sensación positiva de cambio, en donde aparece una cabeza despejada, mejor estado de ánimo, más ganas de hacer cosas, rendimiento en general más evidente, etc. Este simple hecho pone de relieve los muchos matices que hay detrás de la frase «estoy deprimido».

6. Existe la *depresión subumbral* (Wells y equipo, 2004, 2005), que es aquella que no satisface los criterios diagnósticos antes mencionados. Muchos de ellos se recuperan espontáneamente[2], con síntomas pasajeros, transitorios, de poca intensidad y a los que el clínico avezado no debe dar importancia.

Todo esto nos pone frente a una cuestión básica: establecer un diagnóstico correcto, preciso, claro, contundente, medido mediante algunas escalas de conducta que nos permitan repetirlas y observar la mejoría.

Formas de tratar una depresión

Debemos establecer cuatro grandes bloques de tratamiento:

1. La *psicoterapia*, que tiene diversas técnicas y que va desde las que significan un apoyo, pasando por otras más elaboradas, como la comprensiva, la fenomenológica estructural o la cognitivo-conductual. La mayoría de ellas deben aplicarse en las

---

2. Véase a este respecto el apartado titulado «Curación espontánea de algunas depresiones», en la p. 132.

depresiones exógenas. Un buen médico psiquiatra y un psicólogo experto saben que existe una *psicoterapia implicata,* que consiste en conseguir una buena relación con su paciente, estableciendo relaciones positivas de confianza recíproca.

3. En segundo lugar, nos encontramos con la *socioterapia.* Hoy el aislamiento, la soledad y el vivir en grandes ciudades con mínimas relaciones humanas es muy frecuente y da lugar a vidas tipo «lobo estepario», como relató Herman Hesse en algunos de sus personajes literarios[3]. Aquí debemos pensar en esos casos y en cómo potenciamos ese plano.

3. En tercer lugar, está la *laborterapia.* Una persona sin trabajo, en paro laboral o con un trabajo que le tiene desmotivado o que sufre un *síndrome de estar quemado* tiene más posibilidades de no superar su depresión. También ese factor debemos tenerlo presente.

4. En cuarto lugar, tenemos la *bioterapia*[4], que se refiere no sólo a los antidepresivos, sino también a las técnicas electroconvulsivas (TEC), la *estimulación magnética transcraneal* y *las curas de sueño.* Todas ellas buscan actuar sobre el cerebro y, en concreto, sobre el origen que causa la enfermedad. Esto es especialmente válido para la *depresión endógena.*

Yo añadiría a esta *tetralogía terapéutica* un quinto componente: la *biblioterapia.* Me explico: para muchos pacientes es muy provechoso leer un libro sencillo y claro, que explique el porqué de su padecimiento. Es una forma de conseguir *insight,* tener conciencia de lo que a uno le sucede. En los trastornos de la personalidad, la abundancia actual de los llamados *libros de autoayuda* es ingente: la cantidad de textos publicados en los últimos años requiere una cla-

---

3. El premio Nobel Herman Hesse sistematizó personajes solitarios, introvertidos, sin relaciones con nadie, como en su novela titulada precisamente *El lobo estepario.*

4. Lo ponemos en cuarto lugar, aunque debe estar el primero, porque el lector general se encuentra con este capítulo más tarde, ya que es más áspero y específico.

sificación, pues hay para todos los gustos, buenos, malos y los que se le caen a uno de las manos por su simplicidad. *La psiquiatría es una rama de la amistad.* Es la especialidad más humana de la medicina. *La psiquiatría es ciencia y arte, rigor y estilo, contenido y forma.* Cada uno de los cuatro elementos terapéuticos tiene su propio perímetro, que a su vez se abre en abanico y se diversifica en aspectos muy concretos. A ellos me referiré en las páginas de este capítulo.

La psicoterapia: ¿qué es?

Se trata de un tratamiento de tipo psicológico que ayuda a mejorar de alguna manera la depresión. Todo se dirige hacia el patrimonio psicológico, a todo ese mundo de ingredientes diversos que forma un mapa rico en su diversidad. ¿En qué consiste, cuáles son sus principales características, cuántos tipos existen, cómo actúan, qué diferencias hay entre unas y otras, cuáles son las más eficaces en este campo de las depresiones?

Lo primero que debo decir es que en la muestra de enfermos estudiados por nosotros, de 93 pacientes, el 92 por ciento tenían una depresión asociada a un trastorno de la personalidad, es decir, eran portadores de una distimia. Esto quiere decir que necesitaban, además de medicación (farmacoterapia), un abordaje psicológico (psicoterapia) y para llevar a cabo éste es necesario conocer la personalidad de ese sujeto, explorarla, saber cuáles son los aspectos positivos y negativos con el fin de tener claros los objetivos... amén de los fármacos.

La psicoterapia es el modo como se va consiguiendo que otra persona sea más madura y equilibrada, esté más en la realidad y sea capaz de desarrollarse íntegramente. La psicoterapia es arte y oficio, intuición y ciencia, estilo propio del trato y rigor. Su acción consiste en desdibujar primero y borrar más tarde todo lo que es patológico, enfermizo, neurótico. La psicoterapia tiene una serie de pasos sucesivos: *trata de ayudar al paciente en sus comienzos a comprenderse mejor a sí mismo, a asumir su biografía superando las heridas del pasado y a ir madurando en las distintas vertientes de su personalidad.* Hay en esta definición distintas vertientes que quiero mencionar:

— Hay tres pasos sucesivos que van en la dirección apuntada: 1) *conocerse mejor,* tarea en la que el psiquiatra y el psicólogo tienen una influencia enorme, lo que va conduciendo a comprenderse mejor a uno mismo, captando estilos y formas de reaccionar; 2) *aceptar la historia personal,* vivir instalado en el presente, tener superadas las heridas del pasado con todo lo que eso significa y vivir empapado hacia el porvenir; hay una cirugía estética biográfica que es artesanía y que pone al descubierto el buen hacer del terapeuta; 3) *ir avanzando en la maduración afectiva y de la personalidad,* con una forma de ser propia, libre, responsable y coherente; esto tiene tal calado que necesita tiempo, disciplina, laboriosidad del psiquiatra o del psicólogo para ir alcanzando cimas graduales.

— El *modo* apunta al estilo de hacerla y esto depende de la técnica psicológica concreta que vayamos a utilizar (no es lo mismo la psicoterapia breve que el psicoanálisis o la terapia cognitivo-conductual) y de la personalidad del que la hace; el único ingrediente terapéutico básico que no aparece en el vademécum es el médico psiquiatra o el psicólogo, que curan con su palabra, su actitud y gestos, con lo que anuncian y lo que se camufla en los pliegues de su comportamiento en la relación médico-enfermo.

— Ir creando una buena *transferencia,* que es una mezcla de alianza terapéutica, relación positiva de confianza que hace que el paciente se sienta comprendido[5] y que el terapeuta le alivie en ese diálogo privado en donde la palabra hablada (*psicoterapia ex-ore*) y la escuchada (*psicoterapia ex-audito*) ejercen su cometido: disminuir los sentimientos de culpa, disolver la ansiedad e ir ensayando estrategias más sanas de cara a su comportamiento venidero.

---

5. Comprender es aliviar. Comprender es ponerse en el lugar del otro, crear un clima en el que la otra persona se siente captada y entendida.

— En muchas depresiones bipolares es importante llevar a cabo una *psicoterapia familiar*, en la que se explican las causas de dicho trastorno, el tratamiento que se debe seguir y cómo la constelación familiar debe tratar a dicho paciente: normas y sugerencias para que ambos se ayuden recíprocamente.

— Hay que animar al paciente a *ser responsable en el seguimiento de su medicación* y normas añadidas (no tomar alcohol, no conducir en los momentos de euforia, hacerse los análisis de sangre periódicos si toma litio, valproato sódico o algún otro fármaco que requiere un control en sangre, etc.).

— En las depresiones endógenas se trata especialmente de ofrecer un *apoyo psicológico* y, lo que se debe dar en todo acto médico, una buena relación médico-enfermo, en donde reine la confianza, el respeto y saber ser claros en decir las cosas tal como uno las sienta.

— En las depresiones exógenas y, sobre todo, en las distimias depresivas, la psicoterapia es esencial, clave, decisiva, ya que la personalidad no está bien o tiene un trastorno concreto, tipificado, que requiere unas pautas precisas. En un porcentaje alto de la muestra por nosotros estudiada (87 por ciento), el trastorno de la personalidad era mixto, con dos o más elementos de los descritos en el apartado correspondiente del DSM-IV-TR de la American Psychiatric Association. En esos casos debemos buscar cuál es la mejor estrategia, la que va a dar más resultado con menor coste de tiempo y hablar de ello con el paciente, haciéndole ver el tema, con una aclaración convincente y a su nivel. Aquí la psicoterapia adquiere un mayor relieve. Es un arte saber combinar psicoterapia y farmacoterapia en las dosis y formas mejores. Las dos modalidades mejores son la terapia cognitivo-conductual y la interpersonal, con resultados alentadores, siempre que exista una colaboración y el enfermo depresivo vaya poniendo en práctica todas y cada una de las líneas trazadas, que lógicamente necesitan tiempo y aprendizaje.

— En las depresiones no endógenas fracasan alrededor del 30 por ciento de los tratamientos en los que no se utiliza la psicoterapia o se hace de manera superficial, poco sistemática o con escasa o nula profesionalidad[6]. He tenido una larga experiencia con distimias en las que el paciente durante mucho tiempo sólo recibía antidepresivos y unos «consejos mínimos».

Psicoterapia interpersonal o breve. Es de corta duración, entre diez y veinte sesiones según la intensidad de los síntomas y trata de mejorar las relaciones humanas con las personas más cercanas, que suelen deteriorarse. En un estudio de Olfson (1999) se ha visto que muchos médicos prefieren la farmacoterapia asociada a algunas fórmulas menores de psicoterapia de apoyo, aunque los propios pacientes pedían más tiempo de esta última, en la que podían explayarse y explicar sus sentimientos y emociones. En las depresiones algo más graves o graves está claro que la medicación es básica, pero una psicoterapia de este tipo va encaminada hacia objetivos muy concretos:

— A que sepan que la *tristeza* suele ser el síntoma diana, que se vive como melancolía, apatía, abatimiento, falta de ilusión para las tareas cotidianas, dejadez, desidia y una tendencia al abandono.
— El *déficit en las relaciones interpersonales* es también otro hecho que conviene explicar al paciente y decirle que aunque su personalidad anterior a la fase depresiva sea abierta y comunicativa, en el curso del episodio todo esto baja de nivel y se busca el aislamiento y el no compartir actividades con otros.
— El aplazamiento *sine die* de muchas tareas de la vida ordinaria: hay que insistirle en que eso es propio de la enfermedad depresiva y no resultado de una voluntad poco educada en el esfuerzo. Por ello, una vez superada la fase, todo vuelve a la normalidad, es decir, al estado psicológico previo.

---

6. Muchos psiquiatras no hacen psicoterapia y derivan al paciente al psicólogo, sobre todo por carecer de capacidad para ello, por el esfuerzo que significa, por tener poca formación en este campo o pocas dotes para ejercerla; es un sumatorio de ingredientes que le convierte en un «pastilloterapeuta», con lo que ello significa.

— Descubrirle el *binomio medicación y apoyo psicológico*, dándole a cada uno el papel y la importancia que tienen. En la medida en que la depresión sea más biológica (es decir, endógena, inmotivada, de fondo hereditario), hay que hacerle ver que la medicación tiene una mayor importancia. Y en la medida en que la depresión sea más psicológica (es decir, exógena, motivada, de fondo adquirido), la psicoterapia tiene una importancia más destacada. Todo esto entra dentro de la toma de conciencia de lo que le sucede y lo que él mismo debe ir haciendo para curarse.

— Hay que mencionar, aunque sea de pasada, cómo debe ser la *personalidad del terapeuta* para que su acción sea beneficiosa y eficaz: persona equilibrada, madura, receptiva, tolerante, que sabe escuchar sin interrumpir (sabiendo lo importante que es el desahogo, el contar lo que a uno le sucede y cómo libera y aclara todo eso al enfermo) y que tenga habilidades claras y sencillas para ayudar a su paciente, dando sugerencias que contribuyan a que vaya siendo más equilibrado y con mejor autocontrol. Es digno de mención que el terapeuta sepa mantener esa relación, creando vínculos amplios de transferencia y a la vez de independencia, que lleven al paciente a ser capaz de tomar sus decisiones de relieve por sí mismo. Igualmente, el terapeuta debe saber mantener la atención sobre los temas nucleares, aquellos que son centrales en la vida de esa persona. Proponerle metas y objetivos psicológicos concretos y ayudarle a poner los medios adecuados para alcanzarlos. Un terapeuta poco equilibrado, que no se conoce bien y que no tiene habilidades psicológicas como las mencionadas, será muy difícil que pueda hacer verdadera psicoterapia. Un psiquiatra o un psicólogo poco equilibrado no puede hacer psicoterapia, muchas veces ni se la plantea, pues él mismo necesitaría recibirla de alguien preparado, que pudiera ayudarle.

Fue bastante célebre la polémica que tuvieron sobre lo que es la psicoterapia y su repercusión dentro de las depresiones y su gestión sanitaria dos ilustres psiquiatras, Guze y Michels, en 1988; se mostraron de acuerdo sobre su utilidad, pero la valoran de forma diferente. Para Guze es un diálogo con lazos emocionales entre una persona enferma y una persona que le atiende y se ocupa de su mejoría. Para Michels es una forma de tratamiento que se basa en una teoría y tiene sus propias estrategias, no siendo una mera relación humana y compasiva del médico, que es recomendable no sólo para enfermos psíquicos, sino para personas con problemas cotidianos: «Algunos psiquiatras son psicoterapeutas preparados, otros no; algunos psicólogos y asistentes sociales también saben hacer psicoterapia».

Existen buenos trabajos de investigación sobre la eficacia de las diversas psicoterapias. Dicho de otro modo: hay pruebas científicas de que la psicoterapia tiene una acción positiva en las depresiones no endógenas y en las distimias, basadas en estudios controlados, tanto en cuadros agudos como en el mantenimiento de la depresión[7], lo que significa continuidad.

Es interesante la llamada *terapia del bienestar,* que busca no sólo aliviar los estados negativos de los depresivos, sino aumentar sus recursos psicológicos frente a las adversidades, basada en el modelo de

---

7. Lo que está claro es que hay muchísimos menos trabajos de investigación sobre la eficacia de la psicoterapia que de la farmacoterapia. ¿Por qué? La explicación es sencilla: las investigaciones psicológicas tienen muy poco apoyo de la industria farmacéutica, ya que no existen programas de comercialización de esos «productos». Así de evidente.

No obstante, voy a recomendar dos estudios serios sobre este tema. Uno de Stuart Ablon y Jones (2002) llevado a cabo en Estados Unidos sobre la validez de los ensayos clínicos controlados de psicoterapia. Son los resultados del Programa de Investigación Colaborativo del Tratamiento de la Depresión del Nacional Institute of Mental Health, con pacientes ambulatorios de entre 21 y 60 años y que habían alcanzado una puntuación mínima de 14 puntos en la escala de Hamilton: 239 participantes, un 70 por ciento mujeres y, el 89 por ciento, de raza blanca... Los autores plantearon métodos terapéuticos pautados y la terapia cognitivo-conductual produjo mejores correlaciones positivas que la psicoterapia interpersonal. Véase *Am J Psychiatry*, 159, 775-783, 2002.

El otro trabajo, de Fava y colaboradores, versa sobre terapia cognitivo-conductual en los casos de resistencia a mejorar. Véase Psychotherapy for Depressive Disorders, *Am J Psychiatry* (ed. esp.), 6, 186-178, 2003.

Ryff y Singer (1996, 2004): ocho sesiones semanales, de cuarenta minutos de duración. El paciente debe escribir una especie de diario en donde se refiere sólo a experiencias positivas; en las sesiones se trata de identificar las situaciones y su contexto. De la tercera a la quinta sesión se utilizaba la terapia racional emotiva y, después, una terapia cognitiva, con el objetivo de enseñar al paciente a identificar pensamientos automáticos y creencias distorsionadas, que eran las que interrumpían las vivencias de bienestar. Según estos autores, la terapia del bienestar mostraba una ventaja significativa frente a la cognitivo-conductual a través de la escala diseñada por Ryff.

La *psicoterapia breve de orientación dinámica* tiene también influencias positivas y presenta las siguientes características:

— Debe tener *una fecha de limitación*: los psiquiatras sabemos que esto es complicado fijarlo *a priori*. En Estados Unidos y Canadá es habitual que los pacientes depresivos que siguen esta terapia pregunten por el número de sesiones al mes, el coste de cada una, el tiempo que dura cada sesión, así como el precio general y cuáles son los objetivos a cubrir. Muchos autores sugieren que no se pase de veinticinco sesiones (Koss, 1994, 1999; Bloom, 2003; Klerman, 1998, 2005). Aquí el problema suele ser, en ocasiones, la respuesta de ansiedad que provoca la separación con el terapeuta una vez acabado el tratamiento. Los tratamientos breves necesitan un tema o problema central que sirva de guía. Por tanto, se escoge un eje sobre el que vertebrar todas las acciones de la psicoterapia y, por tanto, no se ocupa de todo lo que le sucede al paciente, sino sólo del asunto base. Los psiquiatras que hacen psicoterapia con modelos a corto plazo deben aprender a seleccionar la información y pasar por alto contenidos laterales, ya que si no, pueden verse desbordados por la riqueza y frondosidad de la psicología de su paciente.

— *Hay que centrar los conflictos y sus ramificaciones* principales. Ver el modo de resolverlos y, si fuera muy difícil o casi imposible, ayudar al paciente a que los acepte de buen grado y sepa convivir con ellos produciéndole la mínima ansiedad. Enseñarle a racionalizar las vivencias, pero sin perder contenidos afectivos: esto tiene grandeza y dificultad; ahí se ve la categoría y la densidad del psiquiatra o del psicólogo.

— Mostrarle *técnicas de afrontamiento sanas* y al mismo tiempo saber identificar los síntomas somáticos (taquicardia, sudoración, opresión precordial, dificultad respiratoria, temblores, molestias digestivas, impaciencia muscular, etc.) y psíquicos (inquietud, desasosiego, temores diversos, anticipación de lo peor, inseguridad, disminución transitoria del nivel de autoestima, etc.), dándole explicaciones y comprensiones de por qué sucede todo eso, de cuál es la raíz y de cómo debe luchar por superarlo.

— En las *psicoterapias breves* se dispone de poco tiempo para explorar el pasado, por lo que puede ser bueno pedirle al paciente que dé una información biográfica por escrito, especificando hechos como los siguientes: primeros recuerdos de los que tiene conciencia; cómo fue durante la infancia, la pubertad y la adolescencia; las figuras de sus padres, su influencia, características, preferencias, etc.; los recuerdos de su escolaridad y rendimiento en los estudios; los primeros años de la universidad o, en su caso, primeras experiencias de trabajo; el despertar de la sexualidad y sus enfoques; historia de sus relaciones afectivas; traumas vividos, etc. Todo eso, en orden a la brevedad de las sesiones, puede ser dado por escrito y más tarde el psiquiatra o el psicólogo indagarán en segmentos concretos de su biografía, aclarando aspectos, matizando conceptos y perfilando objetivos.

— El establecimiento de un *límite en el tiempo* lleva a tres consecuencias: se individualiza cada sesión de cuarenta minutos, que debe ser bien aprovechada; le da autonomía al paciente para sacar un tema más actual o una vivencia reciente que quiere compartir y buscar una manera más sana de vivirla; y en tercer lugar, le estimula para que se vaya haciendo más independiente y vaya ganando confianza en sí mismo.

— Hay que tener en cuenta *criterios de selección*. Cada día los psiquiatras hacemos psicoterapia a personas sanas que necesitan ayuda y hablamos sobre los temas más variados y en los que la figura del psiquiatra (más que del psicólogo en estos casos) es tomada como consultor, hombre de confianza, consejero, a quien uno le cuenta absolutamente todo, pues hay secreto profesional. Los que están más motivados, sanos y enfermos, es más fácil que cambien en positivo y sigan las instrucciones del terapeuta.

— *Son muy distintas las psicoterapias a corto que a largo plazo.* Las primeras, las breves, buscan ser operativas, prácticas, recreándose poco en circunstancias anecdóticas para ir a lo esencial. En las segundas, las largas, el paciente cuenta todo lo que ha vivido, sus alegrías y frustraciones y sólo de vez en cuando el terapeuta habla, hay una administración muy sobria de su palabra. Es decir, la actividad del que hace la psicoterapia debe ser intermitente y centrada en el foco de atención fundamental. Es más, sabemos que la acción del terapeuta puede ser perjudicial cuando actúe en exceso o quiera suplantar la personalidad de su paciente por la suya propia. Hay una frontera fina y tenue que debe ser respetada entre el paciente y el psicoterapeuta.

Terapia de conducta. Hay evidencias científicas suficientes para saber que estas terapias tienen una acción positiva en las depresiones leves y moderadas. Para las depresiones graves no han sido demostradas científicamente por el momento. Los pioneros fueron Paulov y sus colaboradores, Thorndike, Skinner, Bandura, etc., con los conceptos de refuerzo, castigo, estímulo y respuesta.

La terapia de conducta apareció para explicar los cambios de conducta y cómo ayudar a ciertos aprendizajes positivos para mejorar la personalidad. Ya sabemos que tanto las conductas normales como las anormales se aprenden. Y también que se mantienen mediante refuerzos positivos. Un niño pequeño, cada vez que llora y grita, consigue que su madre le dé de inmediato lo que pide; así pues, ese niño aprende a conseguir lo que quiere de esa manera, que le da un buen resultado. Una persona tiene ataques histéricos y cada vez que éstos se producen todo el entorno se vuelca con ella y obtiene un afecto muy evidente.

Por esta misma ciencia que se llama la *psicología conductista* sabemos que el entorno social desempeña un papel fundamental en el desarrollo de las conductas normales (sanas) y anormales (enfermas). Por eso una cuestión práctica, en ciertas depresiones no endógenas, es modificar el entorno, ver la manera de irlo consiguiendo.

El principal objetivo del tratamiento es la conducta problemática en sí. Por eso hay que especificarla, concretar qué se quiere cambiar y qué circunstancias se están dando a su alrededor. Debemos establecer una evaluación de todo ello: tests de personalidad, escalas de evaluación conductual de ansiedad y depresión, cuestionarios de habilidades sociales y, por supuesto, una psicobiografía lo más completa posible.

La terapia de conducta se basa en un enfoque científico del tratamiento, siguiendo las relaciones estímulo-respuesta. Deben ser cuidadosamente especificadas, con procedimientos de evaluación, separando los comportamientos activos de los pasivos y explorando después la posible mejoría, con las mismas escalas de depresión que las utilizadas al principio de la terapia, para ver los puntos que se han ganado, la mejoría en términos cuantitativos.

La teoría del *aprendizaje social* de Bandura es la base de la idea de que existe una interacción entre el entorno, la conducta, los procesos cognitivos (el modo de pensar) y el refuerzo (efecto automático de recompensa y fuente de información sobre las posibilidades futuras de la conducta). Así, por ejemplo, en una depresión mixta (endógena y exógena a la vez), que se asocia con una personalidad por evitación, cuando esta última ha mejorado y puede empezar a relacionarse mejor con los demás, cambia la estructura química de las neuronas (según demostró Kandel en 1989).

¿Cuáles son los principales procedimientos terapéuticos? Muchos de ellos forman un conjunto de tratamientos, pero voy a mencionar aquellos que tienen más importancia y que ayudan en las depresiones no endógenas junto a una cierta medicación.

— *Desensibilización sistemática*: fue introducida por Wolpe en 1958, sobre todo en el tratamiento de las fobias. Pensemos en la fobia a las alturas. Lo que se hace en estos casos es establecer una jerarquía de situaciones de ansiedad, de tal manera que empieza por mirar hacia abajo desde un segundo piso, enseñándole al paciente técnicas de relajación. A través de pasos intermedios se va consiguiendo que mire hacia abajo desde un octavo piso, un décimo y así sucesivamente, desdramatizando el hecho y viviendo ese mirar desde arriba sin ansiedad, hasta alcanzar el objetivo: pasar de la fobia (miedo insuperable) a un miedo intenso, a un miedo menor y a mirar sin miedo.

— *Terapia de exposición*: también se la llama práctica programada y se emplea en las fobias y en las obsesiones. Lo primero que se hace es establecer una jerarquía de situaciones que provocan ansiedad, de más a menos. Pensemos en alguien que tiene fobia a salir solo a la calle: se sale con él a la calle y se le deja a los pocos metros de la puerta de su casa y se le pide que ande una manzana o dos, hasta que empiece a sentir ansiedad. Entonces se le enseña cómo debe combatirla y soportarla. Cada sesión debe durar unos treinta minutos, haciéndose después un registro de lo sucedido. El terapeuta debe elogiar cualquier progreso por pequeño que sea (estimulación verbal positiva) e insistirle en perseverar en esa dirección.

— En la *exposición asistida por el terapeuta*, éste acompaña a su paciente en la situación de miedo enorme y le va enseñando a enfrentarse con ella. En tales casos puede ser bueno que el terapeuta rete al paciente a soportar niveles altos de ansiedad y ofrecerle pensamientos positivos de lucha, creciéndose en la dificultad.

— La *terapia de exposición* en grupo añade la posibilidad de discutir con los participantes dicha situación.

— La *inmersión* es un tipo de tratamiento de exposición en donde el sujeto se baña en miedo, hasta que puede resistir su ansiedad, para que luego ésta vaya desapareciendo. Es muy eficaz, pero algunos enfermos se niegan a someterse a ella. Produce resultados más rápidos que la exposición gradual.

La terapia cognitiva es un sistema de tratamiento basado en que nuestra mente es como un ordenador: que recibe información (*input*), la ordena y clasifica (procesamiento) y da respuestas concretas (*output*). Toda esta terapia se dirige a modificar las distorsiones que se producen en la percepción de la realidad y que dan lugar a trastornos de la conducta. Sus primeras propuestas fueron hechas por Aaron Beck hacia 1960, dándose cuenta de que los pacientes con depresión presentaban errores en el procesamiento de la información muy claros, que era necesario corregir:

— *Inferencia arbitraria*: (se refiere a la respuesta) consiste en adelantar una conclusión en ausencia de algo evidente que la apoye.
— *Abstracción selectiva*: (se refiere al estímulo) consiste en centrarse en un detalle negativo, extraído fuera de contexto y dar un concepto en función de ese algo.
— *Generalización excesiva*: (relativo a la respuesta) es elaborar una regla general a partir de uno o dos hechos aislados.
— *Maximización y minimización*: (relativo a la respuesta) se refiere a un fallo o error concreto de la conducta, a partir del cual se hace una máxima; es decir, se eleva el significado negativo de algo, magnificándolo. Lo segundo es justo lo contrario.
— *Personalización*: (relativo a la respuesta) tendencia a atribuirse a uno mismo fenómenos externos, que no tienen conexión consigo mismo.
— *Pensamiento absolutista dicotómico*: (relativo a la respuesta) es la tendencia a clasificar los hechos en términos radicales y contrapuestos: blanco-negro, amor-odio, somático-antipático. El paciente se describe a sí mismo con categorías extremas.
— *Pensamiento catastrofista*: predecir el peor resultado posible ignorando alternativas positivas que pueden darse.

Los *conceptos básicos de la terapia cognitiva* debemos tenerlos claros y significan ideas centrales sobre las que hay que transitar:

— *Estímulo*: todo lo que inicialmente produce una excitación o activación. Hay estímulos apetitivos, que son aquellos cuya presencia hace aumentar la respuesta. Y los estímulos aversivos, que son aquellos cuya presencia hace disminuir la respuesta.
— *Respuesta*: la reacción al estímulo.
— *Refuerzo*: es el estímulo que aumenta o disminuye la probabilidad de una respuesta (en intensidad y duración). Hay refuerzos positivos y negativos. Los primeros son aquellos que hacen que un acontecimiento aumente la probabilidad de que se produzca

esa conducta. Ejemplos: una persona está dando clase y ve que los alumnos están atentos y toman apuntes y se interesan por la materia que se está explicando. O alguien hace un trabajo escrito y recibe un dinero a cambio. O bien una persona canta en público y ve que la gente disfruta y recibe después una cerrada ovación. El terapeuta que está atento a lo que le va contando su paciente hace que le guste desahogarse y contar todo lo que lleva dentro. Los refuerzos negativos se producen cuando una conducta elimina el acontecimiento reforzador: una chica anoréxica con depresión, que se niega a comer porque «se ve gorda», si el médico la amenaza con ponerle una sonda gástrica para alimentarla, sabiendo que esto la va a molestar bastante, acepta comer por su cuenta y ganar algo de peso.

— *Castigo*: consiste en aplicar un estímulo aversivo a la conducta no deseada para mantenerlo bajo control. Solemos utilizarlo poco en terapia, pero es muy frecuente en la vida cotidiana. Castigo positivo se da, por ejemplo, cuando alguien va a un restaurante y le traen la cuenta y no paga, por lo que se produce una vergüenza social delante de otras personas allí presentes al decir el camarero que el cliente se niega a pagar la cuenta. Castigo negativo es, por ejemplo, si una persona comete una infracción de tráfico grave y le quitan el carné de conducir.

Los trabajos de Beck fueron elaborados en el Center for Cognitive Therapy from Pennsylvania y están basados en ideas procedentes de los estoicos griegos y de escuelas orientales como el taoísmo y el budismo[8]. El modelo cognitivo en el tratamiento de la depresión se basa en detectar errores, fallos y distorsiones en el procesamiento de

---

8. Decía Epicteto: «A los hombres no les perturban las cosas que les suceden, sino la percepción que tienen de las cosas que les pasan». Es decir, nuestros pensamientos son importantes en el control de las emociones que tenemos. Por eso es clave pensar bien, para sentirse uno bien.

La conducta personal está determinada por el modo que tiene cada uno de estructurar el mundo. Nuestros esquemas mentales son decisivos en la manera de reaccionar ante lo que nos sucede.

la información, con la llamada tríada depresiva, que acoge sus principales características, la visión negativa de uno mismo, del entorno y del futuro. Aparece de esta manera un círculo vicioso que perpetúa esa forma de pensar y su conducta negativa correspondiente.

El modelo de intervención consiste en la mediación cognitiva, mediante la cual el psiquiatra o el psicólogo le enseñan a pensar y a actuar de forma más sana y correcta, mostrándole dónde están los errores y las distorsiones principales. Los procedimientos más destacados son: psicoeducación, identificación de pensamientos automáticos, modificación de pensamientos automáticos, identificación y modificación de esquemas mentales, así como terapias asistidas mediante ordenador. Cada una de ellas tiene unas notas precisas dentro de este modelo general.

En la *terapia cognitivo-conductual* nos referimos a la asociación de ambas, que se ha mostrado de una enorme importancia en las depresiones no endógenas, en las distimias depresivas y en el trastorno esquizoafectivo. No obstante, en las depresiones endógenas tanto monopolares como bipolares tiene utilidad para ahondar en el significado y comprensión de dicho diagnóstico.

Aquí se mezclan las dos estrategias antes mencionadas: lo cognitivo ayuda a ordenar bien los pensamientos y los esquemas mentales, de manera que el paciente aprende a resolver problemas y

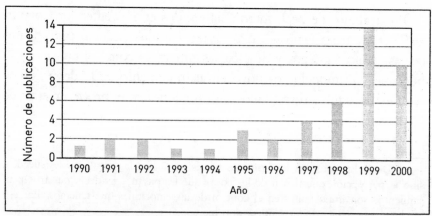

Número de estudios experimentales sobre la terapia cognitivo-conductual en los trastornos afectivos durante la última década. De HealthStar y Psyclit (2002)

situaciones que con anterioridad le habían rebasado y fueron en cierto modo insuperables, enseñándole a evaluar y a modificar sus pensamientos, haciéndolos más positivos y equilibrados, de manera más realista y adaptativa. Es decir, ampliar la variedad de estrategias. Por tanto, el objetivo es delimitar las falsas creencias, identificar los pensamientos automáticos negativos, aprendiendo a reconocerlos, registrarlos y cambiarlos por otros más sanos. En una palabra: incrementar conductas positivas, actuando sobre esas ideas nocivas.

Muchos de esos pensamientos son de este tipo: «No sirvo para nada, todo me sale mal... Mis temas y asuntos siempre están rodeados de problemas. La gente no tiene tan mala suerte como yo. Todas las cosas de mi vida son difíciles y llenas de tensión, la mala suerte es el sello de mi vida, sé que nunca saldré adelante, porque todo me supera, la vida ha sido siempre injusta conmigo», etc. En ese recorrido semántico, las frases que reflejan ese modo de pensar son depresivas y están vertebradas por la negatividad. Hacérselo ver al paciente y enseñarle a observar su realidad con otra óptica forma parte sustancial de la terapia cognitiva.

La terapia cognitivo-conductual es el tratamiento psicológico más estudiado en las depresiones no endógenas y en las distimias. Son las llamadas creencias disfuncionales las que generan una cascada de pensamientos y comportamientos desadaptados. Junto a los antidepresivos, son las dos columnas vertebrales en el tratamiento de estos cuadros clínicos. En la fase aguda de la depresión es preferible emplear antidepresivos, sobre todo si existen ideas/tendencias autodestructivas, que pueden llevar al ingreso hospitalario, para evitar un intento de suicidio. En el periodo de mantenimiento tiene su indicación más precisa esta terapia y da unos resultados muy positivos en el metaanálisis de los casos estudiados (Freeman y equipo, 2002; Parker, Roy y Eyers, 2003; Ingram y equipo, 2005). En los estudios controlados es esencial el rigor en el método: grupo de control, estudio a medio plazo, utilización de placebo asociado a la terapia cognitivo-conductual y control de variables.

Son distintas las preguntas que brotan de inmediato, después de lo que he ido diciendo:

— *¿Es la terapia cognitivo-conductual superior a las demás psico-terapias?* No existe un criterio unánime, depende de las circunstancias, el tipo de personalidad del paciente, el grado de distimia depresiva, etc. Thase (1997) sugirió que era mejor la terapia cognitivo-conductual que la introspectiva, por su estructura y porque enseñaba al paciente a reconocer los esquemas negativos de su pensamiento. Y además porque en los trastornos de la personalidad inciden en los apartados concretos (Leichsenring, 2001; Rojas, 2004) y van a luchar contra desajustes precisos, como la personalidad obsesiva, por evitación o paranoide. Se ha insistido mucho en la calidad del terapeuta: su oficio y conocimientos de estas estrategias. El principio de autoridad (*autoritas*) se complementa con el de eficacia y prestigio (*potestas*), dando lugar a alguien con unas dimensiones adecuadas para llevar a cabo esa tarea. Como he comentado en otras páginas de este libro, hoy es habitual que la psicoterapia en el marco de un equipo de psiquiatras la hagan los psicólogos, ya que muchos psiquiatras no saben hacerla, desconocen sus principios o saben lo laborioso que resulta hacerla, los resultados tan poco inmediatos que se producen, por lo que prefieren centrarse en el diagnóstico y la farmacoterapia.

— *¿Es la terapia cognitivo-conductual superior a los antidepresivos?* Ésta es otra pregunta que requiere una respuesta aclaratoria. En las depresiones endógenas los antidepresivos se han mostrado superiores, pues la eficacia reside en ir a la raíz y ésa no es otra que un desorden bioquímico cerebral, como he subrayado e insistido a lo largo de las páginas de este libro.

— *¿En qué depresiones debe utilizarse la terapia cognitivo-conductual?* En las depresiones no endógenas y en las distimias (cuando éstas se asocian a un trastorno de la personalidad). Hay que ser muy profesional y distinguir bien los matices de cada caso y los elementos neuróticos para saber cuáles son las deformaciones de la realidad, qué traumas ha tenido esa persona, cómo está su nivel de autoestima, etc.

— *Cuando fracasan los antidepresivos, después de un tiempo de empleo suficiente, ¿qué debemos hacer?* Dos cosas; una, cambiar de fármaco, utilizar otro de un espectro distinto y con un mecanismo de acción diferente; otra, buscar técnicas alternativas: asociar dos antidepresivos, dejar una dosis baja de ansiolíticos y elevar la de los antidepresivos; suprimir totalmente los ansiolíticos; en los casos más rebeldes, emplear el TEC, el estimulador magnético transcraneal, la cura de sueño, la luminoterapia o el estimulador del nervio vago (aunque la información que tenemos sobre esta terapia es aún poco aclaratoria).

— *¿Y si el paciente depresivo se ha ido descompensando y tiene tendencias suicidas casi permanentes?* En ese caso está indicado el ingreso hospitalario, con una vigilancia y control estrictos por parte del equipo sanitario. Es bueno utilizar una escala de evaluación del riesgo suicida, para medir la intencionalidad[9] y tener una información más fidedigna.

— *¿Qué papel desempeña la psicoterapia breve?* Klerman (1984, 1991) la diseñó con una base empírica, con doce a dieciséis sesiones de cincuenta minutos cada una, una vez a la semana y su eficacia ha sido demostrada científicamente. Aquí se trabajan sobre todo las deficiencias en las relaciones interpersonales, ofreciendo soluciones concretas; problemas de inseguridad y falta de confianza; complejos de inferioridad; hacer un programa de conducta con normas muy claras, sencillas y motivando a ese sujeto para que se esfuerce en esa dirección; acordar un contrato de conducta para que el paciente se implique más[10] y sepa la importancia de la continuidad terapéutica y se tome en serio no abandonar el tratamiento.

---

9. En mi libro *Estudios sobre el suicidio* (Salvat, Barcelona, 1984) describo las secuencias que se suelen dar en las tendencias autodestructivas, dentro del marco de las depresiones y hay que estar muy atentos, pues cuando el sujeto se desinhibe, es cuando puede llevar a cabo la tentativa, porque está más activo y la desesperanza se ha instalado con firmeza.

10. En algunos de mis pacientes hago que me firmen un documento privado en presencia de algún familiar, con el fin de comprometerse a asistir periódicamente a las sesiones de psicoterapia y a luchar por poner en práctica las pautas que van a ir siendo trabajadas.

En las depresiones en las que existe una crisis conyugal de cierta gravedad y sugerimos que se separen de forma transitoria, firmamos un acuerdo amistoso de

— *¿Hay una relación entre la depresión y la infancia?* En mi experiencia personal hay dos situaciones contrarias que pueden marcar negativamente al niño, como son la sobreprotección y el desamparo afectivo. En el primer caso, estamos ante el niño demasiado mimado y consentido, que a la larga no va a estar preparado para luchar en la vida. Esa falta de entrenamiento le hará fabricar unos esquemas mentales (cognitivos) que le harán muy vulnerable ante las dificultades. En el segundo caso las carencias afectivas pueden ser tantas que esa persona no sepa qué es y en qué consiste el mundo de los sentimientos. Una y otra son muy negativas. La hipótesis de Gordon Parker (2003) de *la llave y la cerradura* sostiene que los esquemas cognitivos (cerraduras) que se han ido formando por acontecimientos adversos de la primera infancia están preparados cuando un sujeto padece un acontecimiento vital sintónico (llave). Los binomios cerradura-llave sólo se comprobaron en una minoría de individuos y eran más frecuentes en las depresiones exógenas o reactivas que en las distimias. Es decir, que la depresión exógena podría ser una respuesta a un factor sintónico (parecido, similar, de igual temática) que activa esquemas cognitivos latentes. Un ejemplo aclarará lo que vengo exponiendo: una paciente mía, mujer de cuarenta y dos años, tuvo que enfrentarse a la separación traumática de sus padres, plagada de insultos, amenazas, reproches y descalificaciones. Ella tenía catorce años cuando esto sucedió y tuvo una depresión fuerte asociada a anorexia con un seudointento de suicidio y una reacción de autismo, asociada a todo lo anterior; se quedó a vivir con su madre. Años más tarde, cuando una herma-

---

separación para averiguar, desde la distancia, cómo se ven el uno sin el otro e intentar un acercamiento sin la convivencia diaria. Que ninguno pueda denunciar al otro por abandono del hogar.

En otras ocasiones puede ser necesaria la intervención de un notario, que actúe ya con un mayor rigor jurídico, de cara a establecer unos compromisos de tratamiento y personales a través de un fedatario público.

na dos años mayor que ella, a la que estaba muy unida, fue abandonada por su marido, tuvo una depresión inhibida al principio que terminó por convertirse en un estado de autismo tardío. Al hablarlo con ella en la psicoterapia, nos dijo: «Me acordé de cuando mi padre se fue de casa y nos dejó a los hijos solos con mi madre; era la soledad y la falta de medios y yo me pregunté: "¿Qué será de nosotros, cómo podremos salir adelante, qué destino vamos a tener?"». Sé que estuve muy mal y me quedé como parada. Veo que ahora, con el drama de mi hermana, me ha pasado algo parecido». Hablamos aquí de *estrés sintónico*[11]. El DSM-IV-TR incluye una categoría depresiva en la que los criterios son: sentimientos de desvalorización, inutilidad y baja autoestima. Los que presentan estos síntomas son los más idóneos para recibir la terapia cognitivo-conductual, aunque si existe una resistencia psicológica, el tema puede ser más complicado.

¿Cómo actúa la *terapia cognitivo-conductual*? Esta terapia modifica formas negativas de pensar, cambia esquemas distorsionados por otros más sanos y ajustados a la realidad. Por otra parte, produce atribuciones cognitivas más correctas, es decir, el sujeto no achaca su depresión o responsabilidad a terceros o a hechos que son irrelevantes. Se va produciendo una reestructuración cognitiva que hace que esa persona sea más objetiva ante las cosas que suceden. La figura del terapeuta es importante. Igualmente es bueno que sepa que a todo eso se le llama *psicoterapia*, que sepa en qué consiste y que se implique y trabaje en los cauces que le diga el psiquiatra o el psicólogo. Scott (1995, 2000) y Stravynski y Greenberg (1992) identificaron los factores comunes de una psicoterapia eficaz.

---

11. Podemos definir este concepto así: es una respuesta clínica parecida a otras que se tuvieron con anterioridad, debida a que se activan esquemas cognitivos latentes que eran la cerradura latente y que son desencadenados por un acontecimiento de índole similar (que es la llave).

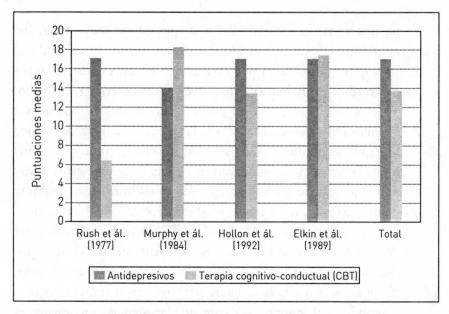

Resultados postratamiento en el *Bexk Depression Inventory*. Adaptada de DeRubeis et ál., 1999.

Socioterapia

La definimos como aquel conjunto de tratamientos encaminados a conseguir que una persona depresiva pueda mejorar sus relaciones interpersonales y que éstas le ayuden a tener más equilibrio psicológico y mayor calidad de vida. No debemos minimizar el entorno. La soledad, el aislamiento, la falta de soporte familiar y social, pueden determinar que una depresión leve o de mediana intensidad adquiera un evidente mal pronóstico, porque esa persona viva sola, no conozca a nadie, esté separada, viuda o soltera. Cuando uno es un psiquiatra clínico, acostumbrado a vérselas con la realidad, se da cuenta de lo importante que es todo esto.

El *apoyo social* es un fenómeno que se ha estudiado con detalle en el campo de la salud mental en general y de la depresión en particular. La calidad de las relaciones familiares y sociales, su consistencia y positividad, pronostica la evolución de muchas depresiones hacia su mejoría primero y hacia la curación después. Aquí podemos distinguir cuatro grupos:

— Los que tienen una relación inversa entre el apoyo social y el riesgo de depresión (Henderson, 2002).
— Las mujeres que tienen un sistema de relaciones sociales más extenso que los hombres y se implican más emocionalmente (Belle, 1996).
— Se ha demostrado de forma científica que las mujeres presentan unos índices de depresión mayor, más altos que los varones (Kessler, 1993; Bebbington, 1998).
— Se ha demostrado, igualmente, que las mujeres son más sensibles que los hombres a la falta de apoyo social, aunque no siempre ni en todas las circunstancias. Hoy la mitad de la población de la Unión Europea está formada por familias monoparentales, en las que es la madre la figura central, ya que asume totalmente el papel paterno-filial, pues el padre no existe.

En este sentido es muy ilustrativo el trabajo de Kendler, Myers y Prescott (2005) en el que se evaluaron 1.057 parejas de gemelos de sexo opuesto procedentes de un registro de población; estos investigadores pronosticaron el riesgo de depresión mayor durante el año que precedió a la segunda tanda de entrevistas, a partir de los niveles de apoyo evaluados en la primera entrevista. El resultado fue el siguiente: las mujeres refirieron un nivel más alto de apoyo social global que sus gemelos de sexo masculino. El nivel de apoyo social que se observó en la primera evaluación pronosticó el riesgo de padecer una depresión. Pero los niveles de apoyo social no explicaron totalmente las diferencias de sexo en cuanto al riesgo de depresión.

Quiere esto decir que al hacer una historia clínica debemos consignar qué tipo de vida familiar y social tiene esa persona, lo cual nos da un perfil de su entorno, pero salvo en casos de un aislamiento masivo esos datos no son determinantes en su totalidad, sin que requieran más informaciones. Así, Bech y su equipo (2002) estudiaron una muestra de 30 enfermos depresivos, utilizando una escala de autoevaluación de adaptación social, cuyas preguntas eran muy específicas: disfrutar con el trabajo, calidad del tiempo libre, comportamiento en familia, conducta que busca ampliar relaciones, atracción social, dolencia social, interés en la comunidad, dificultades en la comunicación, sensibilidad al rechazo, etc. Pudieron comprobar que la *restauración de la función social* era tardía con respecto a la reducción de los síntomas principales de la depresión; y, al mismo tiempo, que el adecuado tratamiento de la depresión no consiste sólo en que vayan desapareciendo los síntomas nucleares de esa enfermedad, sino en mejorar su funcionamiento social.

La socioterapia requiere estrategias que mejoren las relaciones interpersonales, es un amplio abanico que va de la vida conyugal a la familiar, pasando por establecer una sana y equilibrada vida social. Ahí la realidad clínica nos hará ver qué es lo más correcto y cómo llevarlo a cabo.

Los antidepresivos

Los avances conseguidos en los últimos años en el campo de la fisiología cerebral son enormes. Se habla de que estamos en *la década del cerebro*. Las posibilidades de tratar una depresión endógena son hoy extraordinarias, impensables si miramos hacia atrás. El mundo de la neurona, las sinapsis, la transmisión de los impulsos nerviosos, es muy complejo, pero hoy tenemos de todo ello un mejor conocimiento.

Se ha hablado mucho de que el descubrimiento del primer antidepresivo fue algo accidental, por casualidad. La verdad es que fue resultado de distintas investigaciones que en un momento dado culminaron en una serie de observaciones clínicas que se asocian con la mejoría de los síntomas tras la utilización de unas determinadas sustancias. El primer antidepresivo lo descubren Kuhn y Kline en 1957, al emplear la *imipramina*, una sustancia que actúa sobre los grandes sistemas de neurotransmisión: la serotonina, dopamina y noradrenalina, principalmente, consiguiendo tener además menos efectos secundarios. Poco antes, 1947, Cade utilizó el *litio* como antidepresivo, pero fue Schou en 1955 el que lo incorporó a la clínica. Hacia 1950 se había utilizado la *isoniacida*, como estimulante del apetito; después se vio que elevaba el estado de ánimo y en 1952 fueron Delay y su equipo los que hicieron la primera publicación de esta sustancia con efectos antidepresivos.

Kuhn, en 1952, ensayó la *imipramina* en enfermos psíquicos en general, ya que su fórmula se parecía a la *clorpromazina*, neuroléptico que se estaba manejando desde hacía muy poco tiempo. Se dio cuenta de que no modificaba el estado de los pacientes con esquizofrenia, pero por el contrario mejoraba el ánimo de los depresivos. Presentó este trabajo en el Congreso Mundial de Psiquiatría de Zúrich, de 1952.

En 1957 Kline y Crane describen cómo un grupo de enfermos con depresión mejoraron mucho al tomar *iproniazida*, derivado de la *isoniazida*, que tenía un efecto contra la que entonces era una enfermedad grave y frecuente, la tuberculosis. Se le llamó *energizante psíquico*.

Por otro lado, se puede observar la similitud bioquímica entre la *clorpromazina* (un neuroléptico o tranquilizante mayor) y la *imipramina*, que vino a ser finalmente el primer antidepresivo que se utilizó en el mercado.

La ingente cantidad de investigación nos ha llevado a una realidad esperanzadora. Los hechos se han sucedido vertiginosamente y el conocimiento más minucioso de los mecanismos neurobioquímicos de la depresión han aportado novedades de sumo interés.

En las páginas siguientes clasificaré todos los fármacos con los que hoy contamos en diversos grupos, con el fin de estar en condiciones de seleccionar *el mejor antidepresivo* según cada caso en concreto, viendo sus pros y sus contras. *Antidepresivo es aquel fármaco que tiene una acción curativa sobre las depresiones endógenas.* O dicho de otra manera, también operativa: la depresión endógena es una enfermedad que se cura con antidepresivos. Parece elemental, pero conviene insistir en que las depresiones exógenas, las reacciones depresivas y los cambios de ánimo psicológicos no se benefician de la acción de estos medicamentos, ya que no tienen una base rotundamente bioquímica. Aunque muchos de los antidepresivos modernos tienen efectos ansiolíticos, con lo cual sí actúan sobre esas formas depresivas no endógenas.

Varias consideraciones previas son de interés para saber sus efectos clínicos y los efectos secundarios (o nocivos). Para empezar, todos los antidepresivos tardan en hacer efecto entre una y tres semanas aproximadamente desde que se instaura el tratamiento. Pero los efectos secundarios aparecen inmediatamente, con lo cual se produce *un empeoramiento paradójico* al poco de iniciar su aplicación. Muchos pacientes nos dicen: «Doctor, estoy peor que al principio y noto la boca muy seca, atontamiento de cabeza, visión borrosa, estreñimiento, temblores en las manos y malestar general». Hay que explicarle *a priori* que eso es así, que es lo normal y que es necesario esperar hasta alcanzar los *efectos curativos o clínicos*. A algunos les cuesta esta espera y deciden abandonar por su cuenta el tratamiento. Como ellos firman el *consentimiento informado* antes de empezar a tomar la medicación, el psiquiatra debe apoyar la continuidad en la toma de los fármacos.

Quiero sistematizar ahora los principales efectos secundarios de los antidepresivos tricíclicos y afines, aunque también se dan en los otros grupos de antidepresivos, y con matices:

- *Efectos anticolinérgicos*: sequedad de boca, estreñimiento, retraso del vaciado gástrico, hipotensión arterial, taquicardia, palpitaciones, sensación de mareo, inestabilidad espacial, vértigo, visión borrosa, sudoración excesiva, dilatación pupilar (midriasis), retención urinaria, disminución de la libido sexual y retraso de la eyaculación.
- *Efectos cardiovasculares*: arritmias, bloqueos cardiacos, taquicardia sinusal.
- *Efectos alérgicos*: anemia, leucopenia (disminución de los glóbulos blancos en sangre), eosinofilia (el eosinófilo es una variedad del leucocito, que contiene en su protoplasma granulaciones eosinófilas; aquí se observa un aumento de ellos), exantema cutáneo, etc.
- *Efectos centrales*: aquí lo más destacado es la sensación de estar como sedado, confusión, desorientación tempo-espacial, temblores en las manos (hiperquinesia fina), disfunción sexual, etc.
- *Efectos endocrinológicos*: ausencia de la menstruación (ameno-

rrea), secreción de leche en las mamas (galactorrea), aumento de peso y, como ya he comentado, también descenso de la libido.

- *Síndrome de la retirada brusca de la medicación*: cuando esto se produce por los motivos que sean (la voluntad del propio paciente, un mal consejo de un médico no psiquiatra, etc.), lo más frecuente es malestar general, dolores de cabeza, sensación de atontamiento mental, nerviosismo e irritabilidad, náuseas y vómitos.
- *Efectos neurológicos*: en ocasiones, síntomas extrapiramidales (crisis oculógiras, movimientos ideo-motores, espasmos de torsión), parestesias (sensaciones raras, extrañas, de distinta localización corporal, especialmente en manos, brazos, etc.), impaciencia muscular (acatisia), crisis epilépticas si hay una cierta predisposición, alucinaciones, ideas delirantes.

Es importante *usar las dosis adecuadas*, pues no es lo mismo una depresión leve, mediana o grave. Esa valoración la hacemos con instrumentos de cuantificación, que son las distintas escalas de evaluación conductual, que son muy prácticas en este sentido. El tratamiento debe mantenerse al menos durante unos cuatro a seis meses después de la desaparición de los síntomas, lo que se denomina *medicación de mantenimiento*, que se irá disminuyendo gradualmente, en función de la mejoría alcanzada.

En casi todas las depresiones hay ansiedad, por lo cual es necesaria la aplicación de *ansiolíticos*, que disuelven la ansiedad y deben darse en función de la intensidad de ésta. Esta doble sintomatología depresiva y ansiosa convive a la vez. La pericia del médico es clave para saber cuándo hay que aumentar una y disminuir otra en las sucesivas revisiones. Asimismo, casi siempre debe aplicarse un *hipnótico* o medicamento *facilitador del sueño*. Dichas sustancias hacen descender el nivel en sangre del antidepresivo en torno a un 30 por ciento, por lo que hay que valorar y seleccionar cuál utilizamos y a qué dosis.

En las *depresiones resistentes a la farmacoterapia* debemos hacer varias cosas. Por ejemplo, comprobar si la depresión tiene muchos ingredientes psicológicos (reactivos, exógenos, por acontecimientos de la vida misma). Además, hay que intentar cambiar el medicamento, utilizar otra familia bioquímica. En algunos casos es eficaz la asociación de dos antidepresivos, que tienen un efecto sinérgico, complementario y observar la evolución.

En los casos en los que siga siendo nula la respuesta, se hacen necesarias técnicas alternativas. Las más frecuentes son el *TEC* (terapia electroconvulsiva), la *estimulación magnética transcraneal* y las *curas de sueño*, así como otras estrategias antidepresivas a las que me referiré más adelante. Son circunstancias que ponen a prueba al psiquiatra y le obligan a revisar sus conocimientos sobre el tema.

Hay que tener cuidado con ciertas *enfermedades físicas*, en las cuales el uso de antidepresivos no debe darse. Tal sucede en la hipertrofia de próstata o en la hipertensión ocular. Tampoco hay que administrarlos tras un infarto de miocardio reciente o en casos de glaucoma y epilepsia (aquí con matices).

Es igualmente necesario *tener en cuenta las interacciones con otros medicamentos*: desde los antibióticos a las sulfamidas, pasando por los analgésicos, anticoagulantes, etc. Todo ello requiere una experiencia probada y un conocimiento de la historia clínica biológica (no sólo psiquiátrica) de dicho paciente. Tienen acciones contraindicadas con anticolinérgicos, anticoagulantes orales, antidiabéticos orales, antihistamínicos, etc.

En aquellos enfermos depresivos con tendencias suicidas manifestadas claramente ante sus familiares y cuando el médico tiene conciencia de dicho riesgo, hay que explorar estas conductas y contemplar la necesidad de un ingreso hospitalario, de forma que esa persona esté vigilada y exista un control permanente de su comportamiento.

Si en la historia clínica se ha observado que existen *fases depresivas recurrentes*, se debe indagar si coinciden con algunas estaciones del año, pues hoy sabemos que son la primavera y el otoño las épocas más habituales en donde aparecen estas depresiones estacionales. En tales casos es recomendable recurrir a los estabilizadores del ánimo (también conocidos como normotímicos, eutímicos, o frenadores de la recaída en un lenguaje más coloquial y menos académico). En esa línea están sobre todo los metales (como el litio, el valproato sódico, la carbamacepina y otros), que requieren un análisis de sangre periódico para saber cómo se absorben.

Los antidepresivos pueden clasificarse de diferentes maneras, una de ellas *según el número de anillos bencénicos*. El anillo bencénico es una estructura bioquímica que consiste en un hidrocarburo aromático de cadena cerrada, cuya fórmula es C6H6, que forma un hexágono y en donde cada átomo de carbono ocupa el vértice de esa estructura de seis lados. El benceno es un líquido incoloro de aroma dulce. Se evapora en contacto con el aire de forma inmediata y es poco soluble en agua. Es sumamente inflamable y se forma tanto en procesos naturales como en actividades humanas. Está entre los veinte productos de mayor volumen de producción; es un constituyente natural del petróleo crudo, gasolina y humo de cigarrillo. Su enorme importancia reside en que es una de las moléculas más destacadas en la síntesis orgánica. Fue descubierto por Friedrich Kekulé[12], que fue el primero en determinar su composición, aunque algunos años antes el inglés Faraday había trabajado ya sobre los primeros conocimientos del benceno.

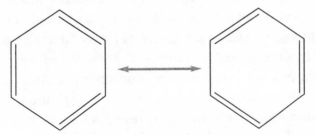

Estructura anular del benceno de Kekulé.

---

12. Es muy curioso saber que este científico estuvo bastante tiempo trabajando para diseñar este compuesto químico. Dedicó años a la estructura química del benceno, pero costándole mucho llegar a determinar sus principales características. En 1865 Kekulé viajaba en un carruaje que se movía bastante, empezó a dormitar y dio unas cabezadas y en pleno sueño apareció en su mente una fila de átomos de carbono que se contoneaban como una serpiente; de pronto, el extremo final de una cadena se abrazó con el extremo inicial, como si se tratara de un juego de bamboleo y así se formó el anillo giratorio. Al despertar tenía el anillo bencénico completamente dibujado en su cabeza. Cuando le preguntaron, años más tarde, cómo había alcanzado aquel descubrimiento, dijo: «Lo conseguí pensando en él noche y día».

Por su organización química se pueden clasificar en los siguientes tipos:

— *Monocíclicos*: bupropion (Quomem): es poco utilizado, pero es curioso que exista este principio activo en forma de hidrocloruro que se utiliza para ayudar a dejar de fumar en los que tienen una fuerte dependencia a la nicotina (Zyntabac).

Se han publicado algunos casos en los que mejora la narcolepsia (trastorno caracterizado por somnolencia muy acusada, alucinaciones, cataplejía y parálisis del sueño), con la aplicación de 150 mg/día de bupropion, hasta llegar al doble de la dosis (Goksan y colaboradores, 2005).

— *Bicíclicos*: viloxacina (Vilvarint), mianserina (Lantanon). El que ha sido más utilizado de este grupo es el trazodone (Deprax). Tiene un espectro amplio que abarca también la ansiedad y las depresiones enmascaradas (que están en el círculo de las enfermedades psicosomáticas). Se utiliza asimismo como medicación preanestésica y posoperatoria.

— *Tricíclicos*: imipramina (Tofranil). Ha sido durante muchos años el antidepresivo más empleado, con un efecto eficaz. Hasta la aparición de los nuevos fármacos ha sido uno de los grandes triunfadores. Tiene manifestaciones ansiolíticas. En los ancianos hay que prestar atención si el paciente tiene una hipertrofia de próstata y hay que ser prudente en pacientes con antecedentes cardiacos. Muy útil en la enuresis nocturna. Sigue siendo un medicamento con unos resultados excelentes, pero hay que calibrar bien la dosis, porque a veces es mejor dosis medias o incluso bajas para conseguir la remisión de los síntomas. La clomipramina (Anafranil) es de similar familia bioquímica y puede emplearse en inyección intramuscular y en perfusión endovenosa, lo que le da una resonancia especial. Produce grandes efectos positivos en el trastorno obsesivo-compulsivo, pero tiene menos acción contra la ansiedad y es más desinhibidor. También debemos situarlo en el pódium de los grandes. La amitriptilina (Tryptizol) es otro de los clásicos. De buena acción sedante, tiene el inconveniente de que engorda, pero en depresiones de sujetos escuálidos tiene una indicación precisa. La nor-triptilina (Paxtibi, Martimil), la doxepina (Sinequam) y la trimeprimina (Surmontil) tienen un efecto sedante muy marcado. En las depresiones ansiosas es un buen medicamento. La amineptina (Survector) y la lofepramina (Deftan) inhiben la recaptación de la noradrenalina, pero tienden a engordar. La uinupramina (Quinuprine) y la amoxapina (Demolox) se describieron al principio como antidepresivos de acción rápida. Han sido retirados del mercado recientemente.

— *Tetracíclicos*: mapoptilina (Ludiomil), de gran eficacia, con efecto ansiolítico. Es uno de los clásicos. Se empezó a recomendar sobre todo en las depresiones con muchos síntomas somáticos, en las depresiones enmascaradas y en las que tenían un fuerte componente de ansiedad. El pirindol (Lifril) y la mirtazapina (Rexer) son antihistamínicos y producen mucho sueño, por ello se recomienda tomarlo al final de la jornada, poco antes de acostarse. Es antagonista de los receptores alfa 1 y 2.

Hablaremos ahora de otro grupo importante de medicamentos antidepresivos, los *IMAOS*. La MAO (monoamino oxidasa) es una enzima distribuida ampliamente por todo el cuerpo —en el interior de las células— cuya función es la de inactivar las aminas. Hay dos formas: la MAO-A, que destruye la serotonina y la noradrenalina; y la MAO-B, con poca afinidad por esas dos sustancias.

Estos fármacos son inhibidores de la acción de la MAO. Fueron descubiertos hacia 1950, al observar el efecto elevador del ánimo en pacientes con tuberculosis. Su empleo ha seguido una historia de altibajos y con la aparición de la moclobemida se ha producido un cierto resurgir. Su inconveniente más acusado es su interacción con la tiramina, lo que ocasiona la incompatibilidad con una serie de alimentos (habas, chocolate, etc.). Los más importantes son:

— Iproniacida (Iproniazida)
— Fenelzina (Nardelzine)
— Nialamida (Niamid)
— Tranilcipromina (Parnate)
— Moclobemida (Manerix)

La selegilina transdérmica (Plurimen, Selegilina EFG) tiene muchos informes publicados sobre las crisis de hipertensión arterial, consecutivas a la ingestión de alimentos con tiramina (la llamada «reacción al queso») y otras interacciones tóxicas. Hoy sabemos que algunos IMAOS tienen, a veces, efectos superiores a los antidepresivos tricíclicos y tetracíclicos y también con los inhibidores selectivos, cuando algunos de ellos han fracasado.

Un tercer grupo de medicamentos son los llamados *inhibidores de la recaptación de la serotonina* (ISRS). Son selectivos, es decir, se encargan sólo de recaptar esa sustancia (amina biógena), teniendo una escasa acción sobre las otras (dopamina y noradrenalina). Este grupo de fármacos están indicados asimismo en los estados depresivo-ansiosos, en la enfermedad obsesivo-compulsiva y en algunos trastornos psicológicos de la alimentación. Surgen hacia 1980 y desde entonces las investigaciones sobre nuevas sustancias para curar la depresión siguen un curso muy prometedor. Podemos decir que en la actualidad los ISRS producen una clara mejoría de los síntomas en el 74 por ciento de los enfermos hacia las ocho semanas (Informe 2002).

Sus efectos secundarios son sequedad de boca, náuseas y vómitos, diarrea, manifestaciones de disfunción sexual (impotencia, ausencia de orgasmo, disminución de la libido), intranquilidad y desasosiego, temblor, cefaleas, etc. Tienen la ventaja de que carecen de efectos anticolinérgicos; su toxicidad cardiaca es poca y en dosis altas son bastante seguros.

Como la mayoría de los antidepresivos, pueden inducir la aparición de cuadros eufóricos (manías e hipomanías), especialmente cuando se esté tratando a un paciente que está en fase depresiva, pero que es bipolar. Interfiere el sistema del *citocromo p-450* hepático[13]. Por ello se

---

13. El citocromo P-450 es un sistema enzimático (la enzima es una proteína que dirige el metabolismo) que interviene para metabolizar fármacos y otras sustancias químicas. Se localiza en retículo endoplásmico liso y en las mitocondrias. En el ser humano está sobre todo en el hígado, riñón e intestino delgado. Su trascendencia clínica reside en que cuando un medicamento que posee varias vías metabólicas tiene la principal limitada, esta enzima puede aumentar la actividad de la vía secundaria (Ferre Navarrete, 1994; Meyer, 1996; Cuenca y equipo, 1998). Esta enzima supone un filtro en el metabolismo de múltiples fármacos, consiguiendo buenas concentraciones en sangre cuando el paciente está tomando varias sustancias.

debe tener precaución con otros psicofármacos, como los barbitúricos y el triptófano. Nunca deben asociarse a los IMAOS. Y una observación añadida muy práctica: antes de cambiar estos fármacos, los recaptadores de la serotonina y pasar a los IMAOS, es necesario esperar entre cuatro y seis semanas. No deben darse durante el embarazo ni en la lactancia (aparecen en la leche materna).

Entre estos medicamentos está la fluoxetina (Adofen, Astrin, Lecimar, Nodepe, Prozac, Reneuron...), que no tiene efectos sobre la ansiedad: es más, si se trata de una depresión ansiosa, es mejor no utilizarlos. Uno de sus grandes efectos es que adelgaza, al frenar el apetito. En la bulimia puede aumentarse la dosis habitual (20 mg dos veces al día). Su vida media en sangre es muy grande, de modo que permanece mucho tiempo en el organismo. Otro es la paroxetina (Casbol, Frosinor, Motivan, Seroxat...), que tiene un efecto desinhibidor muy eficaz (esa persona se abre más, se comunica mejor), por lo que está muy indicado en las depresiones de personas introvertidas, tímidas (por evitación); en los trastornos de la personalidad con un fondo depresivo tienen una indicación firme. De los nuevos antidepresivos es de los que tienen mejores resultados operativos. Otros son la sertralina (Aremis, Besitran), que puede producir una pérdida de peso significativa; el citolapram (Prisdal, Seropram), que es el más selectivo de todo este grupo. Sus efectos negativos son muy leves y presenta buena acción en las crisis de ansiedad; y también el escitalopram (Esertia, Zipralex) y la fluvoxamina (Dumirox).

Lo cierto es que existen muchos grupos de antidepresivos, como por ejemplo los inhibidores selectivos de la recaptación de la noradrenalina (NARI), entre ellos la reboxetina (Irenor, Norebox) y la viloxacina (Vivarint); los inhibidores selectivos de la recaptación de la dopamina, como la amineptina (Survector); los antagonistas e inhibidores de la 5-HT (SARI), como la nefazodona (Dutonin, Rulivan) y la trazodona (Deprax); los antagonistas de la noradrenalina y 5-HT (NASSA), como la mianserina (Lantanon) y la mirtazapina (Rexer), que puede aumentar las transaminasas; los inhibidores duales, como el milnacipran y la venlafaxina (Dobupal, Vandral). Estos últimos inhiben la recaptación de la serotonina y la noradrenalina y es muy importante el beneficio que produce en una amplia gama de depresiones.

Se puede utilizar una dosis única. Su vida media es de diez a quince horas y se emplean con éxito en los trastornos obsesivo-compulsivos, fobia social y crisis de pánico. La monografía de M. Bernardo (2005) es un resumen muy interesante de todo el arsenal terapéutico que representa esta sustancia. Otro inhibidor de este tipo es la duloxetina (Cymbalta, Xeristar), uno de los últimos que acaban de aparecer en el mercado. Es un inhibidor dual y selectivo de la recaptación de la serotonina y la noradrenalina, que aparece bajo las siglas IRSN (Inhibidores de la Recaptación de la Serotonina y Noradrenalina). Se administra por vía oral, a dosis única (60 mg/día), alcanzando el valor de concentración máxima a las seis horas de ser administrada. Según su perfil, a la semana ya desaparecen algunos de los síntomas nucleares, como son el descenso del estado de ánimo, la culpa, la ansiedad, las ideas de suicidio y la pasividad ante las actividades laborales (Hischfeld y equipo, 2005). Su acción es relativamente rápida, ya que hacia los diez días de iniciarse el tratamiento se observa una buena respuesta (Detke y equipo, 2002).

En cuanto a los llamados *estabilizadores del ánimo o eutímicos*, constituyen un grupo de medicamentos de enorme importancia. Este término se utiliza ampliamente en el contexto de las depresiones recurrentes por un lado y el espectro de los trastornos bipolares por otro. En cualquier caso, aún no nos ponemos de acuerdo en la definición de este concepto. Algunos autores sostienen que estabilizador del ánimo es un fármaco que disminuye la frecuencia y la gravedad de cualquier tipo de episodio depresivo bipolar y no empeora la frecuencia de fases en el sentido opuesto. Otros proponen una definición más estricta: fármaco capaz de tratar no sólo las depresiones, sino también los estados maníacos. Voy a intentar concretar esto con más precisión, pues estamos ante uno de los mayores avances que se han operado en los últimos años en el campo de la psiquiatría. Un medicamento puede considerarse con este nombre si es eficaz en cada una de estas cuatro facetas:

— Tratar y corregir los síntomas de una manía aguda.
— Tratar y corregir los síntomas de una depresión aguda.
— Prevenir los síntomas maníacos.
— Prevenir los síntomas depresivos.

Esto es lo que se ha venido a llamar *criterios exigidos según la definición dos por dos*.

En la actualidad se va abriendo paso la idea de la *politerapia farmacológica*, también llamada por muchos *polifarmacia*, que aspira a buscar la combinación más apropiada. Así, por ejemplo, en las manías agudas la asociación valproato-haloperidol suele dar unos resultados excelentes (Muller-Oerlinghausen y equipo, 2000), o topiramato-olanzapina.

En resumen: en la práctica la monoterapia es lo mejor a corto plazo. Por el contrario, en los casos agudos lo mejor es la combinación. La terapia de combinación tiene la ventaja de que aumenta la eficacia y la desventaja de los efectos secundarios (lo que hace que a menudo no se cumpla el tratamiento, por lo cual se llega a la conclusión de que la monoterapia es, también, lo mejor en el mantenimiento a largo plazo). Y no debemos minimizar la importancia de educar al paciente, como han subrayado las investigaciones recientes de Tohen y Chengappa (2004).

La *asociación de antidepresivos* debemos emplearla cuando el enfermo no responde a diversos fármacos, uno detrás de otro, bien por los efectos secundarios o porque la disminución de los síntomas es escasa. Hoy contamos con un arsenal antidepresivo muy rico y la familia de los pacientes depresivos exige resultados rápidos, cómodos, seguros y eficaces, aunque no siempre es fácil conseguir esto. La asociación debe buscar una mayor rapidez, potenciar la acción de cada fármaco, resolver síntomas residuales, prever recaídas, paliar o disolver efectos secundarios y tener en cuenta la edad y características concretas de esa persona.

Entre los procedimientos terapéuticos más eficaces tenemos, en primer lugar, el *litio* (Plenur), que constituye en este momento la principal opción terapéutica en el tratamiento y la prevención de las recaídas. Lange, a finales del siglo XIX, había utilizado el litio en algunas depresiones y publicó un trabajo sobre ello. Fue Cade en 1949 el que describió el efecto del litio sobre la agitación de las cobayas, produciendo un estado de sedación y de ahí pasó a utilizarlos en dos situaciones clínicas: la manía y la epilepsia; se comprobó su eficacia en el primer caso, pero el trabajo fue publicado en una revista australiana de escasa difusión y esas conclusiones pasaron bastante desapercibidas en la comunidad científica. En 1953, Schou y Baastrup repitieron el mismo trabajo de Cade y comprobaron que tenía un efecto positivo en las fases maníacas y como preventivo de las recaídas de la entonces llamada psicosis maníaco-depresiva. Desde 1960 fue difundiéndose más y más, hasta llegar a 1970.

Sus esperanzas curativas alcanzaron su máximo apogeo hacia 1970 y la siguiente década. Se difundió una idea: a medida que la depresión era más pura, clásica o endógena, la respuesta al litio era más contundente. Hoy contamos con mucha información al respecto y los trabajos de investigación se han multiplicado. Podemos decir que las sales de litio son el primer medicamento para prevenir las recaídas depresivas y del trastorno bipolar. Desde 1980 se busca un predictor de la respuesta al litio[14], pero aún no se ha resuelto este tema. Sí sabemos que los que tienen adicción al alcohol o a otras sustancias tóxicas o son portadores de un trastorno de la personalidad reciben unos efectos bastante menos positivos.

Se puede definir su acción así: *el litio reduce los síntomas depresivos y/o maníacos al menos en un 50 por ciento*, medidos en una escala de evaluación conductual depresiva o maníaca. La dosis debe estar entre los 1.000 y 2.000 mg/día. La dosis media consiste en dos tabletas al día de 500 mg, pero es necesario individualizar la dosis según el nivel de litio en sangre, el cual debe estar en la siguiente banda: 0,7-1,2 mEq/l. Es imprescindible hacer análisis de sangre periódicos, cada tres a cinco meses, según las características del paciente. Es conveniente realizar de vez en cuando pruebas de funcionamiento renal, tiroideo y ECG (electrocardiograma). Hay que ser cuidadoso cuando exista diabetes, enfermedades cardiovasculares, renales, deshidratación o depleción salina. Siempre se recomienda que beban agua en abundancia. No perdamos de vista que la fuente principal de litio es el agua que bebemos a diario.

---

14. Podemos realizar una búsqueda de datos relacionada con el carbonato de litio en el Lithium Information Center y en sus páginas de internet correspondientes. Aunque hoy lo que se sabe de esta sustancia es ingente.

Algunos pacientes, que no han tomado conciencia clara de su diagnóstico, no cumplen con la dosis pautada, lo que impide una acción clínica correcta. En otros casos, la ingesta intermitente de alcohol se suele asociar a un mal cumplimiento de la pauta de tratamiento. A veces puede ser difícil distinguir con claridad la falta de respuesta farmacológica, el no tomar la medicación de la forma indicada o la toma de sustancias (alcohol, drogas, etc.) que frenan o modifican de forma negativa la acción positiva del medicamento.

Hay que estudiar los síntomas de cada fase, cómo fue el episodio inicial, la secuencia de las fases, los intervalos libres de síntomas, la respuesta aguda al litio, los factores de personalidad, el entorno familiar y los antecedentes familiares.

Con respecto a la clasificación monopolar-bipolar, la literatura científica tiende a respaldar la existencia de una eficacia profiláctica similar del litio en ambos casos. De cualquier modo, el litio sigue siendo el estabilizador del ánimo mejor por el momento.

Se ha trabajado, asimismo, sobre la posibilidad de la interrupción del litio y comprobar su eficacia posterior, como pusieron de relieve Tondo y colaboradores (1997) y William Corryell, David Salomón y otros (1998), ya que no se ha podido demostrar que la suspensión del litio aumentara la posibilidad de una recaída.

El otro gran medicamento es el valproato sódico (Depakine): se puede afirmar que es el segundo en importancia en este campo. Es un ácido graso de cadena ramificada que se utiliza ampliamente en el campo de la epilepsia, siendo éste su primer campo clínico. Fue Lambert en 1966 el que lo utilizó por primera vez como estabilizador del estado de ánimo. La dosis de mantenimiento está entre 1.000 y 2.000 mg/día. Tiene una extraordinaria eficacia. Muchos clínicos lo emplean antes que el litio, que tiene más efectos secundarios[15]. En las depresiones bipolares de ritmos rápidos el médico debe ser muy cuidadoso del tratamiento que aplica y estudiar con el mismo pacien-

---

15. Es muy útil consultar el libro de P. Goodnick, *Predictores de la respuesta al tratamiento en trastornos del estado de ánimo*, Edika Med, Madrid, 1977, pp. 85-105.

te y algún familiar que le conoce bien cómo son esos cambios, qué frecuencia tienen y si se desencadenan por algo. Es muy eficaz en los trastornos esquizoafectivos en los que se mezclan síntomas maníacos y esquizofrénicos en forma de fases o brotes.

Sus principales efectos adversos son hacia el hígado o alteraciones de las plaquetas y de la coagulación; se han descrito intolerancias gástricas (que pueden solucionarse fácilmente con protectores gástricos a dosis bajas). Como he comentado en otro apartado, está contraindicado durante el embarazo (por sus efectos teratógenos). Hoy el valproato sódico goza de un enorme predicamento por su probada eficacia. Mi equipo tiene un larga experiencia positiva con él.

La *carbamacepina* (Depamide, Tegretol) es también un antiepiléptico[16]. Fue descrita por primera vez en el tratamiento del trastorno bipolar por Takezaki y Hanaoka en 1971. Hoy disponemos de una amplia información sobre su utilidad en este grupo de enfermedades. Se recomienda utilizar las dosis similares que se emplean en neurología para tratar los cuadros epilépticos, entre 400-1.200 mg/día. También aquí es aconsejable seguir el funcionamiento hepático y renal. Presenta muchas interacciones farmacológicas, por lo que debemos saber si esa persona toma algún otro tipo de medicación. Lo utilizamos a diario y su efecto en el espectro bipolar (incluimos aquí la personalidad límite o *borderline*) es de unos resultados excelentes. La oxcarbamacepina (Trileptal) es análoga a la anterior. Se tolera bien y tiene la ventaja de que no aumenta casi el peso y no presenta efectos secundarios de tipo cognitivo (intelectual).

Otros productos eficaces, pero más irregulares, son, entre otros, el *topiramato* (Topamax), un antiepiléptico de la nueva generación. Una de sus ventajas es que hace perder peso y otra, que tiene un cierto carácter sedante. Algunos pacientes refieren problemas de concentración

---

16. Los antiepilépticos fueron utilizados por primera vez en las depresiones bipolares hacia 1970. El primero que se utilizó fue la carbamacepina, después fueron viniendo los demás: valproato sódico, oxcarbamacepina, lamotrigina, etc. Algunos pacientes, cuando consultan a otro médico por un tema ajeno a la psiquiatría, no acaban de entender por qué toman un antiepiléptico (o anticomicial), al desconocer su efecto *estabilizador del ánimo*.

mental al tomarlo. Mi equipo tiene una buena experiencia con él y lo empleamos con excelente eficacia en la personalidad límite.

La *lamotrigina* (Crisomet, Labileno, Lamictal) es de los antiepilépticos nuevos más estudiados y parece que presenta buenos efectos contra la depresión. Empezó a utilizarse hacia 1990 contra la epilepsia, reduciendo la frecuencia de las crisis y se observó algo muy notable: estos pacientes se encontraban con una sensación muy acusada de bienestar psicológico, sensación de felicidad y mejor dominio de sí mismos. Así empezaron a conocerse mejor sus efectos. También sabemos que el valproato semisódico (muy cercano al Depakine) aumenta las concentraciones de lamotrigina en sangre (Hossain y equipo, 2005). Su acción mejora la actividad cognitiva y su eficacia en el trastorno bipolar es bastante evidente (Frye y equipo, 2000; Setter y equipo, 2003; Castaño Asins y equipo, 2005).

En cuanto a la *gabapentina* (Neurontin), Valentin Conde y su equipo (1999) informaron de cómo la sustitución de litio por esta sustancia produjo una disminución estadísticamente significativa, siendo la gabapentina la que produjo un menor número de recaídas. Otros, como Vieta y equipo (1999, 2003), subrayan la importancia de agregar la gabapentina al litio, como terapia añadida, en depresivos bipolares. Otros medicamentos son la tiagabina, el levetiracetam (KEPPRA) y la zonisamida.

Los antipsicóticos atípicos

Se utilizan cada vez más en el tratamiento de la manía dentro del trastorno bipolar. Hay un creciente número de publicaciones que sugieren la posibilidad de que algunos *antipsicóticos atípicos* presenten propiedades estabilizadoras del ánimo.

La olanzapina (Zyprexa) es el más estudiado. Su eficacia sobre la manía aguda es grande. También es eficaz en la prevención de recurrencias tanto depresivas como maníacas. Igualmente se ha empleado con éxito en la depresión monopolar; en ocasiones, su asociación con la fluoxetina produce efectos curativos en las depresiones resistentes.

El *risperidol* (Risperdal) es estabilizador del ánimo e incluso muestra algunas propiedades antidepresivas y buenos resultados en los trastornos esquizoafectivos. La *quietapina* (Seroquel) se ha utilizado en los síntomas depresivos de ciertas esquizofrenias, con mejorías superiores a la butirofenona (Haloperidol). Es muy relevante el trabajo de Sajatovic y su equipo (2002), que en un estudio abierto, comparando quietapina y risperidona, obtuvieron mejores resultados con la primera en solitario o como tratamiento coadyuvante en depresión mayor, cuadros esquizoafectivos o en trastornos delirantes. La *ziprasidona* se ha empleado en manifestaciones depresivas en pacientes diagnosticados inicialmente de esquizofrenia y trastorno esquizoafectivo (Keek y equipo, 1997). Hay algunos trabajos interesantes en los que se asocia ésta a la sertralina, en depresiones resistentes a la medicación (Dunner y Ámsterdam, 2003). La *amisulprida* se ha utilizado tanto en la depresión como en la distimia, siempre a dosis bajas, con buena eficacia, al incrementar la transmisión de la dopamina. A dosis altas bloquea los receptores de la dopamina.

Los psicoestimulantes

Éste es un apartado muy sugerente en donde podemos obtener muy buenos resultados. En algunas depresiones refractarias podemos recurrir a una cierta *polifarmacia racional*, que consiste en asociar un antidepresivo y un psicoestimulante. Algunos de ellos se emplean, además, en los trastornos por déficit de atención.

Uno de los más eficaces es el *metilfenidato* (Concerpta, Rubifen): he tenido bastante experiencia con él, sobre todo en depresiones sin ansiedad, en donde existía una marcada inhibición motora, con dosis de 10-40 mg/día. En algunos casos la respuesta es sorprendente. En los que presentan una ansiedad ligera, puede dispararla, con lo que hay que vigilar al máximo la respuesta. Pero una indicación muy precisa es el déficit de atención con hiperactividad en niños y adolescentes. Hay que ser muy cuidadoso en la dosis que se prescribe, por el riesgo de producir ansiedad y temblores. Su capacidad para aumentar la concentración sináptica de dopamina es la clave de su actividad. Su tiempo para alcanzar una máxima concentración en el cerebro es de sesenta minutos después de la ingesta (Volkow, 1998). Laqueville y Dervaux (2005) han insistido en su eficacia en los pacientes con abuso de anfetaminas, con la administración de 20-40 mg/día durante un tiempo bastante prolongado.

El *modafinilo* (Modiodal) se ha mostrado muy eficaz en la somnolencia diurna asociada a narcolepsia. Según parece, no existe riesgo de abuso (Gold y Balster, 1996; Jasinski, 2001; Kaufman y equipo, 2002). Su indicación podría decirse que es la de agente que aumenta la acción antidepresiva. Incluso algunos autores la recomiendan como tratamiento único de la depresión (Menza y Fitssimmons, 2002). La dosis sugerida está entre los 100-200 mg/día (Ferraro y Antonelli, 1999). También se ha sugerido como asociado a la fototerapia de luz brillante para la depresión invernal (Even, Friedman y equipo, 2004), con resultados muy positivos.

La *adenosil-metionina* (Samet) es un transmetilador. En las depresiones leves es eficaz. Se ha empleado mucho tras la administración de tricíclicos endovenosos, como alternativa intramuscular. La *pemolina de magnesio* (Dynamin) es útil en estados de cansancio físico y psicológico, en depresiones leves y como estimulante de la concentración mental. El *hypericum perforatum* (Hipérico) es el extracto seco de sumidades floridas del hypericum. Es igual que el anterior en sus indicaciones. No tiene efectos secundarios, ni problemas con el sol o la hipersensibilidad a la luz. Muy útil en formas seudodepresivas y en rachas de menor tono vital.

El antidepresivo ideal

Lo que hemos ido leyendo en las páginas de este capítulo nos deja bien a las claras la enorme riqueza de medicamentos con los que contamos en la actualidad. Diversidad de acciones, mecanismos distintos y posibilidades ricas, indicaciones y contraindicaciones. Por eso hablar de *un antidepresivo ideal* supone plantearse una serie de cuestiones básicas. Sigue estando lejos el que una depresión endógena tenga una respuesta al tratamiento fácil, clara y persistente. Las características de ese fármaco ideal podrían quedar expuestas del siguiente modo:

- Que sea e*f*ectivo *en una amplia gama de depresiones*, en las leves, medianas y graves. Las diferencias entre ellas son cualitativas y cuantitativas.
- Que vaya consiguiendo la *remisión de todos los síntomas*: físicos, psicológicos, de conducta, cognitivos y asertivos. Esas cinco vertientes tienen muchos matices y pueden ser exploradas a través de la entrevista médico-enfermo estructurada y con la ayuda de las escalas de evaluación depresiva (que debemos manejar a diario y familiarizarnos con algunas).
- *Que su eficacia sea probada.* Que el enfermo se recupere y pueda hacer una vida normal. Hay que reconocer que ninguna enfermedad desaparece en sus síntomas de forma total, sino de manera gradual y progresiva, en secuencias paulatinas. Muchas depresiones se recuperan casi totalmente, pero el riesgo de recaída no es irrelevante. A veces la recuperación se alarga y tarda en llegar en su totalidad. Las depresiones residuales significan que ha existido una mejoría parcial, pero aún quedan manifestaciones de fondo. Las depresiones farmacorresistentes o simplemente resistentes obligan a diseñar una estrategia específica (cambio de fármaco, asociación con otro, darle la alternativa al TEC, cura de sueño, estimulador magnético transcraneal, luminoterapia, etc.).
- Que tenga *una respuesta pronta.* Se ha hablado mucho de los antidepresivos de acción rápida, pero lo cierto es que esta meta es aún lejana. Algunos como la amoxapina se difundieron con este efecto, que la realidad clínica no confirmó totalmente.
- Que sea *efectivo en distintos grupos de edad.* Eso le da al medicamento una amplitud mayor.
- Que haya una *aceptabilidad del medicamento positiva*: pocos efectos secundarios, no interferencia con actividades de la vida cotidiana, posibilidad de usarlos teniendo alguna otra enfermedad física, ausencia de interacciones con otros fármacos o alimentos y seguridad en una dosis alta.

- Puede mejorar al antidepresivo ideal con otro que tenga un *mecanismo dual* (que actúe sobre dos neurotransmisores), como es el caso de la venlafaxina (Vandral) o la duloxetina (Thaese y equipo, 2001; Bymaster, 2005; Han y Wang, 2004; Ros y Mora, 2005; Shelton, 2005).

- Que las *características farmacocinéticas* sigan este esquema ideal: que la absorción sea gradual, manteniendo unas concentraciones en sangre sostenidas, sin oscilaciones ni subidas ni bajadas; una buena relación dosis-respuesta (farmacocinética lineal) y hay algunos que están en esa línea (citalopram, escitalopram[17], mirtazapina, sertralina, venlafaxina; la eficaz paroxetina parece que no lo es en este sentido); baja fijación a las proteínas; y, finalmente, una vida media entre las 12-20 horas (Baldwin y Thompson, 2003). En los casos más difíciles hay que pensar en tratamientos físicos y no farmacológicos. Hay que buscar nuevos horizontes.

Terapia electroconvulsiva (TEC)

Sigue siendo un tratamiento de enorme eficacia en la depresión mayor. Fue descubierta su acción por Cerletti y Bini, que la emplearon con acierto en depresiones y, como pasa tantas veces, su descubrimiento fue casual. Tiene también acciones sobre la esquizofrenia y la manía aguda resistente a la farmacoterapia. Ha tenido una leyenda negra muy fuerte, por motivos diversos ha sido desprestigiada como un tipo de tratamiento terrible, agresivo y que requería atar al paciente y someterlo a una crisis epiléptica desencadenada por la acción de unas descargas eléctricas. Hoy ha cambiado su forma de aplicación: se hace bajo anestesia y los riesgos son mínimos si se cumplen unos requisitos básicos.

---

17. Con los datos científicos con que contamos en la actualidad, el *escitalopram* es superior a otros recaptadores de la serotonina, en cuanto a remisión completa del cuadro clínico. La mirtazapina engorda y produce excesiva somnolencia.

Consiste en la aplicación de una corriente eléctrica en la zona fronto-temporal, bajo anestesia, que produce una crisis epiléptica muy leve, mínima, debida a la sedación generalizada y que tiene unos efectos antidepresivos muy eficaces gracias a la recaptación de los neurotransmisores cerebrales.

El procedimiento corriente ha consistido en administrar una dosis elevada y fija para todos los enfermos. Hoy sabemos que el emplazamiento de los electrodos ejerce una notable influencia. Hay dos modalidades: el TEC monolateral y el bilateral, según se apliquen los electrodos a una zona del cerebro o a las dos. Es asimismo muy importante determinar la dosis adecuada para cada enfermo (según edad, sexo, peso, diagnóstico preciso, antecedentes personales y familiares y respuesta de algún familiar o de él mismo al TEC). Se establece así la cantidad de electricidad necesaria para producir la crisis adecuada y el mejor efecto curativo. Estudios de investigación (aleatorios y a doble ciego; con electrodos en zona unilateral o bilateral; y una dosis de electricidad diferente) han puesto de manifiesto que la respuesta al TEC en los depresivos varía del 17 al 70 por ciento (Sackeim y equipo, 1993, 2005).

En resumen, parece ser que el TEC monolateral derecho es más eficaz que el bilateral y que depende, además, de la intensidad del estímulo. En cualquier caso, las indicaciones más precisas son las depresiones que no responden a los antidepresivos y las formas inhibidas (cercanas a la catatonía). Es preceptivo hacer antes de su aplicación un electrocardiograma y un análisis de colinesterasa en sangre. No debe aplicarse en personas con problemas cardiacos graves y que hayan tenido fracturas recientes.

Hay un dilema que quiero plantear. Una vez que el depresivo que no respondía a los fármacos ha mejorado con el TEC, nos debemos plantear qué medicación debemos darle para evitar las recaídas. Parece ser que son frecuentes las recaídas tras el TEC, unos meses más tarde. Dos sugerencias: debemos hacer una lista de los antidepresivos que no funcionaron a priori y seleccionar otro diferente de amplio espectro o incluso asociar dos; y luego llevar a cabo el TEC de mantenimiento, que es una continuación de las sesiones aplicadas, asociando litio solo o litio con nortriptilina.

Más recientemente se ha utilizado la *estimulación mediante onda sinusoidal*, por una parte y la *estimulación pulsátil breve*, por otra, con lo que se reducían notablemente los efectos secundarios de la memoria y cognitivos a corto plazo.

Asimismo hay fármacos que son muy prometedores para reducir los efectos de disminución de la memoria anterógrada y retrógrada (reciente y antigua) y problemas cognitivos tras el TEC. Es importante reevaluar el papel de los antidepresivos combinados al TEC como estrategia a corto plazo.

El efecto secundario más preocupante del TEC es la amnesia. Casi un 30 por ciento de estos pacientes presentan quejas en este sentido. La memoria es una función psicológica que permite registrar, codificar, almacenar y recuperar la información. No se trata de una entidad única, sino que depende de distintos sistemas cerebrales y son muchos los componentes de nuestro cerebro que entran a formar parte de ella. Voy a distinguir los siguientes apartados de la memoria:

— *Memoria a corto plazo*, que retiene hechos muy recientes y es fundamentalmente visual, verbal y espacial.
— *Memoria a largo plazo*, que tiene una longitud de tiempo mucho mayor. A su vez se clasifica en *declarativa*, que comprende la colección de hechos vividos, que pueden ser recuperados a voluntad y activados por diversas circunstancias (un olor puede traerme el recuerdo de una persona que usaba la misma colonia; un paisaje, un acontecimiento que nos sucedió hace años); y *no declarativa*, que forma un arsenal de aprendizajes inconscientes que se adquieren de forma gradual, lenta y progresiva y que se conecta directamente con el contexto donde fue aprendida.
— *Memoria sensorial*, que es muy cercana a la percepción reciente y que permite mantener la información retenida durante milisegundos.

Por otra parte, Tulving (1995) la divide en cinco vertientes:

— *Memoria primaria*: es la de corto plazo y es fácil manejarse con ella y echar mano de ese archivo, pues todavía está «caliente».

— *Memoria episódica*: es aquella capaz de retener un acontecimiento que selecciona por algún motivo especial (afectivo, intelectual, etc.).

— *Memoria semántica*: tiene una relación directa con las palabras.

— *Representación perceptiva*: aquí el escenario, el marco, forma
un esquema por el que esas vivencias son retenidas. Identifica
y detecta la información. Reconoce hechos ya vividos.

— *Memoria procedimental*: depende del modo y forma destrezas
y habilidades para quedarse con acontecimientos que son cla-
sificados según categorías.

Hoy sabemos que una de las estructuras cerebrales más implicadas en la memoria es el *hipocampo*, sobre todo al principio, pero su
consolidación depende de otras zonas cerebrales que forman con él
un territorio más amplio. Pues bien, los enfermos depresivos a los
que se les aplica el TEC tienen alguna alteración de la memoria,
lo que depende del número de sesiones, la intensidad, la edad, etc.
Hay dos modalidades de amnesia post-TEC: anterógrada y retrógrada y cada una de ellas puede ser aguda, subaguda y crónica.

— *Amnesia anterógrada*: es aquel trastorno de la memoria recién
aprendida que se recupera en unas semanas. Los que han recibido el TEC bilateral antes de los seis meses se recuperan. Lo
que está claro y es una experiencia clínica repetida es que el TEC
afecta más a la retención de vivencias recientes, inmediatas,
mientras que la memoria verbal se ve menos afectada.

— *Amnesia retrógrada*: dentro de ella hay dos tipos, la biográfica, que afecta sobre todo a aspectos muy personales de la propia historia; y la no biográfica, que es más impersonal. Recientemente algunos investigadores (Lysanby, 2000; Sackeim, 2000)
han puesto de relieve lo contrario.

Alcoverro y sus colaboradores (2005) han demostrado que tras el
TEC la amnesia anterógrada y retrógrada son más marcadas para la
memoria explícita y pueden tener un efecto persistente sobre la epi-

sódica impersonal. La llamada memoria implícita no suele quedar afectada. Hay una serie de factores que dependen del déficit amnésico: que el TEC sea bilateral, que la dosis sea elevada, el valor de la onda sinusal, el que se den tres sesiones a la semana, que se hayan producido alteraciones cognitivas previas al TEC, el tipo de anestesia y la edad. La posición de los electrodos es determinante, es decir, en el TEC bilateral se van a producir más efectos adversos tanto en la memoria como a nivel cognitivo, tanto a corto como a largo plazo, que con la aplicación monolateral derecha. La dosis eléctrica afecta a la eficacia, rapidez y respuesta clínica.

Es interesante la aplicación del TEC en distimias depresivas. En la muestra estudiada por nosotros, de 89 pacientes depresivos, uno de los tipos de desajuste de la personalidad más frecuente es el límite. En un trabajo muy interesante de Feske y su equipo (2004) se ha puesto de manifiesto que en su respuesta al TEC los sujetos que tenían una depresión mayor asociada a una personalidad límite presentaron una mejoría sintomática menos acusada que los que tenían otros trastornos de la personalidad... Lo que sorprende, porque de alguna manera los límites están dentro de lo que llamamos el círculo bipolar.

Estimulación magnética transcraneal (EMT)

Fue Faraday quien descubrió en 1831 que las corrientes eléctricas podían convertirse en campos magnéticos y viceversa. Su principio es la *inducción mutua*, que es la base de la estimulación magnética transcraneal. Aunque este modo de tratar ciertas depresiones tiene una larga historia, han sido dos psiquiatras del Centro de Salud Mental de Beersheva (Israel), Haim Belmeker y Nimrod Gresaro, quienes descubrieron de forma casual en el curso de un estudio la utilidad de la EMT en el tratamiento de la enfermedad de Parkinson. Más tarde, aplicándolo a una muestra de 50 enfermos con depresión, observaron cómo remitían sus principales síntomas: tristeza profunda, llanto, displacer, sentimientos de culpa e ideas y tendencias suicidas. En la EMT una hilera de condensadores es descargada rápidamente en una bobina eléctrica y produce un impulso de campo magnético.

Cuando dicha bobina se sitúa cerca de la cabeza, el campo magnético penetra en el cerebro e induce un campo eléctrico en esa región, situada por debajo de la corteza cerebral, el cual despolariza las neuronas corticales, generando unos potenciales de acción que se propagan y ejercen unos efectos beneficiosos para curar ciertos tipos de depresiones.

Esta nueva técnica lo que hace es modificar el tejido cerebral a diferentes niveles. Lo primero que hace la EMT es modificar la actividad regional de la corteza. Así, la tomografía por emisión de positrones (PET) ha revelado cambios del metabolismo cortical y en el flujo sanguíneo de esa zona. Estos cambios se observan igualmente en lugares alejados del estímulo magnético, lo que quiere decir que se propagan hacia otros territorios (Wasserman, 1997; Fox, 1997). Dicha propagación se lleva a cabo a través de redes neuronales ya existentes (Paus y Jech, 1997). Wasserman y sus colaboradores (1998) pusieron de relieve que la EMT aplicada a una zona cerebral concreta puede modificar la liberación de neurotransmisores en otra zona. Además su acción es más rápida que el TEC y los antidepresivos, aunque aún no existen pruebas concluyentes sobre el alcance y la persistencia de los efectos que produce. Los trabajos de investigación iniciales con impulsos únicos o series muy lentas aplicadas a zonas diversas o en el vértex han dado resultados muy esperanzadores. Después empezó a aplicarse la estimulación magnética transcraneal repetitiva (EMTr) en un área específica del cerebro (Hoflich y equipo, 1993; Kolbinger y equipo, 1995; Pascual-Leone, Pallardó y Rubio, 1996; Conca y FOPI, 1996; Geller y Grisaru, 1997; Conca y Swoboda, 2000; Gershon, Dannon y Grunhaus, 2003).

Se han realizado estudios de EMTr de alta frecuencia (3-20 Hz) sobre la corteza prefrontal izquierda en depresivos, pero sin incluir un grupo de control. Los tres estudios encontraron resultados positivos (George y equipo, 1995; Figiel y equipo, 1998; Triggs y equipo, 1999). Rojas (2006), sobre una muestra de 12 enfermos depresivos en los que había fracasado la medicación, se encontró con una mejoría del 76 por ciento utilizando la escala de evaluación de Beck.

Otros trabajos han consistido en aplicar la EMTr de baja frecuencia (1Hz) sobre la corteza prefrontal derecha con muestras pequeñas de enfermos (14 en el estudio de Feinsold, 1998; y 9 en el de Menkes y colaboradores, 1999), encontrando una disminución significativa de los síntomas utilizando la escala de evaluación de Hamilton. También han sido realizados estudios controlados de forma ficticia: los pacientes ignoraban si formaban parte del grupo de estudio o del grupo de control; los de control recibían un simulacro de EMT en el que la colocación de la bobina impedía que el estímulo magnético penetrara en el cerebro. Pascual-Leone y sus colaboradores (1996) hicieron un estudio cruzado de pacientes con depresión monopolar recurrente, resistente a los antidepresivos, en el que se comparó la EMTr aplicada a la corteza prefrontal izquierda con la EMTr aplicada a otras zonas y, en tercer lugar, con la EMT ficticia. Los pacientes recibieron cinco tratamientos diarios y fueron evaluados durante las cuatro semanas siguientes; en las dos primeras semanas, la EMTr aplicada a la corteza prefrontal izquierda produjo unos resultados significativamente mejores que la EMTr aplicada a otras zonas y la EMT ficticia. El efecto beneficioso se manifestó, sin embargo, hacia la tercera semana. Lo que demostraron Pascual-Leone y su equipo fue que de todas las regiones anatómicas examinadas la corteza prefrontal izquierda ofrecía los resultados más satisfactorios con la EMTr de alta frecuencia[18]. También se ha utilizado la EMT lenta en los trastornos de hiperexcitación cerebral (Hoffman y Cavús, 2002), produciendo una reducción de esa excitabilidad, tanto local como en otras regiones del cerebro. Así, Fregni y Pascual-Leone (2005) la han empleado con éxito en depresiones con trastornos neurológicos.

Los trabajos se han ido sucediendo en los últimos años. Se planteó el tema de la colocación de la bobina y la mayoría de los investigadores la sitúan en la corteza cerebral prefrontal (dorsolateral). Por otra parte, la distancia bobina-cerebro interesó bastante, dado que los campos magnéticos se debilitan con la lejanía: la mayor distancia

---

18. Pino Alonso, Pujol y Cardoner (2001) pusieron de relieve que la EMTr de baja frecuencia en la corteza prefrontal derecha no mejoró de forma significativa los síntomas del trastorno obsesivo-compulsivo. Es interesante esta observación clínica, pues se ha ido recomendando la EMT también en estos casos clínicos.

de la corteza aumenta el umbral motor, tanto en personas con depresión, como en sanos.

Estimulación del nervio vago (ENV)

Estamos ante uno de los últimos avances en el tratamiento de las depresiones resistentes a la medicación. En 1997 la FDA aprobó esta técnica terapéutica mediante la prótesis neurocibernética (PNC), desarrollada por Cyberonics inicialmente para combatir las crisis parciales complejas que no responden a los fármacos[19].

El nervio vago es el décimo par craneal. Aproximadamente el 80 por ciento de sus fibras son aferentes (es decir, que van de la periferia al centro). Investigaciones muy recientes demuestran que la ENV en animales de experimentación (gatos y perros) produce cambios muy acusados en el EEG, con una actividad que se registra como sincronizada o desincronizada. Sus principales proyecciones son:

— Las neuronas motoras anteriores a los ganglios y otras que se encuentran en la médula espinal y que están implicadas en la regulación de la frecuencia cardiaca, la presión sanguínea y la respiración.
— La llamada formación reticular, que modula la actividad de la corteza cerebral y los reflejos autónomos.
— Se proyecta, asimismo, sobre amplias zonas del cerebro anterior.

Han sido muy importantes las investigaciones con animales de experimentación de Zabara (1992) y McLachlan (1993), observándose propiedades anticonvulsivas con la ENV, por eso su uso inicial

---

19. Los cables van desde el estimulador eléctrico sobre el pecho superior izquierdo del paciente hasta el nervio vago izquierdo. La corriente de salida es de 0-4 mA, la frecuencia del impulso es de 1-145 Hz, la amplitud del impulso es de 130-1.000 milisegundos, el tiempo con señal es de 7-270 s y el tiempo sin señal, de 0,2-180 m.

para tratar enfermos con epilepsia. En seres humanos la prótesis neurocibernética (PNC) se implantó en sujetos escogidos al azar, en el denominado Vago Nerve Stimulation Study Group (1995), comprobándose una reducción de la frecuencia con las crisis epilépticas. Los efectos secundarios más habituales son: ronquera, dolor de garganta, tos, disnea y alteraciones del tono de voz.

Las razones que hacen que la ENV sea eficaz para las depresiones que no mejoran con fármacos residen en observaciones indirectas: por un lado, que los medicamentos anticonvulsivos, como el valproato, son estabilizadores del ánimo, lo mismo que el TEC; otra, más directa, que la ENV mejoraba el ánimo de los depresivos y se podían recuperar de la depresión después de mucho tiempo anclados en la tristeza. Y, por último, hay un dato de investigación muy destacado: la ENV actúa sobre los neurotransmisores implicados en el origen de la depresión[20]. En los últimos años se va llegando a la idea de que la ENV va a ser una prueba final para aquellos depresivos mono y bipolares que no han mejorado con medicamentos diversos y mezclas, ni con TEC ni EMT y que han agotado todas las posibilidades de curación, bien por falta de respuesta o por intolerancia de los fármacos administrados. Esperemos que en pocos años la ENV tenga su espacio propio y contribuya a mejorar el pronóstico de esas formas depresivas inciertas y rebeldes.

El equipo de Mark S. George (2000), de la Universidad de Carolina del Sur, ha trabajado sobre esto y ha demostrado su acción sobre la serotonina y la dopamina. Rush y colaboradores (2000) realizaron un ensayo abierto en cuatro lugares, con enfermos depresivos resistentes al tratamiento: durante las dos primeras semanas, tras la implantación del generador de pulsos NCP, no se proporcionó la estimulación, con lo cual se creó una fase placebo a ciegas. A 30 pacientes se les implantó el sistema: el 70 por ciento tenían una depresión mayor y el 3 por ciento, una depresión bipolar, ahora en fase depre-

---

20. Ya Krahl y su equipo (1998, 2005) demostraron que la ENV produce un aumento del nivel del 5-hidroxiindolacético en el líquido cefalorraquídeo, que es el principal metabolito de la serotonina.

siva. Unos y otros habían presentado fases depresivas graves, incapacitantes, con ideas y tendencias suicidas y todas ellas de larga duración. La respuesta positiva fue superior al 50 por ciento; durante las dos primeras semanas no se produjo ningún cambio (el generador estaba en realidad apagado, como he dicho). Una vez aplicada la estimulación, la mejoría apareció entre las seis y ocho semanas a dosis fija. Sólo uno de cada siete pacientes que no habían respondido al TEC lo hizo a la ENV.

Fototerapia

Se ha utilizado especialmente en las depresiones estacionales desde hace cierto tiempo. Fueron Rosenthal y su equipo (1984) los que al describir depresiones recurrentes que se iniciaban en otoño y en invierno y que remitían espontáneamente en primavera o verano del año siguiente se plantearon la posibilidad de la utilización de la luz artificial intensa administrada de manera que ampliaba el fotoperiodo. Pronto se sucedieron algunas publicaciones a este respecto y la comunidad científica psiquiátrica prestó una gran atención a estos hechos[21]. A raíz de esto, distintos grupos de trabajo empezaron a utilizar la fototerapia en depresiones no estacionales, en el frecuente desfase horario de los vuelos transatlánticos, así como en la enfermedad de Alzheimer y algunas anorexias (Parry y equipo, 1993; Beny Lafer y otros, 1994; Terman y equipo, 1995).

Golden, Gaynes y su grupo (2005) rastrearon una búsqueda bibliográfica médica desde enero de 1975 hasta julio de 2003. Los térmi-

---

21. Asimismo se creó una sociedad internacional, la Society for Light Treatment and Biological Rhythms y aparecieron algunas revistas que comentaban sus trabajos sobre la fototerapia y los ritmos biológicos. Algunos no la aceptan y los poderes fácticos de la psiquiatría de Estados Unidos y la Unión Europea la tienen en escasa consideración.

EL *Council of Research* de la American Psychiatric Association (APA) pidió que el *Committee on Research on Psychiatric Treatment* de la APA utilizara los principios de *la medicina basada en la evidencia*, para examinar la eficacia de la fototerapia.

nos de la búsqueda fueron: fototerapia, trastorno afectivo estacional, depresión, trastorno bipolar, trastorno del sueño, ritmo circadiano, síndrome de tensión premenstrual, etc. Se identificaron un total de 173 artículos. De aquí se pasó al grupo de investigaciones relevantes, que quedó en 64 ensayos controlados: 50 con depresiones estacionales y 14 con otras modalidades depresivas. Así se establecieron cuatro categorías de *fototerapia de luz intensa*:

— Para trastornos depresivos estacionales.
— Para depresiones no estacionales.
— Como tratamiento complementario de los antidepresivos en las depresiones no estacionales.
— En la llamada simulación del amanecer para depresiones estacionales.

De esta manera se evaluó la evolución de los síntomas depresivos tras este tipo de terapia. Se utilizaron métodos metaanalíticos habituales según la descripción de Lipsey y Wilson (2003). Es difícil hacer una investigación rigurosa que cumpla los criterios de un ensayo clínico y crear un placebo factible. Por otra parte, la industria farmacéutica, que tiene tantos medios para el desarrollo de nuevos antidepresivos, no invierte en este campo, por lo que las investigaciones son incompletas, con poco rigor y con resultados que muchas veces son inciertos.

Se han utilizado distintos tipos de luz: luz intensa, luz blanca, luz tenue, luz blanca como amanecer progresivo, luz roja, ionizador desactivado de aire negativo, luz amarilla, protección activa de la luz (gafas oscuras en el exterior)... Terman y su equipo (1989) comprobaron que la exposición a una luz de 2.500 lux durante al menos dos horas al día, durante una semana y a primera hora de la mañana (mejor que al mediodía o por la tarde), conseguía una remisión significativa de los síntomas depresivos en las formas estacionales. Tam y su equipo (1995) pusieron de relieve que era la estimulación al amanecer la más eficaz.

Lógicamente, también en esta modalidad de tratamiento existen efectos secundarios: dolores de cabeza, fatiga ocular, náuseas, agitación, etc. No se han publicado reacciones adversas retinianas relacionadas con la fototerapia de luz intensa. Sí sabemos que la terapia combinada de antidepresivos y fototerapia puede producir una cierta fotosensibilidad que debe ser valorada en estudios futuros. Hay pocos estudios con niños (Sonis y equipo, 1987; Swedo y equipo, 1997).

Enfermedades depresivas y luz solar

Ya en la antigüedad el sol simbolizaba algo mágico, divino, por lo que fue objeto de culto en las tribus primitivas y en civilizaciones remotas. Las culturas fluviales, como las de Mesopotamia y el Nilo, así como el mundo griego y romano, exaltaron al sol de forma apasionada. Todavía hoy se relacionan estilos de personalidad y formas de ser con la época en la que se nació, a través de los mapas astrológicos.

Antes de la llegada de la luz eléctrica, las noches de luna llena estaban llenas de misterio y facilitaban el pasar la noche despierto y el día siguiente dormido. Diversas alteraciones psíquicas han sido relacionadas con el influjo de los astros. Y dentro de esas enfermedades la más estudiada ha sido la depresión y sus cuadros clínicos próximos. Una de las variables que se estudian en los trabajos de investigación es ésta: si esa persona ha tenido episodios depresivos en alguna estación concreta del año, así como en viajes, por la latitud en donde vive, horas de luz y de oscuridad al día, etc.

Hoy sabemos que las depresiones estacionales están entre el 0 y el 10 por ciento de todas las enfermedades depresivas. Son más frecuentes en primavera y en las zonas del norte. También sabemos en la actualidad que las variaciones estacionales están ligadas a ciertas anorexias, trastornos obsesivo-compulsivos, síndromes de tensión premenstrual, etc. Así, por ejemplo, en los países del norte de Europa las depresiones se dan más en invierno, debido a la menor cantidad de luz que existe en esa época del año (Potkin y equipo, 1986). Sakamoto (1993) ha demostrado que en Japón, en las épocas de menos horas de luz al día, aparece un porcentaje mayor de depresiones[22]. La melatonina es la hormona segregada por la glándula pineal especialmente durante el día y es un factor concurrente, aunque muchas depresiones no presentan ninguna variación significativa.

Hay un tipo de tratamiento que consiste en la cura de sueño: mantener al enfermo dormido una serie de días, lo cual se ha mostrado como alternativa a ciertas depresiones rebeldes. En otros casos, lo que se ha hecho es la terapia de la inversión del ritmo sueño-vigilia, de tal modo que se mantiene al paciente dormido durante el día y despierto durante la noche. Los efectos de ambas terapias en relación con la luz solar han dado resultados diversos, ya que se han empleado en depresiones resistentes a otras terapias.

En una muestra de enfermos ingresados por nosotros (Rojas y equipo, 2006), el 74 por ciento de los mismos tuvieron su ingreso hospitalario en primavera y eran depresiones endógenas o distimias depresivas. Ivanovic-Zubic y colaboradores (2005) hicieron un estudio sobre una muestra de 312 pacientes (210 eran depresiones y 102 manías) en su primer ingreso hospitalario y comprobaron que en las depresiones existe una relación inversa entre actividad solar e ingreso; los maníacos mostraron una leve tendencia en momentos con una mayor actividad solar.

¿Qué entendemos por remisión?

Llegamos a un punto importante de nuestro recorrido. Hemos pasado do revista a los diferentes estilos, formas, maneras y abordajes de afrontar las depresiones. Los casos clínicos que he incluido ilustran sus modalidades. Pero hay una cuestión de primer orden, que a veces plantea si hay o no un debate claro y abierto sobre ella, que es *el concepto de remisión*.

---

22. En mi experiencia clínica, muchos pacientes con tendencia a la depresión se sienten peor cuando llueve, está nublado o hay una luz muy escasa. El papel de la luminosidad natural en el hecho de estar más decaído o animado es un tema bastante común en los sitios en los que existen las cuatro estaciones.

El enfermo pregunta: «¿Doctor, cuándo me curaré, usted cómo me encuentra, qué piensa de mi evolución?». Cuando se instaura el tratamiento, es fundamental marcar con claridad el *objetivo terapéutico*. En medicina, en general, significa rigor clínico: el objetivo terapéutico del paciente con epilepsia consiste en la no presencia de crisis convulsivas; en el caso del hipertenso, reducir la presión sanguínea a los niveles adecuados; en el que tiene hepatitis, la desaparición de la ictericia facial (no estar con la cara amarilla), la disminución de la hipertrofia del hígado y la normalización de los análisis de sangre y orina; en el caso de unas anginas, la reducción del tamaño de las amígdalas, que pueda tragar adecuadamente y que vuelva al estado preinfeccioso.

Han sido muchos los expertos que han trabajado sobre este tema dentro del campo de las depresiones (Rojas, 1988; Rush, 1995, 1998; Ferrier, 1999; Stahl, 1999; Thase, 2003; Séller, 2003; Ballenger, 2006) y en todos ellos aparece la idea de que el principal objetivo del tratamiento se dirige a lograr la remisión de la enfermedad depresiva. Hay que volver a recordar que hay pacientes que no responden totalmente al tratamiento (aparecen las depresiones residuales) y en otros casos las diferentes terapias no han sido casi efectivas y nos encontramos con escasas o nulas mejorías (depresiones resistentes a los fármacos). En ocasiones, después de mejorías parciales el sujeto ha entrado en una fase de cronicidad. Así pues, ¿qué debemos entender por remisión?

— *La ausencia de síntomas depresivos*: esto debe ser valorado mediante escalas de evaluación de conducta (desde la de Hamilton a la de Beck, pasando por la de Montgomery-Arberg y tantas otras, muy distintas herramientas exploratorias que hoy existen en la literatura psiquiátrica). Esto le da rigor y objetividad a ese hecho. También hay que contar con la entrevista médico-enfermo, normalizada en forma de un protocolo concreto o la clásica. En cualquier caso, de lo que se trata es de emplear las que sean más fiables y menos subjetivas.

— *La presencia de rasgos positivos de salud mental*: conciencia de la realidad, capacidad para dar y recibir amor, marcha adecuada de sus principales funciones psíquicas: inteligencia, voluntad, afectividad, etc.

— *Poder hacer una vida normal*, la misma que tenía antes de la depresión. Esto tiene muchas implicaciones: poder realizar su trabajo profesional de forma positiva, con rendimiento, exigencia, capacidad para disfrutar de él, responsabilidad, etc. Ser apto para mantener su vida afectiva y familiar con las capacidades que se den dentro de ella. Poder establecer relaciones sociales sanas y positivas. Cada uno de estos apartados tiene a su vez diversos componentes que le dan riqueza y diversidad.

— *Impresión subjetiva de bienestar*: aquí debo matizar algo importante. En las depresiones bipolares, cuando el paciente está en la fase maníaca (eufórica) o hipomaníaca (euforia menos acentuada), éste se puede encontrar mejor que nunca, con un estado de ánimo satisfactorio y pletórico. En este caso debemos ser muy cautos y valorar lo que es la eutimia: estado de ánimo estable, ni eufórico ni depresivo, que le lleva a moverse dentro de la banda normal de lo que ha sido su psicología antes de padecer esas fases.

— *Capacidad para afrontar el estrés y superarlo satisfactoriamente*: hoy, en la vida moderna, cualquier persona debe aprender a llevar con sentido práctico un cierto ritmo rápido o estresante de vida, sobre todo en las grandes ciudades. Considero que una persona está curada de su depresión cuando tiene capacidad para aceptar eso, poner los medios adecuados para sobrellevarlo, que no le desborde y pueda dirigir los objetivos de vida pasando por encima de esas circunstancias.

— *Estar contento con su vida* como antes de padecer la depresión: esto quiere decir que siente un cierto estado de felicidad. La *felicidad en pequeño* no es otra cosa que vivir bien, estar contento la mayor parte del tiempo, disfrutar con lo que cualquier persona sana disfrutaría y tener tristeza con los hechos y vivencias a los que cualquier persona sana respondería de la misma manera. La *felicidad en grande*, aquella que explora la vida y la existencia en su totalidad, consiste en estar contento con uno mismo al comprobar que hay una buena relación entre lo que uno ha deseado y lo que uno ha conseguido. Hay que aspirar a una felicidad razonable, no utópica, en donde den lo mejor de sí mismos los principales argumentos de la vida: amor, trabajo, cultura, amistad y todo ello envuelto por haber podido alcanzar una *personalidad madura y equilibrada*. Es evidente que tener una buena salud mental o psíquica es una base muy sólida para después ir hacia la empresa ya superior de diseñar un proyecto de vida coherente, realista y atractivo.

Frente al concepto de remisión, hay otros dos que debo reseñar: *recaída y recurrencia*. Se llama recaída a un descenso en el estado de ánimo, que hace que la mejoría clínica produzca un empeoramiento que puede ser pasajero o permanente. No es lo mismo un cierto bajón de ánimo debido a alguna circunstancia que algo más duradero y fijo.

Entendemos por recurrencia la repetición sucesiva de las fases depresivas, en el mismo nivel de intensidad de los síntomas, que tienden a establecer una periodicidad, un volver a repetirse con una cierta frecuencia.

En cualquiera de los casos, creo que es esencial valorar el cuadro clínico con escalas de evaluación de conductas depresivas.

La esperanza, columna vertebral de la vida

La esperanza es el auténtico eje de la existencia. Es una suma de ilusión por completar nuevos proyectos, de expectativas de un futuro siempre enriquecedor y de fe en trascender las propias limitaciones. La esperanza es el resumen de la confianza que tenemos en nosotros mismos y en los demás, el lazo que une, en una sucesión productiva y satisfactoria, el presente, el pasado y el futuro. Es una auténtica columna vertebral de la vida y la felicidad, que constituye ese fin abstracto que perseguimos, no es un estado ideal, sino saber comprender esta realidad: la existencia es una suma de proyectos. No siempre tendremos éxito, pero la esperanza nos dará ánimos para superar las adversidades y los fracasos. En el enfermo depresivo, la esperanza se pierde en un mar de ideas confusas y con ella se rompe el puente que une las diferentes etapas de la vida.

El psiquiatra debe ser algo más que un médico: es una persona que ha de comprender los sentimientos de sus pacientes. El depresivo siente que la vida no merece la pena, que el esfuerzo de vivir es agotador y no tiene sentido. Estos sentimientos son tanto más intensos cuanto más profunda es la depresión, hasta el punto de, como vimos, desarrollarse tendencias suicidas. El tiempo, para el depresivo, es una carga, no una continuidad de proyectos vitales. El pasado está lleno de culpa y negatividad, el presente parece congelarse y el futuro es sólo una negra sucesión de catástrofes en potencia.

El tratamiento de la depresión debe tener en cuenta estas cuestiones. Cada escuela psiquiátrica y psicológica tiene su propia teoría y modo de actuar, pero ninguna debe pasar por alto el mundo interior del enfermo, sus sentimientos, las alteraciones psicosomáticas, su sintomatología general y cómo la percibe el propio afectado. En muchos casos la depresión puede ser resultado de un desajuste de la química orgánica, pero esto no ahorrará sufrimientos.

La labor del psiquiatra, en este sentido, va más allá de hacer un diagnóstico y recetar un tratamiento: debe ser un verdadero médico del alma y ofrecer a su paciente un camino para recuperar esa fuerza interior que ha perdido y que necesita para seguir adelante. Podemos llamarlo esperanza o aplicar cualquier otro nombre, pero la esencia será siempre la misma.

Historia de la melancolía

Las civilizaciones antiguas

En la historia de Occidente hay dos raíces remotas que son ambas fluviales: la egipcia, que nace en el Nilo y aquella otra que brota de Mesopotamia, entre los ríos Tigris y Éufrates. Egipto representa muchas cosas a la vez, ya que constituyó una de las más antiguas y excelentes civilizaciones del mundo, cuando aún Mesopotamia era un escenario de insignificantes disputas entre ciudades Estado y los otros continentes, Europa, Asia y América, estaban poblados por cazadores de la Edad de Piedra.

Egipto se inicia hace mas de 5.000 años, pero su historia empieza sobre todo hacia el 3100 a. C., cuando el rey Menes unificó el Alto y Bajo Egipto y acaba cuando se convierte en provincia romana, en el 30 a. C. Por ese tiempo el pueblo egipcio había aprendido a hacer pan, a mezclar la pintura, a fundir, a trabajar el cobre, perforar abalorios, asociar minerales para hacer cosméticos y lustrar la piedra y la superficie de recipientes cerámicos. Habían inventado la azada, el más antiguo instrumento de agricultura y realizaban experimentos en la cría de animales y cultivo de las plantas. Egipto era una tierra próspera gracias al Nilo, esa arteria vital que discurre de norte a sur. Allí, en el delta del Nilo, florece en sus aguas pantanosas y estancadas una planta que pertenece a la familia de las ciperáceas y cuyo nombre es papir. Ellos la empleaban para muchos usos, pero su tallo triangular y con una longitud de varios metros creó las primeras hojas de papel. Se cortaba la médula en finas tiras que después de secarse se disponían en capas superpuestas que una vez encoladas servían para escribir.

Desde el siglo XIX a. C. se conocen los denominados *Libros de los muertos*, que se depositaban en las tumbas. Algunos contenían ilustraciones y también observaciones para evitar que se corriese la escritura. En estos libros se habla en ocasiones de la melancolía como enfermedad del estado de ánimo, que había transitado por la vida de ese personaje. Eran encargados por difuntos distinguidos o ricos.

Mesopotamia es un nombre que significa «entre ríos», designando la zona situada entre el Tigris y el Éufrates, abarcando hoy en día la mayor parte de Irak, el noroeste de Siria y parte del sudeste de Turquía. Fue la cuna de la civilización sumeria y babilónica. Poseía unos recursos naturales procedentes de la agricultura y la minería y durante muchos siglos fue uno de los centros literarios más importantes del mundo. En Mesopotamia los primeros médicos eran sacerdotes. Lo que hoy llamamos depresión en aquellos tiempos se atribuía a la posesión demoníaca y a otras causas mágicas. Los tratamientos eran a base de píldoras especiales, adivinación, oráculos, astrología, baños, etc. Viene ya la primera interpretación cíclica de la melancolía: respondía al movimiento periódico de los cuerpos celestes. El vaivén de las emociones, las subidas y las bajadas en los estados de ánimo tienen aquí su punto giratorio. Como además cada enfermedad tenía una relación específica con un determinado demonio, surgen los ritos y los ceremoniales que tratan de conjurar este maleficio.

Las tabletas cuneiformes fueron difundidas por los semitas, los sumerios y los acadios y han sido conocidas gracias a las excavaciones de Ur, Caldea, Lagash y, sobre todo, Nippur, en donde las tabletas de arcilla contienen cánticos e himnos para elevar el ánimo del pueblo en las sequías y dificultades de su tiempo.

Egipto tuvo dos vertientes de influencia: una oriental y otra africana. El primer médico que conocemos de esta época es Imhotep —2850 a. C.—, que fue también sacerdote. Utilizó los sueños de incubación, actividades manuales, recreativas, de laborterapia. Se han podido encontrar dos papiros muy importantes: el de Ebers y el de Edward Smith (año 1550 a. C.). Este último nos informa de los ritos mágicos que ya se empleaban. Aparece por primera vez el diagnóstico de histeria, aunque con otra formulación: pensaban que era una enfermedad producida por el útero, órgano móvil que recorría las distintas partes del cuerpo, produciendo estas alteraciones. Conviene no perder de vista que para la medicina de este tiempo cada zona corporal, o cada órgano de nuestro patrimonio orgánico, estaban gobernados por espíritus concretos, distintos entre sí y con su propia autonomía. Esta cosmología daba lugar a una patología rica y frondosa, con un tejido de conexiones entre lo somático y lo psíquico realmente notoria.

Al tiempo que en el valle del Nilo el papiro se convertía en material de escritura principal y daba lugar a los primeros libros, otra cultura de tan alta resonancia prosperaba muy lejos de allí, también con manifestaciones bibliográficas muy sugerentes. Ya 3.000 años antes de nuestra era contaba China con producciones literarias y del arte de la escritura. Lao-Tse, el gran filósofo del siglo VI a. C., fue archivero de la corte imperial y menciona en sus escritos las emociones, entre ellas la importancia de la tristeza y sus añadidos. En esa misma época Confucio escribió también sobre los sentimientos de fatiga y hundimiento y abordó la manera de alcanzar la serenidad. En el año 213 a. C. el emperador Ts' in Shihuangti quemó muchos libros de ese tiempo, porque los autores se habían atrevido a criticar su política, salvando aquellos en los que se trataba de temas diversos, especialmente los referidos a la filosofía oriental.

Los judíos mostraron una gran psicología para tratar a los enfermos. En el *Talmud*, en donde se recogían oralmente las leyes, los rabinos desarrollan un papel primordial. Ya se subraya que los sueños quieren decir algo, tienen un significado que es menester conocer. Los trastornos del ánimo son curados a base de diversiones y hablando espontáneamente de lo que dichos enfermos sienten. Al tener estos pueblos una religión monoteísta, un solo dios que da la salud y que produce la enfermedad, se consideraba que la enfermedad venía como un castigo al pecador.

Los persas trazaron una ley contra los demonios, el *Venidad*. Su religión tenía dos raíces: Ormuz y Arimán, los espíritus del bien y del mal, respectivamente. Las energías corporales luchan entre el placer y el deber, entre el mal y el bien. Por ello los antiguos persas eran exigentes consigo mismos y pensaban que las enfermedades psíquicas en general eran debidas al abandono y la dejadez. Su concepción médica era menos elaborada que la egipcia.

Finalmente conviene subrayar que la medicina oriental hindú está recogida en los *Vedas*, o libros sagrados, en donde se coleccionaban los himnos, las oraciones y las súplicas. La religiosidad de estos pueblos era importantísima. El hombre se redime a sí mismo en la renuncia a los placeres y en la entrega al bien, a los demás. La ascética recorría estos parajes con una fina filosofía. Su medicina es semejante a la persa y a la china: fuerzas contrapuestas luchan dentro del hombre. Los brahamanes poseían unos poderes especiales no sólo espirituales, sino también curativos. La melancolía se localizaba dentro del cuerpo y en ciertas características de la personalidad. Me parece importante esta observación, que ya a principios del siglo XX será recogida como hipótesis de trabajo y verificada a través de investigaciones rigurosamente controladas.

Pero quizá el rasgo psicológico más a destacar por las corrientes culturales de la época hindú es la vuelta hacia la intimidad, el elogio de la introversión, práctica fundamental de la religión budista. Nacen así nuevas técnicas terapéuticas: la meditación, el silencio, el recogimiento de los sentidos, etc. Toda la filosofía de Buda se alimenta de dos variables: la enfermedad y la muerte. El objetivo final es que el hombre llegue al *nirvana:* estado de ánimo sin tensiones, sereno, desprovisto de pasiones contrapuestas. Se alcanza mediante una técnica nueva: la meditación. Es evidente que lo más interesante para nosotros no es la medicina budista en sentido estricto, sino su filosofía de la vida, su ética y ese afán por bucear en los mundos internos, intentando alcanzar el equilibrio de la personalidad.

Los maestros antiguos

Homero, en el canto VI de la *Ilíada*, nos resume así la historia de Belorofonte:

> Blanco del odio de los dioses,
> erraba solitario por los llanos de Aleyón,
> con el corazón devorado por la pena
> y esquivando las huellas de los hombres.

En ese verso los términos *pena, soledad, negatividad* ante cualquier posible relación humana se sitúan en un primer plano. Sus desdichas están presididas por la zozobra y la falta de energías para la lucha. Homero habla del *pharmacon*, una mezcla de hierbas egipcias, secreto de reinas; o del *nepenthes* que adormece los sufrimientos y frena la acción de la bilis en mal estado. No obstante, será Helena, su amor, la que consiga que olvide su tristeza y acepte los fatídicos decretos de los dioses, siendo ella la fuente de sus remedios. Ya Hipócrates, en el siglo IV a. C., describe en su libro *Las epidemias* los síntomas de la melancolía, siendo su agente casual la llamada bilis negra que corrompe los humores. La observación de vómitos o heces negras indujo a los médicos griegos a creer en la existencia de un cuarto humor de color oscuro, cuya sede era el bazo. De este modo trazaban un mundo simétrico en donde se daban esos cuatro elementos fisiológicos. Las cuatro cualidades básicas: seco, húmedo, caliente y frío; además de los cuatro elementos esenciales: agua, aire, tierra y fuego. Cada humor es combinación de dos o tres cualidades básicas, originándose de este modo los cuatro temperamentos principales: sanguíneo, colérico, bilioso y flemático. Todas las enfermedades tienen, así, una etiología derivada de la perturbación del equilibrio humoral. La melancolía estaba producida por la hipotética bilis negra.

Los escritos hipocráticos ligan la melancolía a la tierra seca y fría, a la edad avanzada y al otoño, estación especialmente peligrosa en la que la *atrabilis* ejerce una acción más acentuada. Aparece ya la concepción de la enfermedad como desorden de la naturaleza y las crisis melancólicas en relación con los ritmos estacionales, destacándose entre todos los síntomas la tristeza y el temor. Es el exceso o la desnaturalización del humor lo que la produce, sobre todo cuando actúa en la inteligencia. Pero tiene su contrapartida: una ganancia en profundidad, en espiritualidad, en heroísmo. Aquí aparece la genialidad de Hipócrates, que describe los síntomas de la depresión debidos todos a causas físicas, pero con una indudable repercusión somática: «Exceso o corrupción de los humores, calentamiento o enfriamiento, estorbo u obstrucción de ciertas vías que deberían estar despejadas». El tratamiento irá en la dirección opuesta: evacuación, desviación de los humores de unas regiones a otras, calor local, baños, régimen dietético, etc.

Los célebres *Aforismos* de Hipócrates están teñidos de ideas y reflexiones psicológicas de gran profundidad, que van mas allá de lo puramente médico: «La vida es corta, el arte, largo, la ocasión, fugitiva, la experiencia, falaz, el juicio, dificultoso. No basta que el médico haga por su parte cuanto debe hacer, si por la suya no concurren al mismo objeto el enfermo, los asistentes y demás circunstancias exteriores». Suyo es también el famoso «A grandes males, grandes remedios»; y también: «La especie de enfermedad, la estación del año y la sucesión periódica de las accesiones, ya sean diarias, ya un día sí y otro no, ya en mayores intervalos, darán a conocer los paroxismos y la gravedad de la dolencia», «la enfermedad en que el sueño deja al doliente más quebrantado es mortal; si el sueño le alimenta, no lo es»...

La medicina griega era una verdadera *paideia*: una educación del hombre y de su cuerpo, de acuerdo con la razón y la lógica. Pero sin descuidar los remedios farmacológicos como la utilización del *eléboro*, extracto o cocción de la raíz del *helleborus niger* en la mayoría de los casos, o del *viridis*, en los menos. Sus efectos cardiotónicos y reguladores del ritmo intestinal eran los más importantes. Y es curioso que hasta en el siglo XIX algunos autores lo mencionan en los apartados de farmacoterapia, como sucede con Esquirol y Pinel. Es específico para curar la melancolía y debe ser buscado en sitios especiales: «... esta planta fue descubierta por un pastor que llevaba el mismo nombre (Melampo). Habiendo notado que purgaba a las cabras que había comido, hizo que las hijas de Proito bebieran su leche y así las curó de la locura [...]; al cogerla, primero se traza con una espada un círculo alrededor de la planta; luego, el que la ha de arrancar vuelve su mirada hacia oriente, implorando con una oración el beneplácito de los dioses». Es decir, existe ya una liturgia hasta en la forma de recogerla en el campo. Ésta se prolongará más tarde con ceremonias y ritos escogidos.

Otros médicos griegos y romanos ·

Algo más tarde Celso recomienda alegrar y tranquilizar al melancólico, ya que ha perdido la estimación de sí mismo. Este enciclopedista romano nos ofrece el tratamiento de la manía y de la melancolía en su tratado *De res medica*. Hay que tratar de alegrar al deprimido, tranquilizarlo, relativizar los problemas que le circundan, escucharle y, si de este modo no mejora, recomienda recurrir a procedimientos más radicales: castigos, provocarle miedos inesperados e incluso llegar a zarandearlo si fuese preciso, para intentar volverle a la realidad y que pueda escuchar las palabras y los consejos de los que le rodean. Pero quizá uno de los puntos por los que Celso se preocupó más fue el del insomnio. No en balde hoy sabemos que es uno de los *síntomas primarios de la depresión*: opio, decocción de la adormidera y del beleño, ungüentos de azafrán, son algunas de sus recomendaciones.

Areteo de Capadocia, en el siglo I de nuestra era, define así la melancolía: *Animi angor in una cogitatione defixus absque febre*. Es decir, «Congoja del espíritu fijada en el pensamiento sin fiebres». Subraya que algunas son incurables (el viejo aforismo hipocrático —*Vis medicatrix nature*, «es la naturaleza la que cura al paciente»— solía ser una de las claves terapéuticas de este tiempo, sobre todo teniendo en cuenta el enorme influjo de Hipócrates en las generaciones médicas siguientes). Toda su patología gira alrededor de una concepción concreta: el restablecimiento de la armonía entre los distintos humores. Pues bien, a diferencia de Esculapio y sus sacerdotes, Hipócrates no oculta que algunas melancolías y otras enfermedades tienen difícil salida. La medicina de nuestros días pone sobre el tapete, una vez efectuado el diagnóstico, las posibilidades evolutivas y pronósticas del cuadro clínico. En este sentido se considera que a veces todos los remedios posibles pueden resultar ineficaces: desde los purgantes y los colagogos al eléboro y los baños calientes. Pero a veces la diversión es la mejor medicina: a ella dedica numerosas reflexiones.

Poco antes, Sorano de Éfeso, menos importante que el anterior, nos ofrece otra definición bastante bien perfilada: abatimiento, ansiedad, tristeza, llorar sin motivo. Para él la melancolía estaba producida por un estado de estrechez de las fibras, por eso subraya que la región epigástrica está hinchada, sobre todo después de las comidas. Prefiere no utilizar drogas violentas, como el áloe, el absintio o el opio y prefiere el vino. Pero lo mejor, según él, son las cataplasmas y, como psicoterapia, lo más eficaz es llevarlo al teatro a piezas alegres.

En el siglo II destaca de forma rotunda la figura de Galeno, el cual distinguía tres formas de melancolía: la localizada en el cerebro, la digestiva y la generalizada. Comenzó su actividad médica como cirujano de gladiadores, especializándose también en dietas alimenticias para atletas. Más tarde abandonó estas parcelas y se dedicó a curar personajes de su tiempo, lo que le granjeó pronto enorme fama. Fue prolífico escritor. Tuvieron muchas influencias en su pensamiento médico y filosófico Platón, los estoicos, los epicúreos, etc. Pero a la psiquiatría aporta muy poco: recoge y sintetiza las ideas de los médicos que le precedieron. Ahora bien, su descripción de la melancolía estará vigente al menos hasta el siglo XVII (los tratados de medicina medievales y renacentistas son fundamentalmente galénicos, tanto en su estructura como en su concepción de la enfermedad): se debe a la bilis negra y puede manifestarse en muy distintas zonas del organismo, de ahí la variedad de sus síntomas. De las tres formas clínicas apuntadas la más importante es la del cerebro. Si la *atrabilis* entra en el torrente circulatorio, puede llegar a generalizarse. Pero es de destacar que la enfermedad tiene su origen en el estómago. Por ello, los dolores de estómago, los eructos, las flatulencias, las digestiones pesadas, etc., son síntomas que no suelen faltar en ninguna de estas tres modalidades (surgen de este modo las primeras clasificaciones de las enfermedades depresivas, gracias a Hipócrates y Galeno, basadas ambas en la teoría de los humores. Su ordenación está centrada en criterios sintomatológicos). La patogenia son los vapores que suben desde el estómago al cerebro, ofuscando la inteligencia y provocando la caída en lo melancólico. Hay que destacar el puesto primordial que concede al cerebro en los trastornos emocionales.

Galeno es uno de los primeros en hablar de las *ideas negras*, que siglos más tarde constituirían uno de los síntomas importantes de la enfermedad, dentro del campo del pensamiento. También puso de relieve que existen muchas modalidades de melancolía: todos se sienten invadidos de tristeza, ideas negativas y angustia, pero no todos quieren morir e incluso algunos tienen un gran miedo a la muerte. Llega a recomendar, si la enfermedad es muy grave, la prohibición de carnes negras (cabra, buey, macho cabrío, toro, asno, camello, liebre, jabalí, zorro, etc.), evitándose las lentejas, los quesos viejos, los vinos espesos y las berzas. Subraya como nocivos lo negro y lo amargo.

Época medieval

San Isidoro de Sevilla, en el siglo VII, dice en su libro *Sinónimos* que los síntomas de esta enfermedad son: angustia del alma, acumulación de espíritus demoníacos, ideas negras, ausencia de futuro y una profunda desesperanza. Este autor resume con bastante claridad el modo de pensar en la Edad Media sobre qué era la melancolía. Grecia significó la entronización del conocimiento y de la razón, surgiendo así la filosofía. Roma adoptó esta herencia y la aplicó a la vida civil y colectiva, nacen las leyes y el derecho. Cuando ambos pilares se quebraron, se produjo la caída del Imperio Romano, cayendo de nuevo en todas las formas de prisión que antes se habían combatido. Es indudable que las epidemias desempeñaron aquí un papel destacado. El cristianismo vino a dar serenidad y luz a tantas cuestiones e interrogantes.

Paradójicamente, en esta época, sobre todo al principio, el médico se ocupaba de las pasiones del cuerpo y el filósofo, de las enfermedades del alma. Pero uno y otro llegarían a tener puntos de confluencia. Pese a todo, fue una pretensión de este periodo histórico el distinguir lo más claramente posible entre las enfermedades del cuerpo y del alma.

La *acedía* tiene voz propia aquí. Se le llama también *enfermedad de los monjes o tedium vitae*. La describe Casiano, monje del siglo V, en su *De institutis coenobiorum*, hablando de dos formas según su origen: una moral, producida por el pecado y otra de la vida, consecuencia de los avatares de ésta. Los teólogos distinguirán entre la tristeza del pecado y la del mundo —san Isidoro de Sevilla, san Bernardo de Claraval, san Raimundo de Peñafort—. Esta distinción debemos tomarla como un hito importante. Más tarde la mística cristiana recoge estas precisiones a través de santa Teresa de Ávila y san Juan de la Cruz, tomando pie de las ideas de santo Tomás de Aquino:

para él las cuatro pasiones dominantes son el gozo, la esperanza, el temor y la tristeza. Mientras el dolor procede del cuerpo, la tristeza lo hace del alma, aunque una y otra pueden vivirse simultáneamente. Dibuja los rasgos que distinguen *la tristeza corporal, racional y espiritual*, según la procedencia.

La acedía hace que los monjes pierdan el gusto por la vida monástica, dirigiendo sus pensamientos hacia lo insoportable que resulta la vida en esos momentos. Es como una afonía espiritual. Pero la vivencia tiene dos notas muy peculiares: de una parte, el tiempo se experimenta con gran lentitud, los días se hacen interminables, las horas se alargan extraordinariamente y los minutos se hacen horas. De otra parte, se percibe el *horror loci*; el espacio se vuelve inhóspito, pesado, sintiéndose uno prisionero en esas cuatro paredes que constituyen la celda monacal.

Las distintas descripciones recogidas nos hacen pensar que ésta se aproxima también a la angustia, por el desasosiego que comporta. En ocasiones se acompaña de una cierta distimia y de un malestar somático. *La acedía hace que el hombre medieval se muera de aburrimiento*: no pasa nada, no ocurre nada, todo se ve envuelto por una neblina gris y flotante que exaspera y derrumba por una especie de vaciamiento de intereses. La acedía suele afectar con más frecuencia a personas que viven una vida solitaria, retirada, alejada del mundanal ruido.

El primer médico conocido en el Imperio Bizantino es Aribasius, de los siglos IV-V, que recoge toda la herencia grecorromana: una medicina teñida de argumentos e ideas filosóficas. Más tarde le sucedieron otros de similar relieve: Aetius de Amida, Pablo de Aegina y Alejandro de Tralles. Este último llegó a tener una gran fama. Insistió en las ideas de Areteo sobre la melancolía y por primera vez se hace hincapié en la importancia de los sedantes y del vino. Esta observación terapéutica no es baladí. Hoy sabemos que el alcohol tiene dos efectos relativamente inmediatos: es euforizante, ayuda a elevar el tono vital, desinhibe; y, de otra parte, es ansiolítico: disuelve las tensiones emocionales. Muchos hábitos alcohólicos y alcoholismos crónicos esconden una depresión ansiosa que gracias al alcohol se sobrelleva.

La medicina árabe tuvo un influjo relevante en este periodo (el islam se expansionó a partir del siglo VI y dio lugar a una nueva cultura que recorrió África, Egipto, Persia y llegó hasta España. Córdoba fue la capital del califato occidental). Se fundaron dos escuelas médicas, lo que hoy sería una universidad: una en Edesa (Mesopotamia) y otra en Gondischapur (Persia). Razés (865-925) fue el más importante director del hospital de Bagdag, en donde tuvo una sección dedicada a enfermos mentales. Se le llegó a llamar el *Galeno persa*. Describió muchas enfermedades psíquicas con una gran finura analítica, entre otras la depresión.

De los siglos X al XIII sobresalen las figuras de Avenzoar, Averroes y Maimónides: los tres terminan siendo más pensadores e intelectuales de su tiempo que médicos. Algo anterior es Avicena (980-1037), que fue médico de la corte real y su libro *El canon* es un intento de enlazar el pensamiento aristotélico con las concepciones médicas de Hipócrates y Galeno. Fue el libro más conocido e influyente después del Corán. El prestigio y la fama lo elevaron hasta llegar a ser el médico musulmán más conocido. Los trastornos psíquicos los conectó con alteraciones físicas, incluida la histeria.

Finalmente, de la época medieval conviene recordar a Casiodoro y san Benito, que supieron guardar celosamente los escritos médicos en las bibliotecas monásticas, aportando también soluciones sobre todo a los problemas psicológicos y morales. Un judío converso, Constantino el Africano, se hizo monje de San Benito. Tradujo al latín la medicina árabe. Su libro *De melancholia* está exento de interpretaciones mágicas y demoníacas y es como un puente de unión entre la ciencia antigua y la medieval. Para él la melancolía depende mucho del tipo de vida que se haga. Así, por ejemplo, pone de relieve que los esfuerzos producidos por el estudio y la dedicación a tareas de la inteligencia pueden predisponer hacia ella. Por tanto, no sólo deben utilizarse fármacos para combatirla, sino asociarlos con las seis cosas naturales: aire, alimentos y bebidas, retención y expulsión, ejercicio y reposo, sueño y vigilia y por último las pasiones del alma. En este sentido es un adelantado de las modernas *coterapias* que hoy utilizamos. Los monjes salían también a curar a los enfermos fuera del monasterio, hasta que el Concilio de Letrán, en el siglo XII, lo prohibió.

Aparte de esto, todo el medievo es una época oscura para el enfermo psíquico en general y para el depresivo en particular. La mayoría de los médicos y escritores consideraron a la melancolía como consecuencia del pecado o de una existencia culpable. Pocos —hemos visto algunos ejemplos— la atribuyen a causas físicas y a problemas orgánicos.

El Renacimiento

La pobreza psiquiátrica de la Edad Media da paso a un periodo relativamente más positivo. Éste se inicia en 1450, pero lo cierto es que el principio no es muy prometedor: en 1487 los dominicos Krämer y Sprenge publican el tristemente célebre *Malleus Maleficarum* («Martillo de brujas»), libro en donde se detalla con una meticulosidad extremada la destrucción de los enfermos mentales y de los disidentes, a los cuales se les llama brujos. La manera de exterminarlos es quemando al sujeto que está «endemoniado». En él se recogen afirmaciones de una absoluta misoginia: «Toda brujería viene de la carne, la cual en la mujer es insaciable»; y otras como la que sigue: «Tres vicios generales muestran poseer un gran dominio sobre las mujeres perversas: la infidelidad, la ambición y la lujuria». Es evidente que muchas de las mujeres juzgadas padecían alteraciones emocionales, pero en otras prevalecían los mecanismos de la sugestión, ya que se les decía que albergaban demonios y estaban poseídas por espíritus malignos. También los depresivos más profundos fueron atrapados en esta cacería de brujas: muchos terminaron en la hoguera. Pero la lectura de sus páginas nos hace pensar en que la gran mayoría de los hechiceros eran enfermos mentales y que la venganza circulaba libremente de unos a otros.

El Renacimiento es la edad dorada de la melancolía. Lo melancólico se muestra como un privilegio selectivo, sólo apto para los poetas, los artistas y los filósofos. El médico más destacado es Paracelso, que hace un elogio de ella. Su libro *Sobre las enfermedades que privan de la razón* pretende demostrar que éstas no se deben a causas sobrenaturales ni demoníacas, sino a otras de orden natural.

Alude a la melancolía como una predisposición, con lo que se adelanta muchos siglos a las ideas que luego cristalizarán con Shimoda (1958) y Tellenbach (1962). Para curar la melancolía ya no se recurre a sustancias que evacuen la bilis negra, sino a otras «que provoquen la risa [...], administrando drogas que produzcan alegría y euforia». Ésta es la lista de «remedios espagíricos» que actúan «volviendo el humor alegre, expulsando la tristeza y permiten que el hombre avance alegremente»:

— *Aurum potabili*
— *Ambra acuata*
— *Cordiale grave*
— *Croci magisterium*
— *Manna maris*
— *Laetitia veneris*

Pero la mayoría de los demás médicos no rompe tanto con el modelo médico heredado del medievo. Así, el médico de cabecera de Enrique IV, André de Laurens, escribe un libro explicando las características de la tristeza como enfermedad. El libro alcanza diez ediciones entre 1597 y 1626. Propugna medidas refinadas: mejora del aire, el contacto con la naturaleza, así como esparcir en las habitaciones «rosas, violetas y nenúfares, ya que junto con los olores de azahar y la cáscara de limón, son muy beneficiosos».

Los tratamientos más frecuentes de los médicos renacentistas para combatir la melancolía consisten en la combinación de métodos de evacuación (expulsar los humores que se encuentran en mal estado); los alternativos (son más suaves y tienen por objeto hacer menos sólidos los lugares donde se deposita la bilis negra); y los psicológicos (que pretenden mejorar la forma de ser de esa persona, transmitiéndole fortaleza y mejor tono anímico).

Otro contemporáneo es Jacques Dubois, menos docto y erudito que el anterior, pero más práctico. Llama la atención sobre el riesgo suicida de los melancólicos, proponiendo su custodia, evitando que en sus cercanías se encuentren objetos punzantes, o que se acerquen a los ventanales de estancias muy amplias. También enumera una serie de medidas para luchar contra el insomnio: polvos especiados en la almohada, plantas aromáticas, baños y lociones en las extremidades con el fin de arrastrar los humores nocivos a esas zonas del cuerpo.

Destaca también Francesco Gerosa, quien en su libro *Magia* hace un recorrido de los daños físicos y espirituales que puede causar la melancolía. Apunta una terapéutica compleja, un jarabe con cerca de cien ingredientes.

Una figura destacada de esta travesía renacentista es el médico inglés Timothy Bright, el cual expone en su *Tratado sobre la melancolía* los sentimientos de estos enfermos. Es la primera monografía sólida que recopila su génesis, estructura y desenlace. Junto a él debemos mencionar a Plater, Fernel y Raulin: unos y otros ponen de moda la utilización de los vapores. Raulin, médico personal de Luis XV, muestra predilección por los disolventes, sobre la base de que su acción es más suave que la de los vomitivos y los purgantes.

Existe un personaje español en esos momentos, poco conocido, el médico Francisco Vallés —siglo XVI—, que rechaza el concepto sagrado de esta enfermedad y afirma que se produce por causas inscritas en la naturaleza humana, desencadenándose en muchas ocasiones por factores ambientales.

El Barroco

Como ha señalado Laín Entralgo (1981), el Barroco es la época de los grandes progresos científicos, preparación para los grandes cambios que habrán de producirse en los siglos venideros. Hay que destacar la publicación de un libro que ha sido pionero dentro de este amplio campo: se trata de la *Anatomía de la melancolía*, de Robert Burton, clérigo, filósofo y profesor, cuyas clases en latín hacían las delicias de sus alumnos. Este ilustre personaje era marcadamente depresivo, pero además existían en su personalidad actitudes y rasgos hipocondríacos. Esto queda reflejado en su texto. Las continuas observaciones corporales y una desmesurada atención hacia las sensaciones protopáticas y epicríticas son sus mejores exponentes. Es un libro básico en la historia del pensamiento psiquiátrico sobre la depresión. La calidad de sus descripciones y la finura de sus matices ponen sobre el tapete lo variado y lo complejo de este cuadro clínico.

Es también mérito de Burton haber espigado una subforma, la depresión disfórica, en la cual el humor triste está teñido de agresividad, binomio este poco frecuente en la clínica. Hay otro personaje, quizá menos conocido, pero no por eso menos sugerente, que es Jacques Ferrand, quien publica *La melancolía erótica o enfermedad del amor* (1610): «Si el amor es el principio y el origen de todas nuestras alteraciones y el compendio de todos los trastornos del alma, los síntomas del desamor son: tristeza, desesperación, odio, celos. A causa de estas perturbaciones la sangre se vuelve seca, terrestre, melancólica... volviéndose necios, misántropos, maníacos y licántropos». Se plantea también si la enfermedad es hereditaria o adquirida y si por la astrología puede saberse quiénes son propensos a la melancolía del amor.

Bonetus, a finales del XVII, alude en una de sus obras médicas al término *maniacomelancholicus,* aunque sin ligar de un modo nosológico ambas entidades.

Finalmente, las figuras de Willis, Sydenham, Hoffmann y Lorry tuvieron gran importancia en la medicina general y periféricamente en la psiquiatría, pero no entraron en el tema de la melancolía.

La Ilustración

Ésta comprende de 1740 a 1800, aproximadamente. El hombre moderno arranca con Descartes y Pascal. Por tanto, se inicia ya en el Barroco. Lo cartesiano está apoyado en la realidad. Pascal, genial y enigmático, con una vida tan extraña, fue definido por nuestro Unamuno como «pensador agónico».

La Ilustración es la época de la entronización de la razón, la envoltura del mundo es intelectual. El pensamiento seguirá estos derroteros iniciales, pero ya modificado según las perspectivas de Malebranche, Spinoza y Leibniz entre otros.

El siglo XVIII vive en Europa el culto por la *Enciclopedia* (creación francesa, compuesta de veintiocho volúmenes, en la que se exponen por orden alfabético todos los conocimientos humanos). Fue planeada y dirigida por Diderot, aunque colaboraron otros autores galos. Es una obra excepcional, su influjo en el resto de Europa fue importante. Los ideales vertidos en ella fueron los antecedentes que prepararon la Revolución Francesa. En la *Enciclopedia,* la voz *mélancolie* dice así: «... todos los síntomas que la constituyen están excitados las más de las veces por algunos defectos del bajo vientre y sobre todo de la región epigástrica. Todo permite suponer que de ordinario reside ahí la causa inmediata de la melancolía y que el cerebro está afectado simpáticamente». Se la sitúa ya como dolencia del sistema nervioso.

Otras definiciones no hacen sino traslucir el predominio de lo intelectual: «La melancolía es la dominación excesiva que ejerce sobre la mente una idea exclusiva». Así, Pinel, con quien se inicia la psiquiatría francesa, nos dice: «La melancolía consiste en un juicio falso que el enfermo se forma acerca del estado de su cuerpo, que él cree en peligro por causas nimias, temiendo que sus intereses salgan mal». Pues bien, Phillips Pinel no se dedica a elaborar nuevas teorías o a refundir las ya existentes. Su tarea es la de observar la realidad clínica y describir los fenómenos del mejor modo posible (en él influyó decisivamente el enciclopedismo). Hijo de médico, inicialmente se interesó por las humanidades; después por las matemáticas y la fisiología. Estudió en Toulouse y vivió en París. Tuvo un importante cargo directivo en *La Salpètrière.* Fue a partir de los cuarenta años cuando empezó a interesarse por los enfermos psíquicos en general. Su gran pasión fue dedicarse al estudio de la etiología de las enfermedades, sobre la que reinaba un enorme caos —herencia, educación defectuosa, experiencias de la vida, irregularidades en los hábitos de vida: éstas fueron sus primeras ordenaciones en tal sentido—. Su trabajo está repleto de sistematización. Su *Traité medicophilosophique* se rige por el método analítico, que consiste en descomponer las observaciones registradas con el fin de buscar relaciones entre ellas (el racionalismo ilustrado aplicado a la ciencia psiquiátrica produjo, sobre todo en Pinel y en su discípulo Esquirol, tres operaciones básicas: la observación, la experimentación y la tendencia a clasificar). Subraya el peligro del psiquiatra de caer en las

Anexo 331

especulaciones. Pero sus principales aportaciones al terreno de las depresiones pueden resumirse así:

1. La melancolía es una enfermedad en la que tiene gran importancia la herencia. Por tanto, los antecedentes familiares son primordiales a la hora de configurar un pronóstico.
2. Ésta puede desencadenarse por experiencias humanas. Con esto se adelanta a la concepción de lo endógeno y lo exógeno.
3. Acuña la expresión «historia de la comprensión humana», con lo que menciona que sólo los médicos con una formación antropológica son capaces de curar a los melancólicos, ya que éstos necesitan además un trato afectuoso. A esto le llama *tratamiento moral.*
4. No sólo es importante la farmacoterapia y algunos *remedios simples.* Si lo que pretende es curar de una manera definitiva, es preciso actuar sobre los hábitos, las pasiones y la personalidad.
5. La melancolía es más difícil de tratar que la manía, ya que esta última presenta una cierta tendencia a la curación espontánea.

Un discípulo destacado de Pinel es Esquirol. Sigue su línea. Se apoya en Rousseau (el espíritu de Rousseau influyó mucho en los médicos e intelectuales de su tiempo. De él es la célebre frase: «El hombre nace libre aunque por todas partes se halle encadenado») a la hora de buscar sensaciones excitantes para combatir la melancolía: colores, paisajes, sonidos, etc.

En el Barroco tiene un gran relieve el médico español de origen árabe Piquer Arrufat, que sistematiza con todo detalle la enfermedad del monarca español Fernando VI, diagnosticándola con un doble enunciado: manía-melancolía. Puntualiza que su característica fundamental es que el estado de ánimo gira hacia dos polos contrapuestos: pasa del hundimiento psíquico y moral, de la tristeza y apatía más profunda, a la exaltación festiva del humor, la superactividad y la euforia. Tiene el mérito de haber sido el primer médico que ha enlazado en una misma entidad nosológica la euforia y la melancolía. Se anticipa así a los grandes médicos alemanes del siglo XIX, como Kraepelin y Dreyfus. Algunos historiadores de la medicina le han llamado el *Hipócrates español*. Este hallazgo revela los siguientes aspectos:

a) Quedan delimitadas dos series sintomatológicas contrapuestas: una eufórica y otra melancólica.

b) Una y otra forman parte de una misma y única entidad nosológica. Son, pues, la misma enfermedad, aunque con distinta envoltura.

c) Se describe la alternancia entre una fenomenología clínica y otra.

d) Se menciona su forma peculiar de evolución: en fases, es decir, una vez aparecido el cuadro clínico y tras un curso determinado, natural o artificial merced a los fármacos, éste remite sin dejar secuelas.

e) Arrufat contribuyó, asimismo, a perfilar uno de los capítulos más importantes de la psicopatología de la afectividad.

Vemos, pues, como los grandes reformadores de la medicina psiquiátrica de la Ilustración no fueron unos genios, sino que con una laboriosa actividad fueron capaces de aplicar la razón y la observación a la clínica diaria. Iniciaron una nueva época y trazaron las primeras líneas de la organización de los hospitales para enfermos mentales. Entre todos cabe destacar tres: Pinel, Chiarugi y Largermann, francés, italiano y alemán, respectivamente.

La psiquiatría romántica

El romanticismo científico se extiende durante medio siglo aproximadamente, de 1800 a 1850. Pero el romanticismo cultural se impuso a lo largo de casi todo el siglo XIX; se origina como una continuación histórica de la segunda mitad del siglo XVIII. El término fue acuñado por Stendhal en 1823. Tuvo un primer significado novelesco, pero más tarde, por influencia inglesa, se referiría más a lo pintoresco y sentimental. Esa transición del *romantique* al *romantic* sufrirá un tercer cambio por el influjo de la palabra alemana *romantisch*: partidario o seguidor de las doctrinas anticlásicas. En castellano el término tenía unos límites bien determinados, bucear en el mundo sentimental, mover la vida desde la geología de la nostalgia, el desengaño, la tristeza y la desesperación. El romanticismo es la época de los derechos de la vida sentimental. El hombre de la Ilustración creó un nuevo estilo de vida basado en la razón y el conocimiento. Pero el juego pendular de la historia mostró bien pronto la desilusión racionalista y buscó otros parajes donde abrevar su sed: en la vida irracional e instintiva, en las pasiones (la importancia de la novela *Rojo y negro,* de Stendhal y las *Cartas del joven Werther,* de Goethe, encarnaban el tipo humano que hemos apuntado). En el caldo de cultivo del pesimismo prosperó y tuvo un gran predicamento toda la gama de los sentimientos negativos. Los modelos de Werther, con su suicidio y el del español Larra, son buenos exponentes. En España se suman Espronceda y Zorrilla. Fuera, Schiller, Victor Hugo, lord Byron, etc. Así fue el renovado espíritu de este tiempo. La consecuencia: la entrada en el mundo de la melancolía, verdadero *mal du siècle.* El gran representante literario va a ser lord Byron, del que podemos decir que es la figura más sobresaliente del romanticismo inglés y la de mayor resonancia europea: exaltado, aventurero, rebelde, desdeñoso, burlón, con una fuerza arrebatadora y un estilo genial e irreverente, con un lenguaje directo e inteligible. Su obra *Don Juan* es una pieza antológica de todo lo expuesto.

Ya en el plano puramente médico debemos destacar algunas figuras señeras. Pinel tuvo muchos discípulos como médico general, pero sólo dos como psiquiatra: Ferrus, que se dedicó a la reforma de los asilos y a la ergoterapia y Esquirol, que no se limitó a seguir a su maestro, sino que abrió nuevos caminos para la psiquiatría: fundó una escuela de psiquiatría de la que salieron las primeras generaciones de psiquiatras franceses, como Moreau de Tours, Baillarger, Falret, etc. Sus dotes principales como clínico fueron la observación aguda y los diagnósticos diferenciales.

Esquirol llamó a la melancolía *lipemanía,* siguiendo un poco los criterios de su maestro Pinel, que consideraba estas enfermedades como una forma de delirio único, centrado en una sola temática. Según algunos historiadores de la medicina (Ackerknech, 1962; Gourevitch, 1979), es el primero que menciona el descenso del estado de ánimo como síntoma nuclear de las mismas.

Jean Pierre Falret la denomina *folie circulaire*; humores alternantes de excitación y sedación excesiva. Poco más tarde su compatriota Baillarger la llamó *folie à double forme*, describiendo intervalos lúcidos en la alternancia de esos episodios.

Griessinger, el del célebre principio que dice que las enfermedades psíquicas son enfermedades del cerebro, menciona a la depresión con el término *schwrmut,* que quiere decir pesadumbre o cuerpo pesado o cansado; distingue cinco variedades: la hipocondría, la melancolía simple, la melancolía con estupor, otra con una marcada tendencia destructiva y una forma con persistente excitación de la voluntad.

Junto a Griessinger hay que mencionar a otro alemán, Heinroth, el cual propugna una serie de medios psíquicos para despertar la sensibilidad de los melancólicos que han perdido la libertad: «Ante la tendencia del enfermo a sumirse en sí mismo, hay que mantener o despertar su receptividad, cueste lo que cueste. Pues si la tendencia a la pesadumbre triunfa en él, ya no hay nada que hacer». La escuela francesa de Pinel recurrió a las duchas, los baños por sorpresa, las piscinas, etc. Se pretende provocar una impresión en el paciente, «produciendo la revulsión de los humores, haciendo derivar la atrabilis o expulsarla definitivamente. Despertar la sensibilidad amortiguada. Heinroth llega a utilizar la *cura de asco,* aplicando tártaro antimoniado, de efectos vomitivos, con lo que se alcanza la eliminación de la bilis negra. Siguiendo este curso terapéutico, llegamos a la máquina rotatoria, como un eslabón más de los extravagantes métodos de curación. Está inspirado en principios físicos: la fuerza centrífuga. El sillón rotatorio hace vomitar incluso en los casos más rebeldes. Se influye así en el sistema nervioso, modificándose la actividad cardiaca y la motilidad digestiva. Tuvo su época de triunfo y se la situó entre los primeros excitantes destinados a reanimar a los melancólicos. La Drehmaschine fue aceptada por la psiquiatría francesa.

Este inventario terapéutico culmina con el predicamento que alcanzaron los viajes. Ya lo señaló Celso y ahora vuelve a insistir en él Heinroth. La nostalgia se cura volviendo a la tierra natal. Viajar es contraer, achicar, disminuir la melancolía. La generación del *spleen* recomienda distracciones alternativas entre el campo y la ciudad, entre los climas fríos y sombríos y los cálidos y luminosos.

El positivismo psiquiátrico

Y entramos ya de lleno en la última mitad del siglo XIX. El positivismo significa que la ciencia empírica y objetiva es la que realmente vale, la que es efectiva, la que se apoya en datos extraídos de la realidad observada. El *Discurso del espíritu positivo* de Comte, los trabajos de Wirchow y Darwin, la aplicación de la física a la medicina y los estudios bacteriológicos de Pasteur en la École Normale de París van a servir de fermento y antesala de los avances de este momento histórico de la medicina y de la psiquiatría.

El psiquiatra inglés Henry Maudsley sitúa la depresión alejada de cualquier especulación metafísica y la aproxima a las enfermedades orgánicas. Fue tan célebre en Inglaterra como Griessinger en Alemania y Paulov en Rusia. Este último, con su concepto mecanicista del comportamiento, destaca las importantes relaciones estímulo-respuesta; sus investigaciones experimentales le llevaron al Premio Nobel de 1904.

Pero la figura capital para la psiquiatría es la del alemán Kraepelin. Es uno de los patriarcas de la psiquiatría de todos los tiempos. Parte, para sus trabajos sobre la melancolía, de las observaciones de los médicos franceses que le precedieron y enuncia un nuevo diagnóstico: *la locura maníaco-depresiva*, como enfermedad hereditaria, cuya sintomatología recae principalmente sobre la vida emocional, que puede producirse de forma sucesiva o alternante y que suele tener un pronóstico muy similar en todos los casos. La gran originalidad de Kraepelin consistió en aplicar el mismo esquema propuesto para otras enfermedades bien conocidas, como la parálisis general progresiva y la demencia precoz. Propuso estudiar las enfermedades psíquicas igual que si se tratara de enfermedades físicas, buscando sus causas, la sintomatología bien definida, el diagnóstico preciso, su pronóstico y el tratamiento.

Kraepelin nació cerca del Báltico. Ya antes de terminar medicina mostró su marcada inclinación por las enfermedades mentales. El primer verano después de su licenciatura en medicina lo pasó con el profesor Wundt, viendo su laboratorio de psicología fisiológica. Después estudió neuroanatomía. Desarrolló su labor docente en Dorpart y después en Heidelberg. A principios del siglo XX fue nombrado profesor de la Clínica Psiquiátrica de Múnich. Su tendencia es ver también la depresión como una enfermedad de origen físico. Su fórmula diagnóstica de locura maníaco-depresiva no podemos aceptarla en la actualidad por los motivos que apuntaremos a continuación, aunque insistió de un modo definitivo en que estábamos ante una entidad nosológica independiente:

1. El término *locura* no podemos utilizarlo hoy, pues tiene una connotación marcadamente peyorativa, descalificante, impropia de una etiqueta diagnóstica clínica.
2. Al tiempo, esa expresión no pone de manifiesto con claridad lo que realmente le sucede al melancólico, ya que no hay «una pérdida de la razón», sino una profunda alteración de la afectividad.
3. No todos los pacientes etiquetados de ese modo sufren episodios maníacos o depresivos.

Kraepelin incluyó en ese diagnóstico todas las psicosis periódicas y circulares. En la octava edición de su *Lehrbuch* —la última fue en 1927, la novena— recogió la crítica que le hizo su colaborador Dreyfus, e incluyó en ese apartado también la melancolía involutiva, que inicialmente había sido situada en otro contexto nosológico.

La psiquiatría contemporánea

Los avances cuantitativos y cualitativos de la psiquiatría van apareciendo paulatinamente con la figura de Freud. Su pensamiento sobre la depresión está expuesto fundamentalmente en su trabajo *Duelo y melancolía*, aunque hay repetidas alusiones en otros epígrafes de su obra. Distingue, como reza en el título de su libro, dos apartados: el duelo, que «es una reacción a la pérdida de un ser amado o algo equivalente: la patria, la libertad, el ideal [...], es un afecto paralelo a la melancolía [...] pero jamás es un estado patológico, se trata de un estado que impone considerables desviaciones a la conducta normal»; y la melancolía, que «se caracteriza por un estado de ánimo profundamente doloroso, una cesación del interés por el mundo exterior, la pérdida de la capacidad de amar, la inhibición de todas las unciones y la disminución del amor propio. Esto último se traduce en reproches y acusaciones de que el paciente se hace objeto a sí mismo y que puede llegar incluso a una delirante espera de castigo». Y prosiguen las distinciones entre uno y otro: «El duelo intenso, reacción a la pérdida de un ser amado, integra el mismo estado de ánimo, la cesación del interés por el mundo exterior [...]; si éste no lo consideramos patológico es tan sólo porque nos lo explicamos perfectamente». *La temática del duelo es la pérdida.* La melancolía es honda, no está motivada aparentemente, pero va a cambiar las orientaciones que se tienen sobre la conducta humana. Kraepelin va a ser el gran maestro de las psicosis; Freud lo va a ser de las neurosis y, junto a ellos, Jaspers, que aplica el método fenomenológico a la psicopatología. Las figuras van marcando aspectos concretos del quehacer clínico psiquiátrico: Charcot, Janet, Babinski, etc. La visión que se va a ir teniendo de la depresión es más certera y va a ir afinándose el diagnóstico y precisando lo que realmente puede ser calificado como depresivo, distinguiéndolo de aquello que se parece, pero que no es tal.

Y vuelve el problema nominativo: Bleuler habla de psicosis afectivas endógenas; Kalhbaum, de ciclotimia; este último incluye en las psicosis únicas la melancolía, la manía y la idiocia, como formando parte de un grupo común. Más tarde, Kurt Schneider, autor de un breve tratado psicopatológico muy esclarecedor, utiliza el término de psicosis ciclotímicas, el cual tuvo una acogida muy favorable. Whybrow y Parlatore (1973) se decantan por la expresión *respuesta emocional a situaciones de frustración y estrés*, dejando el término *melancolía* para estados de más larga duración y de una profundidad más patente.

Desde el siglo XIX el esfuerzo de los distintos autores ha sido pretender que la psiquiatría fuera como una disciplina médica más. Por otra parte, los criterios diagnósticos y la clasificación de las distintas formas de depresión han servido para llevar a cabo un serio trabajo por parte de la psiquiatría alemana, francesa, inglesa y, en alguna medida, española.

Ya quedan delimitadas las depresiones unipolares, las bipolares y, en un grupo aparte, diferentes subformas. Kasanin utilizó un nuevo apartado, las psicosis esquizoafectivas, en donde se mezclan manifestaciones depresivas y esquizofrénicas de modo desigual.

Aparecen más tarde las clasificaciones europea, denominada ICD y la estadounidense, DSM. Ambas van teniendo distintas versiones, según las modificaciones de una investigación cada vez más precisa.

En 1911 Ziehen introdujo el concepto de psicosis afectivas. La proliferación de categorías clínicas se ha ido ampliando, pero una de las más interesantes es la de Kielholz (1966). En 1976 Alonso Fernández propone el término de *fasodistimias*, con el que resume sus dos principales características: el trastorno tímico depresivo o eufórico y el curso en forma de fases periódicas. Los sistemas de ordenación de las formas depresivas se van diferenciando gradualmente.

Pero las investigaciones en torno al tema de la depresión han avanzado más en los últimos veinte años. Ha sido modificada también la terminología. Los últimos *mood disorders* y *affective disorders*, trastornos del humor o del ánimo y afectivos, han sustituido a los anteriores, a los depresivos. Por otra parte, hemos pasado de la clasificación de la OMS (CIE-9) (clasificación internacional de las enfermedades mentales, 1980) a la CIE-10 (décima edición), igual que del DSM-IV(1995) al DSM-IV-TR (texto reformado, 2000). En la primera prevalece lo tipológico; en la segunda, lo multiaxial. Los métodos de investigación y medicalización de la psiquiatría han hecho que se hayan multiplicado los trabajos desde ángulos bien diversos. Los hallazgos anteriores se encuentran bastante fragmentados y el *modelo depresivo* no acaba de estar bien perfilado. Lo cierto es que todos han centrado el tema sobre una patología de la afectividad, ahora vertida hacia la bioquímica más especializada. Pero la cuestión se ha visto remozada con la llegada de las teorías y los modelos conductistas y cognitivos, cuyos máximos representantes están en Beck, Seligman y Lewinshon.

Para Beck, los depresivos cometen errores cognitivos importantes: comportamiento afectivo centrado en pensamientos tristes, que conducen a creencias negativas que se arremolinan en torno a uno mismo. Se trata, por tanto, de elaboraciones intelectivas e ideológicas mal trenzadas, que conducen a conclusiones ilógicas. Es como si la persona deprimida no pudiera dejar de tener una visión negativa de sí misma y de lo que la rodea, incluyendo su futuro. Las interpretaciones del propio enfermo están estructuradas desde el prisma de sus pensamientos: tendencia a dramatizar los acontecimientos, la valoración inadecuada de las vivencias, percepción selectivamente negativa de la realidad exterior e interior, tendencia a posturas extremistas, etc. De aquí brota su hipótesis fundamental: las depresiones no tienen como síntoma esencial la tristeza o el descenso del estado de ánimo, sino un desorden cognitivo del pensamiento que aterriza en un mecanismo final de realimentación.

Las investigaciones de Martin Seligman (1975, 1981) sobre la depresión están ancladas en experimentos con perros de laboratorio, aplicando distintos tipos de choque eléctrico: uno «escapable» y otro «inescapable» —estímulo perjudicial evitable o inevitable— . Establece dos grupos de perros y un tercero que hace de control. Se aplica el estímulo eléctrico aversivo, de aproximadamente seis miliamperios, durante cinco o seis segundos. En el choque escapable el perro puede evitar la situación aversiva si es capaz de asociar la señal que antecede al choque con un determinado tipo de respuesta. El inescapable es aquel que percibe el perro siempre, haga lo que haga, emita respuestas o no. Los perros que no pueden escapar del estímulo perjudicial demostraron que se comportan pasivamente al ser colocados de nuevo en un contexto aversivo, incluso aunque se les permita escapar, por ejemplo, la caja de saltos. Estos estímulos nocivos producen un *desamparo aprendido* que se manifiesta por un déficit motivacional y una interferencia con el aprendizaje de nuevas contingencias de respuesta-ayuda.

Finalmente, el modelo Lewinshon pone en primer plano el hecho de que la depresión obedece a un bajo nivel de refuerzo, de reacción a un estímulo. Por tanto, suceden dos cosas: o que existen pocos reforzadores o que el individuo, por falta de habilidad, ofrece pocas respuestas que puedan ser reforzadoras. La depresión consiste en una disminución de los refuerzos generales y sociales.

Historia de los tratamientos morales
en la depresión

Ya he ido comentando a lo largo de las páginas precedentes algunos aspectos de cómo se empezaban a tratar las depresiones. A veces presentan unas notas curiosas, sorprendentes, que hoy vemos casi como pintorescas. Quiero ahondar algo más en esta línea.

La supresión de las cadenas y los castigos fue iniciada en Italia por Chiarugi y en Francia por Pinel. De ese modo, todo depresivo que amenazaba con la posibilidad de suicidarse no era ingresado en un asilo para enajenados. Para Pinel y Esquirol, el depresivo tiene una idea exclusiva negativa de sí mismo que hay que destruir; es como una especie de pasión perversa que le lleva a un sufrimiento enorme y a una vida parásita. Vida monótona e idea fija. La relación con el paciente es difícil, pues éste se aferra a su delirio melancólico y es difícil establecer un diálogo desde un terreno neutral. Una de las primeras armas terapéuticas es darle al enfermo la razón, para que se sienta respaldado y se abra y cuente sus confidencias. Comunicación inauténtica, estratagema para estar más cerca de él, ardid quimérico notable y valleinclanesco, de aproximación a su universo aberrante[1]. Aquí nace, de alguna manera, lo que podríamos llamar una terapia teatral: el enfermo estaba asistiendo a un espectáculo liberador de su sufrimiento, aunque hay que dudar de la eficacia del mismo. Lauret subrayó que lo mejor era que los depresivos representasen justo el papel contrario al de su estado anímico: el apático aparece activo; el que está triste se muestra alegre; el desconfiado, confiado; el que tiene ideas autodestructivas se muestra con ganas de vivir. La actividad teatral consiste en un cambio de papeles, para que el sujeto reaccione y cambie, produciéndose un choque brusco, una especie de *coup de théâtre*. Todo el problema se centra en qué emociones hay que provocar en el enfermo para que reaccione y cambie su ánimo: unos pensaban que lo mejor era seguir la corriente de

---

1. La comunicación auténtica aspira a un encuentro personal, verdadero, que hace a ambos crecer como seres humanos.

su tristeza y hacer que la expresara con todo detalle, exponiendo su paisaje sentimental; otros proponen justamente lo contrario y no hay término medio.

La lista de recursos para curar la depresión forma un recorrido zigzagueante variopinto: desde el vino de mucho cuerpo, pasando por excitantes, el calor local, las friegas, el masaje corporal, tomar el sol en días especialmente calurosos, pasando por el zumo de adormidera, la estimulación de la piel o la frecuencia del acto sexual.

Es decir, tanto el placer como el displacer fueron prescritos en su momento. Entre los medios más originales debo mencionar la utilización de perfumes, los aromas de flores, escuchar cantos y melodías suaves, así como tocar objetos raros en la oscuridad, el teclado de gatos o la música de organillos. En una palabra, también lo sorprendente actúa como un impacto que puede ser capaz de modificar la melancolía: el arsenal de emociones es un pozo inagotable donde pueden buscarse añadidos e ingredientes espectaculares, que signifiquen un choque psicológico revulsivo. Así, el baño por sorpresa, la ducha fría a presión, caños de agua helada, el baño en un estanque con riesgo de ahogar al enfermo. Reil recomendaba que en las cercanías de los manicomios hubiera lagos o ríos en los que pudieran llevarse a cabo estas experiencias.

El listado puede seguir: lugares donde todo el mundo estornuda (estornudatorios), vejigatorios, inoculación de sarna, cera ardiendo e incluso azotar al enfermo para que reaccione y deje su estado psicológico insensible. Cepillar la planta de los pies, dejar que hormigas suban por el cuerpo, o chinches, orugas en procesión o mosquitos que puedan producir picaduras. Se conseguía así despertar la sensibilidad anestesiada. Ahí debemos incluir la utilización de sustancias para vomitar o producir colitis, que lograrían la eliminación de la bilis negra, que se consideraba causante de la enfermedad.

La aplicación de sustancias nauseabundas en las fosas nasales (cura de asco) tenía como fin que la atención se dirigiera hacia otro tema y se olvidara momentáneamente de su mal. El cambio de ambiente frecuente, como una especie de trasiego espacial, un ir de aquí para allá, evitando la permanencia en un sitio concreto, era otra forma de terapia.

En la última parte del siglo XVIII, cuando se va abandonando la interpretación humoral de la enfermedad y se piensa que es debida a causas nerviosas, los métodos cambian y aparecen las sustancias evacuantes y los sedantes. Maupertuis recomienda poner al sujeto con la cabeza hacia abajo para que la sangre cambie de dirección o hacer otras piruetas físicas para movilizar la sangre hacia otro territorio del cuerpo. Erasmus Darwin, el abuelo del célebre naturalista, inventará la *maquina rotatoria* que ya comentamos. Otros medios eran la oscuridad e incluso olores hediondos de gran penetración.

Los viajes, como ya se mencionó, constituyeron otra medida muy recomendada. La nostalgia es un sentimiento típico de la melancolía y se cura volviendo al terruño que le vio a uno nacer. Distraerse, conocer sitios nuevos, cambiar de ambiente, moverse en definitiva. Melancolía y aburrimiento forman una mezcla frecuente. Los ingleses adinerados empiezan a viajar por Italia en los siglos XVIII y XIX para escapar del terrible *spleen*, esa especie de *tedium vitae*, mitad neurosis y mitad pose social. Rousseau, uno de los padres de la Ilustración, pasó por una melancolía grave y relata en uno de sus libros que se libró de ella viajando y teniendo una aventura amorosa con una mujer de mediana edad (madame de Larnage) que le hizo olvidar sus pesares. Casi todos los médicos del XIX están de acuerdo en que los viajes no curan en sí mismos, pero sí en que pueden ser de utilidad para escapar de una vida monótona. No obstante, consideran que también hacen falta drogas, medicamentos y medidas naturales. Ponen de relieve que viajar puede ser positivo en la etapa final de la depresión, pero nunca como tratamiento de elección. Los viajes por mar se incluyen aquí, aunque con el riesgo de saber que el mar es traicionero.

La música tuvo una importancia destacada en esta panorámica de tratamientos. En la Biblia se relata cómo los desasosiegos de Saúl eran calmados por el arpa y los salmos de David. Celso ya la menciona en sus escritos. Marzilio Ficino, uno de los personajes literarios más importantes del siglo XV, en su obra *De vita triplici,* aúna y forma un cuerpo común de contenidos entre la música, la medicina, la magia y la astrología; llega a afirmar que haber nacido bajo el signo de Saturno va a provocar un temperamento melancólico. Y Burton, en su *Anatomía de la melancolía*, la describe como terapia muy útil.

Durante el siglo XIX, época de un gran progreso técnico, aparecen inventos renovadores y se intentan remedios químicos de la más diversa condición. Se trata de ensayar cualquier producto que pueda abrir una luz a este terrible padecimiento. Los vomitivos vuelven con fuerza, el alcanfor, el almizcle, el agua de lauroceraso, la digitalina. A eso se añade el hipnotismo, el fluido eléctrico, el magnetismo, los anestésicos (como el éter o el cloroformo), la morfina, el hachís, el suero de perro... Todo puede ser experimentado con el objetivo de ver qué resultado se obtiene. Algunos médicos del XIX recomendaron sanguijuelas en las sienes o en la nuca, el nitrato de amilo para dilatar las arterias cerebrales, o el hierro, el arsénico, la estricnina o la quina.

A finales del siglo XIX uno de los padres de la psiquiatría centroeuropea, Kraepelin, dirá que no existe por el momento un tratamiento causal de la depresión y que en estos pacientes hay siempre un fondo latente. Es apasionante leer el libro de Roubinovitch y Toulouse titulado *La Mélancolie* (1897), en donde podemos encontrar muchas respuestas al tratamiento de la melancolía y además dudas e interrogantes. Ellos mismos afirman que no hay nada absolutamente reconocido que pueda ser universalmente válido.

Möbius (1892) había distinguido entre enfermedades endógenas y exógenas, en una monografía en la que trazaba los criterios por los que podía producirse una depresión; en las primeras puso de relieve la importancia de la predisposición, como una cierta tendencia a padecerla, originando formas muy similares unas con otras; las segundas, las exógenas, tenían que ver con el alcohol, los tóxicos, el plomo o las infecciones y daban lugar a formas muy diversas.

A partir de esas ideas, uno de los padres de la psiquiatría, el mencionado Kraepelin, clasificó las psicosis en endógenas y exógenas: en las primeras podía seguirse el mismo orden que se da en una enfermedad somática: causas, mecanismo de acción (patogenia), síntomas, pronóstico y tratamiento, y corresponden a las esquizofrenias (que son deteriorantes) y a las llamadas entonces psicosis depresivas y maníaco-depresivas (no deteriorantes). Las segundas, las psicosis exógenas, corresponden a las formas de reacción exógena descritas por Bonhoeffer.

Baillarger (1809-1890) describió la *folie a double forme*, que consistía en la alternancia de episodios perfectamente separados y estables de melancolía y manía; y Falret (1794-1870) habló de *folie circulaire*. Más tarde, Kleist (1947) y Leonhard (1957) establecieron la separación entre la psicosis maníaco-depresiva y las psicosis monopolares: unas con una mayor carga hereditaria, otras menos recurrentes y con intervalos libres más largos.

Las psicosis esquizoafectivas aparecen en el *Tratado de Psiquiatría* (1910) de Kraepelin, en su octava edición, en donde se mezclan estados depresivos, maníacos y esquizofrénicos. Kasanin habla de las psicosis esquizoafectivas tras observar a nueve pacientes que tenían una clara labilidad emocional en la cual se mezclaban síntomas depresivos con otros de carácter esquizofrénico, con frecuentes distorsiones de la realidad y en ocasiones manifestaciones eufóricas. Es decir, el paciente era portador de muchas cosas diversas a la vez, con oscilaciones y cambios y giros. Es interesante relatar estos antecedentes, porque sería la American Psychiatric Association la que en su clasificación DSM-IV de 1996 y en la clasificación de la OMS llamada CIE-10 manejaría el concepto de trastorno esquizoafectivo: para su diagnóstico es preciso que, además de episodios de manía o depresión, estén los síntomas esquizofrénicos, cumpliendo los criterios diagnósticos pertinentes. Se trata de una modalidad atípica de depresión. En una línea más o menos parecida están las psicosis cicloides que habían descrito Kleist y Wernicke. Hoy sabemos que el tratamiento de estos pacientes consiste en la mezcla de antidepresivos y antipsicóticos, mezclando al mismo tiempo estabilizadores del ánimo.

APÉNDICE 1

Investigación del Dr. Rojas y su equipo de una muestra de 89 pacientes con depresión

Deseo exponer sólo algunos de los datos encontrados en este trabajo, ya que no quiero cansar al gran público con cifras y números demasiado complejos y prefiero publicarlos con más detalle en una revista especializada.

Hemos estudiado 89 enfermos que han sido diagnosticados de depresión mayor siguiendo los criterios diagnósticos de la American Psychiatric Association, que aparecen expuestos en el capítulo dedicado a *Escalas de evaluación de conducta y tests psicológicos*. En concreto hemos empleado en cada paciente los siguientes instrumentos de exploración:

- Escala de Beck para la depresión.
- Escala pentadimensional de Rojas para la ansiedad.
- Escala de Hamilton para la depresión.
- Escala de ansiedad de Hamilton.
- Cuestionario de personalidad de Millon (IPDE).
- Cuestionario de personalidad de Eysenck.
- Escala de calidad de vida para la depresión.
- Inventario de razones para vivir (RFL).
- Cuestionario Oviedo de calidad de sueño (Bobes y colaboradores).

Se trata de sujetos que venían a consulta por primera vez al Instituto Español de Investigaciones Psiquiátricas y que, tras varias entrevistas clínicas, eran diagnosticados de depresión mayor.

La clasificación por subtipos de diagnóstico principal fue la siguiente:

- 80 sujetos (91,3%) presentan depresión + trastorno de la personalidad.
- 75 sujetos (84,3%) con trastorno depresión-ansiedad.
- 13 sujetos (14,6%) con depresión sin ansiedad.
- 1 sujeto (1,1%) con trastorno de depresión bipolar con ansiedad.

El sujeto de este último grupo lo he clasificado en el primer grupo, ya que con un caso aislado no se puede hacer nada.

La *hipótesis de trabajo*, es decir, la idea base de la investigación era demostrar un hecho que venimos observando desde hace ya mucho tiempo: cada vez más depresiones se asocian a otros diagnósticos psicológicos. En el fondo, esta cuestión fue la que nos hizo arrancar este trabajo.

La muestra estaba compuesta por 50 mujeres (56,2%) y 39 hombres (43,8%). El estado civil queda reflejado en la siguiente tabla:

ESTADO CIVIL	FRECUENCIA	PORCENTAJE
Soltero	49	55,1
Casado	32	36,0
Separado	7	7,9
Viudo	1	1,1
TOTAL	89	100,0

Los *datos de edad* son los siguientes: el rango se encuentra entre los 17 y 67 años, con una edad media de 36,12 y una desviación típica de 12,65. Las *mujeres* se encuentran en un rango entre 19 y 63, con una media de 37,08 y desviación típica de 13,07. En los *varones*, el rango va de 17 a 67, con media de 34,90 y desviación típica de 12,16. No se encontraron diferencias estadísticamente significativas entre los dos grupos (t (87)= −0,81, p = 0,42).

Los *datos de nivel sociocultural* los vemos en el cuadro siguiente y están ordenados de menos a más:

NIVEL SC	FRECUENCIA	PORCENTAJE
Muy bajo	5	5,6
Bajo	11	12,4
Medio	46	51,7
Alto	23	25,8
Muy alto	4	4,5
TOTAL	89	100,0

No voy a entrar en detalles. Pero mencionaré lo que me parece más notable: *el 91,3% de las depresiones se asociaban a un trastorno de la personalidad,* lo que demuestra (o verifica) nuestra idea inicial: es muy frecuente la asociación de una depresión mayor con algo más. Este dato tiene unas implicaciones muy importantes en cuanto al tratamiento; la necesidad de ampliar la terapia y no quedarse sólo en la medicación antidepresiva, sino que es menester utilizar la psicoterapia. Muchas depresiones se hacen crónicas porque no se ha diagnosticado ese desajuste de la personalidad y, en consecuencia, todo queda centrado en la medicación y nada más. Si no se aborda el problema de la personalidad mediante las técnicas cognitivo-conductuales ampliamente expuestas en el libro, a propósito de la casuística presentada, el tratamiento es incompleto y la curación, parcial.

	NÚMERO	PORCENTAJE
Evitación	41	46,05
Límite	35	39,33
Obsesivo-compulsivo	27	30,34
Dependiente	19	21,35
Histriónico	5	5,62
Paranoide	3	3,37
Esquizotípico	3	3,37
Narcisista	3	3,37
Esquizoide	2	2,25
Antisocial	0	0

El trastorno de personalidad más frecuente es el de evitación con un 46%, a continuación el límite (o borderline), *con el 39,3% y en tercer lugar, el obsesivo-compulsivo, con el 30,3%.* Es muy poco frecuente, en la muestra que nosostros hemos estudiado, el histriónico, con el 5,6% y tienen la misma representación la personalidad paranoide, esquizotípica y narcisista, con el 3,3%. No hay ningún caso de personalidad antisocial (o psicópata), cosa que no es de extrañar en el tipo de pacientes que recibe el instituto y, por otra parte, dichos sujetos no suelen ir al psiquiatra, si no es forzados por una situación de violencia familiar o por un hecho delictivo o judicial.

Dentro de esta asociación, depresión mayor + trastorno de la personalidad, hay que destacar lo siguiente:

* La asociación de depresión con *un solo tipo de trastorno de la personalidad* se da en el 46% de la muestra; siendo éste la *personalidad por evitación* (o timidez patológica).
* La asociación de depresión con *dos tipos de trastornos de la personalidad* se da en el 92% de la muestra; *los más frecuentes son personalidad por evitación y límite.*
* La asociación de depresión con *tres tipos de trastornos de la personalidad* se da en el 7,6% de la muestra; se mezclan *la personalidad por evitación, límite y obsesivo-compulsiva.*

Otro dato interesante es que *la depresión sin ansiedad se da en el 14,6%,* lo que corrobora una experiencia clínica ampliamente contrastada, como es que ambas entidades se unen muy a menudo. Los psiquiatras sabemos que en la depresión ansiosa es clave saber el porcentaje aproximado que hay de una (depresión) y de otra (ansiedad), con el fin de emplear las dosis adecuadas. Una vez más, las escalas de evaluación son una exploración de gran utilidad, pues *cuantifican el estado de ánimo.*

En sentido inverso, *la depresión con ansiedad se da en el 86,4%,* lo que pone de manifiesto la afirmación de los párrafos anteriores.

Una conclusión final: *hoy en día es poco frecuente encontrar una depresión sola, por un lado, sin un trastorno de la personalidad y, por otro, sin ansiedad.*

Cuadro comparativo entre la escala de ansiedad de Rojas y la de Hamilton.

ANSIEDAD DE ROJAS – ANSIEDAD DE HAMILTON					
		ESCALA DE ANSIEDAD DE HAMILTON TOTAL			
ESCALA DE ANSIEDAD DE ROJAS		NO ANSIEDAD	LEVE	MODERADA/ GRAVE	TOTAL
No ansiedad	Frecuencia	2	6	8	16
	% Diagnóstico Ans. Rojas	12,5%	37,5%	50,0%	100,0%
Leve	Frecuencia	1	4	26	31
	% Diagnóstico Ans. Rojas	3,2%	12,9%	83,9%	100,0%
Manifiesta	Frecuencia	0	0	34	34
	% Diagnóstico Ans. Rojas	,0%	,0%	100,0%	100,0%
Muy manifiesta	Frecuencia	0	0	7	7
	% Diagnóstico Ans. Rojas	,0%	,0%	100,0%	100,0%
TOTAL		3	10	75	88

La relación es estadísticamente significativa (ji-cuadrado (6) = 23,00; p = 0,001; V = 0,37).

Figura 1. Sexo, tipo de episodio de los trastornos del estado de ánimo y número de días que permanecen en los diferentes estados anímicos, de 539 pacientes extrahospitalarios con trastorno bipolar, según el número de episodios íntegros de trastornos del estado de ánimo de acuerdo con el DSM-IV evaluados, prospectivamente, en un estudio de un año del curso de la enfermedad[a].

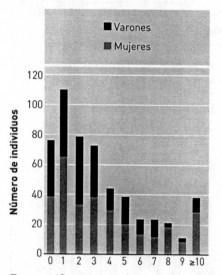

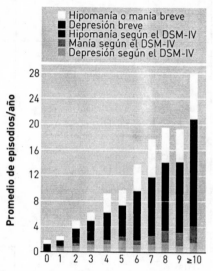

Estos gráficos ponen de manifiesto las diferencias entre hombres y mujeres en el número de episodios de hipomanía (= euforia leve), depresión breve, hipomanía, manía y depresión (según la clasificación de la APA).

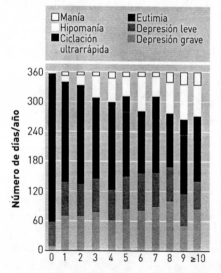

[a] El número de individuos de los diferentes grupos constituidos según el número de episodios de trastornos del estado de ánimo, de acuerdo con el DSM-IV, fue el siguiente: ausencia de episodios (n = 74) y uno (n = 110), dos (n = 78), tres (n = 71), cuatro (n = 46), cinco (n = 39), seis (n = 24), siete (n = 24), ocho (n = 22), nueve (n = 13) y 10 episodios o más (n = 38). Estos datos son aplicables también a la figura 2.

En esta gráfica se aprecia el promedio de días al año con esos seis diagnósticos que van en la parte superior.

Figura 2. Prevalencia de los factores de riesgo de ciclación rápida en 539 pacientes con trastornos del estado de ánimo de acuerdo con el DSM-IV, evaluados prospectivamente en un estudio de un año del curso de la enfermedad[a].

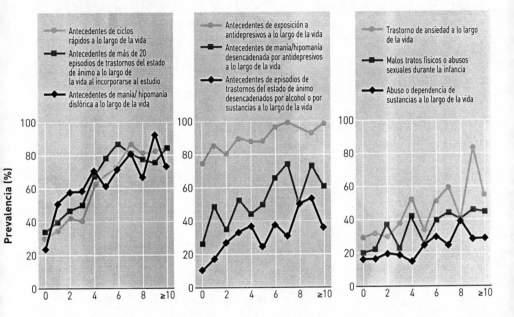

Los cicladores rápidos son los depresivos bipolares que pasan de la depresión a la euforia de modo rápido o vertiginoso. Así, vemos el número de episodios sufridos.

[a] Véase pág. 350.

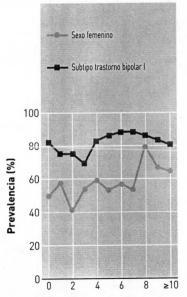

Figura 1 y 2. Trastorno bipolar con ciclos rápidos, Kupka, Luckenbaugh, Post y cols., *Am J Psychiatry* (ed. esp.) 8:9, octubre 2005.

Escalas de evaluación y cuestionarios de diferentes trastornos relacionados con la depresión

Los profesionales de la psiquiatría y la psicología nos valemos de una serie de herramientas para establecer nuestros diagnósticos. Entre ellas contamos con diversos tipos de escalas y tests desarrollados a lo largo de los años por algunos de los expertos de esta rama de la ciencia.

Enumerar y describir con detalle todos estos procedimientos sería una labor prolija que excede el propósito de este libro. Podríamos citar, por ejemplo, sistemas como los DSM-III y IV, que se emplean para la evaluación de la depresión mayor y los trastornos bipolares, o el CIE-10, que sirve para valorar ciertas alteraciones del ánimo y el humor del paciente.

Este tipo de procedimientos se emplean de manera corriente en psiquiatría. Una pequeña muestra de lo que es un considerable arsenal de indudable utilidad para el especialista queda expuesta aquí.

En las páginas siguientes ofrecemos algunas escalas empleadas habitualmente en la medición de determinados síntomas propios de las depresiones, como la ansiedad o la desesperanza. Se trata de técnicas que han demostrado su fiabilidad en numerosos estudios clínicos, aunque para interpretar sus resultados con efectividad es preciso cierto grado de experiencia y conocimientos profundos de la materia.

La psiquiatría pretende, de este modo, cuantificar los estados de ánimo, según la óptica de cada autor, ya que una escala o test tiene el sello del autor.

ESCALA AUTOAPLICADA PARA LA DEPRESIÓN DE ZUNG-CONDE

Para cada una de las siguientes veinte preguntas indique con qué frecuencia experimenta el síntoma o el sentimiento descrito.

A = Muy poco tiempo / Muy pocas veces / Raramente.
B = Algún tiempo / Algunas veces / De vez en cuando.
C = Gran parte del tiempo / Muchas veces / Frecuentemente.
D = Casi siempre / Siempre / Casi todo el tiempo.

	A	B	C	D
01. Me siento triste y deprimido.	❏	❏	❏	❏
02. Por las mañanas me siento mejor que por las tardes.	❏	❏	❏	❏
03. Frecuentemente tengo ganas de llorar y a veces lloro.	❏	❏	❏	❏
04. Me cuesta mucho dormir o duermo mal por la noche.	❏	❏	❏	❏
05. Ahora tengo tanto apetito como antes.	❏	❏	❏	❏
06. Todavía me siento atraído por el sexo opuesto.	❏	❏	❏	❏
07. Creo que estoy adelgazando.	❏	❏	❏	❏
08. Estoy estreñido.	❏	❏	❏	❏
09. Tengo palpitaciones.	❏	❏	❏	❏
10. Me canso por cualquier cosa.	❏	❏	❏	❏
11. Mi cabeza está tan despejada como antes.	❏	❏	❏	❏
12. Hago las cosas con la misma facilidad que antes.	❏	❏	❏	❏
13. Me siento agitado e intranquilo y no puedo estar quieto.	❏	❏	❏	❏
14. Tengo esperanza y confianza en el futuro.	❏	❏	❏	❏
15. Me siento más irritable que habitualmente.	❏	❏	❏	❏
16. Encuentro fácil tomar decisiones.	❏	❏	❏	❏
17. Me creo útil y necesario para la gente.	❏	❏	❏	❏
18. Encuentro agradable vivir, mi vida es plena.	❏	❏	❏	❏
19. Creo que sería mejor para los demás que me muriera.	❏	❏	❏	❏
20. Me gustan las mismas cosas que habitualmente me agradaban.	❏	❏	❏	❏

VALORACIÓN

	A	B	C	D
01. Me siento triste y deprimido.	1	2	3	4
02. Por las mañanas me siento mejor que por las tardes.	4	3	2	1
03. Frecuentemente tengo ganas de llorar y a veces lloro.	1	2	3	4
04. Me cuesta mucho dormir o duermo mal por la noche.	1	2	3	4
05. Ahora tengo tanto apetito como antes.	4	3	2	1
06. Todavía me siento atraído por el sexo opuesto.	4	3	2	1

07.	Creo que estoy adelgazando.	1	2	3	4
08.	Estoy estreñido.	1	2	3	4
09.	Tengo palpitaciones.	1	2	3	4
10.	Me canso por cualquier cosa.	1	2	3	4
11.	Mi cabeza está tan despejada como antes.	4	3	2	1
12.	Hago las cosas con la misma facilidad que antes.	4	3	2	1
13.	Me siento agitado e intranquilo y no puedo estar quieto.	1	2	3	4
14.	Tengo esperanza y confianza en el futuro.	4	3	2	1
15.	Me siento más irritable que habitualmente.	1	2	3	4
16.	Encuentro fácil tomar decisiones.	4	3	2	1
17.	Me creo útil y necesario para la gente.	4	3	2	1
18.	Encuentro agradable vivir, mi vida es plena.	4	3	1	2
19.	Creo que sería mejor para los demás que me muriera.	1	2	3	4
20.	Me gustan las mismas cosas que habitualmente me agradaban.	4	3	2	1

De 0 a 40 puntos: sin depresión.
De 41 a 47 puntos: depresión leve.
De 48 a 55 puntos: depresión moderada.
De 56 a 80 puntos: depresión grave.

- El propio paciente o persona que realiza el cuestionario, al sumar las puntuaciones, puede ver qué grado tiene de depresión (sin depresión, leve, moderada, grave).

ESCALA AUTOAPLICADA PARA LA EVALUACIÓN DE LA DEPRESIÓN DE BECK

Elija para cada uno de los siguientes veintiún apartados la expresión que mejor refleje su situación actual.

1. ❏ No estoy triste.
   ❏ Siento desgana de vivir. Estoy triste.
   ❏ Siento siempre desgana de vivir. Siempre estoy triste y no lo puedo remediar.
   ❏ Estoy tan triste y me siento tan desgraciado que sufro mucho.
   ❏ Estoy tan triste y me siento tan desgraciado que no lo puedo soportar más.

2. ❏ No soy demasiado pesimista ni me siento muy desanimado con respecto a mi futuro.
   ❏ Me siento desanimado por lo que respecta a mi futuro.
   ❏ Creo que no debo esperar ya nada.
   ❏ Creo que jamás me libraré de mis penas y preocupaciones.
   ❏ Tengo la impresión de que mi futuro es desesperado y que no mejorará mi situación.

3. ❏ No tengo la sensación de ...ber fracasado.
   ❏ Tengo la sensación de haber fracasado más que otras personas.
   ❏ Creo haber hecho en la vida pocas cosas que valgan la pena.
   ❏ Si pienso en mi vida, veo que no he tenido más que fracasos.
   ❏ Creo que he fracasado por completo.

4. ❏ No estoy particularmente descontento.
   ❏ Casi siempre me siento aburrido.
   ❏ No hay nada que me alegre como me alegraba antes.
   ❏ No hay nada en absoluto que me proporcione una satisfacción.
   ❏ Estoy descontento de todo.

5. ❏ No me siento particularmente culpable.
   ❏ Siento muchas veces que hago las cosas mal o que no valgo nada.
   ❏ Me siento culpable.
   ❏ Ahora tengo constantemente la sensación de que hago las cosas mal o de que no valgo nada.
   ❏ Considero que soy muy malo, que hago todo muy mal y que no valgo absolutamente nada.

6. ❏ No tengo la impresión de merecer un castigo.
   ❏ Creo que me podría pasar algo malo.
   ❏ Tengo la impresión de que ahora, o muy pronto, voy a ser castigado.
   ❏ Creo que merezco ser castigado.
   ❏ Quiero ser castigado.

7. ❑ No estoy descontento de mí mismo.
   ❑ Estoy descontento de mí mismo.
   ❑ No me gusto a mí mismo.
   ❑ No me soporto a mí mismo.
   ❑ Me odio.

8. ❑ No tengo la impresión de ser peor que los demás.
   ❑ Tengo muy en cuenta mis propias faltas y mis propios defectos.
   ❑ Me hago reproches por todo lo que no sale bien.
   ❑ Tengo la impresión de que mis defectos son muchos y muy grandes.
   ❑ Me siento culpable de todo lo malo que ocurre.

9. ❑ No pienso, ni se me ocurre, quitarme la vida.
   ❑ A veces se me ocurre que podría quitarme la vida, pero no lo haré.
   ❑ Pienso que sería preferible que me muriese.
   ❑ He planeado cómo podría suicidarme.
   ❑ Creo que sería mejor para mi familia que yo me muriese.
   ❑ Si pudiese, me suicidaría.

10. ❑ No lloro más de lo corriente.
    ❑ Lloro con mucha frecuencia, más de lo corriente.
    ❑ Me paso todo el tiempo llorando y no puedo dejar de hacerlo.
    ❑ Ahora ya no puedo llorar, aunque quisiera, como lo hacía antes.

11. ❑ No me siento más irritado que de costumbre.
    ❑ Me enfado o me irrito con más facilidad que antes.
    ❑ Estoy constantemente irritado.
    ❑ Ahora no me irritan ni siquiera las cosas que antes me enfadaban.

12. ❑ No he perdido el interés por los demás.
    ❑ Me intereso por los demás menos que antes.
    ❑ He perdido casi por completo el interés hacia los demás y siento poca
      simpatía por otras personas.
    ❑ Los demás no me interesan nada y todo el mundo me es totalmente indi-
      ferente.

13. ❑ Tengo la misma facilidad que antes para tomar decisiones.
    ❑ Ahora me siento menos seguro de mí mismo y procuro evitar tomar decisiones.
    ❑ Ya no puedo tomar decisiones sin que me ayude alguien a hacerlo.
    ❑ Ahora me siento completamente incapaz de tomar ninguna decisión, sea
      lo que sea.

14. ❑ No tengo la impresión de presentar peor aspecto que de costumbre.
    ❑ Temo que mi aspecto cause mala impresión o parecer aviejado.

❑ Tengo la impresión de presentar cada vez peor aspecto.
❑ Tengo la impresión de que mi aspecto es feo, desagradable y repulsivo.

15. ❑ Trabajo con la misma facilidad de siempre.
    ❑ Ahora me cuesta más esfuerzo que antes ponerme a trabajar.
    ❑ Ya no trabajo bien como antes.
    ❑ Tengo que hacer un gran esfuerzo para realizar cualquier cosa.
    ❑ Me siento incapaz de hacer cualquier trabajo por pequeño que sea.

16. ❑ Duermo tan bien como de costumbre.
    ❑ Por la mañana me levanto más cansado que de costumbre.
    ❑ Me despierto una o dos horas más temprano que antes y me cuesta trabajo volverme a dormir.
    ❑ Me despierto demasiado temprano por las mañanas y no puedo dormir más de cinco horas.

17. ❑ No me canso antes que de costumbre.
    ❑ Me canso más pronto que antes.
    ❑ Cualquier cosa que haga me cansa.
    ❑ Me siento tan cansado que soy incapaz de hacer nada, por poco esfuerzo que cueste.

18. ❑ Mi apetito no es peor que de costumbre.
    ❑ No tengo tanto apetito como antes.
    ❑ Tengo mucho menos apetito que antes.
    ❑ No tengo en absoluto ningún apetito.

19. ❑ No he perdido peso y si lo he perdido, es desde hace poco tiempo.
    ❑ He perdido más de dos kilos de peso.
    ❑ He perdido más de cuatro kilos de peso.
    ❑ He perdido más de siete kilos de peso.

20. ❑ Mi salud no me preocupa más que de costumbre.
    ❑ Me preocupo constantemente por mis molestias físicas y mis malestares.
    ❑ Mis molestias físicas me preocupan tanto que me resulta difícil pensar en cualquier otra cosa.
    ❑ No hago nada más que pensar en mis molestias físicas.

21. ❑ No he notado que desde hace poco haya cambiado mi interés por los asuntos sexuales.
    ❑ Me intereso menos que antes por cuestiones relativas al sexo.
    ❑ Me intereso ahora mucho menos que antes por todo lo que se refiere al sexo.
    ❑ He perdido todo mi interés por las cosas del sexo.

VALORACIÓN

1. 0. No estoy triste.
   1. Siento desgana de vivir. Estoy triste.
   2. Siento siempre desgana de vivir. Siempre estoy triste y no lo puedo remediar.
   2. Estoy tan triste y me siento tan desgraciado que sufro mucho.
   3. Estoy tan triste y me siento tan desgraciado que no lo puedo soportar más.

2. 0. No soy demasiado pesimista ni me siento muy desanimado con respecto a mi futuro.
   1. Me siento desanimado por lo que respecta a mi futuro.
   2. Creo que no debo esperar ya nada.
   2. Creo que jamás me liberaré de mis penas y preocupaciones.
   3. Tengo la impresión de que mi futuro es desesperado y que no mejorará mi situación.

3. 0. No tengo la sensación de haber fracasado.
   1. Tengo la sensación de haber fracasado más que otras personas.
   2. Creo haber hecho en la vida pocas cosas que valgan la pena.
   2. Si pienso en mi vida, veo que no he tenido más que fracasos.
   3. Creo que he fracasado por completo.

4. 0. No estoy particularmente descontento.
   1. Casi siempre me siento aburrido.
   1. No hay nada que me alegre como me alegraba antes.
   2. No hay nada en absoluto que me proporcione una satisfacción.
   3. Estoy descontento de todo.

5. 0. No me siento particularmente culpable.
   1. Siento muchas veces que hago las cosas mal o que no valgo nada.
   2. Me siento culpable.
   2. Ahora tengo constantemente la sensación de que hago las cosas mal o de que no valgo nada.
   3. Considero que soy muy malo, que hago todo muy mal y que no valgo absolutamente nada.

6. 0. No tengo la impresión de merecer un castigo.
   1. Creo que me podría pasar algo malo.
   2. Tengo la impresión de que ahora, o muy pronto, voy a ser castigado.
   3. Creo que merezco ser castigado.
   3. Quiero ser castigado.

7. 0. No estoy descontento de mí mismo.
   1. Estoy descontento de mí mismo.
   1. No me gusto a mí mismo.
   2. No me soporto a mí mismo.
   2. Me odio.

8. 0. No tengo la impresión de ser peor que los demás.
   1. Tengo muy en cuenta mis propias faltas y mis propios defectos.
   2. Me hago reproches por todo lo que no sale bien.
   2. Tengo la impresión de que mis defectos son muchos y muy grandes.
   3. Me siento culpable de todo lo malo que ocurre.

9. 0. No pienso, ni se me ocurre, quitarme la vida.
   1. A veces se me ocurre que podría quitarme la vida, pero no lo haré.
   2. Pienso que sería preferible que me muriese.
   2. He planeado cómo podría suicidarme.
   2. Creo que sería mejor para mi familia que yo me muriese.
   3. Si pudiese, me suicidaría.

10. 0. No lloro más de lo corriente.
    1. Lloro con mucha frecuencia, más de lo corriente.
    2. Me paso todo el tiempo llorando y no puedo dejar de hacerlo.
    3. Ahora ya no puedo llorar, aunque quisiera, como lo hacía antes.

11. 0. No me siento más irritado que de costumbre.
    1. Me enfado o me irrito con más facilidad que antes.
    2. Estoy constantemente irritado.
    3. Ahora no me irritan ni siquiera las cosas que antes me enfadaban.

12. 0. No he perdido el interés por los demás.
    1. Me intereso por los demás menos que antes.
    2. He perdido casi por completo el interés hacia los demás y siento poca simpatía por otras personas.
    3. Los demás no me interesan nada y todo el mundo me es totalmente indiferente.

13. 0. Tengo la misma facilidad que antes para tomar decisiones.
    1. Ahora me siento menos seguro de mí mismo y procuro evitar tomar decisiones.
    2. Ya no puedo tomar decisiones sin que me ayude alguien a hacerlo.
    3. Ahora me siento completamente incapaz de tomar ninguna decisión, sea lo que sea.

14. 0. No tengo la impresión de presentar peor aspecto que de costumbre.
    1. Temo que mi aspecto cause mala impresión o parecer aviejado.
    2. Tengo la impresión de presentar cada vez peor aspecto.
    3. Tengo la impresión de que mi aspecto es feo, desagradable y repulsivo.

15. 0. Trabajo con la misma facilidad de siempre.
    1. Ahora me cuesta más esfuerzo que antes ponerme a trabajar.
    1. Ya no trabajo tan bien como antes.
    2. Tengo que hacer un gran esfuerzo para realizar cualquier cosa.
    3. Me siento incapaz de hacer cualquier trabajo por pequeño que sea.

16. 0. Duermo tan bien como de costumbre.
    1. Por la mañana me levanto más cansado que de costumbre.
    2. Me despierto una o dos horas más temprano que antes y me cuesta trabajo volverme a dormir.
    3. Me despierto demasiado temprano por las mañanas y no puedo dormir más de cinco horas.

17. 0. No me canso antes que de costumbre.
    1. Me canso más pronto que antes.
    2. Cualquier cosa que haga me cansa.
    3. Me siento tan cansado que soy incapaz de hacer nada, por poco esfuerzo que cueste.

18. 0. Mi apetito no es peor que de costumbre.
    1. No tengo tanto apetito como antes.
    2. Tengo mucho menos apetito que antes.
    3. No tengo en absoluto ningún apetito.

19. 0. No he perdido peso y si lo he perdido, es desde hace poco tiempo.
    1. He perdido más de dos kilos de peso.
    2. He perdido más de cuatro kilos de peso.
    3. He perdido más de siete kilos de peso.

20. 0. Mi salud no me preocupa más que de costumbre.
    1. Me preocupo constantemente por mis molestias físicas y mis malestares.
    2. Mis molestias físicas me preocupan tanto que me resulta difícil pensar en cualquier otra cosa.
    3. No hago nada más que pensar en mis molestias físicas.

21. 0. No he notado que desde hace poco haya cambiado mi interés por los asuntos sexuales.
    1. Me intereso menos que antes por cuestiones relativas al sexo.

2. Me intereso ahora mucho menos que antes por todo lo que se refiere al sexo.
3. He perdido todo mi interés por las cosas del sexo.

Grados de depresión
De 0 a 9 puntos: no deprimidos.
De 10 a 15 puntos: ligeramente deprimidos
De 16 a 24 puntos: moderadamente deprimidos.
De 25 a 62 puntos: gravemente deprimidos.

Corrección e interpretación de los resultados

- El paciente o la persona que realiza el cuestionario puede valorar los resultados y comprobar el grado de depresión que tiene.

ESCALA DE HAMILTON PARA LA DEPRESIÓN-HDRS	
ÍTEMS	CRITERIOS OPERATIVOS DE VALORACIÓN
1. Humor deprimido (tristeza, depresión, desamparo, inutilidad)	0. Ausente 1. Estas sensaciones se indican solamente al ser preguntado 2. Estas sensaciones se relatan oral y espontáneamente 3. Sensaciones no comunicadas verbalmente, es decir, por la expresión facial, la postura, la voz y la tendencia al llanto 4. El paciente manifiesta estas sensaciones en su comunicación verbal y no verbal de forma espontánea
2. Sensación de culpabilidad	0. Ausente 1. Se culpa a sí mismo, cree haber decepcionado a la gente 2. Ideas de culpabilidad, o meditación sobre errores pasados o malas acciones 3. La enfermedad actual es un castigo. Ideas delirantes de culpabilidad 4. Oye voces acusatorias o de denuncias y/o experimenta alucinaciones visuales amenazadoras
3. Suicidio	0. Ausente 1. Le parece que la vida no merece la pena ser vivida 2. Desearía estar muerto o tiene pensamientos sobre la posibilidad de morirse 3. Ideas de suicidio o amenazas 4. Intentos de suicidio (cualquier intento serio se califica 4)
4. Insomnio precoz	0. Ausente 1. Dificultades ocasionales para dormirse, por ejemplo, más de media hora 2. Dificultades para dormirse cada noche
5. Insomnio medio	0. Ausente 1. El paciente se queja de estar inquieto durante la noche

ÍTEMS	CRITERIOS OPERATIVOS DE VALORACIÓN
	2. Está despierto durante la noche; cualquier ocasión de levantarse de la cama se califica 2 (excepto si está justificada: orinar, tomar o dar medicación...)
6. Insomnio tardío	0. Ausente 1. Se despierta a primeras horas de la madrugada pero vuelve a dormirse 2. No puede volver a dormirse si se levanta de la cama
7. Trabajo y actividades	1. Ideas y sentimientos de incapacidad. Fatiga o debilidad relacionadas con su actividad, trabajo o aficiones 2. Pérdida de interés en su actividad, aficiones, o trabajo, manifestado directamente por el enfermo o indirectamente por desatención, indecisión y vacilación 3. Disminución del tiempo dedicado a actividades o descenso en la productividad 4. Dejó de trabajar por la presente enfermedad
8. Inhibición (lentitud de pensamiento y de palabra; empeoramiento de la concentración; actividad motora disminuida)	0. Palabra y pensamiento normales 1. Ligero retraso en el diálogo 2. Evidente retraso en el diálogo 3. Diálogo difícil 4. Torpeza absoluta
9. Agitación	0. Ninguna 1. «Juega» con sus manos, cabellos, etc. 2. Se retuerce las manos, se muerde las uñas, los labios, se tira de los cabellos, etc.
10. Ansiedad psíquica	0. No hay dificultad 1. Tensión subjetiva e irritabilidad 2. Preocupación por pequeñas cosas 3. Actitud aprensiva en la expresión o en el habla 4. Terrores expresados sin preguntarle

ÍTEMS	CRITERIOS OPERATIVOS DE VALORACIÓN

11. Ansiedad somática	0. Ausente Signos fisiológicos concomitantes
	1. Ligera de la ansiedad como
	2. Moderada • Gastrointestinales: boca seca,
	3. Grave flatulencia, diarrea, eructos,
	4. Incapacitante retortijones
	      • Cardiovasculares: palpitaciones, cefalalgias
	      • Respiratorios: hiperventilación, suspiros
	      • Frecuencia urinaria
	      • Sudoración

12. Síntomas somáticos gastrointestinales	0. Ninguno 1. Pérdida del apetito, pero como sin necesidad de que lo estimulen. Sensación de pesadez en el abdomen 2. Dificultad en comer si no se le insiste. Solicita laxantes o medicación intestinal o para sus síntomas gastrointestinales
13. Síntomas somáticos generales	0. Ninguno 1. Pesadez en las extremidades, espalda o cabeza. Dorsalgias, cefalalgias, algias musculares. Pérdida de energía y fatigabilidad 2. Cualquier síntoma bien definido se califica 2
14. Síntomas genitales	0. Ausente Síntomas como 1. Débil • Pérdida de la libido 2. Grave • Trastornos menstruales 3. Incapacitante
15. Hipocondría	0. No la hay 1. Preocupado de sí mismo (corporalmente) 2. Preocupado por su salud 3. Se lamenta constantemente. Solicita ayudas, etc. 4. Ideas delirantes hipocondríacas
16. Pérdida de peso (Completar A o B)	A. Según manifestaciones del paciente (primera evaluación) 0. No hay pérdida de peso

ÍTEMS	CRITERIOS OPERATIVOS DE VALORACIÓN
	1. Probable pérdida de peso asociada con la enfermedad actual 2. Pérdida de peso definida (según el enfermo)
	B. Según pasaje hecho por el psiquiatra (evaluaciones siguientes) 0. Pérdida de peso inferior a 500 g en una semana 1. Pérdida de peso de más de 500 g en una semana 2. Pérdida de peso de más de 1 kg en una semana (por término medio)
17. *Insight* (conciencia de enfermedad)	0. Se da cuenta de que está deprimido y enfermo 1. Se da cuenta de su enfermedad, pero atribuye la causa a la mala alimentación, clima, exceso de trabajo, virus, etc. 2. Niega que esté enfermo

Corrección e interpretación de los resultados

- Proporciona una puntuación global de gravedad del cuadro y una puntuación en 3 factores o índices: melancolía, ansiedad y sueño.
- La puntuación global se obtiene sumando las puntuaciones de cada ítem. Existen distintos puntos de corte o normas de interpretación. En la siguiente tabla exponemos los dos más utilizados.

0-7	No depresión	0-7	No depresión
8-12	Depresión menor	8-14	Distimia
13-17	Menos que depresión mayor	≥15	Depresión de moderada a grave

- Las puntuaciones en cada uno de los índices se obtienen sumando las puntuaciones de los ítems que los constituyen: melancolía (ítems 1, 2, 7, 8, 10 y 13); ansiedad (ítems 9-11) y sueño (ítems 4-6). No existen puntos de corte definidos para las puntuaciones en estos índices.

ESCALA DE DEPRESIÓN DE MONTGOMERY-ASBERG-MADRS

1. Tristeza aparente
El paciente expresa abatimiento, tristeza y desesperación a través de la voz, el gesto y la expresión mímica.
Evalúese en función de la gravedad e incapacidad para ser animado.
0. No tristeza
1.
2. Parece desanimado, pero se anima fácilmente
3.
4. Parece triste e infeliz la mayor parte del tiempo
5.
6. Parece desgraciado todo el tiempo. Extremadamente abatido

2. Tristeza expresada
El enfermo aporta datos verbales sobre su humor deprimido, independientemente de que lo exprese por su apariencia o no. Incluye ánimo bajo, abatimiento, desesperanza, sentimiento de desamparo.
Evalúese de acuerdo con la intensidad, duración, e influenciabilidad del humor por las circunstancias ambientales.
0. Tristeza ocasional en consonancia con las circunstancias ambientales
1.
2. Tristeza que cede (se anima) sin dificultad
3.
4. Sentimiento de tristeza o abatimiento profundo, pero el humor es todavía ligeramente influenciable por las circunstancias externas
5.
6. Continua e invariable tristeza, abatimiento, sentimiento de desgracia

3. Tensión interior
El paciente expresa sentimientos de malestar indefinido, nerviosismo, confusión interna, tensión mental que se vuelve pánico, temor o angustia.
Evalúese de acuerdo con la intensidad, frecuencia o duración de la tranquilidad perdida.
0. Placidez aparente. Sólo manifiesta tensión interna
1.
2. Ocasionales sentimientos de nerviosismo y malestar indefinido
3.
4. Continuos sentimientos de tensión interna o sentimientos de pánico que aparecen intermitentemente y que el paciente puede dominar, pero con dificultad
5.
6. Angustia o temor no mitigado. Pánico abrumador

4. Sueño reducido

El paciente expresa una reducción en la duración o en la profundidad de su sueño en comparación de cómo duerme cuando se encuentra bien.

0. Sueño como los normales
1.
2. Leve dificultad para dormir o sueño ligeramente reducido: sueño ligero
3.
4. Sueño reducido o interrumpido al menos durante dos horas
5.
6. Menos de dos o tres horas de sueño

5. Disminución del apetito

El paciente expresa una reducción del apetito en comparación con cuando se encuentra bien.

Evalúese la pérdida del deseo de alimento o la necesidad de forzarse uno mismo a comer.

0. Apetito normal o aumentado
1.
2. Apetito ligeramente disminuido
3.
4. No apetito. Los alimentos saben mal
5.
6. Necesidad de persuasión para comer

6. Dificultades de concentración

El paciente expresa dificultades para mantener su propio pensamiento o para concentrarse.

Evalúese de acuerdo con la intensidad, frecuencia y grado de la incapacidad producida.

0. Ninguna dificultad de concentración
1.
2. Dificultades ocasionales para mantener los propios pensamientos
3.
4. Dificultades en la concentración y mantenimiento del pensamiento que reduce la capacidad para mantener una conversación o leer
5.
6. Incapacidad para leer o conversar sin gran dificultad

7. Laxitud. Abulia

El paciente expresa o presenta una dificultad para iniciar y ejecutar las actividades diarias.

0. Apenas dificultades para iniciar las tareas. No inactividad
1.
2. Dificultad para iniciar actividades
3.

4. Dificultades para comenzar sus actividades rutinarias, que exigen un esfuerzo para ser llevadas a cabo
5.
6. Completa laxitud, incapacidad para hacer nada sin ayuda

8. Incapacidad para sentir
El paciente expresa un reducido interés por lo que le rodea y por las actividades que normalmente producían placer.
Reducción de la capacidad para reaccionar adecuadamente a circunstancias o personas.
0. Interés normal por las cosas y la gente
1.
2. Reducción de la capacidad para disfrutar de los intereses habituales
3.
4. Pérdida de interés en lo que le rodea, incluso con los amigos o conocidos
5.
6. Manifiesta la experiencia subjetiva de estar emocionalmente paralizado, anestesiado, con incapacidad para sentir placer o desagrado y con una falta absoluta y/o dolorosa pérdida de sentimientos hacia parientes y amigos

9. Pensamientos pesimistas
El paciente expresa pensamientos de culpa, autorreproche, remordimiento, inferioridad, ideas de ruina, ideas de pecado.
0. No pensamientos pesimistas
1.
2. Ideas fluctuantes de fallos, autorreproches o autodepreciaciones
3.
4. Persistentes autoacusaciones o ideas definidas, pero todavía razonables, de culpabilidad o pecado. Pesimismo
5.
6. Ideas irrefutables de ruina, remordimiento o pecado irremediable. Autoacusaciones absurdas e irreductibles

10. Ideación suicida
El paciente expresa la idea de que la vida no merece vivirse, de que una muerte natural sería bienvenida, o manifiesta ideas o planes suicidas.
0. Se alegra de vivir. Toma la vida como viene
1.
2.   Cansado de vivir. Ideas suicidas fugaces
3.
4. Manifiesta deseos de muerte, ideas suicidas frecuentes. El suicidio es considerado como una solución, pero no se han elaborado planes o hecho intención
5.
6. Planes explícitos de suicidio cuando exista una oportunidad. Activa preparación para el suicidio

Corrección e interpretación de los resultados

* Proporciona una puntuación global que se obtiene sumando la puntuación asignada en cada uno de los 10 ítems. La puntuación total puede oscilar entre 0 y 60 puntos.
* Los puntos de corte recomendados utilizados son los siguientes:
  — 0-6:   no depresión
  — 7-19:   depresión menor
  — 20-34: depresión moderada
  — 35-60: depresión grave

ESCALA AUTOAPLICADA PARA LA EVALUACIÓN DE LA ANSIEDAD DE HAMILTON

Esta escala fue elaborada por Hamilton en 1959 para evaluar la intensidad de la ansiedad. Distingue dos dimensiones de la ansiedad: la ansiedad psíquica (suma de los puntos de los apartados 1, 2, 3, 4, 5, 6 y 14) y la ansiedad somática (suma de la puntuación de los apartados 7, 8, 9, 10, 11, 12 y 13).

A continuación se expresan varias respuestas posibles a cada uno de los quince apartados. Detrás de cada enunciado marque con una cruz la casilla que mejor refleje su situación actual.

A = Nunca
B = Algunas veces
C = Bastantes veces
D = Casi siempre
E = Siempre

	A	B	C	D	E
1. Presiento que algo malo puede pasarme, que me puede suceder lo peor. Me siento preocupado, irritable.	❑	❑	❑	❑	❑
2. Tengo la sensación de inquietud y no puedo relajarme. Me canso fácilmente. Me sobresalto. Tiemblo. Lloro con facilidad.	❑	❑	❑	❑	❑
3. Tengo miedo a la oscuridad, de quedarme solo, de la gente desconocida, de los animales, del tráfico, de la multitud.	❑	❑	❑	❑	❑
4. Tengo dificultad para conciliar el sueño (dormirme). Me despierto varias veces y durante la noche. Me levanto cansado y con sensación de haber dormido mal. Tengo pesadillas. Tengo terrores nocturnos.	❑	❑	❑	❑	❑
5. Tengo mala memoria. Me cuesta concentrarme.					
6. No tengo interés por lo que me rodea. Las distracciones no me producen placer. Me siento triste. Me despierto temprano y no puedo volver a conciliar el sueño. Me adormezco durante el día y no puedo dormirme por la noche.	❑	❑	❑	❑	❑
7. Siento dolores y molestias musculares (espasmos, calambres, contracciones, rigidez). Me rechinan los dientes. Tengo la voz poco firme e insegura.	❑	❑	❑	❑	❑
8. Tengo zumbidos de oídos. Borrosidad de la vista. Siento oleadas de calor o frío. Tengo picores y sensación de debilidad.	❑	❑	❑	❑	❑

9. Siento que mi corazón late más deprisa que de cos- tumbre. Siento palpitaciones, dolores en el pecho, latir fuertemente el pulso en mi cuerpo. Mi corazón cambia de ritmo. Siento que me voy a desmayar. ❏ ❏ ❏ ❏ ❏

10. Tengo sensación de ahogo y falta de aire. Necesi- to suspirar. Siento en el pecho una opresión o pena. ❏ ❏ ❏ ❏ ❏

11. Tengo dificultad al tragar. Siento ardores o pesa- dez o sensación de plenitud gástrica. Siento náuseas y vómitos. Creo que he perdido peso. Tengo dolo- res abdominales. Hago deposiciones blandas o estoy estreñido. Tengo ruidos en las tripas. ❏ ❏ ❏ ❏ ❏

12. Necesito imperiosamente orinar muchas veces al día, echando poca cantidad de orina. Me falta la regla o es muy poco abundante. No tengo interés por el sexo. No siento nada en mis relaciones sexuales. He perdido potencia sexual. ❏ ❏ ❏ ❏ ❏

13. Siento la boca seca; me ruborizo y palidezco con facilidad; sudo abundantemente. Noto que me mareo y que las cosas me dan vueltas; tengo un dolor sordo permanentemente en la cabeza. Se me ponen los pelos de punta. ❏ ❏ ❏ ❏ ❏

14. Me he sentido incómodo, inquieto, tenso e impa- ciente, contraído, con temblores, con dificultad al respirar, con necesidad de tragar saliva, con su- doración en las manos y con el pulso acelerado al contestar estas preguntas. ❏ ❏ ❏ ❏ ❏

VALORACIÓN

Las contestaciones puntúan de la siguiente manera:

Nunca = 0 puntos
Algunas veces = 1 punto
Bastantes veces = 2 puntos
Casi siempre = 3 puntos
Siempre = 4 puntos

Menos de 9 puntos: nivel de ansiedad bajo o nulo.
Entre 9 y 17 puntos: nivel de ansiedad moderado.
Más de 17 puntos: nivel de ansiedad elevado.

CUESTIONARIO DE ROJAS PARA VALORAR LA ANSIEDAD

Instrucciones: conteste a las siguientes preguntas en relación con los síntomas que haya notado durante los últimos tres meses. Haga un círculo alrededor del asterisco situado en la columna *Sí* cuando haya notado ese síntoma; valore el grado de su *intensidad (I)* de 1 a 4 (1: intensidad ligera; 2: intensidad mediana; 3: intensidad alta; 4: intensidad grave, la más intensa).
Si no siente dichos síntomas, ponga un círculo alrededor del *No*.

SÍNTOMAS FÍSICOS

	SÍ	NO	INTENSIDAD
1. Tiene palpitaciones o taquicardias (le late a veces rápido el corazón)	*	*	_____
2. Se ruboriza o se pone pálido	*	*	_____
3. Le tiemblan las manos, pies, piernas o el cuerpo en general	*	*	_____
4. Suda mucho	*	*	_____
5. Se le seca la boca	*	*	_____
6. Tiene tics (guiños o contracturas musculares automáticas)	*	*	_____
7. Nota falta de aire, dificultad para respirar, opresión en la zona del pecho	*	*	_____
8. Tiene gases	*	*	_____
9. Orina con mucha frecuencia o de forma imperiosa	*	*	_____
10. Tiene náuseas o vómitos	*	*	_____
11. Tiene diarreas, descomposiciones intestinales	*	*	_____
12. Se nota como un nudo en el estómago o en la garganta, le cuesta tragar	*	*	_____
13. Tiene vértigos, sensación de inestabilidad, de que puede caerse, desmayo	*	*	_____
14. Le cuesta quedarse dormido por las noches	*	*	_____
15. Tiene pesadillas	*	*	_____
16. Tiene sueño durante el día y se queda dormido sin darse cuenta	*	*	_____
17. Pasa temporadas sin apetito, sin querer comer casi nada	*	*	_____
18. Tiene ratos en que come excesivamente o cosas extrañas, incluso sin apetito	*	*	_____
19. Ha notado un menor interés por la sexualidad ...	*	*	_____
20. Ha notado un mayor interés por la sexualidad ...	*	*	_____

SUMA ....

SÍNTOMAS PSÍQUICOS			
	SÍ	NO	INTENSIDAD
1. Se nota inquieto, nervioso, desasosegado por dentro	*	*	_____
2. Se siente como amenazado, incluso sin saber por qué	*	*	_____
3. Tiene la sensación de estar luchando continuamente sin saber contra qué	*	*	_____
4. Tiene ganas de huir, de marcharse a otro lugar, de viajar a un sitio lejano	*	*	_____
5. Tiene fobias (temores exagerados a algún objeto o situación)	*	*	_____
6. Tiene miedos difusos, es decir, sin saber bien a qué	*	*	_____
7. A veces queda preso de terrores o tiene ataques de pánico	*	*	_____
8. Se nota muy inseguro de sí mismo	*	*	_____
9. A veces se siente inferior a los demás	*	*	_____
10. Nota una cierta sensación de vacío interior	*	*	_____
11. Se nota distinto, como si estuviese perdiendo su propia identidad	*	*	_____
12. Está triste, meditabundo, melancólico	*	*	_____
13. Teme perder el autocontrol y hacer daño a otras personas	*	*	_____
14. Teme no controlarse y llegar a suicidarse	*	*	_____
15. Está asustado o le da mucho miedo la muerte ..	*	*	_____
16. Está asustado pensando que se está volviendo o que se puede volver loco	*	*	_____
17. Tiene la sensación de que ocurrirá alguna desgracia, como un presentimiento	*	*	_____
18. Se nota muy cansado, sin intereses ni ganas de hacer nada	*	*	_____
19. Le cuesta mucho tomar una decisión	*	*	_____
20. Es una persona recelosa o desconfiada	*	*	_____
SUMA			

SÍNTOMAS DE CONDUCTA	SÍ	NO	INTENSIDAD
1. Está siempre alerta, como vigilando o en guardia......	*	*	_____
2. Está irritable, excitable, responde exageradamente a los estímulos externos	*	*	_____
3. Rinde menos en sus actividades habituales	*	*	_____
4. Le resulta difícil o penoso realizar sus actividades habituales	*	*	_____
5. Se mueve de un lado para otro, como agitado, sin motivo	*	*	_____
6. Cambia mucho de postura, por ejemplo cuando está sentado	*	*	_____
7. Gesticula mucho	*	*	_____
8. Le ha cambiado la voz o ha notado altibajos en sus tonos	*	*	_____
9. Se nota más torpe en sus movimientos o más rígido	*	*	_____
10. Tiene más tensa la mandíbula	*	*	_____
11. Tartamudea o cecea	*	*	_____
12. Se muerde las uñas o los padrastros. Se chupa el dedo o se los frota	*	*	_____
13. Juega mucho con objetos, necesita tener algo entre las manos	*	*	_____
14. A veces se queda bloqueado, sin saber qué hacer o decir	*	*	_____
15. Le cuesta mucho o no está dispuesto a realizar una actividad intensa	*	*	_____
16. Muchas veces tiene la frente fruncida	*	*	_____
17. Tiene los párpados contraídos o las cejas arqueadas hacia abajo	*	*	_____
18. Tiene expresión de perplejidad, desagrado, displacer o preocupación	*	*	_____
19. Le dicen que está inexpresivo, como con la cara «congelada»	*	*	_____
20. Le irritan mucho los ruidos intensos o inesperados	*	*	_____
SUMA			

SÍNTOMAS INTELECTUALES			
	SÍ	NO	INTENSIDAD
1. Le inquieta el futuro, lo ve todo negro, difícil, de forma pesimista	*	*	_____
2. Piensa que tiene mala suerte y siempre la tendrá	*	*	_____
3. Cree que no sirve para nada, que no sabe hacer nada correctamente	*	*	_____
4. Los demás dicen que no es justo en sus juicios y apreciaciones	*	*	_____
5. Se concentra mal, con dificultad	*	*	_____
6. Nota como si le fallase la memoria, le cuesta recordar cosas recientes	*	*	_____
7. Le cuesta recordar cosas que cree saber, haber aprendido hace tiempo	*	*	_____
8. Está muy despistado	*	*	_____
9. Tiene ideas o pensamientos de los que no se puede librar	*	*	_____
10. Le da muchas vueltas a las cosas	*	*	_____
11. Todo le afecta negativamente, cualquier detalle o noticia	*	*	_____
12 Utiliza términos extremos: *inútil, imposible, nunca, jamás, siempre, seguro, etc.*	*	*	_____
13. Hace juicios de valor sobre los demás, rígidos e intolerantes: *inútil, odioso, etc.*	*	*	_____
14. Se acuerda más de lo negativo que de lo positivo	*	*	_____
15. Le cuesta pensar, nota un cierto bloqueo intelectual	*	*	_____
16. Un pequeño detalle que sale mal le sirve para decir que todo es caótico	*	*	_____
17. Piensa que su vida no ha merecido la pena, que todo han sido injusticias o dolor	*	*	_____
18. Pensar en algo angustioso le conduce a pensamientos más angustiosos todavía	*	*	_____
19. Piensa en lo que haría en una situación difícil y cree que no podría superarla	*	*	_____
20. Cree que su única solución es un cambio realmente profundo o que es inútil	*	*	_____
SUMA			

SÍNTOMAS ASERTIVOS			
	SÍ	NO	INTENSIDAD
1. A veces no sabe qué decir ante ciertas personas	*	*	_____
2. Le cuesta mucho iniciar una conversación	*	*	_____
3. Le resulta difícil presentarse a sí mismo en una reunión social	*	*	_____
4. Le cuesta mucho decir «no» o mostrarse en desacuerdo con algo	*	*	_____
5. Intenta agradar a todo el mundo y siempre sigue la corriente general	*	*	_____
6. Le resulta muy difícil hablar de temas generales e intrascendentes	*	*	_____
7. Se comporta con mucha rapidez, sin naturalidad, en las reuniones sociales	*	*	_____
8. Le resulta muy difícil hablar en público, formular y responder preguntas	*	*	_____
9. Prefiere claramente la soledad antes que estar con desconocidos	*	*	_____
10. Se nota muy pasivo o bloqueado en reuniones sociales	*	*	_____
11. Le cuesta expresar a los demás sus verdaderas opiniones y sentimientos	*	*	_____
12. Intenta dar en público una imagen de sí mismo distinta a la real	*	*	_____
13. Está muy pendiente de lo que los demás puedan opinar de usted	*	*	_____
14. Se siente a menudo avergonzado ante los demás	*	*	_____
15. Prefiere pasar totalmente desapercibido en las reuniones sociales	*	*	_____
16. Le resulta complicado terminar una conversación difícil o comprometida	*	*	_____
17. Tiene o utiliza poco el sentido del humor ante situaciones de cierta tensión	*	*	_____
18. Está muy pendiente de lo que hace en presencia de personas de poca confianza	*	*	_____
19. Prefiere no discutir ni quejarse a pesar de estar seguro de llevar la razón	*	*	_____
20. Se avergüenza o incomoda por cosas que hacen los demás («vergüenza ajena»)	*	*	_____
SUMA			

Explicación de la puntuación obtenida por dimensión:

20: banda normal.
20-30: ansiedad ligera.
30-40: ansiedad moderada.
40-50: ansiedad grave.
50 —>: ansiedad muy grave.

• Son cinco dimensiones las que se valoran en el cuestionario: síntomas físicos, psicológicos (vivenciales), de conducta, cognitivos (mentales o intelectuales) y asertivos (habilidades sociales).
• La máxima puntuación por dimensión son 80 puntos (20 ítems, a 4 puntos de máxima). Consideramos que una puntuación de 50 en adelante, por dimensión, significa una ansiedad alta.

ESCALA DE ROJAS PARA VALORAR EL RIESGO DE SUICIDIO

01. Estado de ánimo deprimido
02. Impotencia para la vida
03. Diselpidia
04. Inhibición de agresiones
05. Aborrecimiento de sí mismo
06. Llanto
07. Sentimiento de culpa
08. Sentimientos de fracaso
09. Plano cognitivo
10. Aislamiento
11. Asertividad
12. Deseos de muerte
13. Impulsos de suicidio
14. Concreción de la inclinación suicida
15. Pérdida del apetito
16. Pérdida de peso
17. Imposibilidad para trabajar
18. Libido
19. Sueños de autoaniquilación
20. Insomnio

Nota: se remite al lector a las páginas siguientes, donde se explica cada uno de los epígrafes. Cada cuestión ha de ser valorada de 0 a 4 puntos.
— La escala debe ser aplicada por alguien del equipo psicológico-psiquiátrico, y valorada por esa misma persona.
— A partir de 30 puntos es necesario seguir un tratamiento médico.
— Una puntuación en torno a 50 indica un riesgo elevado autodestructivo.

ESCALA DE ROJAS PARA VALORAR EL RIESGO DE SUICIDIO

1. Estado de ánimo deprimido
0. No me encuentro deprimido.
1. Me siento ligeramente deprimido, bajo de ánimo. No tengo ganas de nada.
2. Tengo bastante pena.
3. Estoy profundamente triste y abatido.
4. Tengo tal tristeza que ya no puedo más.

2. Importancia para la vida
0. Me siento capaz de realizar mi vida.
1. Me encuentro con pocas fuerzas y vigor para vivir.
2. Me veo con pocas posibilidades de salir adelante. Estoy cansado de la vida.
3. Soy impotente para llevar mi vida hacia delante. No tengo ganas de vivir.
4. No puedo seguir así. No tengo fuerzas para nada. Es imposible la vida.

3. Diselpidia
0. No me siento desesperado.
1. Estoy algo desalentado (decepcionado).
2. Estoy desmoralizado. Veo muy mal el futuro.
3. Tengo una gran desesperación. Es muy difícil salir de donde estoy.
4. Tengo una profunda desesperanza. Ya no puedo esperar nada mío ni de nadie.

4. Inhibición de agresiones
0. Cuando es necesario, manifiesto claramente mis reacciones agresivas y mi descontento por algo.
1. A veces contengo mis reacciones agresivas.
2. Suelo contener con frecuencia mis reacciones agresivas.
3. La mayoría de las veces me abstengo de protestar cuando me hacen algo desagradable.
4. Siempre inhibo (contengo) mi agresividad y me retraigo de protestar, sea lo que sea y ante quien sea.

5. Aborrecimiento de sí mismo
0. No me aborrezco.
1. A veces estoy descontento conmigo mismo.
2. Con bastante frecuencia reniego de mí mismo.
3. La mayoría de las veces me odio y desprecio.
4. Me detesto como persona.

6. Llanto
0. No lloro casi nunca.
1. A veces lloro.
2. Ahora lloro más de lo normal.
3. Me paso el día llorando.
4. Quisiera llorar y desahogarme y ya ni eso puedo.

7. Sentimiento de culpa

0. No me siento culpable.
1. A veces me siento culpable.
2. Muchas veces veo que tengo yo la culpa de todo.
3. Siempre pienso que es mi culpa, por mis errores.
4. Soy absolutamente culpable de todo, no tengo perdón.

8. Sentimiento de fracaso

0. No me siento fracasado.
1. A veces me siento fracasado.
2. Muchas veces me veo como una persona malograda y desengañada.
3. La mayoría de las veces tengo delante el infortunio y el fracaso de mi vida.
4. He fracasado en la vida y me encuentro absolutamente frustrado. No valgo nada.

9. Plano cognitivo

0. Percibo todo igual que antes. Mis observaciones, pensamientos, ideas y juicios son como han sido siempre. Me veo a mí mismo, a mi futuro y a lo que me rodea igual que siempre.
1. Últimamente lo que veo, mis recuerdos, mis pensamientos, mis juicios, son menos positivos. Me veo peor, al igual que a mi futuro y a todo lo que me rodea.
2. Noto que tengo menos capacidad para concentrarme, menos memoria; mis pensamientos son negativos y mis juicios, pesimistas. Todo lo percibo como problemático y difícil de superar.
3. Tengo grandes dificultades para concentrarme. Leo y no capto el contenido. Estoy muy abstraído. Me falla mucho la memoria. Mis pensamientos son tristes. Tiendo a fijarme sólo en detalles negativos, a agrandar los problemas y a pensar en términos extremistas (blanco-negro, bueno-malo, amor-odio, útil-inútil, etc.).
4. Todo lo que veo, recuerdo o enjuicio es tremendamente triste. No puedo concentrarme en nada. Veo la vida negra, llena de obstáculos y sin sentido. Me siento vacío de todo y sin apoyo. Estoy en una situación límite.

10. Aislamiento

0. Me comunico y me relaciono igual que siempre.
1. Me cuesta más establecer relaciones, comunicarme, salir, distraerme.
2. Me cuesta bastante establecer relaciones.
3. Es muy difícil para mí tener relaciones sociales y paso el día solo y sin hablar con nadie.
4. Estoy solo, no puedo hablar con nadie, me es imposible comunicarme y relacionarme. Mi soledad e incomunicación son totales.

11. Asertividad

0. Tengo la misma habilidad social que siempre he tenido. Capto normalmente el compromiso de los demás y lo que significa; sé responder a los estímulos exteriores del mismo modo que siempre.
1. Últimamente doy más explicaciones que antes sobre mi comportamiento. Tengo algo menos de habilidad que antes para la relación social.

2. Tengo bastante menos habilidad social que antes. Me cuesta expresar opiniones contrarias a las que escucho. Me quedo un poco parado ante la gente. Me cuesta decir que no. He perdido bastante el contacto con los demás. Si tuviera que ponerme una nota en participación social, ésta sería de aprobado bajo o suspenso alto.

3. Mis habilidades sociales han quedado reducidas al mínimo. Ante la gente me quedo sin saber qué hacer ni decir. Me es imposible decir que no. La relación con los demás se me hace imposible. Si tuviera que ponerme una nota en participación social, ésta sería de suspenso.

4. Mis habilidades sociales son nulas. Jamás digo que no. Cuando estoy con gente no sé en absoluto lo que hacer ni decir. No tengo ningún interés en entenderme con los demás. Si tuviera que ponerme una nota en participación social, no tendría más remedio que ponerme un cero.

12. Deseos de muerte

0. No deseo morirme.
1. A veces deseo morirme.
2. Muchas veces pienso que sería mejor morirme.
3. Estoy deseando morirme. Yo así no puedo vivir.
4. Ya no puedo más. Esto es insoportable. Mi única ansia (deseo, aspiración) es morirme cuanto antes.

13. Impulso suicida

0. No tengo inclinaciones de hacer nada contra mí-mismo.
1. A veces tengo ideas de hacerme daño.
2. Con bastante frecuencia tengo inclinaciones suicidas.
3. Siento fuertes y casi constantes arrebatos (empujones, presiones, incitaciones) suicidas.
4. Lo mejor para mí sería suicidarme, si tuviera fuerzas para ello.

14. Concreción de la inclinación suicida

0. No he tenido ideas de suicidio.
1. A veces he tenido ideas de suicidarme, pero sin pensar en hacerlo de verdad.
2. Bastantes veces he pensado en quitarme la vida e incluso cómo hacerlo.
3. Tengo permanentemente ideas de suicidio, he pensado mucho en cómo hacerlo.
4. Quisiera suicidarme y terminar de una vez. He pensado muchas veces en la forma de hacerlo.

15. Pérdida del apetito

0. Tengo el mismo apetito de siempre.
1. Últimamente he notado que tengo menos ganas de comer.
2. Tengo ahora bastante menos apetito que antes.
3. Tengo cada día menos apetito.
4. He perdido totalmente las ganas de comer.

16. Pérdida de peso
0. Peso igual que antes.
1. Creo que he perdido uno o dos kilos.
2. He perdido tres o cuatro kilos.
3. He perdido de unos cinco a siete kilos.
4. He perdido últimamente más de siete kilos.

17. Imposibilidad para trabajar
0. Puedo trabajar igual que antes.
1. A veces no puedo trabajar, se me han quitado las ganas.
2. Muchas veces me siento sin fuerzas para realizar mi trabajo habitual.
3. Estoy sin ninguna facultad para trabajar.
4. Soy incapaz de llevar a cabo ningún tipo de trabajo.

18. Libido
0. Siento que el sexo me atrae ahora igual que antes.
1. A veces me siento menos atraído hacia el sexo.
2. Veo que cada vez todo lo referente al sexo me interesa menos. Lo hago por cumplir con mi pareja, pero cada día con menos ganas.
3. La vida sexual no me dice nada, me es casi indiferente.
4. He perdido todo el interés por las cuestiones relacionadas con sexualidad.

19. Sueños de muerte y aniquilación
0. No he soñado últimamente con cosas de muertos, ni de nada por el estilo.
1. Últimamente, en alguna ocasión, he tenido sueños de muertos.
2. He tenido sueños en los que la gente que yo conocía moría. Eran angustiosos.
3. Sueño con mucha frecuencia que personas que conozco y que viven se mueren. Son sueños tristes. Otras veces sueño que me destruyo y que acabo conmigo.
4. Ahora siempre sueño con escenas en las que alguien a quien yo quiero o conozco se muere. Sueño continuamente que me mato, que me quito de en medio.

20. Insomnio
0. Duermo igual que siempre.
1. A veces, de tarde en tarde, duermo mal de noche.
2. Con bastante frecuencia duermo mal por la noche.
3. Casi siempre duermo mal de noche.
4. Tengo un insomnio casi total. Duermo sólo tres o cuatro horas.

ESCALA DE IDEACIÓN SUICIDA –SSI–

01. *Deseo de vivir:*
    - Moderado a fuerte (0)
    - Débil (1)
    - Ninguno (2)
02. *Deseo de morir:*
    - Ninguno (0)
    - Débil (1)
    - Moderado a fuerte (2)
03. *Razones para vivir / morir:*
    - Porque seguir viviendo vale más que morir (0)
    - Aproximadamente iguales (1)
    - Porque la muerte vale más que seguir viviendo (2)
04. *Deseo de intentar activamente el suicidio:*
    - Ninguno (0)
    - Débil (1)
    - Moderado a fuerte (2)
05. *Deseos pasivos de suicidio:*
    - Puede tomar precauciones para salvaguardar la vida (0)
    - Puede dejar de vivir / morir por casualidad (1)
    - Puede evitar las etapas necesarias para seguir con vida (2)
06. *Dimensión temporal (duración de la ideación / deseo suicida):*
    - Breve, periodos pasajeros (0)
    - Por amplios periodos de tiempo (1)
    - Continuo (crónico) o casi continuo (2)
07. *Dimensión temporal (frecuencia del suicidio):*
    - Raro, ocasional (0)
    - Intermitente (1)
    - Persistente o continuo (2)
08. *Actitud hacia la ideación / deseo:*
    - Rechazo (0)
    - Ambivalente, indiferente (1)
    - Aceptación (2)
09. *Control sobre la actividad suicida / deseos de* acting out:
    - Tiene sentido del control (0)
    - Inseguro (1)
    - No tiene sentido del control (2)
10. *Disuasivos para un intento activo (familia, religión, irreversibilidad):*
    - Puede no intentarlo a causa de un disuasivo (0)
    - Alguna preocupación sobre los medios pueden disuadirlo (1)
    - Mínima o ninguna preocupación o interés por ellos (2)
11. *Razones para el intento contemplado:*
    - Manipular el entorno, llamar la atención, vengarse (0)

- Combinación de 0 y 2 (1)
- Escapar, solucionar los problemas, finalizar de forma absoluta (2)
12. *Método (especificidad / planificación del intento contemplado):*
    - No considerado (0)
    - Considerado, pero detalles no calculados (1)
    - Detalles calculados / bien formulados (2)
13. *Método (accesibilidad / oportunidad para el intento contemplado):*
    - Método no disponible, inaccesible. No hay oportunidad (0)
    - El método puede tomar tiempo o esfuerzo. Oportunidad escasa (1)
    - Método y oportunidad accesibles (2)
    - Futura oportunidad o accesibilidad del método previsto (2)
14. *Sentido de «capacidad» para llevar adelante el intento:*
    - No tiene valor, demasiado débil, miedoso, incompetente (0)
    - Inseguridad sobre su valor (1)
    - Seguros de su valor, capacidad (2)
15. *Expectativas / espera del intento actual:*
    - No (0)
    - Incierto (1)
    - Sí (2)
16. *Preparación actual para el intento contemplado:*
    - Ninguna (0)
    - Parcial (ej., empieza a almacenar pastillas...) (1)
    - Completa (ej., tiene las pastillas, pistola cargada...) (2)
17. *Nota suicida:*
    - Ninguna (0)
    - Piensa sobre ella o comenzada y no terminada (1)
    - Nota terminada (2)
18. *Actos finales en anticipación de la muerte (ej., testamento, póliza de seguros...):*
    - Ninguno (0)
    - Piensa sobre ello o hace algunos arreglos (1)
    - Hace planes definitivos o terminó los arreglos finales (2)
19. *Engaño / encubrimiento del intento contemplado:*
    - Reveló las ideas abiertamente (0)
    - Frenó lo que estaba expresando (1)
    - Intentó engañar, ocultar, mentir (2)

Corrección e interpretación de los resultados

- Proporciona una cuantificación de la gravedad de la ideación suicida.
- La puntuación total se obtiene sumando todos los ítems. Esta puntuación puede oscilar entre 0 y 38.
- No existen puntos de corte propuestos. A mayor puntuación, mayor gravedad.

GLOSARIO*

ABURRIMIENTO: sensación de cansancio psicológico, tedio, falta de ganas, que se produce habitualmente por falta de distracciones. En psiquiatría es un síntoma típico de las depresiones, que alterna con la tristeza o la apatía.

AGUDO: se dice cuando la depresión o la manía o cualquier otro trastorno psíquico cursa de forma súbita, repentina, sin previo aviso y que por regla general, igual que aparece de forma brusca, remite en breve tiempo.

ALEXITIMIA: incapacidad o grave dificultad para expresar sentimientos. Se da en el 90 por ciento en el hombre. Tiene un origen biológico (hereditario), educativo y de aprendizajes cercanos con personas poco expresivas de afectos.

ANGUSTIA: inquietud interior paralizante (reacción asténica: cercana al bloqueo). Se emplea indistintamente con la palabra *ansiedad*. Son similares, aunque hay diferencias de matiz. Se asocia con gran frecuencia a las depresiones. En las depresiones graves protege de las tendencias suicidas.

ANSIEDAD: inquietud interior marcada con un cierto nivel de actividad (reacción asténica: intentar actuar, hacer algo, asoma una cierta disposición para la acción). La ansiedad es la base de casi todas las enfermedades psicosomáticas. En las depresiones graves acelera las tendencias suicidas, facilitando «el paso al acto autoagresivo».

* Quiero agradecer a Marián Rojas Estapé (estudiante de 6.º de Medicina) haber seleccionado y corregido este glosario.

ANSIOLÍTICOS: medicamentos que disuelven la ansiedad. Hay muchas familias bioquímicas. Existen de vida media corta, mediana y larga, según el tiempo de permanencia en el organismo. Es muy negativa la autoadministración de ellos, sin control médico. Producen dependencia. No se pueden suspender bruscamente, porque producen un síndrome de abstinencia.

ANTIDEPRESIVO: medicamento que cura la depresión endógena. Hay muchas familias bioquímicas. Cada uno tiene unos efectos clínicos, que son los que llevan a la desaparición de los síntomas; y efectos secundarios, que son nocivos, aparecen al principio del tratamiento (sequedad de boca, somnolencia, temblores en las manos, estreñimiento, taquicardia, etc.) y en ocasiones hacen que el propio enfermo quiera dejar la medicación. Se trata de un empeoramiento paradójico que dura unos días y que, pasados éstos, da pie a la mejoría real del cuadro clínico. No producen dependencia. Deben dejarse de forma gradual, siguiendo las indicaciones del psiquiatra.

BIPOLAR: se emplea este adjetivo asociado al sustantivo *depresión*. Significa la alternancia de fases antagónicas: depresivas y eufóricas. Se usa el concepto de síndrome maníaco-depresivo. Es debido a un desorden bioquímico cerebral. Hoy contamos con tratamientos bastante eficaces para frenar y corregir estos cambios de ánimo, como son el litio, el valproato sódico, la carbamacepina, la oxcarbamacepina, el topiramato, etc.

BROTE: acontecimiento psicopatológico que irrumpe en la vida de un sujeto de forma brusca, inesperada, aguda y que da lugar a una ruptura biográfica, a vivencias clínicas de tipo esquizofrénico y a un cambio cualitativo de la personalidad. Es típica como forma de aparición (o de repetición) de las esquizofrenias. Deja, tras su paso, una secuela en todo el patrimonio psicológico de ese individuo (por ahí se inicia la esquizofrenia residual).

COMORBILIDAD: describe la existencia de varias enfermedades a la vez. Pueden ser varias enfermedades psíquicas o la mezcla de psíquicas y físicas o asociadas a un trastorno de la personalidad. A lo largo de las páginas del libro se pueden encontrar bastantes casos clínicos en donde esto sucede. Es importante explicárselo al paciente, para que sepa lo que le ocurre.

COMPULSIÓN: verse forzado a hacer algo que uno no quiere. Es como una tendencia incoercible, que se da con mucha frecuencia en los trastornos obsesivos y que conduce a un enorme sufrimiento y a pasar mucho tiempo en este tipo de conductas. Ejemplos habituales: lavarse muchas veces al día las manos; comprobar si las puertas están cerradas, así como comprobar grifos, luces, etc. Hoy sabemos que hay una estrecha relación entre depresión-ansiedad-obsesiones.

CRÓNICO: se dice cuando la depresión o la manía o cualquier otra enfermedad psíquica aparece de forma lenta, gradual, progresiva, sumativa, muy poco a poco. Y por regla general, igual que asoman los síntomas de manera uniforme, desaparecen paulatinamente, no de golpe.

DEPRESIÓN: enfermedad psíquica caracterizada por un descenso del estado de ánimo, que se vive como tristeza, apatía, decaimiento, falta de ganas, melancolía y un acordeón de vivencias afectivas en esa misma línea. Distinguimos diversas modalidades: exógena y endógena; monopolar y bipolar; bipolar I y bipolar II; típicas y atípicas; así como las depresiones asociadas a un trastorno de la personalidad (distimias). Hablamos de depresiones en plural por la riqueza y variedad de las mismas. Los síntomas que se agrupan en ellas son de cinco estirpes: físicos, psicológicos, de conducta, cognitivos (intelectuales) y asertivos (habilidades sociales). Cada depresión tiene su propio lenguaje, aunque una misma base común. Hoy se curan el 90 por ciento de las depresiones endógenas. En la actualidad existen fármacos que frenan las recaídas (eutímicos).

DESARROLLO: dícese de aquel cambio psicológico que se va produciendo de forma lenta y gradual, en meses o años y que conduce a un cambio negativo de esa persona. El ejemplo más típico es el denominado desarrollo neurótico de la personalidad.

DESESPERACIÓN: pérdida de la esperanza que se da en las depresiones graves y profundas, en las que aún existe una cierta actividad o lucha por salir de la vivencia en la que se está atrapado. Es un momento peligroso, porque las ideas y tendencias suicidas están arremolinadas en la mente del enfermo. Se le llama también diselpidia.

DESESPERANZA: pérdida absoluta de la esperanza. Es un grado más allá de la desesperación. El depresivo ya no espera nada, su confianza en salir adelante ha desaparecido y ya no tiene fuerza para acabar con su vida. Abandono, dejadez total, la vida se vuelve vegetativa (comer. dormir, hacer las necesidades fisiológicas). A pesar de ser un estado psicológico muy duro, la familia, los amigos, el psiquiatra, el psicólogo, tienen un papel de cierto relieve.

DISTIMIA: depresión asociada a un trastorno de la personalidad (que a su vez puede ser único o de varios tipos). En nuestro estudio estadístico, el 84,3 por ciento de la muestra tenía una distimia. A veces se añade a la palabra *distimia* el adjetivo *depresivo*, una redundancia muy habitual. Tienen un curso más crónico. La psicoterapia es esencial.

ENDÓGENO: se dice del trastorno psíquico de naturaleza bioquímica o cerebral. Lo endógeno tiene un fondo hereditario. Cuando no se pueden encontrar causas o motivos, cuando no se pueden observar factores predisponentes ni desencadenantes claros, hablamos de endógeno.

ESQUIZOFRENIA: constituye una enfermedad psíquica caracterizada por alucinaciones auditivas (voces interiores) y vivencias delirantes (falsas creencias a las que el sujeto se entrega). El paciente cree que sus pensamientos, sentimientos y actos más íntimos son conocidos, compartidos o manipulados desde fuera, por hechos naturales o sobrenaturales. Se conserva la claridad de conciencia y las capacidades intelectuales (aunque éstas, con el paso del tiempo, se van deteriorando). La enfermedad comienza en la adolescencia o en la primera juventud. Su aparición es en forma de brotes. Hay seis modalidades básicas: simple, hebefrénica, catatónica, paranoide, indiferenciada y residual. Hoy ha mejorado su pronóstico, pues contamos con herramientas de tratamiento más eficaces.

EXÓGENO: se dice del trastorno psíquico de naturaleza exterior, es decir, es posible encontrar causas o motivos que justifiquen esa reacción.

FASE: aparición de un acontecimiento psicopatológico que irrumpe en la vida del sujeto, dura unas semanas o unos meses y una vez superado, el sujeto se recupera sin sufrir secuelas. Es típico de las depresiones recurrentes, que cursan en forma de fases. También en las manías.

HIPNÓTICO: medicamento que corrige el insomnio o la alteración del ritmo sueño-vigilia. Hay muchas modalidades, según la intensidad de su efecto y si tienen a su vez efecto sobre la ansiedad. Producen dependencia. No pueden suspenderse bruscamente. Deben ser prescritos con prudencia, observando la edad, el peso, la tensión arterial y el tipo de insomnio de que se trate.

INDICADOR BIOLÓGICO DE MEJORÍA: síntomas que traducen en las depresiones que la dosis inicial debe ser disminuida, puesto que aparecen señales de que hay que bajar la pauta de dosificación al asomar somnolencia, cansancio anterior al esfuerzo, atontamiento de cabeza, etc. La propia naturaleza del paciente nos pone sobre la pista de que tras una clara mejoría la medicación ya no debe ser de tanta intensidad.

INHIBICIÓN: consiste en una reducción y enlentecimiento de la motricidad. Da lugar a una disminución de los movimientos y la expresividad motora, que puede ir desde un descenso de la misma al bloqueo, mutismo, estupor o la catatonía. En algunas depresiones sin ansiedad se puede llegar a la depresión catatónica. En los niños, su manifestación más acusada es el autismo.

INSIGHT: tomar conciencia del diagnóstico que uno tiene, aceptarlo y asumir la necesidad de tomar una medicación, seguir un control psiquiátrico periódico y hacerse los análisis correspondientes con la frecuencia que el psiquiatra recomienda. Esto es especialmente importante en las depresiones bipolares, en las bipolares de ritmos rápidos y en los trastornos de la personalidad (aquí es especialmente costoso, pues a estos sujetos les cuesta aceptar su diagnóstico). Forma parte de la terapia.

MACROTRAUMAS: impactos emocionales de gran envergadura e importancia, que dejan una huella en la persona. La mujer es especialmente sensible a las frustraciones afectivas, mientras que el hombre lo es a las profesionales y económicas. Esto ha cambiado en las últimas décadas. La no superación de ellos puede significar una espina irritativa que marca la vida de alguien y la vuelve resentida.

MANÍA: enfermedad psíquica consistente en un estado de euforia, expansión, hiperactividad, dinamismo, verborrea, aumento de la velocidad mental, fuga de ideas. El sujeto se siente pletórico, mejor que nunca, desinhibido, carente de autocrítica, con ideas de grandeza y una enorme seguridad en sí mismo. No tienen conciencia de enfermedad y en consecuencia no aceptan tomar ninguna clase de tratamiento. Existen varios tipos: festiva, irritable e iracunda. El pronóstico es bueno si se puede instaurar un tratamiento farmacológico.

MICROTRAUMAS: impactos negativos de menor importancia que, sumados y enlazados unos detrás de otros, pueden dar lugar a una afectación psicológica de cierto relieve, que deja una marca nociva en la personalidad.

MIXTO: tiene dos acepciones en el contexto de este libro. Las depresiones mixtas son aquellas en las que se combinan factores endógenos y exógenos. Y, por otro lado, los trastornos mixtos de la personalidad, en los cuales se asocian al mismo tiempo diversas modalidades de desajustes.

NEUROSIS: enfermedad psíquica debida a conflictos interiores no resueltos, presidida por la ansiedad y en la que el sujeto está en la realidad. Puede presentar una gran variedad de síntomas, que va desde fobias y obsesiones, a cuadros histéricos, manifestaciones psicosomáticas o estados disociativos. En las clasificaciones psiquiátricas más modernas se ha abandonado este término, porque hace referencia a un modelo teórico inspirado en Freud sobre el origen de este grupo de enfermedades. Se emplea más a menudo como adjetivo.

OBSESIÓN: trastorno psíquico caracterizado por la instalación de ideas, imágenes, sentimientos o conductas que se meten de forma intrusa, no deseada, produciendo un gran sufrimiento y ansiedad. Es vivida de modo egodistónico (como algo no propio, sino impuesto). Tienen un fondo absurdo, por lo cual el paciente se resiste e intenta alejarlas de su mente. El binomio obsesivo-compulsivo se refiere a la asociación de lo puramente obsesivo con compulsiones de limpieza, orden enfermizo, comprobaciones, ritos, liturgias, etc. En las depresiones obsesivas se mezclan síntomas depresivos y obsesivo-compulsivos.

REACCIÓN: es la respuesta natural a un estímulo externo (o interno, menos frecuente). La conducta humana tiene su base inicial en el binomio estímulo-respuesta. Una buena noticia, un aprobado de un examen, son estímulos que dan lugar a una cierta alegría. Y al revés, estímulos negativos producen reacciones afectivas negativas (tristeza, decaimiento, frustración, etc.). Las depresiones exógenas son reacciones de tristeza a acontecimientos de la vida ordinaria.

RESENTIMIENTO: sentirse dolido y no olvidar. Por ese camino se inician muchos trastornos de la personalidad.

RESIDUO: resto que dejan algunas enfermedades psíquicas y en concreto las depresiones y las esquizofrenias. Menos claro en las primeras y más patente en las segundas. En los enfermos bipolares y bipolares de ciclos rápidos, al no seguirse el tratamiento de forma correcta, pueden aparecer estas manifestaciones.

RITUAL: acto compulsivo, a veces muy elaborado, que acompaña a las obsesiones. Lavarse muchas veces las manos por miedo a contaminarse; ducharse siguiendo un esquema rígido del que uno no puede salirse; orden enfermizo en la colocación de las cosas que uno maneja habitualmente; tendencia a comprobar cosas: llaves de la luz, del gas, puertas cerradas, etc., una y otra vez, sin poder frenar ese comportamiento.

SEXUALIDAD: lenguaje cuyo idioma es el amor. Cuando ésta es sana, se llama integral, porque es capaz de ensamblar en su seno los cuatro factores del acto sexual: físico (lo genital), psicológico (la unión de dos patrimonios personales: sensación, percepción, memoria, pensamiento, inteligencia, afectividad, etc.), lo espiritual (el ser humano no es un animal) y lo biográfico (dos historias de personas se funden). Es un encuentro de persona a persona. En el sexo sin amor la relación es genital solamente, cuerpo a cuerpo, de usar y tirar: el otro es usado como objeto de placer. En las depresiones desciende la libido (deseo sexual) y la potencia (capacidad para llevar a cabo el acto de forma satisfactoria: falta de erección en el hombre y mala lubrificación de las paredes vaginales en la mujer).

SUICIDIO: acto impulsivo o reflexivo que atenta contra la propia vida. Es un resultado frecuente de las depresiones profundas. Hay que distinguir entre el intento de suicidio, que no acaba con la vida y en un alto porcentaje de casos es depresivo, mientras que en otras ocasiones son muchos los factores desencadenantes. El psiquiatra y el psicólogo deben valorar la posibilidad de que el suicidio se consume y poner los medios clínicos adecuados para prevenirlo.

SUPLENCIA: alternancia de síntomas en el curso de una enfermedad. En el caso de las depresiones, puede bajar el nivel de la tristeza y aumentar la ansiedad o desaparecer los sentimientos de culpa y asomar una visión sombría del futuro; otras veces se sustituyen síntomas psíquicos por otros físicos.

TRISTEZA: es el síntoma por excelencia de la depresión. Estado de ánimo cuyo paisaje interior es de melancolía, decaimiento, falta de ilusión, desgana, hundimiento, etc. Distinguimos dos tipos: la tristeza depresiva, que es honda, fuerte, paralizante y conduce a un no querer vivir; y la tristeza reactiva, que es más superficial, débil y menos paralizante y lleva a una reflexión personal según la intensidad y los factores desencadenantes. Entre estas dos modalidades nos encontramos con un espectro de tristezas diversas, con apellidos bien dispares.

BIBLIOGRAFÍA

ABRAHAMS, H. S., The Psychiatrist, the Treatment of Chronic Renal Failure and the Prolongation of Life, *Am J Psychiatry*, 126, 157, 1969.

ADDIS A., KOREN G., Safety of Fluoxetin during the First Trimestre of Pregnancy: a Meta-Analytical Review of Epidemiological Studies, *Psichol Med*, 30, 89-94, 2000.

AFARI, N., BUCHWALD, D., Fatigue Cronic Syndrome, *Am J Psychiatry*, 160, 221-236, 2003.

AKISKAL, H., Dysthymia as a Temperamental Variant of Affective Disorder, *Eur Psychiatry*, 11 (supl. 3), 117-122, 1996; —, *Chronic depressions*, Raven Press, Nueva York, 2003; —, Diagnostic Considerations in the Treatment of Mood Disorders, en *Treatment of Psychiatric Disorders*, American Psychiatric Association, vol. 3, Nueva York, 2004; —, *Towards a Definition of Dysthymia: Boundaries with Personality and Mood Disorders*, Gaskell, Londres, 2004.

ALARCÓN, J., VAZ, F. J., GUISADO, J., Análisis del síndrome de *burnout*: psicopatología, estilos de afrontamiento y clima social, *Rev Psiquiatria Fac Med Barna*, 28 (6), 358-381, 2001.

ALCOVERRO, O., ROJO RODÉS, J. F., IBARRA, M., Tipos de amnesia postTEC y factores implicados, *Psiq Biol*, 12, 150-158, 2005.

ALONSO FERNÁNDEZ, F., *Fundamentos de la psiquiatría actual*, Paz Montalvo, Madrid, 1977; —, *Compendio de Psiquiatría*, Oteo, Madrid, 1978; —, *Vencer la depresión*, Temas de Hoy, Madrid, 1993.

ALONSO, P., PUJOL, J., CARDONER, N. et ál., Estimulación magnética transcraneal repetitiva prefrontal derecha en el trastorno obsesivo-compulsivo: estudio a doble ciego controlado con placebo, *Am J Psychiatry*, 158, 7, 359-361, 2001.

ALTSHULER, J. L., COHEN, L. S., Treatment of Depression in Women. *The Expert Consensus Guideline Series. A Special Report*, Postgraduate Medicine, 2006.

ALTSHULER, J. L., COHEN, L., SUBA, M. P., BURT, V. K., Farmacologic Management of Psychiatric Illness during Pregnancy: Dilemmas and Guidelines, *Am J Psychiatry*, 153, 592-606, 1996.

American Psychiatric Association, Practice Guideline for the Treatment of Patients with Bipolar Disorders, supl. abril 2002.

ÁMSTERDAM, J. D., *Depresión refractaria*, editorial JIMS, Madrid, 1993.

ANDREASEN, N. J., POWERS, P. S., Overinclusive Thinking in Mania and Schizophrenia, *Br J Psychiatry*, 125, 452-456, 1974.

ANGST, J., Dysthimia and Personality, *Eur Psychiatry*, 13, 188-197, 1998.

ANGST, J., WICKI, W., The Zurcí Study XI. Is Dysthimia a Separate Form of Depression? Results of the Zurcí Cohort Study, *Eur Arch Psychiatry Clin Neurosci*, 240, 349-354, 1991.

AYUSO, J. L., BACA BALDOMERO, E., Trastornos de conducta alimentaria y alexitimia, *Actas Luso-Esp. Neurol Psiquiatr*, 21, 3, 72-77, 1993.

BACA BALDOMERO, E. et ál., *Manual de psiquiatría*, Madrid, 1999.

BAGBY, R. M., TAYLOR GRAEME, J., The Twenty-Item Toronto Alexithymia Scale: Convergent, Discriminant and Concurrent, Validity, *J Psychosom Research*, 38, 1, 33-40, 1994.

BALBUENA, A., Pseudodemencia depresiva, en Vallejo et ál., *Trastornos afectivos: ansiedad y depresión*, Salvat, Barcelona, 1990.

BALDWIN, D., THOMPSON, C., The Future of the Antidepressive Pharmacotherapy, *World Psychiatry* 1, 1, 3-8, 2003.

BALLENGER, J. C., Clinical Guidelines for Stablishing Remission in Patients with Depression and Anxiety, *J Clin Psychiatry*, supl. 22, reimp. 2006.

BATES, D., SCHMITT, W., BUCHWALD, D., Prevalence of Fatigue and Cronic Fatigue Sindrome in a Primary Care Practice, *Arch Intern Med*, 153, 2759-2765, 1993.

BEBBINGTON, P. E., Sex and Depression, *Psychol Med*, 28, 1-8, 1998.

BECH, P., LUNDE, M., UNDÉN, M., Self-Evaluation Social Scale of Patients with Major Depression, *Int J Psych Clin Prt*, 6, 141-146, 2002.

BERNARDO, M. (ed.), Venlafaxina: 10 años de historia, *Psiquiatría Biológica*, vol. extra, 12, 2, 2005.

BLOMM, B. L., *Planned Short-Term Psychotherapy*, Allyn & Bacon, Boston, 2003.

BOBES, J., La calidad de vida de los enfermos obsesivo-compulsivos, Congreso Nacional de Psiquiatría, Oviedo, 2001.

BOMBARDIER, Ch., BUCHWALD, D., Chronic Fatigue, Chronic Fatigue Sindrome and Fibromyalgia: Desability and Health-Care Use, *Med Care*, 34, 924-930, 1996.

BORENS, R., *Grosse-Schulte*, E., JAENSCH, W., Is Alexithymia but a Social Phenomenon? An Empirical Investigation in Psychosomatic Patients, *Psychother Psychosom*, 28, 193-198, 1977.

BRESLOW, R., KOCSIS, J., BELKIN, B., Memory Deficits in Depression: Evidence Utilizing the Weschler Memory Scale, *Perceptual Motor Skills*, 51, 541-542, 1980.

BRIEGER, P., MARNEROS, A., Das Dysthimiekonzept: Aktuelles und Geschichtliches-ein Überblick, *Fortschr Neurol Psychiat*, 63, 411-420, 1995.

BRIGGS, G., FREEMAN, R., YAFFE, S., *Drugs in Pregnancy and Lactation*, Lippincott Williams & Wilkins, Philadelphia, 2006.

BROCKINGTON, I. F., *Motherhood and Mental Health*, Oxford University Press, Oxford, 2003; —, Psicosis Menstrual, *World Psychiatry* (edición española) 3, 1, 9-17, 2005.

BUCHWALD, D., REARMAN, T., UMALI, J., Functional Status in Patients with Chronic Fatigue Sindrome: Other Fatiguing Iones and Healthy Individuals, *Am J Med*, 101, 364-370, 1996.

BYMASTER, F. P., LEE, T. C., KNADLER, M. P., The Dual Transporter Inhibitor Duloxetine: Profile and Clinical Result in Depression, *Curr Pharm Des*, 11, 12, 1.475-1.493, 2005.

CALABRESE, J. R., SHELTON, M.D., RAPPORT, D.J., KIMMEL, S.E., ELHAJ, O., Long Term Treatment of Bipolar Disorder with Lamitrigine, *J Clin Psychiatry*, supl., reimp., 2006.

CARBONELL, C., *Alteraciones psiquiátricas en enfermos de hemodiálisis*, Universidad Complutense, Madrid, 1976.

CASAIS, L. et ál., Depresión recurrente, en Gubert Róala ed., *Serotonina y psiquiatría. Seis años de experiencia con fluoxetina*, Ingrasa, Cádiz, 1994.

CASSANO, G. B., MAGGINI, C., AKISKAL, H., Short-Term Subchronic Sequelae of Affective Disorders, *Psychiatr Clin North Am*, 6, 555-568, 1983.

CASTAÑO ASINS, J., ROS MONTALBÁN, S., RODRÍGUEZ MARTÍNEZ, A., Lamotrigina en psiquiatría, *Psiq Biol*, 12, 1, 22-32, 2005.

CATHEBRAS, P. J., ROBINS, J. M., KIRMAYER, L. J., HAYTON, B. C., Fatigue in Primary Care: Prevalence, Psychiatric Comorbidity, Iones Behavior and Outcome, *J Gen Intern Med*, 7, 276-286, 1992.

CERVERA ENGUIX, S., SEVA FERNÁNDEZ, A., Esquizofrenia resistente al tratamiento farmacológico, *Actas Esp Psiquiatr*, 34, 1, 48-54, 2006.

CHESLER, P., *Women and Madness*, Doubleday and Cie, Nueva York, 1988.

COHEN, L. S., HELLER, V. L., BAILEY, J. W., Birth Outcomes Following Exposoure to Fluoxetine, *Biol Psychiatry*, 48, 996-1.000, 2000.

COHEN, L. S., ALTSHULER, L. L., HENDRICK, V., Course of Mood and Anxiety Disorders During Pregnancy and the Postpartum Period, *J Clin Psychiatry*, 1998, supl. 2.

COLE, G., BAKAN, P., Alexithymia, Hemisphericity and Conjugate Lateral Eye Movements, *Psychother Psychosomatics*, 44, 139-143, 1985.

COLMES, G. P., Chronic Fatigue Sindrome: a Working Case Definition, *Ann Intern Med*, 108, 387-389, 1988.

CONCA, A., SWOBODA, E., KÖNIG, P., KOPPI, S., Clinical Impacts of Single Transcranial Magnetic Stimulation (sTMS) as an add-on Therapy in Severely Depressed Patients under SSRI Treatment, *Human Psychopharmacol Clin Exp*, 15, 429-438, 2000.

CONDE, V., Clasificación de las depresiones. Mesa redonda: El DSM-IV y las enfermedades del estado de ánimo, Palma de Mallorca, Congreso Nacional de Psiquiatría, 2003.

COPE, H., DAVID, A. S., Neuroimaging in Chronic Fatigue Sindrome, *J Neurol Neurosurg Psychiatry*, 6, 471-473, 2006.

CORRIELL, W., SALOMON, D., LEON, A. C. et ál., Interrupción del litio y eficacia posterior, *Am J Psychiatry*, 7, 155, 404-408, 1998.

COSTA MOLINARI, J. M., Patología obsesiva, Congreso Nacional de Psiquiatría, Málaga, 1971.

CUENCA, E., ÁLAMO, C., LÓPEZ MUÑOZ, F., Citocromo P-450 y psicofármacos, *Psiquiatría Biológica*, 5, 4, 158-166, 1998.

DALTON, K., The Aetiology of Premenstrual Sindrome is with Progesterona Receptors, *Med Hypoth*, 31, 323-327, 1990.

DANIEL, E., PÉREZ, A., *El síndrome de* burnout *en el médico*, Lab. Smith-Kline Beecham, Madrid, 1999.

DAVIDSON, R. J., Anterior Cerebral Asymmetry and the Nature of Emotion, *Brain and Cognition*, 20, 1, 330-341, 1997; —, Approach-Withdrawal and Cerebral Asymmetry: Emotional Expression and Brain Psychology, *J Person Soc Psychol*, 58, 2, 330-341, 1990.

DEMYTTENAERE, K., Individual Doping Style and Psychological Attitudes during Pregnancy Predict Depresión Levels and During Postpartum, *Acta Psychiatr Scand*, 91, 95-102, 1995.

DETKE, M. J. et ál., Duloxetina, 60 mg once Daily, for Major Depressive Disorder: a Randomized Double-Blind Placebo-Controlled Trial, *Clin Psychiatry*, 63, 308-315, 2002.

DIAV-CITRIN, O., SHECHTMAN, S., ARNON, J., ORNOY, A., *Is Carbamacepine teratogenic?: a Prospective Controlled Study of 210 Pregnancies*, 57, 321-324, 2001.

DUNNER, D. L., ÁMSTERDAM, J. D., Adjunctive Ziprasidone in Treatment Resistant Depression: a Pilot Study, Annual Meeting of the American Psychiatric Association, San Francisco, 2003.

EINARSON, A., FATOVE, B., SARKAR, M., Pregnancy Outcome Following Gestational Expousure to Venlafaxine: a Multicenter Prospective Controlled Study, *Am J Psychiatry*, 158, 1728-1730, 2001.

ERISON, A., KULLEN, B., WILHOLM, B. E., Delivery Outcome after the Use of Antidepressant in Early Pregnancy, *Eur J Clin Pharmacol*, 55, 503-508, 1999.

EVEN, C., FRIEDMAN, S., Modafinil and Photopherapy in Winter's Depression, *Eur Psychiatry*, 11, 200-201, 2004.

FAVA, G. A., Subclinical Symptoms in Mood Disorders: Pathopsychological and Therapeutic Implications, *Psychol Med*, 29, 24-28, 1999.

FEIGHNER, J. P., ROBINS, E., GUZE, S. B., Diagnostic Criteria for Use in Psychiatric Research, *Arch Gen Psychiatry*, 26, 57-63, 1972.

FERRE NAVARRETE, F., Nuevos antidepresivos y citocromo P-450, *Psiquiatría Biológica*, 1, 4, 150-156, 1994.

FERRERI, M., *Troubles dépressifs de l'humeur, les factures de risque*, Flammarion, París, 1997.

FERRIER, I. N., Treatment of Major Depression: is Improvement Enough?, *J Clin Psychiatry*, 60, (supl. 6), 10-14, 1999.

FESKE, U., MULSANT, B. H., PILKONIS, P., SOLOFF, P., Respuesta clínica a la terapia electroconvulsiva en los pacientes con depresión mayor y trastorno límite de la personalidad, *Am J Psychiatry*, (ed. esp.), 8, 116-123, 2004.

FIGIEL, G. S., EPSTEIN, C., McDONALD, W. M., AMAZON-LEECE, J., The Use of Rapad-Rate Transcranial Magnetic Stimulation (rTMS) in Refractory Depressed Patients, *J Neuropsychiatry Clin Neurosci*, 10, 20-25, 1998.

FREEMAN, Am., PRETZER, Jm., FLEMMING, B., *Clinical Application of Cognitive Therapy*, Plemun, Nueva York, 2002.

FREEMAN, M., SMITH, K., The Impact of Reproductive Events on the Course of Bipolar Disorder in Women, *J Clin Psychiatry*, 63, 284-287, 2002.

FREGNI, P., PASCUAL-LEONE, A., Transcranial Magnetic Stimulation for the Treatment of Depression Neurologic Disorders, *Curr Psychiatry Rep*, 7, 381-390, 2005.

FREUD, S., *Psicopatología de la vida cotidiana*, Biblioteca nueva, Madrid, 1986.

FREUDENBERGER, H. J., Staff Burnout, *Jour Soc Iss*, 30, 1, 159-165, 1974.

FRYE, M. A., SETTER, T. A., KIMBRELL, T. A., A Placebo-Controlled Study of Lamotrigine and Gabapentin Monotherapy in Refractory Mood Disorders, *J Clin Psychopharmacol*, 20, 607-614, 2000.

FUKUDA, K., The Chronic Fatigue Sindrome: a Comprehensive Approach to its Definition and Study, *Ann Intern Med*, 121, 953-959, 1994.

GASS, C., RUSSELL, E., Differential Impact of Brain Damage and Depression on Memory Test Performance, *J Consult Clin Psychol*, 54, 261-263, 1986.

GEDDES, J. R., CARNEY, S. M., DAVIES, C., FURUKAWA, T. A., Relapse

Prevention with Antidepressant Drug Treatment in Depressive Disorders: a Systematic Review, *Lancet*, 361, 653-661, 2003.

GELLER, V., GRISARU, N., ABARBANEL, J. M., BELMAKER, R. H., Slow Magnetic Stimulation of Prefrontal Cortex in Depression and Schizophrenia, *Pro Neuropsychopharmacol Biol Psychiatry*, 21, 105-110, 1997.

GEORGE, M. S., SACKEIM, H. A., RUSH, A. J. et ál., Vagus Nerve Stimulation: a New Tool for Brain Research an Therapy, *Biol Psychiatry*, 47, 287-295, 2000.

GERARD, A., RAFFAITIN, F., CUCHÉ, H., Depression chez la femme, en *Les maladies dépressives*, De Olié, Poirier, Lôo, Flammarion, París, 2003.

GERVAS, J., Monsalve, L. M. H., Tratamiento de la enfermedad de Tomás, editorial en *Med Clin*, 93, 572-575, 1989.

GHADIRIAN, A. M., KAMARAJU, L. S., Premenstrual Mood Changes in Afective Disorders, *Can Med Assoc J*, 136, 1027-1032, 1977.

GIL MONTE, P., PEIRÓ, J. M., *Desgaste psíquico en el trabajo: el síndrome de quemarse*, Síntesis, Madrid, 1997.

GOKSAN, B., MERCAN, S., KARAMUSTAFALIOGLU, O., Bupropion is Effective in Depression in Narcolepsy, *Int J Psych Clin Pract*, 9, 289-291, 2005.

GOKTEPE, E. O., YOUNG, L. B., BRIDGES, P. K., A Further Review of the Results of Stereotactic Subcaudade Tractotomy, *Br J Psychiatry*, 126, 270-280, 1975.

GOLD, L. H., BALSTER, R. L., Evaluation of the Cocaine-Like Discriminative Stimulus Effects and Reinforcing Effects of Modafinil, *Psychopharmacology*, 126, 286-292, 1996.

GOLDBERG, T. E., GOLD, J. M., Contrast between Patients with Affective Disorders and Patients with Schizophrenia on a Neuropsychological Test Battery, *Am J Psychiatry*, 150, 1355-1362, 1993.

GOLDEN, R. N., GAYNES, B. N., EKSTROM, R. D. et ál., Eficacia de la fototerapia en los trastornos del estado de ánimo, *Am J Psychiatry* (ed. esp.), 8, 393-399, 2005.

GOLDSTEIN, D. J., Olanzapine Exposed Pregnancies and Lactation: Early Experience, *Clin Psychopharmacol*, 20, 2006.

GÓMEZ LAVÍN, C., Trastornos psiquiátricos en el aborto provocado, Congreso Nacional de Psiquiatría, Pamplona, 2005.

GONZÁLEZ INFANTE, J. M., Nuevos avances en el tratamiento de las depresiones, Congreso Nacional de Psiquiatría, Barcelona, 2002.

GONZÁLEZ MENÉNDEZ, R., La enfermedad de Tomás: ¿epidemia o endemia mundial?, *World Psychiatry* (edición española), 3, 3, 190, 2005.

GOODMAN, W. et ál., Beyond the Serotonin Hypothesis: a Role for Dopamine in some Forms of Obsessive Compulsive Disorder», *J Clin Psychiatry* (edición española), 3, 3, 190, 2005.

GOODMAN, W., PRICE, L., WOODS, S., CHARNEY, D., Pharmacologic Challenges in Obsessive Disorder, en J. Zohar et ál., *The Psychobiology of Obsessive-Compulsive Disorder*, Springer, Nueva York, 1998.

GOODWIN, F. K., JAMISON, K. R., *Manic-Depressive Illness*, Oxford University Press, Nueva York, 2001.

GRADILLAS, V., *Psicopatología descriptiva*, Pirámide, Madrid, 1998.

GROF. P., Protective Effect of Pregnancy in Women with Lithium Responsive Bipolar Disorder, *J Affect Disord*, 61, 31-39, 2000.

GUTMAN, D. A., OWENS, M. J., NEMEROFF, C. B., Corticotropin Releasing Factor Antagonists as Novel Psychotherapeutics, *Drugs of the Future*, 25, 923-931, 2000.

GUZE, S. B., Psychotherapy and Managed Care, *Arch Gen Psychiatry*, 55, 561-562, 1998.

HAN, D., WANG, E. C., Remission from Depression: a Review of Venlafaxine Clinical and Economic Evidence, *Pharmacoeconomics*, 23, 6, 567-581, 2004.

HARRISON, W. D., A Social Competent Model of Burnout, en B. Farber, *Stress and Burnout in the Human Services Professions*, Pergamon Press, Nueva York, 1983.

HEINONEM, O., SLONE, D., SHAPIRO, S., *Birth Defects and Drugs in Pregnancy*, Publishing Sciences Group, Littleton, Mass, 2006.

HENDRICK, V., ALTSHULER, L., Treatment of Depression during Pregnancy, *Am J Psychiatry*, 6, 1, 16-22, 2003.

HENDRICK, V., Treatment of Postpartum Depression: Risks to Mother and Child, *American Psychiatric Association*, Washington, 2006.

HENRY, G., M., WEINGARTNER, H., MURPHY, D. L., Influence of Affective States and Psychoactive Drugs on Verbal Learning and Memory, *Am J Psychiatry*, 130, 966-971, 1973.

HICKIE, I., Validity of the Core, en G. Parker et ál. edit., *Melancholia: a Disorder of Movement and Mood*, Cambridge University Press, Cambridge, 2001.

HISCHFELD, R. M. A., MALLINCKRODT, C., LEE, T. C., DETKE, M. J., The Course of Depression Symptom Improvement during Treatment with Duloxetine, *Depression and Anxiety*, 21, 170-177, 2005.

HOFFMAN, R., CAVUS, I., Estimulación magnética transcraneal lenta, *Am J Psychiatry* (ed. esp.), 5, 528-537, 2002.

HOLMES, T., RAHE, R., The Social Readjustment Scale, *Jour Psych Research*, 11, 213-218, 1967.

HOPPE, K. D., BOGEN, J. E., Alexythimia in Twelve Commisurotomized Patients, *Psychother Psychosom*, 28, 148-155, 1977.

HUANG, C. C., Transcranial Magnetic Stimulations, *European Psychiatry*, 12, 252-253, 2005.

HWU, H. G., YEH, E. K., CHANG, L. Y., Prevalence of Psychiatric Disorders in Taiwan Defined by the Chinese Diagnostic Interview Schedule, *Acta Psychiatr Scand*, 79, 136-147, 1989.

INGRAM, R. E., MIRANDA, J., SEGAL, Z. V., *Cognitive Vulnerability to Depression*, Guilford, Nueva York, 2005.

IVANOVIC-ZUVIC, F., DE LA VEGA, R., IVANOVIC-ZUVIC, N., RENTERÍA, P., Enfermedades afectivas y actividad solar, *Actas Esp Psiquiatr*, 33, 7-12, 2005.

JACKSON, S. W., *Melancholia and Depression: from Hipocratic Time to Modern Times*, Yale University Press, New Haven, 1996.

JACOB, H., Stumme Symptome und Symptomverschmelzung bei endogenen Psychosen, *Forts Neurol Psychiatrie*, 32, 188, 1969.

JACOBSON, S. J., JONES, K., JOHNSON, K., CEOLIN, L., KAUER, P., Prospective Multicentre Study of Pregnancy Outcome after Lithium Exposure during First Trimester, *Lancet*, 339, 530-533, 1992.

JANET, P., *Les Obsessions et la psychasthénie*, Alcan, París, 1903.

JASINSKI, D. R., An Evaluation of the Abuse Potential of Modafinil using Methylphenidate as a Reference, *I Psychopharmacol*, 14, 1, 53-60, 2000.

JASPERS, K., *Psicopatología general*, Beta, Buenos Aires, 1970.

JODAR, I., Aleximitia: variables psicológicas e inteligencia, *Rev Psiquiatría Fac Med Barna*, 26, 5, 152-156, 1999.

JODAR, I., VALDÉS, M., SUREDA, B., OJUEL, J., Alexitimia: hipótesis etiológicas e instrumentos de medida, *Rev Psiquiatría Fac Med Barna*, 27, 39, 136-146, 2000.

JOHNSTONE, E., Neurotic Illness and its Response to Anxiolytic and Antidepressant Treatment, *Psychol Med*, 10, 321-328, 1999.

JUDD, L. L., AKISKAL, H. S., The Prevalence, Clinical Relevance and Public Health Significance of Subthreshold Depression, *Psychiatr Clin North Am*, 25, 685-698, 2002.

KALUCY, R. S., Noctunal Hormonal Prolifes in Massive Obesity Anorexia Nervosa and Normal Females, *J Psychosom Research*, 20, 595-604, 1976.

KANDEL, E. R., Genes, Nerve Cells and the Remembance of Things Past, *J Neuropsychiatry Clin Neurosci*, 1, 103-107, 1989.

KARP, J. F., BUYSSE, D. J., HOUCK, P., Residual Symptoms in Depressions, *Am J Psychiatry*, 161, 1.877-1.884, 2004.

KATON, W., Chronic Fatigue Syndrome Criteria: a Critique of the Requeriment for Multiple Physical Complaints, *Arch Intern Med*, 152, 1.604-1.609, 1992.

KAUFMAN, K. H., MENZA, M. A., Modafinil Monotherapy in Depression, *Eur Psychiatry*, 17, 167-169, 2002.

KEEK, P. E., HARRIGAN, E. P., REEVES, K. R., The Eficacy of Ziprasidona in Schizophrenia and Schizoaffective Disorder: an Update, *Biol Psychiatry*, supl. 42, 1997.

KELLER, M. B., Chronic and Recurrent Affective Disorder Incidence, Course and Influencing Factors, en Kemali, D., Racagni, G., (eds.), *Chronic Treatment in Neuropsychiatry*, Raven Press, Nueva York, 1999; —, Past, Present and Future Directions for Defining Optimal Treatment Outcome in Depression: Remission and Beyond, *JAMA*, 289, 3.152-3.160, 2003.

KELLER, M. B., LAVORI, P. W., ENDICOTT, J., CORYELL, W., Double Depression: Two-Year Follow-Up, *Am J Psychiatry*, 140, 689-694, 1985.

KELLER, M. B., KLEIN, D. N., HIRSCHFELD, R. M. A., Results of DSM-IV Mood Disorders Field Trial, *Am J Psychiatry*, 152, 843-849, 1995.

KENDELL, R. E., CHALMERS, J. C., PLATZ, C., Epidemiology of Puerperal Psychosis, *Br J Psychiatry*, 150, 662-673, 1987.

KENDLER, K. S., GARDNER Jr., C. O., Limits of Major Depression, *Am J Psychiatry*, 155, 172-177, 1998.

KENNEDY, D., Valproic Acid Use in Psychiatry: Issues in Treating Women of Reproductive Age, *J Psychiatry Neurosci*, 23, 223-228, 1998.

KESSLER, R. C. et ál., Sex and Depression, *J Affect Disord*, 29, 85-96, 1993.

KIM, N. S., Clinical Psychologists' Theory-Based Representations of Mental Disorders Predicts their Diagnostic Reasoning and Memory, *J Exp Psychol*, 131, 451-476, 2002.

KLEIGER, J. H., KINSMAN, R. A., The Development of an MMPI Alexythimia Scale, *Psychother Psychosom*, 34, 17-24, 1980.

KLERMAN, G. L., ROUNSAVILL, B. Y., WEISSMAN, M. N., CHEVRON, E. S., *Interpersonal Psychotherapy of Depression, Basic Books*, Nueva York, 1991.

KLERMAN, G. L., WEISSMAN, M. M., Psychotherapy Interpersonal for Depression, en Benjamin Wolman y George Stricker (eds.), *Depressive disorders*, John Wiley, Nueva York, 2005.

KLERMAN, G. L., ENDICOTT, J., SPITZER, R., HIRSCHFELD, R. M. A., Neurotic Depressions: a Systematic Analysis of Multiple Criteria and Meanings, *Am J Psychiatry*, 136, 57-61, 1979.

KORHONEN, S., SAARIJÄRVI, S., AITO, M., Successful Stradiol Treatment of Psychotic Symptoms in the Premenstrual Phase: a Case Report, *Acta Psychiatr Scand*, 92, 237-238, 1993.

KOSKY, N., THORNE, P., Personality Disorders. Contract's Rules, *Int J Psychiatry Clin Prac*, 1, 19-22, 2002.

KOSS, M. P., SHIANG, J., Research on Brief Psychotherapy, en *Handbook of Psychotherapy and Behavior Change*, Bergin, Garfield, Wiley, Nueva York, 1999.

KRAHL, S. E., et ál., Locus Ceruleus Lessions Suppress the Seizure-Attenuating Effects of Vagus Nerve Stimulation, *Epilepsia*, 39, 709-714, 1998.

KRON, L., KATZ, J. L., GORZINSKI, G., Gonadal Dysgenesis and Anorexia Nervosa: Further Evidence of a Relationship, *Arch Gen Psychiatry*, 34, 332-335, 1977.

KRYSTAL, H., GILLER, E. L., CICCHETTI, D. V., Assessment of Alexythimia in Post-Traumatic Stress Disorder and Somatic Illness: Introduction to a Reliable Measure, *Psychosom Med*, 48, 84-94, 1986.

KULIN, N. A., PASTUSZAK, A., SAGE, S. R., Pregnancy Outcome Following Maternal Use of the New Selective Serotonin Re-Uptake Inhibitors: a Prospective Controlled Multicenter Study, *JAMA*, 279, 609-610, 1998.

LABBATE, L. A., SHEARER, G., WALDREP, D. A., A Case of Recurrent Premenstrual Psychosis, *Am J Psychiatry*, 148, 147, 1991.

LAFER, B., SACH, G. S., LABBATE, L. A. et ál., Phototherapy for Seasonal Affective Disorder: a Blind Comparison of Three Different Schedules, *Am J Psychiatry*, 151, 7, 1.081-1.083, 1994.

LAQUEILLE, X., DERVAUX, A. et ál., Methylphenidae Effective in Treatin Amphetamine Abuses with No Other Psychiatric Disorder, *Eur Psychiatry*, 20, 456-457, 2005.

LEAL, C., *Trastornos depresivos en la mujer*, Masson, Barcelona, 2000.

LECUBRIER, Y., Hacia la remisión completa de la depresión, Symposium Lilly, Congreso Nacional de Psiquiatría, Pamplona, 2005.

LEE, C. K., The Epidemiological Study of Mental Disorders in Korea: Alcoholism, Anxiety and Depression, *Seoul J Psychiatry*, 12, 183-191, 1987.

LEICHSENRING, F., Comparative Effects of Short-Term Psychodynamic Psychotherapy and Cognitive-Behavior Therapy in Depression, *Clin Psychol Rev*, 21, 401-419, 2001.

LEOPOLD, K. A., ZOSCHNICK, L. B., Postpartum Depression, *The Female Patient*, 22, 40-49, 1997.

LIPPITZ, B. E., MINDUS, P., MEYERSON, B. A., KIHLSTROM, L., LINDQUIST, C., Lesion Topography and Outcome after Thermocapsulotomy of Gamma Knife Capsulotomy for Obsessive-Compulsive Disorder: Relevance of the Right Hemisphere, *Neurosurgery*, 44, 452-460, 1999.

LIPSEY, M. W., WILSON, D. B., *Applied Social Research Methods. Practical Meta-Analysis*, vol. 49, Sage Publications, Londres, 2003.

LITTRELL, K. H., JOHNSON, C. G., PEABODY, C. D., Antipsychotic during Pregnancy (letter), *Am J Psychiatry*, 157, 134-138, 2000.

LLEWELLYN, A. M., STOWE, Z. N., NEMEROFF, C. B., Depression during Pregnancy and the Puerperium, *J Clin Psychiatry*, 58, 26-32, 1997.

MACKLENBURG, R. S., LORAIUX, L., THOMPSON, R. H., Hypotalamic Dysfunction in Patients with Anorexia Nervosa, *Medicine*, 53, 147-149, 1974.

MAGEE, L., SCHICK, B., DONNENFELD, A., SAGE, R., The Safety of Calcium Channel Blockers in Human Pregnancy: a Prospective Multicenter Study, *Am J Obstet Ginecol*, 174, 823-828, 1996.

MARCHAIS, P., *Magie et mythe en psychiatrie*, Mason, París, 1982, 18-24.

MARINIUS, J., Periodic Psychosis in Adolescents, *Ztschr Zinder u Jugendpsychiatrie*, 20, 121-123, 1992.

MARLETTINI, M., CASSANI, A., MORSELLI-LABATE, A., CRIPPA, S., Maternal and Fetal Prolactin in Pregnancy-Induced Hypertension, *Arch Gynecol Obstet*, 247, 73-81, 1990.

MARTÍNEZ-ARÁN, A., ¿Se deterioran los pacientes bipolares?, *Psiquiatría Biológica*, 2, 67-79, 1998.

MARTY. P., DE M'UZAN, M., DAVID, C., *L'Investigation Psychosomatique*, Presses Universitaires de France, París, 1963.

MASLACH, C., JACKSON, S. E., The Measurement of Experienced Burnout, *Jour Occup Beba*, 2, 99-113, 1981; —, *MBI Inventario Burnout de Maslach*, Tea, Madrid, 1997.

MCDONALD, C., SCHULZE, K., MCMURRAY, R., TOHEN, M., *Bipolar Disorders: the Upswing in Research and Tratment*, Taylor & Francis, Londres y Nueva York, 2006.

MCLACHLAN, R. S., Supression of Interictal Spikes and Seizures by Stimulation of the Vagus Nerve, *Epilepsia*, 34, 918-923, 1993.

MENKES, D. L., BODNAR, P., BALLESTEROS, R. A., SWENSON, M. R., Right Frontal Lobe Slow Frequency Repetitive Transcranial Magnetic Stimulation (SF rTMS) is an Effective Treatment for Depression: a Case Control Pilot study of Safety and Efficacy, *J Neurol Neurosurg Psychiatry*, 67,113-115, 1999.

MICHELS, R., The Role of Psychotherapy: Psychiatry's Resistance to Managed Care, *Arch Gen Psychiatry*, 55, 564, 1998.

MINGOTE, J. C., MORENO JIMÉNEZ, B., GÁLVEZ HERRER, M., Desgaste profesional y salud de los profesionales médicos: revisión y propuestas de prevención, *Md Clin (Barc)*, 7, 123, 265-270, 2004.

MINGOTE, J. C., *Satisfacción, estrés laboral y calidad de vida del médico*, Real Academia de Medicina, Oviedo, 2003; —, Síndrome *burnout*: síndrome de desgaste profesional, *Monografías de Psiquiatría*, 5, Madrid, 1997.

MISRI, S., KIM, J., Paroxetine Levels in Postpartum Depressed Women: Breast Milk and Infant Serum, *J Clin Psychiatry*, 61, 828-832, 2000.

MIZRAHI, E. M., HOBBS, J. F., GOLDSMITH, D. I., Nephrogenic Diabetes Insipidus in Transplacental Lithium Intoxication, *J Pediatr*, 94, 493-495, 1979.

MORINOBU, S., SAGAWA, K., KAWAKATSU, S., TOTSUKA, S., KOMATANI, A., YAMAGUCHI, K., Flujo sanguíneo cerebral regional en la depresión refractaria, en *Depresión refractaria*, Jay Ámsterdam, ed. Jims, Madrid, 1993.

MULLEN, L. S., BLANCO, C., VAUGHAN, S. C., VAUGHAN, R., Defense Mechanisms and Personality in Depression, *Depress Anxiety*, 10, 168-174, 1999.

MULLER-OERLINGHAUSEN, B., RETZOW, A., HENN, F. A., Valproate as an Adjunct to Neuroleptic Medication for the Treatment of Acute Episodes of Mania: a Prospective, Randomized Double-Blind, Placebo-Controlled, Multicenter Study, European Valproate Mania Study Group, *J Clin Psychopharmacol*, 20, 195-203, 2000.

NEMIAH, J. C., FREYBEGER, H., SIFNEOS, P. E., Alexythimia: a View of the Psychosomatic Process, en O. W. Hill (ed.), *Moderns Trends in Psychosomatic Medicine*, Butterwoths, Londres, 3, 430-439, 1976.

NIERENBERG, A. A., WRIGHT, E. C., Evolution of Remission as the New Standard in Treatment of Depression, *J Clin Psychiatry*, 60, 7-11, 1999.

NOBLER, M. S., SACKEIM, H. A., PROHOVNIK, I., MOELLER, J. R., Regional Cerebral Blood Flow in Mood Disorders, III, Treatment and Clinical Response, *Arch Gen Psychiatry*, 51, 884-897, 1994.

NULMAN, I., Neurodevelopment of Children Exposed in Utero to Antidepressant Drugs, *N Engl J Med*, 336, 258-262, 1997.

O'HARA, M. W., SWAIN, A. M., Rates and Risk of Postpartum Depression, a Meta Analysis, *Int Rev Psychiatry*, 8, 37-54, 1996; —, *Study of Postpartum Mood Disorders, Norton*, Nueva York, 2004.

OKAYAMA, T., A Case of Premenstrual Tension Syndrome Associated with Psychotic Episodes, *Seishin Shinkeigaku Zasshi*, 84, 939-946, 1982.

PARIS, J., *Social Factors in the Personality Disorders: a Biopsychological Approach to Aetiology and Treatment*, Cambridge University Press, Cambridge, 2004.

PARKER, A. J. R., WESSELEY, S., CLEARE, A. J., The Neuroendocrinology of Chronic Fatigue Sindrome and Fibromyalgi, *Psicol Med*, 1, 1.331-1.345, 2001.

PARKER, G., KAY ROY, B. A., EYERS, K., Cognitive-Behavior Therapy for Depression, *Am J Psychiatry*, 160, 825-834, 2003.

PARKER, G., HICKIE, I., Psychotic Depression: Clinical Definition, Status and Relevance of Psychomotor Disturbance to its Definition, en *Melancholia: a Disorder of Movement and Mood*, Cambridge University Press, Nueva York, 2006.

PARRY, B. L., MAHAN, A. M., MOSTOFI, N. et ál., Light Therapy of Late Luteal Phase Dysphoric Disorder: an Extended Study, *Am J Psychiatry*, 150, 1.417-1.419, 1993.

PASCUAL-LEONE, A., RUBIO, B., PALLARDÓ, F., CATALA, M. D., Rapad-Rate Transcranial Magnetic Stimulation of Left Dorsolateral Prefrontal Cortex in Drug-Resistant Depression, *Lancet*, 348, 233-237, 1996.

PATTERSON, J. M., Integrating Family Resilience and Family Stress Theory, *J Mar Fam*, 64, 349-360, 2002.

PAYKEL, E. S., RAMANA, R., COOPER, Z., HAYHURT, H., Residual Symptoms after Partial Remission: an Important Outcome in Depression, *Psychol Med*, 25, 1.171-1.180, 1995.

PAYKEL, E. S., Depression in Women, *Br J Psychiatry*, supl., 158, reimp., 2005.

PELLEGRINI, J. L., Premio Ginebra de los Derechos Humanos en Psiquiatría, *World Psychiatry* (ed. esp.), 3, 3, 191, 2006.

PERRIS, C., A Study of Bipolar and Unipolar Recurrent Depressive Psychosis, *Acta Psychiat Scand*, supl. 194, 1966.

PETRILOWITCH, N., Über die Bedeutung der psychiatrischen Pharmacotherapie für die Sozialpsychiatrie, *Int Pharmak*, 1, 56-66, 1968.

PHILLIPS, K., GUNDERSON, J., HIRSCHFELD, R., SMITH, L., A Review of the Depressive Personality, *Am J Psychiatry*, 147, 830-837, 1990.

PIOLLET, I., Axe gonadotrope en psychiatrie, en *Séminaire de Psychiatrie Biologique*, Lôo, Olié, ed. Médicales Pharmuka, T. X, 63-76, 1985.

POTKIN, S. G., ZETIN, M., STAMENKOVIC, V. et ál., Seasonal Affective Disorder: Prevalence Varies with Latitude and Climate, *Clin Nueropharmacol*, 4, 181-183, 1986.

PRICE, W. A., DIMARZIO, L., Premenstrual Tension Syndrome in Rapid Cycling Bipolar Affective Disorders, *J Clin Psychiatry*, 47, 415-417, 1986.

PUGH, T. F., JERATH, B. K., SCHMIDT, W. M., Rates of Mental Disease Related to Childbearing, *N Engl J Med*, 268, 1.224-1.228, 1963.

QUITKIN, F. M., STEWART, J. W., ¿Responden de forma diferente los varones y las mujeres a los antidepresivos?, *Am J Psychiatry* (ed. esp.), 6, 2, 77-83, 2002.

RAMOS, F., *El síndrome de* burnout, UNED, Madrid, 1999.

RAO, V., Nammalvar, N., The course and outcome in depressive illness, *Br J Psychiatry*, 130, 392-396, 1977.

RAUCH, S. L., *Neurobiological Models of Obsessive-Compulsive Disorder*, Raven Press, Nueva York, 2002.

RETTEW, D. C., SWEDO, S. E., LEONHARD, H. et ál., Obsessions and Compulsions across Time in 79 Children and Adolescents with Obsessive-Compulsive Disorder, *J Am Acad Child Adolesc Psychiatry*, 31, 1.050-1.056, 1992.

RIKLIN, V., *Über Versetzungsbesserungen*, Berlín, 2005.

ROBINS, E., GUZE, S., Classification of Affective Disorders: The Primary-Secondary, the Endogenous-Reactive and the Neurotic-Psychotic Dichotomies, en *Recent Advances of Psychobiology of the Depressive Illness*, Pinting Office, Washington D. C., 1972.

ROBINS, L. N., *National Institute of Mental Health Diagnostic Interview Schedule*, versión III revisada, Washington University, Department of Psychiatry, St. Louis, 2006.

RODENHAUSER, P., KHAMIS, H. J., FARYNA, A., Alexythimia and Handedness: a Pilot Study, *Psychother Psychosom*, 45, 169-173, 1986.

ROJAS, E., Las nuevas modalidades de depresión, Colegio de Médicos de Madrid, Congreso Internacional sobre Estrés Postraumático, Madrid, 2004; —, La estimulación magnética transcraneal en depresiones farmacorresistentes, Congreso López-Ibor, mesa redonda sobre depresión y ansiedad, Madrid, abril, 2006.

ROS, S., MORA, R., GARCÍA, M., The Current Challenges of the Treatment of Depression, *Actas Esp Psiquiatr*, 33, 3, 165-172, 2005.

ROSENTHAL, N. E., SACK, D. A., GOODWIN, F. K., Seasonal Affective Disorder: a Description of the Syndrome and Preliminary Finding with Light Therapy, *Arch Gen Psychiatry*, 41, 72-80, 1984.

ROTH, M., *Classification of Affective Disorders*, Elservier, Nueva York, 1994.

ROTH, M., GURNEY, C., GARSIDE, R., KERR, T., Studies in the Classification of Affective Disorders: the Relationship between Anxiety and Depressive Illness, 127, 147-161, 1972.

ROUILLON, F., L'Epidemioloie valide-t-elle le concept de dysthimie?, *L'Encephale*, XVIII, 739-742, 1992.

RUMEAU-ROUQUETTE, C., GOUJARD, J., HUEL, G., Possible Teratogenic Effect of Phenothiazines in Human Beings, *Teratology*, 15, 57-64, 1976.

RUSH, A. J., CRISMON, M. L., POPRAC, M. G. et ál., Consensus Guidelines in the Treatment of Major Depression Disorder, *J Clin Psychiatry*, 59 (supl. 20), 73-84, 1998.

RUSH A. J., GEORGE, M. S., SACKEIM, H. A., Vagus Nerve Stimulation (VNS) for Treatment-Resistant Depressions. A Multicenter Study, *Biol Psychiatry*, 47, 276-286, 2000.

RUSSELL, G. F. M., WAKELIN, A., *The Endocrine and Menstrual Response to Clomiphene Citrate in Patients with Anorexia Nervosa*, Norton, Edimburgo, 1994.

RYFF, C. D., SINGER, B., Psychological Well-Being: Meaning, Measurement and Implications for Psychotherapy Research, *Psychother Psychosom*, 65, 14-23, 1996.

RYFF, C. D., *Explorations on the Meaning of Psychological Well-Being*, Guilford Press, Nueva York, 2004.

RZANY, B., CORREIA, O., KELLY, J. P., NALDI, L., Risk of Stevens-Johnson Syndrome and Toxic Epidermal Necrolysis during First Weeks of Antiepileptic Therapy: a Case-Control Study, *Lancet*, 353, 2.190-2.194, 1999.

SACKEIM et ál., *Advances in Psychiatry*, C. Andrade (eds.), Oxford University Press, 2005.

SACKEIM, H. A., PRUDIC, J., DEVANAND, D. P. et ál., Effects of Stimulus Intensity and Electrode Placement on the Efficacy and Cognitive Effects of Electroconvulsive Therapy, N Engl J Med, 328, 839-846, 1993.

SADEK, N., BONA, J., Subsyndromal Symptomatic Depression a New Concept, Depress Anxiety, 12, 30-39, 2000.

SAIZ RUIZ, J., Perfil clínico del paciente depresivo, Psiquiatría Biológica, 3 (supl. 1), 1-5, 1996.

SAJATOVIC, M., MULLEN, J. A., SWEITZER, D. E., Efficacy of Quetiapine and Risperidone against Depressive Symptoms in Outpatients with Psicosis, J Clin Psychiatry, 63, 1.156-1.163, 2002.

SAKAMOTO, K., KAMO, T., NAKADAIRA, S., TAMURA, A., Nationwide Survey of Seasonal Affective Disorder at 53 Outpatients University Clinics in Japan, Acta Psychiatr Scand, 87, 258-265, 1993.

SÁNCHEZ CÁNOVAS, J., Aspectos psicológicos de la menopausia, en Menopausia y salud, Ariel, Barcelona, 1996.

SÁNCHEZ-PLANELL, L., Síndromes obsesivos en neurología, en Montserrat Esteve, S. et ál., Patología Obsesiva, Congreso Nacional de Psiquiatría, Málaga, 1971.

SARTORY, G., Obsessional-Compulsive Disorder, en Turpin (dir.), Handbook of Clinical Psychophysiology, John Weley, Chichester, 1989.

SATO, T., TIRANO, S., NARITA, T., Temperament and Character Invectory Dimensions as a Predictor of Response to Antidepressant Treatment in Major Depression, J Affect Disord, 56, 153-161, 1999.

SCHNEIDER, L., SMALL, G. W., CLARY, C. M., Terapia de sustitución estrogénica y respuesta a la sertralina de las mujeres con depresión, Am J Geriatr Psychiatry, 2, 175-181, 2002.

SCHNEIDER, K., Patopsicología clínica, ed. Morata, Madrid, 1984.

SCHOU, M., What Happened Later to the Lithium Babies?: a Follow-up Study of Children Born without Malformations, Acta Psychiatr Scand, 54, 193-197, 1976.

SCOTT, J. et ál., Effects of Cognitive Therapy on Psychological Symptoms and Social Functioning in Residual Depression, Br J Psychiatry, 177, 440-446, 2000; —, Psychological Treatments for Depression: an Update, Br J Psychiatry, 167, 289-292, 1995.

SEIDMAN, S., ZAGER, S., The Teacher Burnout Scale, *Educ Research Quar*, 11, 1, 26-3, 1987.

SELIGMAN, M., *Helplessness*, Norton, Nueva York, 1975.

SHEDLER, J., WESTEN, D., The Diagnostic of Personality Disorders, *Am J Psychiatry*, 161, 1.350-1.365, 2004.

SHELTON, C., ENTSUAH, R., Venlafaxine XR Demonstrates Higher Rates of Sustained Remission Compared to Fluoxetine, Paroxetine or Placebo, *Int Clin Psychopharmacol*, 20, 4, 233-238, 2005.

SHORES, M. M., GLUBIN, T., COWLEY, D. S., The Relationship between Anxiety and Depression: a Clinical Comparison of Generalized Anxiety Disorder, Dysthimic Panic Disorder and Major Depressive Disorder, *Compr Psychiatry*, 33, 237-244, 1992.

SIFNEOS, P. E., Alexythimia: Past and Present, *Am J Psychiatry*, 153, 7, 1996; —, The Prevalence of Alexythimia Characteristics in Psychosomatic Patients, *Psychother Psychosom*, 22, 255-262, 1973.

SILBERMANN, R. M., CHAM. A Classification of Psychiatric States, *Excerpta Medica*, Ámsterdam, Nueva York, 1971.

SLONE, D., HEINONEN, O. P., Antenatal Exposure to the Phenothiazines in Relation to Congenital Malformations, Perinatal Mortality Rate, Birth Weight and Intelligent Quotient Score, *Am J Obstet Gynecol*, 128, 486-488, 1977.

SONIS, W. A., YELLIN, A. M., GARFINKEL, B. D. et ál., The Antidepressant Effect of Light in Seasonal Affective Disorder of Childhood and Adolescence, *Psychopharmacol Bull*, 23, 360-363, 1987.

SPANIER, C., FRANK, E., MCEACHRAN, A. B., GROCHOCINSKI, V. J., The Prophylaxis of Depressive Episodes in Recurrent Depression Following Discontinuation of Drug Therapy: Integrating Psychological and Biological Factors, *Psychol Med*, 26, 461-475, 1996.

SPITZER, R. C., ENDICOTT, J., ROBINS, E., Research Diagnostic Criteria (RDC) for a Selected Group of Functional Disorders, New York Psychiatric Institute, Nueva York, 1977.

STAHL, S. M., Why Settle for Silver, when you Can go for Gold?: Response vs Recovery as the Goal of Antidepressant Therapy, *J Clin Psychiatry*, 60, 213-214, 1999.

STAVRAKAKI, Ch., VARGO, B., The Relationship of Anxiety and Depression. A Review of the Literature, *Br J Psychiatry*, 149, 7-16, 1986.

STEIF, B., Effects of Depressing and ECT on Short-Term Memory, IV World Congress Biological Psychiatry, Publ., 1998.

STEIN, G., WILKINSON, G., *Seminars about Personality Disorders: Social Aspects*, Gaskell (eds.), Londres, 2005.

STODDARD, F. J., Slow and Rapid Psychological Alterations in a Manic-Depressive Patient: Clinical Phenomenology, *Br J Psychiatry*, 130, 72-78, 1977.

STRAVYNSKI, A., GREENBERG, D., The Psychological Management of Depression, *Act Psychiatr Scand*, 85, 407-414, 1992.

SVEINSSON, I. S., *Posoperative Psychosis after Heart Surgery*, Norton, Nueva York, 1996.

SWEDO, S. E., ALLEN, A. J., GLOD, C. A. et ál., A Controlled Trial of Light Therapy for the Treatment of Pediatric Seasonal Affective Disorder, *J Am Acad Child Adolesc Psychiatry*, 36, 816-821, 1997.

SZMUKLER, G. A., A New Mental Health (and Public Protection) Act. Risk Wins in the Balance between Providing Care and Controlling Risk, *Br Med J*, 322, 2-3, 2001.

TALAIRACH, J., HECAEN, H., DAVID, M., Lobotomie préfrontal limiteé par éléctrocoagulation des fibres thalamo-frontales a leur émergence du bras antérieur de la capsule interne, Congress Neurologique Internationale, París, 1949.

TAYLOR, G. J., Alexythimia: Concept, Measurement and Implications for Treatment, *Am J Psychiat*, 141, (6), 725-732, 1984; —, *Disorders of Affect Regulation. Alexythimia in Medical and Psychiatric Iones*, Cambridge University Press, 2005.

TERMAN, M., BOULOS, Z., CAMPBELL, S. S., Light Treatment for Sleep Disorders, *Biol Rhythms*, 10, 101-176, 1995.

TERP, I. M., MORTENSEN, P. B., Postpartum Psychoses: Clinical Diagnoses and Relative Risk of Admission after Parturition, *Br J Psychiatry*, 172, 521-526, 1998.

THASE, M. E., Evaluating Antidepressant Therapies: Remision as Optimal Outcome, *J Clin Psychiatry*, 64, 18-25, 2003; —, Remission Rates during Treatment with Venlafaxine or Selective Serotonin Re-Uptake Inhibitors, *Br J Psychiatry*, 1, 78, 234-241, 2001.

THOMPSON, C., KINMONTH, A. L., Effects of a Clinical-Practice Guideline and Practice-Based Education on Detection and Outcome of Depression in Primary Care: Hampshire Depresión Project Randomised Controlled Trial, *Lancet*, 355, 185-191, 2000.

TOHEN, M., CHENGAPPA, K. N., Relapse Prevention in Bipolar I Disorder: 18 Month Comparison of Olanzapine plus Mood Stabiliser vs Mood Stabiliser Alone, *Br J Psychiatry*, 184, 337-345, 2004.

TONDO. L., BALDESARINI, R. J., FLORIS, G., RUDAS, N., Effectiveness of Restarting Lithium Treatment after its Discontinuation in Bipolar I and Bipolar II Disorders, *Am J Psyqhiatry*, 154, 548-550, 1997.

TORRES, B., *Principales razones y consecuencias del* burnout *en los profesionales de los Servicios de Bienestar Social de la CAV: posibles vías de solución*, Servicio Central de Publicaciones, País Vasco, 1996.

TRIGGS, W. J., McCOY, K. J., GREER, R., ROSSI, F. et ál., Effects of Left Frontal Transcranial Magnetic Stimulation on Depressed Mood, Cognition and Corticomotor Threshold, *Biol Psychiatry*, 45, 1.440-1.446, 1999.

TSUANG, M. T., WOOLSON, R. F., FLEMING, J. A., A Long-Term Outcome of Major Psychosis, *Arch Gen Psychiatry*, 36, 1.295-1.304, 1979.

TULVING, E., Organization of Memory: Quo Vadis?, En Gazzaniga, M. S. ed., *The Cognitive Neurosciencies*, Bradford Book, MIT Press, Cambridge, 1995.

TYRER, P., *Extent of Comorbility between Mental State and Personality Disorders*, Wright, Bristol, 2005; —, Are Personality Disorders Well Classified in DSM-IV?, en *The DSM-IV Personality Disorders: Diagnosis and Treatment of Mental Disorders*, W. J. Livesley (ed.), Guilford Press, Nueva York, 2006.

VALERO, L., Comportamiento bajo presión: el *burnout* de los educadores, en *Hombrados: Stress y salud*, Promolibro, Valencia, 1997.

VALLEJO, J., BERRIOS, G. E., Estados obsesivos, Masson, Barcelona, 1995.

VALLEJO RUILOVA, J., La relación entre ansiedad y depresión desde la perspectiva terapéutica, *Psiq Biol*, 4, 129-140, 1990; —, *Trastornos afectivos: ansiedad y depresión*, Salvat, Barcelona, 2003.

VAN WAES, A., VAN DE VELDE, E., Safety Evaluation of Haloperidol in the Treatment of Hyperemesis Gravidarum, *J Clin Pharmacol*, 9, 224-227, 1969.

VIDEBECH, T., The Psychopathology of Anancastic Endogenous Depression, *Acta Psychiatr Scand*, 52, 336-373, 1975.

VIETA, E., Atypical Antipsychotics in the Treatment of Mood Disorders, *Curr Opin Psychiatry*, 16, 23-27, 2003; —, Improving Treatment Adherence in Bipolar Disorder through Psychoeducation, *J Clin Psychiatry*, 66 (supl.), 24-29, 2005.

VIETA, E., GOODWIN, G., Effective Maintenance Treatment: Breaking the Cycle of Bipolar Disorder, *Eur Psychiatry*, 13, 38-45, 2006.

VOLKOW, N. D., WAMG, G., FOWLER, J. S., Methilphenidate in Therapheutic Dosis, *Am J Psychiatry*, 155, 1.325-1.331, 1998.

WAINTRAUB, L., GUELFI, D., Nosological Validity of Dysthimia. Part II: Familiar, Comorbility, Biological and Psychological Data, *Eur Psychiatry*, 6, 21-29, 1999.

WEINSTOCK, L., Obstetrical and Neonatal Outcome Following Clonazepam use during Pregnancy: a Case Series, *Psychother Psychosom*, 70, 158-162, 1996.

WEISSMAN, M. M., KLERMAN, G. L., The Chronic Depressive in the Community. Unrecognized and Poorly Treated, *Comp Psychiatry*, 18, 523-532, 1977.

WEISSMAN, M. M., LEAF, P. J., LIVINGSTON BRUCE, M., FLORIO, L., The Epidemiology of Dysthimia in Five Communities: Rates, Risks, Comorbility and Treatment, *Am J Psychiatry*, 145, 815-819, 1988.

WELLS, J. E., Christchurch Psychiatric Epidemiology Study. Part I: Methodology and Lifetime Prevalence for Specific Psychiatric Disorders, *Aust N Z J Psychiatry*, 23, 315-326, 1989.

WELLS, K., SHERBOURNE, C., SHOENBAUM, M., Five Years Impact of Quality Improvement for Depression: Result of a Group-Level Randomized Controlled Trial, *Arch Gen Psychiatry*, 61, 378-386, 2004.

WELLS, K., STURM, R., SHERBOURNE, C. D., *Caring for Depression*, Harvard University Press, Cambridge, 2006.

WERTHEIM, F. I., A Group of Benign Chronic Psychoses: Prolonged Manic Excitement, *Am J Psychiatry*, 86, 17-78, 1929.

WILLIAM, J. M. G., WATS, F. N., *Cognitive Psychology and Emotional Disorders*, Chichester, Wiley, 1998.

WINOKUR, G., CADORET, R., BAKER, M., Depression in the Menopause, *Am J Psychiatry*, 130, 92-93, 1973; —, Depression Spectrum Disease versus Pure Depressive Illness, *Br J Psychiatry*, 127, 75-77, 1975.

WINTER J. S. D., Analysis of Clinical Studies with LH-RH in Children and Adolescents, *Am J Dis Child*, 130, 590-592, 1976.

WISNER, K., PEINDL, K. Verapamil Treatment for Women with Bipolar Disorder, *Biol Psychiatry*, 51, 745-752, 2002; —, ECT-Induced Premature Labor: a Case Report, *J Clin Psychiatry* (letter), 2002.

WITTCHEN, H. U., ESSEAU, C. A., VON ZERSSEN, D., Lifetime and 6 Month Prevalence of Mental Disorders in the Munich Follow-up Study, *Eur Arch Psychiatry Clin Neurosci*, 241, 247-258, 1992.

YLLÁ L., GONZÁLEZ PINTO, A., GARCÍA, A., Estudio psicométrico de la escala de alexitimia YAS, *Rev Psiquiatría Fac Med Barna*, 29, 2, 68-74, 2002.

YONKERS, K. A., RAMÓN, S. M., RUSH, A. J., Inicio y persistencia de la depresión posparto en un sistema de maternidades en una zona urbana deprimida, *Am J Psychiatry* (edición española), 5, 99-106, 2002.

YONKERS, K., WISNER, K., STOWE, Z., LEIBENLUFT, E., Treatment of Bipolar Depression during Pregnancy, *Am J Psychiatry*, 161, 608-620, 2004.

YOSHIMOTO, Y., MORIDERA, K., IMAURA, H., Restoration of Normal Pituitary Gonadotropin Reserve by Administration of Luteinizing-Hormone Releasing Hormone in Patients with Hypogonadotropic Hypogonadism, *New England J Med*, 292, 242-245, 1975.

ZABARA, J., Inhibition of Experimental Seizures in Canines by Repetitive Vagal Stimulation, *Epilepsia*, 33, 1.005-1.012, 1992.

AGRADECIMIENTOS

Quiero dar las gracias a mis colaboradores más directos, que me han ayudado en el estudio de investigación de los 89 casos estudiados: Rafi Santos, Ana Colás, Julio Lorenzo Rego, Dori Martínez Parra y Pilar Sicre, así como a Marisol Abad, Concha Muguerza y María Zapiraín. Mención especial requiere Rosario Martínez Arias, catedrática de Psicología Matemática de la Universidad Complutense, que se encargó del tratamiento estadístico de la muestra, con su proverbial conocimiento y pericia.

Asimismo, mi agradecimiento para Ana Lafuente, editora de Temas de Hoy, que corrigió todo el libro y me hizo observaciones y sugerencias muy acertadas.

ÍNDICE TEMÁTICO*

---

*Los números de las páginas que van en cursiva significan que allí el tema está especialmente presente.

ÍNDICE DE CASOS CLÍNICOS

Capítulo 3

Capítulo 4

Capítulo 5

Capítulo 6

temas 'de hoy.

España
Av. Diagonal, 662-664
08034 Barcelona (España)
Tel. (34) 93 492 80 36
Fax (34) 93 496 70 58
Mail: info@planetaint.com
www.planeta.es

P.º Recoletos, 4, 3.ª planta
28001 Madrid (España)
Tel. (34) 91 423 03 00
Fax (34) 91 423 03 25
Mail: info@planetaint.com
www.planeta.es

Argentina
Av. Independencia, 1668
C1100 ABQ Buenos Aires
(Argentina)
Tel. (5411) 4382 40 43/45
Fax (5411) 4383 37 93
Mail: info@eplaneta.com.ar
www.editorialplaneta.com.ar

Brasil
Rua Ministro Rocha Azevedo, 346 -
8.º andar
Bairro Cerqueira César
01410-000 São Paulo (Brasil)
Tel. (5511) 3087 88 88
Fax (5511) 3898 20 39

Chile
Av. 11 de Septiembre, 2353, piso 16
Torre San Ramón, Providencia
Santiago (Chile)
Tel. Gerencia (562) 431 05 20
Fax (562) 431 05 14
Mail: info@planeta.cl
www.editorialplaneta.cl

Colombia
Calle 73, 7-60, pisos 7 al 11
Bogotá, D.C. (Colombia)
Tel. (571) 607 99 97
Fax (571) 607 99 76
Mail: info@planeta.com.co
www.editorialplaneta.com.co

Ecuador
Whymper, N27-166, y A. Orellana,
Quito (Ecuador)
Tel. (5932) 290 89 99
Fax (5932) 250 72 34
Mail: planeta@access.net.ec
www.editorialplaneta.com.ec

Estados Unidos y Centroamérica
2057 NW 87th Avenue
33172 Miami, Florida (USA)
Tel. (1305) 470 0016
Fax (1305) 470 62 67
Mail: infosales@planetapublishing.com
www.planeta.es

México
Av. Insurgentes Sur, 1898, piso 11
Torre Siglum, Colonia Florida, CP-01030
Delegación Álvaro Obregón
México, D.F. (México)
Tel. (52) 55 53 22 36 10
Fax (52) 55 53 22 36 36
Mail: info@planeta.com.mx
www.editorialplaneta.com.mx
www.planeta.com.mx

Perú
Grupo Editor
Jirón Talara, 223
Jesús María, Lima (Perú)
Tel. (511) 424 56 57
Fax (511) 424 51 49
www.editorialplaneta.com.co

Portugal
Publicações Dom Quixote
Rua Ivone Silva, 6, 2.º
1050-124 Lisboa (Portugal)
Tel. (351) 21 120 90 00
Fax (351) 21 120 90 39
Mail: editorial@dquixote.pt
www.dquixote.pt

Uruguay
Cuareim, 1647
11100 Montevideo (Uruguay)
Tel. (5982) 901 40 26
Fax (5982) 902 25 50
Mail: info@planeta.com.uy
www.editorialplaneta.com.uy

Venezuela
Calle Madrid, entre New York y Trinidad
Quinta Toscanella
Las Mercedes, Caracas (Venezuela)
Tel. (58212) 991 33 38
Fax (58212) 991 37 92
Mail: info@planeta.com.ve
www.editorialplaneta.com.ve

Grupo Planeta   Temas de Hoy es un sello editorial del Grupo Planeta   www.planeta.es